都市农业发展与乡村振兴

——天津 20 年探索与反思

于战平　李春杰　著

南开大学出版社

天　津

图书在版编目(CIP)数据

都市农业发展与乡村振兴：天津20年探索与反思/于战平，李春杰著. —天津：南开大学出版社，2021.9
ISBN 978-7-310-06142-6

Ⅰ.①都… Ⅱ.①于… ②李… Ⅲ.①都市农业—农业发展—研究—天津 Ⅳ.①F327.21

中国版本图书馆CIP数据核字(2021)第197088号

版权所有　侵权必究

都市农业发展与乡村振兴：天津20年探索与反思
DUSHI NONGYE FAZHAN YU XIANGCUN ZHENXING：
TIANJIN ERSHINIAN TANSUO YU FANSI

南开大学出版社出版发行
出版人：陈　敬

地址：天津市南开区卫津路94号　　邮政编码：300071
营销部电话：(022)23508339　　营销部传真：(022)23508542
https://nkup.nankai.edu.cn

天津午阳印刷股份有限公司印刷　全国各地新华书店经销
2021年9月第1版　　2021年9月第1次印刷
260×185毫米　16开本　15.5印张　339千字
定价：78.00元

如遇图书印装质量问题，请与本社营销部联系调换，电话：(022)23508339

作者简介

于战平，男，中共党员，陕西眉县人，天津农学院经济管理学院教授，硕士研究生导师，兼任天津市农业经济学会理事长、中国农业经济学会理事。1986年7月毕业于西北农业大学农业经济管理系；2003年7月至2019年12月任天津农学院经济管理系（学院）副主任（副院长）；2013年8月至2017年8月任天津农学院驻蓟州区下仓镇结对帮扶困难村驻村工作组组长；2014年4月至2020年10月兼任天津市社科联兼职副主席。主要讲授《农业经济学》《现代农业创新与乡村振兴》《农业发展理论与实践》等课程。主持和参与完成省部级以上课题30余项，发表学术论文40余篇，合作编著大学教材3部、学术专著3部，曾获天津市科技进步三等奖1项、国务院发展研究中心中国发展研究三等奖1项、天津市优秀调研成果一等奖1项、天津市哲学社会科学优秀成果三等奖2项。

李春杰，男，中共党员，山东安丘人，天津农学院经济管理学院农业经济管理系讲师，天津市农业经济学会理事。2004年6月毕业于天津农学院经济管理系，获学士学位；2010年3月获天津大学管理科学与工程专业硕士学位。2015年8月至2017年8月任天津农学院驻蓟州区下仓镇结对帮扶困难村驻村工作组成员，参加天津市结对帮扶困难村工作，2016年获评"天津市结对帮扶困难村工作优秀驻村干部"。主要讲授《都市农业规划与经营》《公共工程项目管理》《投资项目评估》《农业经济学》等本科生课程。主持和参加省部级以上课题10余项，发表学术论文20余篇。

自 序

世纪之交的中国"三农"问题日益凸显,工农城乡关系政策发生重大转折,开启了乡村振兴的探索之路,全面小康社会建设、税费制度改革与农业补贴政策、社会主义新农村与美丽乡村建设等重大战略政策陆续实施,都市农业由个别城市目标定位发展为大城市的普遍共识。20年转眼已过,中国"三农"取得了系列历史性重大成就,进入新的战略期。从理论和实践看,20年是检验评价一种发展战略(模式)的重要时期节点,也是一个新的起点,只有理性总结与反思才能更好谋划未来发展。

20世纪末,由于信息相对闭塞,第一次接触到"都市农业"词汇是1998年参与的天津市某国有农场园区发展规划编制,之后陆续参与了一些农业园区的规划与可研报告研制,主持或参与了一些天津市农业农村发展的软科学研究项目,如"天津沿海都市农业发展战略""天津农产品加工业科技发展战略""天津全面建设小康社会""天津集约节约生态农业发展""社会主义新农村建设""天津沿海都市农业十二五发展规划"等研究课题。近10年来,除了参与或主持十三五规划前期研究,作为专家组组长完成了亚洲开发银行中国技援项目"天津都市现代农业发展政策与机制研究",主持完成了农业部项目"天津都市农业发展模式研究",天津市科委科技发展战略重点研究项目"天津市都市农业科技创新战略",以及市农业农村委的农业供给侧结构性改革、农业产销体系、乡村振兴战略、农业经营体系与土地流转、农业科技人才支撑乡村振兴等项目,参与完成了天津"十三五"都市农业发展规划、村镇域乡村振兴模式、大都市农业发展规律与天津现代都市农业发展战略、农业科技园区发展规划及政策、农村产权制度改革、科技型农业企业发展调研等研究项目。近20年共计主持完成相关研究课题15项,参与完成研究课题20多项,撰写研究报告200万字左右,记录的科研与教学日记百万字以上,其中的有些内容通过论文、专著、教材等已公开发表。2001年发表第一篇关于都市农业的论文,以后围绕农业农村发展问题,尤其是天津都市农业发展问题,发表了30多篇论文。一些建议转变为政策行动,有些并没有转化为政策。绝大多数研究报告因为多种原因并没有公开发表。值此推进乡村全面振兴的历史开局之节点,将其中自认为有一定价值的部分内容重新组织编排出版。因为时间跨度20年,国家以及天津市"三农"实践、政策与理论认识等变化很大,作者认识也在不断深化、系统,写作时将一些重复的内容观点尽量合并压缩,将个别明显有误的内容观点删减修订,并斗胆增加了对中国都市农业20年实践与理论研究的总结反思部分,希望能做出微薄贡献。当然,由于作者水平有限,书中可能会存在不少错误和缺陷,敬请读者、专家批评指正,我们将不胜感谢。

研究过程就是一个不断学习提高的过程，每年几十次的基层调查，经常性与课题组成员、单位同事、政府相关部门领导交流讨论获取有益信息，利用编制规划和可行性研究报告、服务基层活动等机会与干部农民交流，获取第一手信息。2013 年 8 月至 2017 年 8 月 4 年中，作为天津农学院驻蓟州区困难村帮扶工作组组长和两个村的第一书记，更是对基层"三农"问题有了切身的实际体验，改变了很多认识。其中 2014 年之后，在承担项目的实际调查研究以及驻村帮扶工作中，一直与李春杰紧密协作，在很多同事的积极参与下顺利完成了 10 多项课题，在浙江、山东考察调研使得研究更有先进实践参考。

作为天津农学院教师，研究天津农业农村发展问题 30 多年，受到了很多领导、同事、同仁和朋友的鼎力帮助，没有他们的无私帮助奉献，这本著作就不会存在。因为需要感谢的人太多，在此不一一列举，由衷感谢大家。在报告写作以及本书编写中参考了大量的文献资料，虽尽量列出，但也难免有遗漏，敬请作者谅解。同时，非常感谢南开大学出版社为本书的出版付出的艰苦努力。

谨以此书献给中国共产党百年华诞，相信在以习近平总书记为核心的党中央的坚强领导下，我国"三农"事业一定会蒸蒸日上，高水平农业农村现代化目标一定会如期全面实现。"为天地立心、为生民立命、为往圣继绝学、为万世开太平"，仅以老家眉县横渠张载之"横渠四句"共勉。

于战平
2021 年 2 月 11 日
庚子年腊月三十

目 录

第一章 都市农业发展20年回顾与反思 ······ 1
  第一节 中国都市农业发展的理论与实践反思 ······ 1
  第二节 天津都市农业发展20年实践与反思 ······ 18

第二章 农业供给侧结构性改革问题研究 ······ 39
  第一节 天津农业供给侧结构性改革问题研究 ······ 39
  第二节 新常态下中国种业供给侧结构性改革研究 ······ 53

第三章 天津农业科技创新与服务问题研究 ······ 70
  第一节 天津农业科技创新整体状况的基本认知 ······ 70
  第二节 天津科技人才服务农业问题研究 ······ 80
  第三节 天津农业科技创新与服务面临的主要难题 ······ 92
  第四节 提升天津农业科技创新与服务体系效能的建议 ······ 96

第四章 天津都市农业经营体系与发展模式研究 ······ 100
  第一节 天津新型农业经营体系问题研究 ······ 100
  第二节 天津都市农业产销体系问题研究 ······ 106
  第三节 天津新型农业集体统一经营模式研究 ······ 113
  第四节 天津现代农业园区引领示范模式研究 ······ 121

第五章 新时代天津乡村振兴战略研究 ······ 136
  第一节 天津乡村振兴的基础与面临形势 ······ 136
  第二节 天津乡村振兴战略指标体系研究 ······ 145
  第三节 天津乡村振兴模式研究 ······ 153
  第四节 天津乡村振兴政策体系创新与对策建议 ······ 158

第六章 天津农业农村发展重点改革问题研究 ······ 170
  第一节 天津农业土地流转与规模经营调查 ······ 170
  第二节 天津市结对帮扶困难村工作调研 ······ 187
  第三节 天津农村集体产权制度改革问题研究 ······ 197
  第四节 天津县级农业行政管理体制改革问卷调查 ······ 210

附件一	关于增强纯农业村发展活力的建议	223
附件二	关于重振天津特色农产品加工贸易优势的建议	225
附件三	切实重视农村日益增多的大龄未婚"剩男"问题	227
附件四	新时期促进我市村集体经济发展的建议	229
附件五	加快推进村集体土地制度改革，促进我市新型城镇化发展	231
附件六	推进我市农村土地制度改革，促进新型城镇化发展的建议	234
附件七	完善我市困难村帮扶工作的建议	236
附件八	关于深化体制改革，加快推进天津乡村振兴的建议	239

第一章　都市农业发展20年回顾与反思

都市农业作为理念和学术概念引入中国已经 25 年之久,成为多数大城市现代农业发展的战略定位也已 20 年,都市农业发展取得很大成绩,获得很多宝贵经验,出版发表了大量的著作、论文和研究报告。尤其是 2012 年 4 月全国都市现代农业现场交流会召开,同年 8 月农业部办公厅颁布"关于加快发展都市现代农业的意见",都市农业正式进入国家层面。20 年是一个恰当的时间节点,大量的研究和实践为观察思考都市农业理论与政策提供了丰富的样本和信息资源,在乡村振兴战略要求的城乡融合与农业农村优先发展政策下,回顾反思都市农业发展具有重要意义。本章从全国整体实践、理论研究层面和天津的实践等简要梳理与思考。首先说明,在我国,都市(型)农业、现代都市(型)农业、都市(型)现代农业等多种表述都被大量使用,不同的使用者可能有其深意,为不影响主要观点,一般情况下可简单看作表述习惯不同,可以混用。

第一节　中国都市农业发展的理论与实践反思

都市农业作为一个"舶来品"概念,在中国的研究与实践表现出与原发地日本、欧美等不同的特点。其实践先于理论探讨,边实践边研究,也出现了一些新现象新动态,与一般认识不一致,需要深入思考。如北京、上海扶持保护农业力度远高于其他大城市,但农业增加值已连续几年下降;大城市对"菜篮子产品"生产也非常重视,但不少城市呈现下降趋势,影响到"菜篮子"安全,在考核责任制之下,政府计划大力恢复发展蔬菜、生猪生产。虽然国内外都市农业理论研究与实践很丰富,也有一些创新性很强的优秀研究成果,但令人信服、成熟、权威的基本思维分析框架及理论基础等仍未形成,一些基本问题的认识很不一致。基于上述信息的思考,产生很多疑问(困惑):第一,我国都市农业的实践与研究是否从该概念与理论引入开始的理解、应用就存在某些局限或者缺陷,扭曲了其原本的内涵,中国的现代都市农业与国际上其他国家为什么存在区别?第二,都市农业实践与理论研究的"特色"在不断消褪弱化,与乡村农业的产业、功能等根本区别是否还存在?过去的理论认识和政策实践存在哪些误区、缺陷或者错误?第三,新时代我国都市农业发展的新背景与新要求以及如何进一步创新中国特色都市现代农业理论和实践导向?等等。本文将围绕这些问题进行讨论分析。需要说明的是,将这些问题系统深入回答不是件容易的事,由于篇幅及能力所限,不能将大量的历史文献、丰富的实践详细列出并深入系统讨论分析，仅从某些角度将多年的思考积累进行总结，提供一些分析视角、思路和主要观点，抛砖引玉，以期更多的深入研究。

一、中国都市农业实践与研究的梳理和透视

现有文献一般认为，国际上最早出现都市农业提法的是 1940 年代的日本，之后从 1950 年代开始其他国家陆续有一些研究文献，2000 年左右文献数量开始持续大幅增长，中国都市农业研究成为热点，论文大幅增加，不少研究论文及其文献综述等对此过程都有介绍和评价。本文首先通过梳理中国都市农业研究及其实践过程中的一些信息细节透视其中的特点与问题。

1. 都市农业发展理念的引入与实践

都市农业引入中国是上海北京等地方政府从现实发展战略需要出发，借鉴并成为一种普遍的理念或模式认知，其并不是基于自身实践总结提出的，但带有（体现）鲜明的中国特点。

（1）都市农业理念引入：基于地方政府战略规划创新定位的实践需求。通过"知网"对早期都市农业文献相关信息搜索发现，第一篇中文都市农业论文是发表于 1989 年的"略论都市农业"[1]。该文并没有给出都市农业的概念，也没有介绍或者引进外国的概念、经验做法等，从其描述看，相当于"城市农业"（城市的阳台屋顶农业、零星闲置地农业等），似乎并没有引起关注，几年时间没有相关的中文论文跟进。一般认为都市农业作为理念或概念是在 20 世纪 90 年代初首先在上海、北京被引入。1994 年上海市政府就提出建立与国际大都市相适应，具有世界一流水平的现代化都市型农业的构想，成为第一个将发展都市农业列入"九五"规划和 2010 年国民经济发展规划纲要的城市。但此时对都市农业的认识和研究刚处于初步和表层，很不深入。从公开文献看，1992 年北京朝阳区在全国率先实践都市农业，朝来农业园正式提出[2]；1994 年底北京市朝阳区政府提出都市农业是该区"农业发展战略的选择"，把具有旅游、观赏、无公害等特点的都市农业列为朝阳区经济发展六大工程之首。上海的都市农业研究首先是适应浦东开发战略提出并在浦东新区率先实践（1992 年 10 月批准设立浦东新区）。1994 年完成的《浦东新区现代化农业发展规划研究报告》首先提出了都市农业问题（上海市科委下达的课题），指出了"都市型农业"和"城郊型农业"概念的联系和区别。1994 年第 2 期《浦东开发》发表了题为面向 21 世纪的浦东"都市农业"的论文[3]。"上海农业发展战略"课题组在 1995 年第 1 期《上海综合经济》发表文章提出，上海农业发展的战略目标是建立一个与国际化大都市相配套的，具有世界一流水准的现代化都市型农业，并使上海成为全国乃至亚太地区和国际农业信息、农业科教和农产品贸易的中心，并提出到 2000 年、2010 年和 2035 年左右都市型农业"三步走"构想，即由外环线以内的局部辅助类型，逐步发展为

---

[1] 黎成忠. 略论都市农业[J]. 西南民族大学学报，1989（4）：110-113.
[2] 北京农学院. 北京都市型现代农业理论发展与实践创新[M]. 北京：人民出版社，2016：64.
[3] 干经天，张敏. 面向 21 世纪的浦东"都市农业"[J]. 浦东开发，1994（2）：13.

更大范围的主要类型，乃至全面建成世界一流的都市型农业[1]。1994年10月台湾大学召开了由产官学三方参加的都市农业发展研讨会，探讨了都市农业的发展方向，强调建设有"农"的都市，强调农业与人、都市与自然的和谐关系。1995年《深圳特区科技》在第5期发表论文"建设菜篮子工程 发展深圳都市农业"[2]；1995年上海市和日本大阪府开展都市农业国际合作研究，并于1996年在上海召开了"上海市-大阪府都市农业国际研讨会"；1998年在北京召开了首次全国"都市农业研讨会"。1998年，中共上海市委、市政府领导要求把都市农业的概念、定义、形成与发展等理论问题研究清楚，都市农业成为农业问题研究的一个新热点。1998年《上海农学报》发表"'都市农业'一词的由来和定义初探——日本都市农业理论考"一文，初次提供了较权威考证结论[3]。在上海、北京、深圳实践引导下，全国各大城市都陆续开始了发展各具特色的都市农业探索，研究逐步深入。尤其是1998年10月14日中国共产党十五届三中全会通过的《中共中央关于农业和农村工作若干重大问题的决定》提出"东部各地区和大中城市郊区要提高农村经济的发展水平，有条件的地方要率先基本实现农业现代化"，全国各大城市制定"率先基本实现农业现代化纲要（意见）"，在城郊农业基础上对农业发展战略进行创新性定位，都市农业或现代都市农业似乎是一个不二选择，天津、广州、武汉等很多城市都提出了类似的定位，之后对都市农业的各种问题探索迅速增多。

通过上述梳理可以看出，中国都市农业引进实践先于理论准备，从开始就与国际上都市农业存在较大区别，不是基于本土的实践基础上提出的理念或理论，而是打上了深深的中国地方政府意志行为"烙印"，是在对都市农业很多基本问题和国际上的研究发展状况等并未系统深入了解的基础上借用的一个概念或者理念，对后续的研究与实践产生着重大影响，也是中国的国情和特殊体制的反映。

（2）都市农业理念传播与实践：政府主推主导特色鲜明。我国都市农业实践从开始就受到新加坡建设农业科技园区、荷兰发展设施农业和我国台湾发展"三生融合"休闲观光农业的影响，开始介绍国际都市农业的资料主要是这些方面（另外就是德国的市民农园等）。根据国外实践与国内大城市农业现代化发展要求，高科技、设施化园区化、休闲观光等被看作现代都市农业的主要标志，成为地方政府发展的主要抓手，也成为很多人对现代都市农业特征认识的基础。1994年全国第一个具有国际水平的综合性现代农业开发区"孙桥现代农业园区"在浦东新区中心地带建设，规划面积4平方公里，定位于"中国农业与世界农业接轨、传统农业与现代农业转变的桥梁"，1996年开园对外营业，成为国内现代农业技术、产业和业态等发展标杆，每年有几十万参观学习游览者，包括很多国内外政要领导，学习"孙桥现代农业园区"成为当时农业现代化重要举措。1995年北京开建"朝来农艺园"，地处朝阳区来广营地区，园区占地面积30公顷，总投资1

---

[1]《上海农业发展战略》课题组. 确立上海农业发展战略的若干思考[J]. 上海综合经济, 1995 (1): 35-37.
[2] 梁彦, 蓝思远, 邢东耀. 建设菜篮子工程 发展深圳都市农业[J]. 深圳特区科技, 1995 (5): 27-29.
[3] 俞菊生, 张占耕, 白尔铂, 等. "都市农业"一词的由来和定义初探——日本都市农业理论考[J]. 上海农业学报, 1998, 14 (2): 79-84.

亿元，1997 年 6 月正式运营开放，是集高科技生产、净菜加工、休闲娱乐、旅游观光、科普教育为一体的现代农业公园。1995 年 7 月深圳碧岭现代农业科技园创办（原名"碧岭生态村"），是一个集生态农业、农业科研实验示范、农业实用技术培训、农业科普教育及观光农业等功能于一体的现代农业示范基地。从 1996 年起，科技部启动"工厂化设施农业科技项目"，项目首先选择了北京、上海、沈阳、杭州、广州五大城市组织实施，在设施及环境控制、种子种苗、种植栽培、产后技术 4 个方面进行研究和示范。到 1997 年，我国农业高新技术园区和现代农业示范区达到 405 个，上海建成 10 个，北京建成 17 个。在京沪以及国家相关部门的示范带动和扶持之下，各种类型的农业园区发展迅速，成为发展都市农业"必选"形式和"标志"，影响深远，一直持续到现在仍然被看作现代农业的重要形式、载体。在农业园区化设施化发展的同时，开发休闲观光功能率先在这些园区中集中展开，并逐步向乡村休闲旅游拓展。

更进一步，2006 年成都市也被国际都市农业组织确定为都市现代农业发展试验区。2012 年 4 月 26 日至 27 日，农业部在上海召开全国都市现代农业现场交流会，是第一次以都市现代农业为主题、专门面向大中城市召开的一次现场交流会。时任农业部部长韩长赋提出，都市农业是伴随现代都市的发展而发育成长起来的新型农业形态；用 3～5 年实现以下都市农业"5区"定位，即城市"菜篮子"产品重要供给区，农业现代化示范区，农业先进生产要素聚集区，农业多功能开发样板区，农村改革先行区。之后大致每 2 年召开一次类似会议，交流发展经验，提出发展要求。这些要求也与国家对农业发展的政策要求大致相似，实践的重点也是围绕农业部等主抓的工作展开，不同阶段有不同重点，具有鲜明中国特色的"现代都市农业"发展定位和实践要求。方志权认为，"上海的都市农业是伴随着社会经济的快速发展而由城郊型农业衍生而来的，是一种自上而下的行为，上海都市农业建设是主动的，被赋予引领我国农业现代化发展方向的重要职责"[①]。

2. 中国都市农业研究的特点

关于中国都市农业的研究，已有一些文献综述对其做过梳理综述。叶春蕾（2018）通过对中外都市农业的有关研究文献进行跨学科分析发现，国内都市农业研究 2011 年发文量达到顶峰，之后呈下降趋势；农业经济学科类别发文量最大（占 67%），其次是宏观经济管理与可持续发展、农业基础科学、经济体制改革，四类学科类别所发文献占近 85%；研究的主题包括都市农业（都市型农业、都市型现代农业，模式，功能，评价，战略等）、农园、创意农业、农业现代化建设、城市化等；国际上都市农业研究第一篇文献是 1929 年，直到 1953 年又有一篇，之后一直持续到 2003 年，年均个位数发表，2004 年 10 篇，之后发文量持续增长；国际研究的跨学科很强，共涉及 78 个学科类别，农业/多学科、环境研究、环境科学、城市研究、地理学等五个学科因其与其他高影响力的学

---

① 方志权. 日本大城市都市农业建设及对上海农业发展定位的启示[J]. 科学发展，2019（7）：95-102.

科类别具有较强的关联性，成为都市农业研究的热点学科类别①。2020年4月10日，我们通过查询知网对中文"都市农业"文献进行了简要分析，发现出版相关著作30余部；以"都市农业、现代都市农业、都市型现代农业"为主题对发文量统计发现，以2000年为界限，之前20年核心期刊发文110篇（未考虑3个主体题之间论文的可能重复，以下同），明显少于后20年的发文量（1370篇），且2000年之前硕博论文数量为0；2012年核心期刊发文达到1300多篇，之后下降也非常明显，2019年下降到百篇左右。研究主题非常分散，一般农业经济学科研究的范围都有涉及，内涵、特征、功能、模式、战略、机制、指标体系、政策或对策等是最主要的研究内容。20多年的集中研究与实践探索取得了巨大进步，也为研究制定都市农业政策等提供了坚实的文献基础和广阔的视角。

大量文献阅读以及实践观察发现，对中国都市农业问题的研究有"六多六少"的特点，其也是研究现状问题。

（1）研究主题多，达成共识少。 中国都市农业在很多基本问题上认识差异仍较大，政府、学者、实践者乃至一般群众之间以及中外之间的理解等都存在不小差异。例如，对于都市农业及其在我国提出的现代都市（型）农业的内涵理解描述就有十多种。我国更注重于"现代化"的要求，主观性强，强调与都市在科技、生产力、功能等方面的匹配。都市农业的特征概括就有不同层次的几十种，如果加上"现代化"的理解不同就更多，对于国内外的各种典型做法或模式的总结估计百种左右。国际组织、其他国家对都市农业的认识也不同于中国，对于都市农业的内涵描述、区域边界认识也不同。甚至都市农业与乡村农业的区别、发展的内在科学机制和规律等基本问题尚未有令人信服的权威性共识。

（2）围绕政府需求和工作谋划的对策性研究多，内在机制规律等基本理论研究少。 政府的战略需求以及工作需要是推动都市农业研究的基础和动力之一，围绕各大城市政府的战略定位要求、重点工作、政策需求等研究较多，但也因此可能束缚研究视野，对于都市农业的内在机理、与乡村农业的区别、演变的规律等理论研究的深度广度和创新不够，针对性观察调研的突破性研究成果较少。指导都市农业发展普遍喜欢追赶国内外先进或最新的做法，不少是来自对国外经验的"误读"，是"非系统性非历史性"解读或"选择性偏好"，容易给现代农业、都市农业"贴上标签"或树立标杆或标准（价值判断标准），忽略其前提条件、历史过程、环境等差异。同时，与政府的战略定位要求配合，热衷于创造提出新概念新模式，为了"特色"而特色。其中不少"创新"提法的学理性规范性欠缺，如会展农业、智能装备农业等。再如，各种都市现代农业评价指标体系及其对各城市发展水平进行排名的研究很多，但数据的准确系统性、方法的合理针对性等科学性学理性严重欠缺。

（3）介绍国外一般经验多，基于深入系统调研的突破性创新著作少。 来自日本、荷兰、欧盟、新加坡、美国以及中国台湾等发达体的研究与实践的浅层次或一般介绍性文

---

① 叶春蕾. 跨学科视角下都市农业主题演化方法研究[M]. 北京：中国科学技术出版社，2018：47-85.

献较多，鲜有从历史发展脉络、发展背景、发展阶段、发展内在机制以及政策等进行深入系统研究的著作，易于导致只看到都市农业发展的模式、成就，而忽视产生的背景条件，导致"选择性偏好"，甚至"猎奇"或追先进的情节严重。二手资料多，一手资料少。相对而言，介绍研究日本都市农业的稍好，主要来自日本留学归国人员。尤其在20世纪90年代，"中国知网"等互联网文献数据库尚未普及，国内外的信息并不是全面、准确、及时、广泛传播，信息缺乏会严重影响研究，作者本人也是体会深刻。

（4）单学科的发展研究多，跨学科的融合研究少。我国的都市农业研究主要集中在社会科学及其经济、管理领域，与技术、自然、生态、文化和城市建筑、社区发展等结合的综合性跨学科研究较少（从事农业经济研究的较多），而这些恰恰应当是能够深入揭示都市农业本质要求的重要内容。国际上的生态城市、市民公园、社区农园等研究在中国相对较少，尤其是早期介绍的文献较少。我国生态城市建设虽然定位较多，但更多地是强调生态保护，以种树、绿化等为主。同时，针对中国城市群（都市圈）都市农业发展研究很少，已有研究也主要是基于政府战略需要，比如京津冀农业协同发展、长三角农业合作等，而国际上都市农业研究的一个重要方面就是都市群农业。

（5）主观性较强的理想化"应然性"研究多，基于客观现实的"实然性"研究少。国内对都市农业的认识存在以都市的发展需要为中心主观设计，将旅游观光休闲功能作为都市农业的发展重点，将高科技农业作为都市农业的本质规定，认为都市农业重点要发挥龙头作用等四方面误区[1]。在追赶发达国家或者实现农业现代化目标导向下，重点扶持种业、现代化园区、设施工厂化农业等典型做法，忽略了农业不同于工商业，农业现代化严重滞后于工商业，农业区域性、不稳定与风险大、难度高等对生产经营者影响巨大，不是政府主观力量能够完全掌控的。基于本土实践总结提炼，从基本的资源优化配置利用内在机制、农业生产经营者行为决策（尤其是农户）、预测作用以及政策学等角度质疑研究较少，多学科预测性、建构性以及批判性高水平研究较少，研究者的科学监督和批评纠错作用几乎丧失。

（6）定性方法与应用性主题研究多，定量研究与范式（模式）构建性研究少。都市农业是一种特殊的农业类型，传统的农业经济学、区域经济学等成果难以适应。从研究文献看，一般的定性研究占绝大多数，基于详细的统计调查基础上的数量性规律性研究较少，至今为止尚未构建出不同于一般农业经济分析研究的特色思维框架或范式，如从与城市、城市群的关系，自然生态和文化、经济、农民行为决策、地方政府行为等多元化城乡关系等角度提出创新性的思维框架或范式。缺乏科学性权威性较强的研究范式、思维框架是农业经济管理学科的共同问题。李强、周培用经济学理论和方法对都市农业自然演变的机制及阶段、城市化推进时期都市农业自然演变、都市农业自然演变的缺陷等进行了创新性的理论分析，构建了分析的理论思路[2]，是一部应用经济学原理以及范

---

[1] 齐永忠，于战平.城乡一体化视角下的中国都市农业发展[J].中国农村经济，2006，(3)：77-80.
[2] 李强，周培.都市农业的自然演化与结构优化：第一版[M].北京：科学出版社，2016.

式分析都市农业的创新性优秀著作。

3. 中国都市农业实践中的问题

20多年的都市农业实践与理论研究中存在很多问题，有的已经被实践证明错误并淡化消失，有的尚未引起足够重视，不利于都市农业持续发展。早在2008年作者就指出，在都市型现代农业发展过程中，尚存在认识的偏差，定位得过分理想化，规划布局不精细，生产经营者素质不适应，农业产业体系中的利益博弈引发价格不合理上涨，与其他区域低水平竞争，生态功能发挥与产品质量保障的矛盾，资源高效化、生态化利用与农民现实利益的矛盾等8个问题[①]。在此进一步思考提出一些尚未足够重视的重要问题。

（1）政府的主导性强，以"市民"获取"廉价农产品"为中心，市场机制和农民利益经常被扭曲。 2003年的SARS病毒、2018年开始的非洲猪瘟、2020年开始的"新冠肺炎"等重大事件，说明大都市必须保障一定种类和数量的农产品自给率满足基本需要，这是都市农业区别于一般乡村农业的一个重要功能。但这种菜篮子市长负责制要求保持过高的猪肉、蔬菜自给率，与优势特色农产品区域布局以及市场化竞争机制要求有矛盾，与土地承包户和生产经营者的自主性存在冲突。自给率保持多少是合理的？从长远看是否经济合理？并没有严格科学依据。生猪、蔬菜等部分生鲜农产品生产的区域季节性也使得"应急保障"功能难以完全依靠甚至大部分依赖地产实现。事实上，因为特殊事件出现的短暂抢购或恐慌，主要原因是管理方面的"过度"以及缺乏协调（如交通封堵"一刀切"等）。以"不断提供品种更加丰富的质优价廉农产品"为核心，稳定物价的"市民利益导向"依然严重是需要转变的重要实践问题。

（2）实践都市农业功能的形式丰富多样，部分活动异化而偏离根本目标。 主要体现在农业的生态功能、教育功能（文化传承）等出现异化现象。生态环境功能更多地被看作用耕地种草种树，土壤改良、生态农业、有机农业以及山水林田湖草综合治理、生物多样性以及绿色发展方式等实践很不够。类似于日本、美国等国家的"农业研学"尚处于起步阶段，数量规模均较小，很多中小学生在农村"走马观花""蜻蜓点水"的参观体验等学农教育（包括参加城市农业嘉年华等）主要是视觉的新鲜享受、放松娱乐，了解国情农情与弘扬学习劳动光荣、自然生态、农业科学、食农文化、"人与自然和谐"和"感恩"（自然、动植物、劳动）等理念观念，以及锻炼意志品质等效果很弱。需要真正参加一定周期的劳作艰辛，享受自己的劳动成果，才能传承体验真正的农业文化，而不是形式主义或"享受主义"。也就是能够真正通过学农培养内化于心、以文化人并成为自觉主动的作用不大。正如"悯农诗"人人皆知，但真正能够"节约"并自觉践行"光盘行动"的学生很少。对学生进行的很多劳动教育流于形式，与日本、美国等国家的学农教育差距很大（如美国持续百年之久的"四健俱乐部"）。有的学校组织学农活动的潜在负面价值可能会大于正能量和人才培养价值。2020年3月20日发布的"中共中央 国务院关于全面加强新时代大中小学劳动教育的意见"具有重大意义，关键是不能流于形式、表面

---

① 于战平，陈宏毅. 都市型现代农业持续协调发展问题研究[J]. 世界农业，2008（7）：25-27.

化、任务化，要真正按照文件落实落地，并长期制度化。

（3）**把大都市工商业等现代化优势和要求移植到都市农业发展，工业化农业思维普遍**。例如，在功能与目标定位方面，强调高科技、园区化、改革创新甚至出口创汇等示范带动，事实上各个城市的基础条件、财政实力、资源条件等差异巨大。农业本身就是区域性很强的产业，如果不顾条件学习上海北京的做法会适得其反，浪费资源。都市农业的出口创汇等目标功能定位实际并未实现，中国出口创汇农产品并不是集中在公认的都市农业发展区域。忽视发展的阶段性和条件性，跟风攀比高大上，违背农业自然规律、经济规律造成的损失很大。再如，我国大城市的"农业科技人才资源优势"是历史原因和体制原因造成的资源配置扭曲，是一种历史的无奈或体制缺陷，农业科技与生产实践脱节顽疾难除。像山东寿光等很多"小地方"的农业科技创新体系水平并不低于大都市，而且其与生产一线结合更紧密、效率更高。

（4）**资源配置利用的市场机制发挥不充分，不利于整体社会福利最优化**。中国大城市的现代都市农业典型更多地是政府财政扶持出来的，而一般的乡村农业是经过长期市场竞争优胜劣汰的选择结果。菜篮子产品价格较快上涨或过高，政府出台调控降价措施保持物价和社会稳定；价格过低卖难滞销，则只能是妇联、媒体等社会团体的"爱心"助销，政府缺乏系统的长效机制。大城市财政对农业投资的力度远高于一般乡村农业（包括园区的高投入），但如果按照完全成本核算，其投入产出效率未必高于很多专业化生产的乡村农业，经济规律发挥作用受限，整体社会福利受损。一些大城市的耕地是外地人耕种，大城市财政投资在外地建立"菜篮子"产品供应基地等，是中国都市农业发展中的特殊现象和做法。

（5）**区域城乡空间规划的科学性权威性不足，城市化与都市农业发展资源配置不协调，资源浪费严重**。国土空间规划是一国或者地区政府制定的重要基础性战略规划，体现了政府对于城乡关系、农业农村发展的空间土地资源利用的战略思想和目标与功能定位，都市农业发展首先受制于这个规划及其实施状况。现实中，因为城市化扩张迅速，都市农业受制于整体功能区划，农业发展"脆弱性"明显，农业发展区经常让位于非农发展，或者被逐步蚕食（土地非农化）。例如很多投资巨大的设施农业、农业园区被蚕食、耕地非农化。一些地方政府农业发展的积极性并不高，对农业这一"非盈利性产业"的热情并不高，没做到保持将"多功能性农业"纳入"都市空间功能区"。区域生态环境、城乡融合前沿阵地等功能发挥需要一定的条件才能产生较强烈的客观需求。我国不同于德国的城乡等值化乡村发展、日本的"零星插花状"都市农业、美国的都市圈农业模式。

（6）**政府扶持下打造了部分高水平典型，但整体水平提升相对缓慢，差异化产业格局明显**。各大城市基本上以建设农业产业园区、农业科技园区，大力发展设施（工厂化）农业，发展休闲农业、农产品加工等延伸产业链为主要做法，在各地都能够找出不少高水平的典型。但大部分城市缺乏像北京、上海那样的财政经济实力，都市农业发展难以实现"高技术、资本化、集约化"等道路，典型在整体农业中占比很小，主要是形象代表，很多的示范园区是学不了的，示范带动功能很弱，这点似乎与欧美、日本等都市农业发展的思路和结果有较大区别。上海对农业的扶持政策措施与日本相似,目前各类财政补贴水平是全国最高的,财政性收入占农民总收入的22%[①]。

二、中国发展都市农业的特殊性

中国都市现代农业在理论认识和实践探索等方面与其他国家有不少差异,国内认识难达一致,也出现不少误读误区,这是在中国特殊的国情和发展阶段下的特殊现实。

1. 界定都市农业内涵与范围的特殊性(难题)

(1) 基本内涵界定。这是发展都市现代农业一直面临但尚未统一的一个难题和重要问题。正如李强、周培指出的以"都市农业"这样一个内涵、范围、起源都存模糊的不明其所指的概念作为基础,企图进一步研究它的发展现状、发展模式和发展对策等更为深入的问题,必然存在各种障碍[②]。同时,该文指出,国际著名都市农业援助机构——加拿大国际发展研究中心(IDRC)的高级项目专家卢克·穆杰特(Luc J.A. Mougeot)感到厘清"都市农业"概念的复杂和困难时,仍不得不指出"只有当概念有了更好的内在一致性和外部功能性,它才能成为我们理解和干预都市农业问题独特而有效的工具"。日本、美国等专家较早提出研究了都市农业的概念、内涵、特征等基本问题之后,对都市农业进行了几次"权威性"再定义。国际都市农业组织、世界粮农组织和联合国计划开发署较为认同的定义即都市农业是指位于城市内部和城市周边地区的农业,是一种包括从生产(或养殖)、加工、运输、消费到为城市提供农产品和服务的完整经济过程,它与乡村农业的重要区别在于,它是城市经济和城市生态系统中的组成部分。融入城市系统是都市农业持续存在的关键所在,也是都市农业在技术、经济方面的影响比乡村农业更大的关键原因[③]。我国引进都市农业概念后,对其界定更是多达几十种,除了在城乡关系、功能、范围界定等有所区别外,与其他国家的重要区别在于加入了"现代"和"型"的字眼,主要也是因为都市农业主要是服务于大城市发展战略目标定位的要求。当然也形成了多种组合的概念,进而产生了不同的意义,也造成了部分认识上的混乱。例如对于"现代性""现代化"的内涵标志的理解差异很大,本身就是动态的,农业又是区域性很强的生命产业。其不同的组合可能想要表达的含义不同,思考问题的思路不同,目前也难以一致。根据逻辑推理,都市型现代农业的含义,首先是可能将现代农业区分为都市型、乡村型、山区型、平原型等,认为这些类型之间存在显著区别。而现代都市型农业,则认为都市农业是一个由传统到现代,或者由低级到高级、由落后到先进的发展过程或类型。有代表性的概念是2006年9月中国农学会都市农业分会成立暨全国都市农业学术会议上达成的共识,认为都市型现代农业是社会经济发展到较高水平时,在整个城市区域范围内及环城市经济圈形成的依托并服务于城市、促进城乡和谐发展、功能多样、业态丰富、产业融合的农业综合体系,是城市经济和城市生态系统的重要组成部分,是

---

① 方志权. 日本大城市都市农业建设及对上海农业发展定位的启示[J]. 科学发展, 2019 (7): 95-102.
② 李强, 周培. 都市型农业的概念、属性与研究重点[J]. 农业现代化研究, 2011, 32 (4): 428-431.
③ 蔡建明, 杨振山. 国际都市农业发展的经验及其借鉴[J]. 地理研究, 2008 (2): 362-373.

现代农业在城市化地区的表现形式。

因为涉及"现代化"的理解，国内一般对都市农业内涵、特征以及功能等理解表述产生了较大差异，尤其是附加了很多主观性的内容或要求。例如，都市现代农业的特征一是无城乡边界的农业，具有城乡融合性；二是功能多元化的农业，具有功能多样性；三是高度集约化的农业，具有现代集约性；四是融合高科技的农业，具有高智能化；五是市场一体化的农业，具有高度开放性等[①]。事实上，这些特征乡村农业大部分也具有（或者也可以具有），不仅仅是都市现代农业的根本规定性或者特征，传统的生态循环型或者自然农法生产就不能成为现代都市农业吗？现代化国家的都市农业不一定都如此。应当说与所在都市或都市圈的社会经济生态关系紧密，依赖性强和影响力大才是都市农业最根本的内涵或规定性。这也是联合国开发计划署给出的公认权威的界定，即都市农业就是与都市存在经济社会与生态文化等多方面相互依赖、相互影响关系的区域性农业经济活动。至于每个区域在不同阶段发展什么样的都市农业，优先布局发展什么样的产业，突出什么样的功能，用什么样的方式生产则是变化的，是政府、市场等各种力量博弈的结果，政府可以主观定位、制定目标规划和重大项目，但必须经常性评估、反思、矫正等。

（2）区域范围界定。世界各国对于都市、城市的基本要求、划分标准等存在差异，城市、大城市与都市的界定也存在区别，出现了 City Farming、Urban Farms 和 Urban Agriculture 等不同的词汇，有的翻译为城市农业，有的翻译为都市农业、都市农作等。邓智团指出，在英语中，"City"和"Urban"都有城市的含义，但前者是管理概念，表示行政区范围；后者是功能概念，是城市功能区。通常而言，欧美发达国家的"City"空间范围小于"Urban"，我国的"City"空间范围则大于"Urban"。欧美发达国家的城市基本上都是城市化区域，城市与农村相互区分和独立。而我国城市更多是一个管理概念，空间范围包含两大战略空间"城市"和"农村"，即一个欧美意义上城市化区域的"城市"以及"城市"外围包含若干中小城镇的农村区域，城市管理着市域中的农村[②]。

各国都市农业的产生背景、实践模式、发展区域等也不近相同，有的是存在于城市市区的社区农业、零星插花状农业；有的则是存在于大城市郊区的农业；有的则包括都市化地区或都市圈内的农业。蒋和平、王晓君、朱福守等认为，根据地域范围的界定，都市现代农业分为2大类，大都市区域内部的农业和大都市区域外围的农业，当然随着城市化的推进，城乡界限越来越模糊，地域范围呈现动态变动性，其含义也将随之变化[③]。该书也认为，都市农业在世界各国广泛存在，但因不同国家的社会政治制度、经济发展条件、自然历史条件差异较大，发展的动因各异，发展演变的历程各不相同，形成了各具特色的多种类型。

中国已经实行了很长时间的市管县制度，乡村地区基本都被纳入了不同层级的城市

[①] 蒋和平，王晓君，朱福守. 我国大中城市都市现代农业发展模式研究[M]. 北京：中国农业出版社，2017.
[②] 邓智团. 深刻认识中国城市特色构建城市发展新格局[J]. 上海城市管理，2020，29（2）：2-3.
[③] 蒋和平，王晓君，朱福守. 我国大中城市都市现代农业发展模式研究[M]. 北京：中国农业出版社，2017.

管辖，具有上下级的行政隶属和服从关系，在资源配置、城乡融合交流与产业功能的影响作用机制等很多方面与法国、日本、美国等不同，都市农业的边界问题常常被混淆，也使得都市农业区域范围很难界定。另外，城市市区的绿化是否属于农业也存在区别，有的国家林业不属于农业范畴。这些都需要在研究与实践中充分考虑，并随着认识与实践的深化而逐步明晰。从长远趋势看，立足于都市所辖范围以及所在都市圈发展农业应当是未来思考都市农业发展问题的基本区域范围，而不是城区、近郊区或远郊区单一区域，这是信息、交通等技术发展，需求与供给突破任何区域限制的客观趋势要求的。

(3) 都市农业的特征。都市农业的特征认识是科学有效地评价监测都市农业的基础，由于内涵、边界的理解不同，加上现代化的要求、区域差异大等原因，导致对此问题的认识呈现多层次多元化，很多著作都对此有过分析，达成一致难度较大。作者也曾从几个角度进行了思考指出，区位特征与都市关系紧密、受都市发展各种影响较大，价值目标与功能特征是城乡一体、多功能协调与显性化，经营内容特征是以种植业为主体的复合型、多元化，经营组织特征是家庭经营基础上的企业化、园区化、规模化，市场特征是主要面向所属都市[①]。

(4) 思考都市农业的思路方法。主要表现为主观性过强，理想化以及以点带面普遍，追赶现代化或者显示水平的情结严重，违背基本常识和规律被称作创新。例如，有的认为"都市农业是现代农业的高级阶段"，有的把都市农业看作原始农业—传统农业—现代农业之后的一个阶段，有的把都市农业称作农业发展的第五次浪潮等，其依据标准等方面不科学严谨，违背基本的科学逻辑思维要求。这种特点也表现在对都市农业的功能与产业等方面的认识上。同时，对都市农业用成本、效益、市场等理论分析工具去解释是很困难的，仅仅基于一般简单的逻辑推理去解释也存在很多弊端。因为中国各级政府的主导性很强，必须将其放在全国农业、城乡关系发展的大背景下思考，更要从工农关系、农业特点或特性的角度及其功能性的角度思考。

2. 城市、城市化与城乡关系的特殊性

都市农业发展与城市化的相互关系表现在资源利用与环境保护的相互影响，就业及劳动力流动的相互影响，产业及科技、资金、人才等发展要素与发展环境之间的影响，市场的相互依赖，文明、文化功能的影响，整体形象和发展环境的相互依存性[②]。与中国都市农业相关的城市、城市化与城乡关系等具有特殊性，对都市农业的实践与理论认识有很多重大影响。

(1) 城市范围职能与城乡关系的特殊性。邓智团指出，与欧美发达国家城市相比，我国城市在空间范围、人口管理、土地管理和行政管理上存在明显不同。一是包含农村的城市，城市更多是一个管理概念；二是户籍制度中的城市；三是用地管理中的城市；四是行政等级中的城市。等级化的城市行政管理体制，使各个行政等级的城市拥有不同

---

① 陈宏毅，于战平. 都市农业规划与经营[M]. 北京：中国农业出版社，2011.
② 齐永忠，于战平. 中国都市农业发展的战略走向与发展思路[J]. 农业经济问题，2006，(4)：67-69.

的获取资源分配的权限，高行政等级城市获得资源的能力更强，行政等级也可能决定资源分配的走向①。例如，在一个城市农业用地管理之中，以城市为中心的城市土地空间规划制度，政府的非农化主导作用造成农业的脆弱性强等。

更为特殊的严重问题是长期的城乡分割制度和城乡各方面的巨大差距导致城乡融合发展、农业农村优先发展的具体落地需要很高的智慧、先进的理念和很强的执行力。中国的城乡壁垒与差距更多是政策与体制导致的结果，很多已经形成惯性依赖或者是思维定式，突破难度大。我国城乡对立、工农对立仍然很严重，体制内与体制外、脑力劳动与体力劳动等方面区别是很多社会问题的重要原因。真正有情怀愿意从事农业的较少，认识并支持农业和乡村多元价值的人不多，乡村旅游与休闲对大部分人而言与其他旅游娱乐无异，类似于发达国家当农民干农业有尊严高收入的文化氛围和格局远未形成。欧美、日韩等国家在工业化城市化中的城乡差距则更多是经济规律和社会发展规律推动的结果，并通过农民组织和国家政策保护农业生产者利益等，工农关系、城乡关系基本协调。

（2）城市化"摊大饼"以及"城市群（圈）"的特殊性。21世纪以来的20年也是城市规模大扩张的时期，即使2014年实施《新型城镇化发展规划》，但仍然大量存在粗放式扩张，尤其是中心城市、县城、乡镇等。地方政府有很强的发展冲动与自主权，大量占用农田，毁掉很多重要的农业设施，造成大量的浪费；乡村的人口看不到发展的潜力和前景造成涌向城市，形成"中心城区+卫星城+小城镇"扩张模式，进而形成行政区划范围内的"城市群"，以及基于市场机制和合作机制的更大范围城市群，如长三角、珠三角、京津冀等，其发展的内在机制、趋势等差异较大。这些都将赋予中国都市农业更加丰富的内容。

（3）城区内部建设与管理的特殊性。中国特殊的人口多、土地短缺以及土地产权制度、城市化历程等不同于欧美、日本等，在城市建筑设计、空间安排的理念和技术规范中没能大规模像其他国家留下一定的空间发展城市社区农业、屋顶农业等；城市管理对绿化美化、环境、建筑、空地使用等的要求也难以大规模发展城市社区农业、屋顶农业；城市园艺仍然遵循的是"整齐、美观"要求，城市就是居住工作的空间，而不能成为真正与自然交融的空间。有些地方也有试点尝试，但大规模推广可能性不大，也需要技术支持以及市民的素质能力的提升。如成都的社区组织主动引进农园，利用闲置的小块地种植，将餐厨垃圾发酵等作为肥料，有关的区发改局专门立项试验示范推广等。

3. 体制机制与政策制度等特殊性

对中国都市农业发展影响深远的制度性和体制性特点很多，这也是难以模仿其他国家的重要因素。前文已有一些论述，在此简单强调几方面。

（1）中央和省市级政府主导作用突出，市场经济体制不完善以及农业生产者组织影响力有限。政府的主导主要因为行政管理体制及其权威、财政资源支配权，土地资源的

---

① 邓智团. 深刻认识中国城市特色构建城市发展新格局[J]. 上海城市管理，2020，29（2）：2-3.

用途管制以及规划、政策权等。市场失灵问题导致的农产品价格较低，国家干预维持物价稳定的政策与行政体系的干预，尚未完全形成自由流通以及稳定收益产业，大宗农产品的价格维持稳定并在较低水平。尤其是对城市政府的粮食安全、菜篮子安全、生态环保等"三大责任考核"要求制度，对领导的决策要求产生重大影响，有些地方政府在本市之外建立"飞地农业""合作农业基地"，这不是基于市场行为，而是政府行为。因此，中国都市农业的分析不完全是自然演化，地方政府的作用更突出，甚至忽视农业农村发展规律的行政命令、"瞎指挥"等现象在一些地方大量存在，代价沉重。

地方政府的农业行政管理、政策决策者、决策机制及其科学性、合理性、有效性等体现地方政府行政管理的能力和水平。实际中，地方政府的预测决策出现2种基本状况：一是较客观准确预测判断未来趋势，因势利导，准确定位，财政资源、社会资源等高效配置利用，浪费损失较小，都市产业有序发展更替，农业功能充分发挥。二是预测与决策失误，或者反复变化更改的不确定性决策，难以形成符合规律的有序发展。例如，在处理都市农业的粮食生产与发展高效经济作物、环保与发展畜牧业保自给等政策反复，这在不少城市都出现过。其原因很多，对都市农业的认识存在偏差，理想化、高大上以及跨越式追赶的现代化情结是政策制定者的普遍问题，而相关的研究未能提供科学的依据或者未能说服决策者做出正确决策。再如，对于发展休闲农业的配套建设用地要求及其规定执行中简单粗暴、"一刀切"、不科学合理等导致在"大棚房问题"整治中经营者损失很大，影响发展信心；"环保风暴"中出现的一些生猪养殖场被关闭影响了猪肉供给，对于都市农业中的生态环境功能与产品自给率、环保要求等之间的动态平衡关系缺乏科学决策，简单关闭了事，都是制定与执行政策中存在的问题。

（2）地区之间的竞争性关系主导，区域差异较大，合作协调性与合力不足。中国有着特殊的行政管辖体制以及城市之间的关系，党中央集中统一领导下的地方党委政府负责制，省市、区县级党委政府的自主权很大，其发展水平、财力、理念和政策、行政管理水平等差异较大。财力雄厚的城市农业农村投资力度大，整体的行政体系素质水平高。中央对地方要求考核、官员升迁等也给地方政府更多发展动力，地方之间的竞争乃至"攀比"影响巨大。同时，各个地区为了加快自身发展，都制定了很多扩大生产的计划，导致结构低水平重复，产能过剩，价格收益较低，对农业影响巨大。

三、新时代中国都市农业发展与研究展望

本部分主要对新时代中国都市农业发展的一些思路性和趋势性问题思考并提出观点，目的是希望能够逐步回归都市农业的"本源"问题，矫正以往的偏离，促进新起点上实现新发展。

1. 新时代中国都市农业发展的新背景新要求

对都市农业发展影响巨大的时代背景和要求主要表现一是宏观战略方面。新时代是全面建设现代化强国的时期，乡村振兴战略要求的城乡融合发展、农业农村优先发展，生态文明战略、文化强国战略等加快实施，乡村多元化价值及其开发利用将发生较大变

化，城乡融合的第六产业等可能成为都市农业发展的重要方式，如社会生态农业CSA模式。二是新技术新模式方面。互联网、大数据、智能化、区块链等现代信息技术和现代生物技术将不断创新并逐步应用于农业，农业发展方式与效率可能发生较大变化。现代交通运输网络、冷链物流技术以及加工技术、设施农业技术发展，将进一步打破"时空限制"，乡村农业与都市农业的边界进一步模糊乃至消失。新业态、新模式不断创新发展，都市农业"乡村化"，休闲农业发展、高质量农产品生产的乡村优势更多（如果不考虑行政管辖区域的话），冲击以往格局。三是需求方面。以国内大循环为主的国内国际双循环格局与要求下，都市农业与乡村发展必然要承担更多职责，比如增加农民收入等。人民对美好生活的向往，对高质量的农产品、休闲农业、体验农业以及康养农业的需求不断增长，关键是如何供给等。四是改革深化方面。随着改革的深化，阻碍城乡要素流动与不合理配置的障碍将逐步清除，以中小城市和镇为重要载体的城镇化仍将不断推进，新型城镇化、健康城市、健康生活等要求重塑城乡关系、工农关系。五是国际化新理念方面。在发展过程中，国际上的一些新理念，如动物福利与农业伦理，食物里程与地产地销，"慢食"运动，阳台农业等也将会逐步地被认识并实践。六是新常态与经济增长宏观景气方面。受制于大城市的功能区划，农业发展"脆弱性"明显，需要大量的财政扶持，正如过去20年的发展。但新常态地方财力增速放缓，不确定性增多，地方政府一般无足够财力、强烈意愿花巨资建设高水平的"非盈利性农业产业"，尤其是农业增加值在部分城市继京沪之后也可增速下降、停止增长乃至绝对下降，农业土地资源很可能仍然会更多地让位于非农发展，或者被逐步蚕食等。

这些新背景也是都市农业转型发展的新起点，对都市农业提出很多新挑战和新要求，需要在以往的发展基础上，在宏观微观等各方面协同创新。例如，切实做到将"多功能性农业"纳入"都市空间功能区"，发展有农的"田园城市""生态城城市"，尽快矫正工业化资本主导农业的理念做法，回归"农业本体价值"。不但作为生产产品，而且作为一种社会存在、生活方式、社会联系、社会文化、人与自然和人与人的和谐相处之道，充分关注小农户生存方式及其多样化价值。要促进物质产品价格主导竞争向农业综合价值实现，农业多功能开发由单一向整体，由浅层向深度，由市民与村民分割向互助互动和参与体验等转变，实现农业的多层次、多角度、多样化价值。要由农业提供"优质价廉物美的农产品"定位向实现"农业完全成本价值"付费的理念转变，使农产品的生态成本价值、高品质价值和社会成本价值得到补偿，附加的文化创造、便利性、新鲜、安全、美味等消费升级价值增值提升。

2. 新时代都市农业实践的新矛盾新难题

新背景与新要求必然产生都市农业实践中的很多新矛盾新问题，有些是战略性宏观性的大问题，有些是实践中的具体问题需要发现并提出。很多研究都提出了很好的分析和结论，如一般认为的资金缺、建设用地缺、人才缺等。李强、周培（2016）系统分析了现阶段我国都市农业发展的主要问题是"菜篮子"产品供给结构问题仍然突出、农产品保障方式有待改进、农产品质量安全水平有待提高、都市农业核心能力有待提升、农民利益保护有待加强等①，并对其进行了深入分析论证。应当说，中国的都市农业发展与一般乡村农业发展存在很多相似的地方，有些矛盾具有普遍性。因为农业的自然属性、自然风险与市场风险等都相似，各类型的农业组织化整体水平相似，很多问题是长期存在的。例如供给侧结构性问题、农民增收问题、农产品质量安全问题，其内在机制与政策制度原因相似。这些问题与新阶段都市农业的新特点新要求交织，延伸出很多的矛盾，这也是在实践中迫切需要解决的大难题。

我们认为，新时代都市农业发展需要尽快进行顶层的思路与战略设计，采取措施解决好以下矛盾或问题。

（1）高质量农产品供给与有效需求的矛盾。劣货驱逐良货、高档有机绿色农产品的信任危机等导致"衣食住行"中最关键的"吃"不安全，成为健康中国要解决的重大问题。城镇居民的收入消费水平提高很快，恩格尔系数低于30%（考虑到中国储蓄偏好、农产品价格低等不同，一般家庭实际食品支出在家庭消费中比例应该低于20%），专家测算城市中产阶级比例40%多，大部分城市市民的收入足以支持较高的农产品价格，但现实中难以实现，有效需求不足。农产品维持低价格低收益，绿色高质量发展转型永远难以实质突破。如何摒弃这种追求"廉价"理念和政府行为是重大问题（物流流通环节成本高，市民感觉农产品价格高等问题也需要创新解决）。与城市住房支出、学生课外辅导支出、美容美发等相比，农产品价格及其在家庭支出比例要小得多，这是我们保证农产品长期低价而形成的价格体系、分配体系的问题，是对解决"民以食为天""粮食安全问题"缺乏与时俱进的系统性变革的结果，需要战略与政策研究者、实践者提出系统长远的顶层设计持续推进，否则转型很难实现。

（2）农业多功能开发的文化教育形式与内在价值要求不协调的矛盾。休闲农业的文化传承教育具有多重重要价值，更主要的是培养一大批有"三农"情怀的"新农人"的重要社会文化基础和纽带，也是重塑城乡关系、工农关系，让农业成为体面的、令人尊敬职业的重要活动。农业缺乏有情怀、有技术、有能力的"新农人""职业农民"是大问题，这既需要精准高效的培训以及保障收入的保险、社会保障制度配合，更需要在全社会尤其是从幼儿小学开始培养农业劳动精神文化、自然生态文化、食农文化等。向日本乡村游学以及美国的"4H俱乐部"学习，从文化之根上培育引导。需要改变目前的休闲旅游农业注重形式效果的现状，更加注重农业文化精神之"魂"、自然生态科学之"魂"的传播与人才培养，在学农教育中发展各种深度系统的长期实际体验、研学等模式。但在现存的"高考指挥棒下"以及教育体制下，文化观念的转型难度大，需要系统改革。

（3）农业科技创新与高等教育人才培养的供需矛盾。这是全国性的老问题，科技创新与推广应用效率虽有提高，但问题尚未根本解决，需要持续创新。代表未来都市农业乃至全国农业新生力量的新农人、农业投资者、农场主中很多没有农业专业背景。农业本科人才的培养是现代农业建设的人才供给主体，历史与现实中存在大量的农业院校本

---

① 李强，周培. 都市农业的自然演化与结构优化[M]. 北京：科学出版社，2016.

科毕业生非农就业等客观事实，其主要原因是农业对本科人才的现实有效需求不足，现实有效供给存在缺陷，以及由此而产生的困境①。据有关资料，50%以上的新农人未学过农业或从事过农业，但 70%以上的农科本硕毕业生不从事农业，造成了巨大浪费。在大众创新创业与都市农业高质量发展的新时代，必须采取多元化路径、系统策略和政策逐步扭转这种困境。比如扩大定向培养、扶持农业专业硕士在职培养等，将培训补贴资源更多地用在这些方面。

（4）区域之间的竞争性关系与整体协调滞后的矛盾。 缺乏指导引领各个地区之间现代都市农业协调持续发展政策体系问题是一直存在的，包括都市农业所属城市与其腹地的关系等。从国家层面出台的乡村产业振兴的各种举措，是一种适用于指导全国，以粮食安全、食品安全、生态安全以及满足市民消费需求为核心的发展政策，仍然是鼓励各个地区围绕特色与优势竞争创新，但缺乏区域之间的协调与宏观调控，即优质特色农产品也在不断出现严重的供过于求、价格下降、风险加大等问题。面对全国农村特色产业的持续快速开发，现代都市农业的优势与劣势发生变化，包括都市农业区域与其他粮食主产区、农产品主产区之间的关系问题，在农业低效状况下，面临利益冲突，需要各地针对性采取措施，需要全国"一盘棋"的"都市农业政策体系"。

（5）都市圈（城市群）农业发展的竞争与合作矛盾问题。 在中国如果城市群是由跨省级行政区域的城市构成，会出现很多比较突出的协调问题，如长三角、京津冀等。研究多年的农业合作似乎理论和实践进展都不大，目前基本上属于市场竞争性的（甚至是地区政策不同的不公平竞争），所谓的"协同发展"，更多地停留在制定规划、需求强烈的统一制度以及生态、交通等基础设施方面，科技创新和人才培养联盟等"软形式合作"方面，具体实践中的产业发展合作机制急需深化，比如区域产业结构效益不同的利益差距如何协调等。目前研究较多的是定位、现状评价（竞争力、效率、协同）、模式与政策或战略等，农业产业协同发展的内在机理与实操性政策举措研究滞后。

（6）有限资源在多功能多产业发展之间的配置矛盾。 这也是一直存在且广为诟病的问题。一定区域的耕地资源、财政资源等是有限的，需要在多个产业、多种功能以及国家要求、地方政府政绩目标要求、公共利益、生产经营者利益等多方面进行配置和平衡。现实中的矛盾冲突很多，如粮食安全、"菜篮子"保障与农户生产经营自主权、经济效益的矛盾，农业用地与建设用地、生态红线与收入矛盾，财政资金扶持新型主体与一般农户的矛盾等。协调好处理好这种矛盾涉及很多复杂问题，考验政府的智慧和能力。其中关键之一就是评价资源配置利用的标准问题，核心是发展的理念问题。如财政资金使用绩效的评价，经济、社会、生态三大效益协调标准等。

（7）扶持农业新型主体与一般农户的矛盾。 包括扶持典型与一般的关系等。在财政资源有限甚至非常紧张的背景下，小农户处于边缘化状态，甚至认为要"消灭小农"。但新时代乡村振兴，农业农村的多重价值功能中就包括小农的文化价值、就业价值乃至社

---

① 于战平. 都市型现代农业建设对本科人才需求与供给的现实困境分析[J]. 高等农业教育，2009（2）：26-29.

会稳定价值等。如何在扶持新型主体提升竞争力等目标的同时，适应部分小农存在发展的需求，提供相应的社会化服务、政策保护，而不是"一刀切"地放弃乃至消灭，需要新理念新思维和新举措。把小农户如何对接到现代农业体系也是都市农业发展面临的问题之一。

（8）政府有形手与市场无形手之间不协调的矛盾。这也是一直存在但尚未有效协调好的矛盾。农业是弱质弱势产业，都市农业更是脆弱性的前沿性农业。都市农业脆弱性表现在人力资源不对等的双向性流出，土地资源的数量、质量降低，资金流动不对称，生态环境的压力不断加大；农业劳动力的机会成本不断增大，农地的机会成本不断提升，农业资金的机会成本保持高增长等基于机会成本的都市农业脆弱性原因[①]。发展都市农业更需要政府发挥作用，但如何发挥作用，在市场经济体制下市场的无形之手与政府有形之手如何协调，避免出现"双失灵"或"政府失灵"，仍然需要艰苦的探索。过去的经验教训很多，需要不断反思。可以说，衡量都市农业发展的绩效如何，主要看政府如何作为，包括地方政府以及中央政府的政策如何发挥作用。

3. 新时代都市农业理论研究的新课题新思路

都市农业发展的新背景面临的新矛盾也给研究者提出了很多重大课题，当然有些也是过去就存在但尚未重视或者急需突破的难题，在此仅提出几个不成熟的课题。

（1）中国特色都市农业发展分析框架与范式研究。虽然一些研究指出了都市农业涉及经济学、管理学、社会学和生态学等四大学科的几十个经典理论[②]，但如何构建系统分析框架，尤其是加入了政府行为变量、地方之间相互竞争性影响变量后的系统体系研究欠缺。可以从不同的角度建立分析框架，例如功能、地域、城乡关系与地区、地理、产业、环境（生态）、生产主体等建立系统分析框架。尤其是中央政府、地方政府与市场的作用机理等与其他国家不同，需要借鉴社会学、政策学、政治学、管理学、生态学等多学科理论方法，协同分析深入研究。

（2）都市农业发展信息统计体系与评价体系构建。信息体系不完善、信息不全面、不准确等问题不但影响都市农业发展的决策，更影响到理论研究、发展进程监测考评。自提出都市农业后，就一直探索评价指标体系和方法，目前也有过几套指标体系，但因为信息数据严重缺失导致迫不得已用一些可得数据的指标替代，学理性、科学性以及可信度不高。如果没有信息体系的前提性工作基础，建立评价指标并进行评价的实际价值就很小，不如用一般传统方法研究具体的实际问题。建议根据都市农业的内涵特征等研究构建理论上的反映发展状况的指标体系，倒推相应的统计信息体系建立。同时建立相应的评估规范，尤其是农业多功能性的生态环境价值、社会价值、城乡关系与城乡融合的评估规范等。

（3）都市农业发展规律研究。这是一直在探索的问题，但似乎没有发现真正的有价

---

① 曲福玲,于战平,陈宏毅. 都市农业脆弱性的形成原因和健康发展对策[J]. 农业现代化研究,2011,32(3):288-291.
② 北京农学院. 北京都市型现代农业理论发展与实践创新[M]. 北京：人民出版社,2016.

值规律。其分析的思路可以是与都市农业发展相关的生物学与生态环境等城乡关系变化、经济与产业、技术创新、社会与文化、组织与管理（包括空间布局、区域协调）等规律，产业发展系统动力规律，区域差异化规律，与一般农区关系演变规律等。更进一步，可以延伸为对都市农业发展模式的研究，因为其分类的角度多，提出了几十种模式似乎都有道理，但学理性的提升、内在机制的概括等欠缺。

（4）中国特色的城镇化体系下都市农业发展演变研究。一方面是中国行政管辖体制下（市管县）的区域都市农业发展与城镇化发展进程中的空间规划、资源配置、利益协调、产业功能协同等，另一方面就是都市圈内各区域的农业如何协同发展问题，主要是通过对现实中协同发展的现状、方式模式、典型经验、障碍问题、政策诉求等研究，总结规律，提出协同的推进机制和政策等。

（5）中外都市农业比较研究。重点是与都市农业发展的典型国家研究团队合作，深入比较分析中国与这些国家在都市农业实践与理论、政策等方面形成的深刻历史演变、文化、政府与市场主体发展的内在机制等方面的不同点，为中国都市农业发展提供系统的历史借鉴。

（6）都市农业发展中的政府与市场机制协调研究。该问题涉及很多的具体问题，也是农业经济发展中要重点研究的问题。例如进出口的调控问题，农产品价格体系和价值体系问题，地方政府之间在农业发展方面的竞合关系问题，政府行政管理体制改革问题，农业政策的评估体系问题等。关键是研究思路与范式转变。以政策科学评估问题为例，田代洋一指出，作为政策的各项要素，可以举出前提、实现条件对象、目的、手段、交易费用、影响（作用）、评价等，其中要特别注意的是前提、目的、手段的关系。这是因为政策的目的和手段常常被政策将其视为前提的东西事先决定了，而前提的设定又深受立场（价值判断）的影响，政策中混入了价值判断后，作为科学所应有的"客观性"受到了损害。争论者该先明示各自的前提，理解后再进行争论，在此基础上的目的与手段的协调性分析才具有科学的生命，对政策实施情况的分析也很重要（政策基础、接受程度、影响、反作用）①。

第二节　天津都市农业发展 20 年实践与反思②

一、天津都市农业发展历程与现状

本部分是对天津现代都市农业的划分及其做法、特点的总结，主要从政府推动现代都市农业发展的主要理念、政策举措和发展结果等方面概括，以期为现代都市农业理论

---

① 田代洋一. 日本的形象与农业[M]. 杨秀平，王国华，刘庆彬译. 北京：中国农业出版社，2010：9-17.
② 本部分是在"2015 年农业部农业农村资源信息预警项目——天津现代都市农业发展模式评估"的成果报告基础上，结合"十三五"发展进行补充、延伸和完善。

和实践提供参考。

1. 天津现代都市农业发展阶段性主要举措

从1984年至1995年，天津总体处于城郊农业阶段，在城市郊区大力发展以"服务城市、富裕农民"为目标的鲜活农副产品生产。从1984年开始，提出发展以"菜篮子产品"为主的城郊型农业，蔬菜播种面积大增，各种类型的大棚设施开始发展，到1998年菜田面积发展到129.6万亩，菜田面积占作物总播种面积的比重由1978年的5.4%上升到15.3%，产量由122万吨增加到505万吨。自20世纪90年代末，天津开始研究探索都市农业问题，从政府推动主要措施变化的角度，可分为三个阶段。

（1）都市农业探索阶段（1995—2005年）：理论准备与多点切入探索，农产品生产供给功能居绝对首位。 20世纪90年代后期，发达地区率先基本实现农业现代化要求以及都市农业的理念、定位等在发达地区引起政府、理论界和实际工作者的极大兴趣。天津市政府于1999年8月2日通过了《天津市率先基本实现农业现代化实施规划》，提出"发展都市型农业是建设现代化大都市的客观要求，到2010年是天津农业由城郊型迈向都市型农业的重要发展时期，要合理配置资源，推进城郊型、滨海型、都市型农业发展，加速天津现代化农业结构布局的调整"。根据天津市沿海及港口优势特点确定为建设"沿海都市型现代农业"，2010年左右政府文件不再采用"三型农业"，而是定位命名为"沿海都市型现代农业"，某种程度是为了区别于其他城市定位，并提出了保障城市副食品供应的经济功能、生态功能、休闲观光功能和辐射带动功能等总体功能定位。在实践中主要是增加农业科技投入、促进农业产业化、加强农村基础设施建设等方面的资金和政策扶持，地方政府、市场主体不断探索各种模式，例如农业园区、休闲农业等。但总体发展缓慢，针对性、系统性较强的激励政策欠缺，组织化推动相对薄弱。1997年天津开始第一批7个园区建设，市政府1999年和2000年为6个园区挂牌为"天津市现代农业科技示范园区"，1999年始建天津市农业高新技术示范园区，2001年批准建设津南国家农业科技示范园区，到2003年发展到46个现代农业园区。同时，观光旅游农业开始起步，曹庄花卉市场、津南国家农业科技园区、蓟州区毛家峪长寿度假村等一批休闲农业项目相继建成，2005年国家旅游局公布首批全国农业旅游示范点203个，天津共有4家。

在这个阶段，1997年亚洲金融危机的影响，推动农业结构战略性调整、促进工业化城镇化转型发展，天津农村工业化和城镇化进入集约化、按规划发展阶段，开始乡镇企业二次创业，改变传统的乡镇企业分散发展模式，经济技术开发区、工业园区成为工业化的主要模式。2004年起，市财政建立小城镇建设专项资金，2005年城镇体系规划基本确定，并开始了"宅基地换房"推进城乡统筹，之后称为"宅基地换房"建设示范小城镇的"三区联动"模式。

（2）现代都市农业产业与功能全面建设阶段（2006—2015年）：政府有组织全面推进设施农业园区化与城乡统筹建设新农村，形成多样化发展模式。 从2004年中央一号文件开始明确了把增加农民收入、扶持保护农业、发展现代农业以及建设新农村、城乡统筹一体化作为"三农"工作的主线；2006年的中央一号文件对现代农业建设进行了系统的部署,明确了农业现代化的内涵、特征和路径;2007年提出了城乡一体化建设新农村发展现代农业,《农民专业合作社法》颁布实施极大地促进了农民专业合作社的发展等。

根据中央部署,结合天津现代都市农业发展要求,市政府有组织地采取系列措施。一是实施"三区"联动统筹"四化"发展战略。以2005年东丽区华明镇"宅基地换房"试点为基础,按照"农民居住进社区、工业生产进园区、农业生产在园区"的发展思路推进"三区联动"统筹发展,实现农村城镇化、工业化与农业现代化、信息化"四化"协调发展。重点实施4批54个示范小城镇试点建设,2015年基本建成25个示范小城镇,有60万农民享受到城镇化发展成果。二是实施"4412"工程和设施农业提升工程。2007年8月提出、2008年实施设施农业"4412"工程(4年时间建设40万亩设施种植业与12个现代农业示范园区),采取"行政推动+市财政补贴引导+地方政府规划与补贴+农户(或集体、合作社、企业)自主投资"的基本模式发展设施农业,采取"企业(合作社)+政府规划和财政支持+基地"的基本模式发展农业园区,政府出台相关扶持政策和建设标准规范引导。2012年工程完成后,启动实施"设施农业提升工程",到2015年对"4412"工程建成的20万亩种植业集中连片的日光节能温室和农业示范园区、113个现代养殖园区进行全面改造提升,建设40万亩放心菜基地;启动2个现代高端畜牧产业园区和10个精细畜牧养殖园区建设,计划再用4年时间建设70个现代渔业园区。三是实施现代种业基地建设和农业物联网区试等农业高新技术产业建设工程。2008年印发《天津市农业种业基地建设意见》,提出建设优质高效蔬菜、优质粮、猪、奶牛、淡水鱼类、海珍品水产、花卉、林果苗木、食用菌和转基因棉花十大良种繁育基地构想;2009年印发《天津市农业种业基地建设贷款财政贴息专项资金管理办法》(2015年3月修订)。2013年在农业部支持下启动了农业物联网区域试验,实施农业物联网"一二三四五"工程,即构建1个天津农业物联网平台,建设不同专业、不同层次的农业物联网核心试验基地20个(推广示范200个),建立研究开发、集成示范、应用推广3种类型农业物联网展示窗口,探索产学研用创新、农业企业运作、家庭农场经营和区域整体推进4类农业物联网应用模式,取得农业物联网应用标准、产业研发和经营主体、技术服务队伍、物联网产业发展协同体系和农业物联网应用天津模式在内的5个方面成果。四是实施农业功能拓展工程。2008年正式启动农村旅游业发展"百千万工程",建立旅游特色村专项扶持资金,农业休闲观光呈现快速增长。2013年出台《天津市休闲农业园区和村点认定暂行办法》,认定5个天津市休闲农业示范园区、120个天津市休闲农业示范村(点)。同时,提出实施农产品加工"6211"三年提升计划,围绕粮油、蔬菜、肉食、奶制品、水产品、果品6个农业主导产业,在武清、蓟县建立2个农产品加工园区,引进提升100个农业产业化龙头企业,培育发展100个"一村一品"农业示范村镇,促进全市农业产业化发展内在质量与效益。五是实施农业新型经营主体培育工程。大力扶持发展农民合作社,制定和完善地方性制度规范,加强政策扶持,重点支持市级合作社和市级示范合作社,每年安排2000万元专项资金支持农民专业合作社;引导支持工商企业投资农业,推进以"龙头企业+农户"为主体的农业产业化经营;推进土地流转规模经营和家庭农场、土地股份合作社等新型主体发展,每年安排2000万元资金,通过土地流转试点补贴和扶持平台建设等示范带动和服务土地流转,推进农民土地股份合作社和家庭农场试点建设。六是实施文明生态村(美丽乡村)和困难村帮扶工程。从2005年开始天津市财政启动了最大规模的支持农村"文明生态村"建设专项投入计划,每年投入3500万元,2008年以后建设资金每年增加到8000万元。2013年开始,实施市级机关事业单位、国有企业对口帮扶500个困难村行动,抽调选派1998名干部,在村级组织和队伍建设、现代都市型农业和产业结构调整、清洁村庄行动、科技帮扶和促进农民增收等六个方面加大帮扶力度,制定出台《关于支持"500个困难村"发展经济的实施方案》,每个困难村除了帮扶单位扶持之外,市财政给予200万元的"一村一策"村级经济发展资金扶持。

(3)现代都市农业高质量发展探索阶段(2016—2020年):新常态推进农业供给侧结构改革与新时代开启乡村全面振兴。2016年十八届五中全会提出我国经济发展进入新常态推进供给侧结构性改革。在国家政策的引导下,天津市主要通过科技和制度创新、三次产业融合,增强生态生活功能,向绿色、协调、共享的城乡融合一体化现代都市农业迈进。一是实施农业结构调整"一减三增"计划。2014年出台了《关于加快发展现代都市型农业促进农民增收的意见》,提出了加快农业结构调整的目标和任务,计划用三年时间调减100万亩粮食种植面积,增加蔬菜、水果、花卉等经济作物种植面积80万亩(含优质牧草10万亩),增加经济林、生态林、苗圃种植面积20万亩,增加和改造海淡水工厂化养殖规模50万平方米。2015年市农委、市财政局对将粮田调整为种植蔬菜、水果、花卉等经济作物的,每亩一次性补贴资金600元(分2次发放),资金总计4.2亿元。据2017年项目结束后的有关报道[①],全市已累计调减粮食种植面积107.41万亩,增加经济作物86.55万亩;增加经济林、生态林、苗圃20.86万亩;增加和改造海淡水工厂化养殖规模51.4万平方米,有力促进了农业增效、农民增收,极大提高了现代都市型农业发展水平;经测算,全市通过调整农业结构,新增加种植的经济作物比原先种植小麦玉米每亩增收1782元,总计促农增收14亿元以上。二是天津现代农业产业技术体系创新团队建设。2016年11月出台《天津市现代农业产业技术体系创新团队建设专项资金管理办法》,2017年初优先选择启动了水产、蔬菜、生猪、奶牛4个现代农业产业技术体系创新团队建设工作,每个体系按照职责、岗位设置等给予较充足的财政资金支持。2018年初新增水稻、林果2个创新团队。2018年6大体系运行2年,开发新产品106个,研发新技术213项,申请专利208项,授权专利126项;累计引进培育新品种724个,下乡进村开展科技指导活动6458次,提供科技信息5004条,培训技术人员10771人次,培训农民30399人次;示范推广新产品新技术339项。2019年后因为财政资金紧张问题,农业产业技术创新活动推进弱化。三是开展为期三年的新一轮"结对帮扶困难村工作"。按照2020年全面建成高水平小康社会的要求,在第一轮困难村帮扶到期后,2017年8月开展了计划为期3年的新一轮帮扶工作。全市789家单位的2074名干部组成688个工

---

① 何会文. 天津"一减三增"促农强民富[N]. 天津日报,2017-12-29(2).

作组,帮扶1041个相对困难村(两轮帮扶村1541占全市3538个村的43.5%),制定了2020年实现"三美四全五均等"的帮扶目标。每个村产业帮扶资金同样为200万元,要求实现村集体经营性收入年均达到20万元,农民人均可支配收入达到2.6万元以上,比2016年增长30%以上,项目一直持续到2021年2月尚未彻底结束。四是开展"大棚房整治"。据报道[①],2018年4月份天津启动"大棚房"问题专项清理整治,对全市10.87万个塑料大棚、日光温室、连栋温室等农业设施进行拉网式排查,截至11月26日,共排查清理"大棚房"和违法违规非农设施、看护房超标问题3275个,拆除面积2057亩,其中占用基本农田拆除面积1014亩。五是强力推进生态环境整治。政府补贴出资每个村成立清洁队,实现村垃圾集中收集清理;关闭2万多家"小散污"企业,清理工业园区。整市推进畜禽粪污资源化利用,规模化畜禽养殖场粪污治理工作完成,实现畜禽粪污治理全覆盖;建设了200个种养一体、循环利用的绿色畜牧示范场,配套完成了34万亩优质饲草饲料示范基地。同时,中央、市两级财政投资1.07亿元对241个规模化养殖厂进行标准化改造。开展"厕所革命"和"农村人居环境整治三年行动计划"等。2015、2016年开始采取补贴方式推广农户使用统一的新型燃煤炉、煤球等;2017年春季开始进行全市农村大范围的"煤改燃(电)"工程,标准要求提高。六是乡村全面振兴启动。按照党的十九大提出的乡村振兴战略要求以及国家系列政策制度要求,制定规划政策、建立工作推进机制等。七是深入推进并完成村集体产权制度改革。在几年试点基础上,按照农业农村部的要求,完成了村集体清产核资、成员资格及股权确认、集体经济组织建立等产权制度改革任务,全市建立股份经济合作社3628个,经济合作社1261个,其中包含村委会代行职能1039个,共确认成员392万余人。2014年天津农村产权交易所竞价系统上线后,截至2020年11月底,累计组织完成各类农村产权交易3454笔,成交金额97.25亿元;为2095个村集体股份经济合作社提供了股权托管服务,托管村集体成员数量达235万人[②]。

另外,2018年全国都市农业发展现场经验交流会在天津举行,市委书记李鸿忠强调天津农业要以市场为导向,以科技为支撑,以融合为手段,以绿色为追求,走"高端、高质、高新"路线;原农业农村部部长韩长赋提出,以实施乡村振兴战略为总抓手,着眼服务城市、繁荣农村、富裕农民,坚持质量兴农、绿色兴农、品牌强农,着力强化科技支撑、拓展农业功能、深化农村改革,加快构建城乡融合发展的体制机制和政策体系。

2. 近20年天津主要农产品生产变化特点

限于篇幅和详细信息严重缺失,本部分主要通过透视20年主要农产品产量以及农业土地资源利用的历史变化的官方统计数据(表1-1、表1-2),总结基本特点,提出有借鉴思考价值的观点。首先需要说明几点:一是由于20年的数据较多,部分年份数据未

---

① 王晖. 天津对涉及基本农田"大棚房"整改向纵深推进[EB/OL]. (2018-11-26)[2021-01-20]. https://baijiahao.baidu.com/s?id=1618189989213294294&wfr=spider&for=pc

② 孙畅. 为村集体资源变资产、资金变股金、农民变股民搭建服务平台——天津农交所服务我市农村集体产权制度改革纪实[EB/OL]. (2020-12-15)[2021-01-20]. https://dy.163.com/article/ftskvov30534j2id.html

表1-1　2000—2019年天津主要大宗农产品产量变化　　　（单位：万吨）

项目	2000	2005	2006	2008	2010	2013	2015	2016	2017	2018	2019
粮食	124.1	137.5	141.9	148.9	159.7	174.7	184.5	196.4	212.3	209.7	223.3
蔬菜	530.6	542.7	275.5	284.5	343.9	321.7	282.7	274.4	269.6	254.0	242.8
棉花	1.8	8.4	9.5	8.1	6.0	4.5	2.4	2.1	2.5	1.8	1.8
油料	3.3	1.3	0.5	0.5	0.6	0.5	0.4	1.3	1.3	0.7	0.4
水果	28.3	27.8	30.0	29.5	31.3	27.6	32.7	32.4	38.0	39.8	35.7
肉类	29.5	57.8	36.7	36.7	41.7	44.8	43.5	45.5	37.3	33.8	30.4
奶类	16.5	63.4	62.8	65.6	63.0	56.8	50.0	50.0	52.1	48.0	47.4
禽蛋	25.6	23.5	19.0	19.4	18.1	17.9	18.9	20.6	19.4	19.9	19.4
水产	24.2	33.8	31.4	33.7	34.5	39.9	40.1	32.7	32.3	32.6	26.2

资料来源：历年天津统计年鉴。

说明：水果产量为园林水果产量（鲜果），不包括果用瓜、干果。

表1-2　2000—2019年天津主要农业土地资源利用变化　　　（单位：万公顷）

项目	2000	2005	2006	2008	2010	2013	2015	2016	2017	2018	2019
耕地	42.4	41.5		40.4	39.9	39.3	39.0	39.1	37.1	35.4	35.5
林地	13.7	19.1	19.4	19.6	20.9	22.2	25.9	28.8	29.3	28.0	
果园	3.8	3.7	3.6	3.4	3.4	3.4	3.3	3.4	3.2	2.9	2.7
作物播面	53.3	49.9	43.0	43.8	43.9	44.2	43.5	44.4	44.0	42.9	41.0
#粮食	34.6	28.8	28.4	29.4	31.1	33.4	35.2	36.2	35.1	35.0	33.9
#蔬菜	12.8	13.0	6.4	6.4	6.7	6.0	5.1	4.7	4.9	5.0	4.8
#棉花	1.5	6.1	6.9	6.8	5.0	3.7	1.7	1.3	2.1	1.7	1.4
#油料	2.6	0.5	0.2	0.2	0.2	0.2	0.1	0.1	0.1	0.2	0.1
#其他作物	1.8	1.6	1.1	1.0	0.9	1.0	1.3	1.6	1.3	1.0	0.8
水产	3.6	4.2	4.3	4.1	4.2	4.4	4.0	3.8	3.3	3.1	2.4

资料来源：历年天津统计年鉴。

说明：耕地为年末实有常用耕地，果园面积包括干果面积。

#指作物播面中粮食、蔬菜、棉花、油料、其他作物分别播面。

列入，突出重要的时间节点以及近年的连续数据，并采取四舍五入只保留小数点后一位，可能会对总体特点与趋势的认识稍有影响，可以参看详细的统计年鉴数据进一步分析验证；二是在某些时点，数据的大幅陡升或陡降，很可能因为信息来源或统计数据的调整等导致，数据前后的不一致性问题存在，只能大致参考，重点是长期趋势及规律；三是对发展规律和特点、问题等总结评价是一项系统工作，有些观点结合其他相关信息以及长期研究的积累得出。

根据需求变化不断调整优化农业结构是现代农业发展的一条主线，自20世纪90年代末提出建设现代都市农业以来，主要农产品变化特点如下。一是农业产品结构在波动中总体不断优化。在耕地减少的总趋势下，农作物种植面积也减少。大部分产品在近20

年的发展变化中,受到市场供求和价格、国家政策、非农产业发展及农业的成本效益、比较收益变化、水土资源条件等变化的影响而变化,在不同阶段都呈现过先增加后减少的趋势,或者阶段性增加然后减少。有些没有优势的作物如棉花、油料种植虽有波动,但下降明显,难以恢复(也没必要),保障多样化与补充性或自给性需求是其存在的重要价值,如发展休闲观光农业,生物多样性要求等。例如棉花生产,最高时曾达到100多万亩,之后受价格收益影响而下降。天津市发展和改革委员会曾经从2016年开始对种棉农民补贴,每亩160元左右,但受整体供求关系、价格与收益、国家政策导向等系统因素影响,种植面积一直下降,2021年开始停止补贴,其反映了市场的决定性作用。二是粮食和水果产量及林业面积总体上长期持续增加。水果年际偶有小波动,其影响因素主要是受价格影响或者"大小年"等因素,技术进步助推水果的品种品质更加丰富提高了。林业面积增加主要是对林业一直投入不小并不断增加,重视程度高,实施了国家储备林计划项目,有较好的补贴和收益,这也是生态文明的要求,城乡生态环境改善显著,林木覆盖率提高较大。三是粮食产业种植面积和产量在全国大城市中(尤其是直辖市)一直相对较高,在波动中保持较高存量。虽然经过数次的结构调整,减少低效的小麦玉米种植,但仍保持较高量。在减少的面积中,水稻种植曾经因为水资源限制、市场价格收益等影响,降低到不足30万亩,近年来实施"小站稻振兴计划"又快速恢复到80万亩,计划发展到100万亩以上。补贴扶持政策、风险小、收益相对稳定和新品种、机械化等技术进步是其主因,也反映天津农业对粮食安全贡献较大,农户发展高附加值的经济作物主动性积极性不强,非农就业机会多与不以农业为主要收入来源,全国各地瓜果菜等发展很快,市场风险与不稳定性大。某种程度反映天津的优势发挥不充分,竞争劣势充分显现。四是蔬菜产业作为支柱优势产业在波动中优化发展。满足消费结构变化的优势产业蔬菜增长明显,并经过2008年"4412"工程大力推进,设施化水平和供给能力达到高峰的100多万亩(其中60万亩设施种植),精细菜不断增多,低档大众菜(大白菜等)相对减少,总量自给率曾超过120%(季节性结构性供给不均衡,不同季节有大量外地菜供应本市)。但随着交通物流发展,外地菜供给增加,地产成本增加,价格和收益下降且不稳定,比较效益较低等,面积和产量下降,不少设施闲置。正因如此,按照"菜篮子"市长负责制的考核要求,2021年开始又计划重点抓设施蔬菜发展。五是养殖业在分化中提升优化。动物水产饲养业的企业化规模化主导明显,整体投入产出效益较高,大资本进入较多,受饲料价格、进出口以及市场价格等多重因素影响明显,不同行业表现不同,在波动中分化优化发展。天津禽蛋生产在下降一定程度后基本稳定(生产周期短,市场调节快,收益比较稳定),其他产品则是在增加到一定程度后下降,年际间有波动,近几年受到"环保风暴"和"非洲猪瘟"等影响而下降。

3. 天津现代都市农业发展水平评估及其理性认识

近20年来,天津现代都市农业取得了显著成就,不少研究通过建立不同评价指标体系对此进行评估,总体上认为天津现代都市农业发展水平处于全国"第一方阵"或者领先、先进水平。

（1）两种评价指标体系及其结论简介。农业部课题组"中国都市现代农业发展报告2015"中，采用5大类30多项指标对全国35个大中城市的都市农业发展指标进行了综合测评，北京、上海、天津的都市现代农业发展综合指数分别为83.48、81.08和79.63，位列前三位，整体处于全国领先水平。在2015年评价基础上进一步优化指标和方法（聚类分析法），2017年的报告用23个指标进行评价（分为菜篮子产品保障能力、农业生态与可持续发展水平、三产融合发展水平、先进生产要素集聚水平、现代农业经营水平5类一级指标，权重分别为0.20、0.24、0.22、0.18、0.16），上海、北京、南京、大连、天津、成都综合得分为83.26、81.40、80.04、79.56、79.26、79.00；菜篮子产品保障能力水平天津为10.49，排名倒数第二（西安为9.34），北京13.43，上海16.76，最高南宁26.59，其选用指标是主要菜篮子产品保障水平（权重6.83）、三品认证农产品产量比例（权重11），其他两个指标权重很小。

中国现代都市农业竞争力研究课题组公布了2019年《中国现代都市农业竞争力综合指数》[①]，其衡量了2019年全国各省（自治区、直辖市）省会城市（31个）、设区市（303个，不包括省会城市）的现代都市农业竞争力状况，共包括7项一级指标、19项二级指标、25项三级指标。7个一级指标（权重）为：农产品供给和质量安全（0.16），农业生态和可持续发展水平（0.18），三产融合能力（0.19），农村居民生活水平（0.15），科技化水平（0.12），物质技术装备水平（0.10），政府支持与农业保障水平（0.10）。天津在省会城市中排名第5，综合指数85.729；上海、北京、南京、广州分别为93.555、90.256、88.348、87.239；之后分别是杭州、成都、武汉、重庆、沈阳（80.15）。但天津三产融合指数与农产品自给与质量安全2类未进入前10。设区市的都市农业竞争力指数，江苏的常州、无锡、苏州、泰州、南通、镇江、扬州等7市的指数分别为89.785至86.341，指数在80以上的有34个（包括山东潍坊、威海、东营等）。

（2）对天津都市农业发展评估的几点思考认识。对区域现代都市农业发展水平评价问题应当客观理性认识，其在某种程度上可能能够反映真正的水平，但具体的差距和问题则难以充分体现。第一，评价指标体系及其方法、数据等方面可能存在缺陷。都市农业、现代都市农业的内涵及其特征的理解并未一致，其主要标志及其如何衡量评价尚没有精准的指标，很多数据也存在解释力不够等问题，现有的对都市农业评价指标体系与评价其他地区并没有较显著区别。第二，不同城市存在特殊性，区域农业发展、都市农业发展特殊性更明显。无论都市农业还是乡村农业的发展都遵循基本的自然生态规律、经济社会规律，目前为止尚未得出现代都市农业普遍适用的特殊规律。不同地区的自然资源及其农业类型、消费习惯及能力、政府财政实力不同，大城市与一般中小城市涵盖的乡村范围不同，其发展差异较大。大城市的现代化农业评价水平高，重要因素是农业规模相对较小，但物质资本投入较大（包括设施化水平），科技人员资源较多，产出的产品附加值较高（包括加工、休闲农业的采摘与餐饮增值、景观增值等），管理水平相对较

---

① 吴方卫. 中国现代都市农业竞争力综合指数[J]. 上海农村经济，2020（8）：8-15.

高，整体水平也较高。但与乡村农业相比，就某产业生产经营者的技术与管理水平而言未必高，大部分乡村专业化规模化特色农产品生产区的精细化水平很高，这是他们收入的主要来源。尤其是如果按照投入产出计算，现代都市农业的效率和效益未必高，但在评价指标体系中未能充分体现，投入高反而是水平高的重要标志。正常状态应该是，随着社会经济发展，乡村农业与都市农业的物质装备、科技水平等应当一致。第三，不同城市的政策执行存在较大区别。这既可能是国家对不同城市发展定位的要求，但也可能是地方政府及其主要领导的理念和创造性执行国家政策的水平差距，这是"央地"矛盾的一种体现。例如耕地非农化占用以及粮食播种面积问题，上海、北京的耕地面积、粮食面积大幅度下降，而天津降幅相对小得多，政府重视粮食安全丝毫不亚于粮食主产区。第四，天津农业与先进地区在很多关键性指标和标志方面存在较大差距。天津现代都市农业经过20年的加快推进发展，目前总体上呈现多样化、多层次并存的复杂格局，行业、区域差异明显，存在很多落后方面。主要是天津的财政支农与京沪相比差距很大，但农业用地、耕地和产出规模要大很多，北京上海的农业增加值已经连续几年下降，天津仍然处在上升阶段。即使是在天津财政支农资金较好的2017年，天津农业增加值174亿元，相当于北京的 1.45 倍；市级财政直接扶持农业发展支出 12.86 亿元，仅相当于北京的32%；农业科技转化推广服务支出19125万元，相当于北京的58%。在农业产业化、园区建设、休闲农业发展、农民收入等方面远低于京沪，农民收入也低于宁波等城市。2017、2018、2019年宁波的农民收入分别为30871、33633、36632元，分别比天津高出9117、10568和12548元，差距拉大；宁波市2019年所有村集体经济收入均达到30万元以上，其中经营性收入达到10万元以上。再如北京于2017年6月起开始现代农业产业园的创建工作，截至2020年3月，已开展9家现代农业产业园的创建工作，远高于天津。第五，都市现代农业发展水平还应当体现在行政管理体系方面，其与产业发展的成果有一定的相关性和因果关系。这些方面虽然很难定量化评价，但可通过其他途径透视分析。例如，信息化时代可分析对比农业农村委门户网站上的信息内容，其体现整个农业行政系统的管理理念、工作方式方法、科学性和有效性。全面系统的信息来自农业系统自下而上的高效运行，信息全面准确、公开及时、实效性权威性强，整个系统处于正常高效运转，为科学决策、有序管理奠定基础，减少各种无效浪费。浏览北京、上海和宁波等很多城市的政府涉农信息网站就会发现其与农业现代化水平的相关性和管理水平，天津则逊色不少。

二、天津发展现代都市农业的主要特点与模式

1. 天津现代都市农业发展的主要特点

总结天津近 20 年都市农业发展，有以下基本特点：一是政府主导作用突出，但市场是决定性持久力量。在20年的发展中，与全国其他地区一样，天津市政府的财政资金项目、补贴政策等对都市农业发展起到重要引导作用，政策项目及其力度是投资者、生产经营者决策的重要"风向标"。政府的措施短期可能有效，但长期未必能达到预期，取

决于政策的科学性、精准性、针对性以及政策力度与生产经营者的要求、市场规律的协调程度，最终决定产业发展的是"市场"，市场竞争中市场主体生产经营的选择与能力水平。农业产业发展中的波动就是这种规律的体现。由于政府财力不足导致的扶持力度相对小以及公共服务与管理体系不健全等原因，有限的财政资金效果大打折扣，一些农业园区项目未能达到规划设计要求。二是农业发展与区县发展水平紧密关联，区域差异化明显。区域城镇化工业化程度与农业现代化水平高度相关，农业水平与农业所占的比例或农业总量是反向关系。区县政府财力不同，对农业的投资、补贴力度不同，能够承担的农业项目的水平不同，城镇化水平不同等导致现代都市农业发展水平有一定的差异。滨海新区以及环城四区的城镇化工业化发展迅速，农业用地和农业在经济中的比例大幅下降，农业基本上走向了园区化、设施化，生态环境与休闲观光功能突出。其他区是天津粮食主产区和菜篮子产品主产区，在发展现代都市农业方面既有共性又各有特色。如武清区作为国家现代农业示范区整体发展水平较高，蓟州区依托山地森林资源发展"农家乐"等休闲旅游，形成了一批"一村一品"特色专业村镇和特色产品等。三是市场开放程度高、竞争压力大，区位优势下降。如果说20世纪天津的鲜活农副产品主要依赖本地，大都市农业生产凭借这些区位优势能够获得较好的经济效益，但经过近20年的农业结构战略性调整、市场经济改革以及交通运输、物流、互联网电子商务的迅速发展，全国市场已经完全是一个互联互通的大市场，农产品滞销卖难或价格上涨具有全国性，并受到国际市场进出口的严重影响，开放型农业体系基本形成。专业化、特色化以及远离城市的良好生态环境等更成为广大农区、山区农产品的主要竞争力，更能满足消费者的多样化高质量需求（包括观光休闲农业）。天津农业在发展中面临的劳动力价格高、机会成本大以及兼业化、副业化等劣势抵消了理论上的优势。从农产品出口的角度看，天津的口岸优势、加工基础以及技术等优势明显，曾经的蔬菜、特色农产品等出口较好。1991年天津尚有12种农产品出口创汇1亿美元（其中冷冻虾出口每年2000万美元），但现在已经很少了，传统的酱菜、板栗、红小豆等特色农产品出口现在几乎没有。2000年出口蔬菜（加工品）4425万美元（1999年9554万美元），与定位越来越远。另据有关资料显示，天津2005年农产品（初级产品）出口额只有520万美元，2007年400万美元，2008年约600多万美元[①]。近年来，只有零星报道的地产农产品出口信息，例如，2019年10月至2020年6月之间武清区石各庄镇敖东村的金果梨出口1344.3吨，货值147.9万美元。四是农业多功能价值日益凸显，休闲观光功能开发广受关注。休闲观光农业被作为都市农业的标志性产业和前途所在发展迅速。自2008年正式启动农村旅游业发展"百千万工程"后，休闲观光农业呈现快速增长。2018年底，休闲农业已打造精品线路9条、中国美丽休闲农业乡村16个，全国休闲农业和乡村旅游五星级园区15个；自主认定15家天津最佳休闲农庄、243个休闲农业示范村（点）和22个休闲农业示范园区。

---

① 获得天津地产农产品及其加工品出口数据，部分新闻报道以及研究将天津口岸或经过天津市企业出口的农产品作为天津农产品出口是不正确的。

2. 天津发展现代都市农业的主要方式

天津现代都市农业发展进程中，在各个领域探索发展着多种方式，其中有的已成为（或将成为）特色模式，有的则在其他地区也存在。在此仅作全面概括并简要介绍，部分重要的将单独作为一章介绍。①发展高效设施农业。主要采取"园区（基地）+农户（村集体、合作组织、企业）"的政府引导推动、"农户+合作组织+园区（基地）"的市场驱动、"龙头企业+农户+园区（基地）"的龙头企业带动、企业（农户）自建自营等四种设施农业发展方式。②集约化多功能现代农业园区引领。主要有四种方式，即"三区"联动统筹"三化"建设，政府主导统一规划扶持建设，区县农业园区化，市场主体自主规划决策和建设运营。③发展"智慧农业"。围绕推进电子商务三年行动计划和农业物联网区试工程，开展农产品电子商务示范工程和网农对接等活动提升现代化水平。存在的难点问题主要来源于三方面：农业特点导致"互联网+农业"的标准化、品牌化难题和有效的盈利模式缺乏；技术、设备、人才、投资等难以满足需要；经营环境与经营理念等不利于持续发展。④依托都市优势发展生物农业。以农业种子种苗繁育和农用生物制品为主的生物农业是现代都市农业的重要标志和支撑。主要有四种发展方式：农业科研院所企业化经营转制型，国有良种育繁事业单位市场化企业化转制型，区级政府推广机构试验示范与经营服务型，社会资本（民营资本）投资创业型。⑤多元化特色休闲农业服务。天津休闲观光农业发展速度快，但总量较小、北方季节性特征明显；农（渔）家乐、农业园区、休闲农庄、民俗村经营主体多样化，"农家乐"收入可观，但农业园区观光效益距离预期和设计有较大差距；区域布局趋于稳定，但规模效益和群体优势不明显。发展的具体典型主要是农业园区观光、生态休闲旅游、传统乡村景观文化、新农村参观体验和农业节庆活动等。⑥开放型多层次农产品加工带动。天津农产品加工业历史悠久、基础雄厚，借助滨海新区开发开放以及优越的区位优势、港口优势，农产品加工业高速发展，一大批著名农产品加工产业集团落户天津，有效带动了天津地产农产品加工增值，各种适宜加工的农产品都得到了不同程度的加工。以食品加工业为主导，本土企业、国内知名企业和外资企业共同发展，原料来源多元化、广域化。但以初级加工、低附加值为主，本土农产品加工企业知名品牌少。具体发展方式有"本土企业+天津产地农业资源""国内知名企业+天津产地农业资源""外资企业+天津产地农业资源"等各具特点的发展模式。⑦种养一体循环农业示范。发展种养一体循环农业是现代都市农业转型升级的需要，主要有畜禽养殖与设施农业相结合、畜禽养殖与牧草种植相结合、林禽结合等三种示范类型。⑧"现代+传统"特色品牌农业开发。天津特色品牌农业发展遵循传承与引进、传统与现代（技术、组织方式等）的发展进路。特色方式主要是"专业合作社品牌+现代技术+传统地域品牌"和"种业+基地+加工+休闲"特色产业链模式（三产融合）。如沙窝萝卜，以合作社为主体，围绕重塑提升"沙窝萝卜"品牌，改变传统露地种植为设施种植，开展标准化生产、"五统一"服务、品牌化营销等，使传统地域品牌焕发活力，产品远销国内几十个大中城市。⑨新型农业集体统一经营。根据"统一"的程度和方式主要可分为三种：代理型集体统一经营，即"集体（村'两委'）+农业园区（集体农场）+农户"；实体型集体统一经营，即"集体（村'两委'）+土地股份合作社+农户"；服务型集体统一经营，即"集体（村'两委'）+服务型专业合作社+农户"。⑩基于耕地资源的多功能粮食产业发展。粮食种植面积大是天津都市农业的显著特点之一，粮食产业具有多功能价值。粮食生产的发展变化是基于耕地资源数量相对较多、粮食补贴政策稳定了收益，契合了很多农民以农业为副业和风险厌恶型决策的现实。未来粮食种植规模化经营成为主体，产品和功能趋向多样化、饲草化、鲜食化、景观化和农牧结合一体化，形成合理、高效、生态的粮经饲结构。

三、新时代天津现代都市农业发展面临的主要问题[①]

农业发展存在的问题具有系统关联性。对天津现代都市农业发展存在的问题分析逻辑是根据发展的新形势、新挑战和新要求，分析农业表现出的客观差距、不足或者矛盾等客观存在。问题的原因既来自产业特性、发展阶段以及外在环境等，也来自政府管理调控的体制机制、政策制度、理念和生产经营主体自身；有的问题是根本性的核心问题，有的是表面或现实性的问题，有的则是结果性或原因性问题。可概括为5大主要问题（3方面主要表现或结果、2方面主观因素或原因）及其20项基本矛盾。

1. 农业供给质量和效率相对较低的问题

（1）农产品供给结构落后于多样化多层次需求结构的矛盾。一是粮食种植面积过大，农业用地经济产出相对较低。能够旱涝保收的农户种粮每亩基本能获得1000多元的纯收入（含农户人工），补贴政策在一定程度上固化了粮食种植规模。但相对于种植蔬菜、瓜果等经济作物的收益要低很多，制约着农业增效、农民增收。二是地产农产品难以满足品种、品质、季节等方面的常年均衡性需求，不适应居民日益提高的消费结构以及市场竞争的要求。例如，蔬菜等受制气候、技术等，供给的品种结构、时空结构与需求不完全匹配，季节性价格波动仍然较大。蔬菜种植品种以大路蔬菜为主，茄果类面积最大（占主产乡镇蔬菜播种面积的1/3以上）；每年12月至次年3月、7月至9月，生产淡季主要依靠河北、山东、山西等外地供应。三是受制于土壤、水资源以及投入品的使用、监管等因素，保障和提高农产品质量安全水平仍面临很大的潜在风险。

（2）农业组织化品牌化水平不适应全方位开放、竞争合作要求的矛盾。一是产业各环节、各主体链接不紧，信息不对称、交易成本高。生产经营者主体众多，产销衔接不畅，关系不稳；农产品生产企业、农户、合作社等基本上是孤立经营，基于专业化分工基础上的合作相对较少；农产品生产者与加工商、运销商、服务商等产业链的其他主体缺乏实质性深度合作，基本是市场买卖关系为主，存在利益冲突，难以实现一体化，生产者处于被动地位，风险较大。二是农业品牌化水平不适应大开放的市场竞争和互联网时代的发展要求。获得地理标志或原产地认证的农产品有34种，品种不少。但总体规模都较小，在本地影响较大，多数地理标志农产品市场认知度低、企业品牌影响力较低。

---

① 于战平. 天津现代都市农业转型升级面临的主要问题[J]. 天津经济，2016（9）：12-17.

三是很多园区、合作社的无公害、绿色等优质、高档、特色农产品难以实现优质优价，开拓中高端市场获取较好的回报，投入与产出效益严重不匹配。与此同时，进口高档农产品却深受消费者追捧。

（3）农业效益低而不稳与农业增效农民增收的矛盾。一是靠天吃饭仍普遍存在，水资源严重短缺，自然风险大，规避风险的政策性农业保险保障程度低。二是农产品成本刚性上涨，主要是人工成本的不断上涨，土地成本随着规模经营的推进波动性上涨，规模经营的风险凸显。三是不同产品、不同时间的市场价格周期性波动较大，经常出现"卖难"问题，"赌行情"严重，缺乏稳定的收入预期。四是农民主导调减粮食种植，发展经济作物的积极性不高。五是农业企业、农业园区生产经营成本上涨，成本与价格不匹配，经济效益普遍不佳，部分成为长期依赖财政和补贴存活的"僵尸企业"。

（4）现代都市农业的多功能基础地位与经济收入比重小的矛盾。一是农业对GDP的贡献比例小，需要财政大力扶持，在一些政府领导、部门工作中被边缘化、口号化，农业主管部门的地位作用不是增强而是下降。二是农业的兼业化、副业化、妇女化、老龄化成为普遍现象，在都市农业发展中表现更明显。很多村庄务农劳动力普遍超过50岁，或者大部分为中老年女性，产业创新发展缺乏动力，20年后很多村庄将可能无人务农。三是社会对农业更多的仍然是关注"农产品价廉物美"的传统观点，都市农业的多功能性价值尚未完全有效认识和开发（仅仅局限在观光休闲），生态、文化、民生、社会稳定等价值尚没有引起足够的重视。

2. 农业生产要素投入配置失调问题

（1）政府农业发展目标要求与财政资金投入有限的矛盾。一是园区等投资建设项目往往按照高标准、大规模、多功能目标的要求，但任何时候政府的资金都是有限的。资金难以满足，尤其是财政资金有限，导致项目功能难以有效实现。二是天津农业总量相对较大，扶持保护力度相对较小。在发展目标定位方面始终是以京沪作为追赶目标，政府想做的农业项目很多，项目化管理使用的分散化、碎片化，导致财政资金"撒芝麻盐"，产生不少"半拉子工程"，难以发挥最大整体功能。三是农业大县财政穷县导致的低水平循环和路径依赖。但各区县差异较大，农业占比大往往财政有限，更别提区县财政扶持农业，进而形成一种低水平的循环和路径依赖难以打破，这可能是目前落后地区的症结所在。

（2）金融资本有效供给与农业新型主体融资要求的矛盾。一是农业企业、合作社、产业化龙头企业等新型农业生产经营主体的自有资本难以满足现代市场竞争中对资金的持续大规模低成本需求。二是没有在沪深股市公开上市融资的本土种养业及农产品加工、种子研发等农业企业（北京农业企业上市公司10家，全国第一）。三是农业发展对金融机构的融资以及民间资金的依赖很大，但与江浙、山东等发达地区的民间资本投资现代农业异常活跃相比，天津明显不足，农业企业数较少；合作社、农业企业贷款难的老问题难以有效缓解。由于资金不足，不少农业项目难以按照产业、功能设计如期完成，有些很有前途的产业、产品和企业、合作社等发展延缓，或者失去先机、优势，难以发展壮大，也可能造成前期投资的浪费。

（3）农业规模化与土地家庭承包制的矛盾。一是家庭分散经营解决了温饱问题，但难以实现依靠农业共同富裕，土地流转适度规模经营的必然性与土地分散家庭承包经营权存在冲突。农业适度规模经营受土地产权、信贷融资渠道以及良好的种养殖投资项目缺乏等因素制约，规模经营主体发展空间受到限制。即使是"三权分置"制度下，流转也并不顺畅。二是在农产品进入品牌化、企业化时代，适度规模经营是农业竞争力的重要因素，没有规模就难有竞争力，就会失去市场，陷入副业化、低效化的循环，乃至区域农业最终衰落。三是土地流转费用不断上涨已经严重削弱了农业国内国际竞争力，流转成本以及预期价格不断升高，流转期限较短（一般5年之内较多）等成为规模经营亏损风险的主要来源。

（4）农业全要素投入配置与转变发展方式要求的矛盾。一是农业对化肥、农药等农业物质投入依赖性大，农业面源污染仍然较大，要素利用效率低，高质量的绿色生态有机农业发展艰难。二是园区、设施农业的高投入并没有带来良好的预期经济效益，在人才、技术支持、生产管理、营销以及品牌建设等方面的不匹配，存在许多短腿。三是水资源短缺问题严重，随着全面封井压采限采，将加剧水资源短缺，也造成农业成本增加。四是农业技术创新与服务水平难以适应要求。

3. 城乡差距、工农差距和区域差距仍然较大问题

（1）农业现代化落后于工业化信息化的矛盾。一是农业基础设施建设欠账较多，很多村庄农田水利设施年久失修。二是农业生产工具、设施设备装备水平远落后于工业化，除了粮食作物、规模化养殖场等机械化水平较高外，其他农业生产对手工劳动、人力的依赖仍然较大，农业劳动生产率远低于工业，也低于北京、上海等发达地区。三是互联网、物联网、大数据以及区块链等现代信息化技术在农业的应用刚刚起步，很多硬技术、软系统和标准化、成本高等问题如何突破尚需要不断探索。

（2）高水平全面小康目标要求与城乡差距大的矛盾。一是城乡基础设施的差距，包括农村道路、污水垃圾处理设施、信息化基础设施等方面农村相对落后，不利于城乡融合与乡村休闲旅游。二是农村社会保障、农民收入、生活质量等方面城乡差距较大。三是发展制度、发展要素等方面对农村的限制仍然较多，农村宅基地、建设用地等农村资源资产的市场化资本化程度低，基本农田保护制度下耕地生态价值难以在经济上有效实现，农村发展、农业增效、农民增收的路径相对较窄。四是职工最低工资标准连续上涨，工农收入差距拉大。2010年天津市职工最低工资标准是920元，2015年提高到1850元，翻了一番，而农业的收入仍然是靠市场而不稳定。

（3）农业持续稳定发展要求与农业收入相对较低的矛盾。一是务农劳动力的收入相对较低，机会成本大，导致农业的副业化、老龄化。二是农业对财政收入的负贡献，农业大县财政穷县现象普遍，越发展农业需要的补贴越多、越大。三是农业土地收益与非农业收益差距巨大，农民等待土地被征收转为建设用地预期强烈。四是农业产业链价值分配的剪刀差长期存在，生产初级产品的收益和利润率较低而风险大，加工、流通环节

获益较多而风险相对较小，务农积极性低，对政府补贴扶持依赖增强，自主发展动力不足。

（4）全面协调共享的发展要求与农村区域之间差距较大的矛盾。一是区域经济社会发展水平呈现明显的梯度差异性，环城四区、滨海新区、区级城区及其所在乡镇的开发区位优势不同是差异形成的基础，不同区位条件的地区土地的增值、非农化利用不同，收益差距大。二是村庄之间、乡镇之间经济社会发展水平差距大。虽然经过2轮困难村帮扶，1541个困难村面貌发生了巨大变化，但内生持续发展动能弱，优势支柱产业难形成，村集体经济发展难题破解困难重重。

4. 市场主体创新创业动力能力不足问题

（1）风险厌恶、未富先懒等理念行为与大众创业、万众创新时代要求的矛盾。市场主体的创新创业活动是一个地区、一个产业发展的主要力量，其与一个地区的区位、传统习惯、商业文化等复杂因素相关。相对于江浙、山东等农业经济非常活跃、发达地区，天津农业经济的创新创业动力能力明显不足。一是小规模兼业经营为主体的格局没实质性改变（尤其在种植业中），农业专业化社会分工、专业村、专业大户发育相对落后，尚不如全国很多的传统农区。二是农户自给性生产而不是追求长期永续经营的利润最大化决策行为普遍，不愿意承担长期经营可能的市场风险、获取可能的利益，经济效益相对较高但风险也相对较大的经济作物发展不充分，资源优势、距离消费中心较近的优势发挥不充分。三是"等靠要"、投机获利思想在基层村干部、乡镇干部和农民中比较普遍，村民自力更生、筹工筹劳进行基本建设几乎不存在了，小富即安，满足于相对优越的收入生活等。

（2）农业人力资本短缺与新型主体经营管理现代化要求的矛盾。一是青年职业农民和现代经营管理服务人才严重不足。农业生产场地偏僻，收益不稳、工资不高，难以吸引留住优秀人才，现代农业专业化技术、营销策划与经营管理等人才严重短缺；从山东高薪聘请的农民技术员较多，本土留得住、用得上的专业人才短缺，很多农产品加工企业缺乏"四梁八柱"式人才。二是基层农业高级专门化人才供求矛盾突出。基层缺人才，人才到不了基层，大学生村官不到村。农技人员的专业结构、知识和技能结构等不能适应都市现代农业发展要求等。三是农业企业家严重短缺。本土企业家严重不足，经济发展更多依赖域外企业家，农业领域的企业家典型就更少。四是敢于创新承担社会责任的"新农人"严重缺乏。具有新理念新思维，善于利用互联网等现代技术，采用生态循环、社会生态农业 CSA 模式生产高质量农产品的新农人缺乏。在全国这些代表未来农业方向的新业态、新模式正处于"星火燎原"之势，尚未知天津生产经营者加入，探索引领者缺乏。部分乡村创新创业的乡土成本很高、营商环境不佳，创新创业的文化氛围和政策及其实施保障体系存在阻碍，新农人数量与全国先进地区相比，差距较大。

（3）新型农业经营主体数量大增与整体质量不高的矛盾。一是家庭农场仍然处于起步探索阶段，还很不规范，符合示范家庭农场要求、作用突出的不多，创业的主动性和能力不足。二是合作社数量不少，但整体很弱很不规范，正常开展一些活动的也就一半左右，国家级农民合作社、市级农民合作社及示范社仅占 6%左右。三是农业现代化企业发展水平不高,至今没有一家本土种养殖业或农产品加工企业上市。四是种苗繁育、病虫害统防统治等农业急需的商品化市场化服务主体发育缓慢。

(4) 土地集体所有与村集体"统"的职能弱化的矛盾。一是很多村集体经营性收入很少或者没有,不能有效履行为农户提供农业服务、管理协调、基础设施维护等统一经营职能。二是受制于现行土地承包制度和政策,作为土地集体所有者代理的村集体在调整承包地发展规模经营等方面作用有限,职能弱化,体现"所有权"的绝对支配力缺失。三是能够有效带领农户发展产业、实现共同富裕的村集体不多。

5. 政府职能转变与管理体制机制改革创新滞后问题

(1) 政府职能转变不适应全面深化市场化改革要求的矛盾。一是能够有效弥补市场失灵的服务型政府、民主型政府、开放型政府职能体系尚未建立,越位、错位、空位的现象仍大量存在。适应天津"三农"发展要求的法制化、创新性的政府职能定位和体系、机构设置缺乏,科学、民主、有效的决策机制、服务机制、监督考评机制等尚未形成。二是随着支农惠农力度加大,旧体制、机制的惯性进一步强化,"政府失灵"在某些领域经常性存在。三是农业农村领域的改革创新力度和步伐远落后于其他沿海发达地区,真正的创新性改革举措少。

(2) 现代农业科学化法制化管理要求与传统管理惯性(路径依赖)的矛盾。一是管理理念与方式落后。以"工业化"、"城镇化"为核心的城乡统筹观,以"市民为中心"的利益观大量存在;政策制定实施"运动式""一刀切"的自上而下工作方式不适应多元化多样化的基层现实和实际需求,导致政策、文件、计划的执行效果"大打折扣";被动应付工作、主动服务不够等。二是政府行政管理科学的"决策—执行—监测—评估"制度仍未建立。部分个人决策缺乏充分讨论、质疑,尤其是来自基层的调研缺乏;农业投资立项、发展政策不少,但监测评估少,项目执行状况、政策、计划规划评估缺失。三是农业农村全面完整信息严重缺失。缺乏制度性的信息搜集管理体系,信息的及时公开发布、社会监督机制不健全。四是适应新阶段农业农村发展要求的专业化高素质政府管理服务体系和队伍不健全,素质能力不适应管理要求,管理工作不细致。如农民培训通过政府"工程"推进,低效普遍,改由政府补贴、社会机构承办,但监管漏洞不少,实效性有待提升。

(3) 政府公共服务体系不能有效弥补市场失灵的矛盾。一是农业市场信息及时准确流动反馈的一体化信息服务体系尚未建立,信息平台与体系的针对性、时(实)效性、指导性等功能有待进一步开发完善。二是农业科研、推广人员服务生产经营一线的长效机制尚未建立,农业科技推广服务"最后一公里"问题长期存在。三是适应市场化竞争以及新主体、新产业、新业态发展要求的公共服务缺乏。如新品种新技术共享平台缺乏,品牌发展服务缺位等。

(4) "三农"问题的综合整体性与政府各级各部门协调难的矛盾。一是城乡一体化进程中政府"三农"管理服务的各部门、各单位的职责体系不完全明确。职责的交叉重复导致效率较低,改革尚未到位,"多部门都管"的互相推诿扯皮现象不少。将农业、农村、农民问题分别施策,经济、政治、社会、文化等分属不同部门,各自都有自己的标准要求,往往是用单项最先进水平要求,未考虑其他方面。有些问题即使主管的市级领导也难以协调(也可能没精力协调),交由各部门自己协调,往往难成功。二是农业农村工作委员会对"三农"管理的权威性不足,不能体现其在顶层规划、决策等方面的技术性、生产性行业管理的专业决定权,一些重大农业发展工程决策的调研论证不足,是自上而下的任务要求。三是基层乡镇以及村级组织农业管理协调职能弱化问题严重。虽然设了农业副镇长之类的领导岗位,但其真正的主要工作往往不是农业,农经站、农业管理边缘化,专业化管理机构及人员严重不足。

四、新时代天津现代都市农业发展定位与理念创新

以"先进""高水平"等"工业化现代农业"为目标定位,追赶发达国家领先水平的理想不适应现代生态文明时代的要求,需要科学理性定位政策目标、功能等基本问题。

1. 新时代天津现代都市农业发展的新要求

新时代必须深化对天津城乡关系与现代都市农业发展规律的理性认识。现代都市农业的发展必然是在城乡关系发展大背景下,充分考虑农产品总体供求关系变化的"市场约束",财政资源有限的"有效政策性约束",自然资源数量质量以及用途配置的"发展性约束",不能简单地用发达国家的历史或现实要求天津,更不能"自说自话"。一是从产品数量型农业向质量效益型农业加快转变。围绕提高质量和效益的集约型持续农业,根据消费需求变化调整结构,加快"生产导向型"向"消费导向型"优化和转变,优化产品结构、品种结构和提升品质结构;由"全面保障"向"重点突出"转变,发展特色、高档农产品,生产适销对路、附加值高的特色产品等。二是从"小而全"生计型农业向三产融合多功能开放型农业转变。适应国内外市场竞争、京津冀协同一体化、农业全产业链经营、农业多功能开发、提高农业效益等要求,大力发展农业产业新业态,延伸农业产业链条,形成"一产接二连三"的互动型、融合型发展模式。三是从初级资源密集农业向知识驱动农业转变。由主要依赖自然资源、未经培训的劳动力资源以及化肥、化学农药等初级人工合成资源密集型农业向知识驱动农业转变,品种、技术、管理、营销、服务等系统的知识科技创新和应用成为农业主要增长动力。四是从大众化农业向特色化、品牌化农业转变。建立起适应农业特点的品牌思想体系、培育和保护的制度体系,品牌注册、品牌培育、品牌经营拓展和保护制度健全规范,支持保护有力;家庭农场、合作社、农业企业、园区等市场主体拥有自主品牌和稳定的营销渠道,形成一批以品牌价值为核心的现代农业企业;安全、绿色、有机农产品稳步发展,食用农产品实现安全生产;区域地理标志农产品人文价值充分挖掘,品牌销售规模和信誉度、美誉度显著提升,成为地方形象的代表和名片;京津冀"绿色、高档、特色""菜篮子"产品供给区的品牌形象建立。五是从兼业农民向职业农民加快转变。要通过土地流转、托管服务等途径促进实际务农的兼业农户、劳动力大幅度下降,青年农民数量明显回升;土地规模化经营占承包地面积和比例大幅度提升,务农劳动力的平均收入达到或超过务工收入和城镇居民

人均可支配收入。

2. 天津现代都市农业发展基本趋势与格局

根据现代都市农业的区域性、动态历史性、多样化与差异化，后现代农业的生态循环、乡村价值与乡村振兴等理念要求，农业的生态、文化、景观、就业等多功能凸显，不但对城镇居民，而且是农村居民的需求；大规模、高投入、高科技等资本化农业虽然仍会发展，但大量的以多功能为目标的小农户仍将大量存在，留下生存空间不断发展。据此，对天津现代都市农业未来的愿景（趋势），可以界定描述为生态化的科学高效城乡融合多功能农业。

多功能融合体现城乡差距的消失与一体化，城乡融合也可扩大化理解为在都市群或城市群中的融合。城乡融合的前沿阵地可能是都市农业发展的最大优势，包括发展生产者与消费者能近距离交流的农业第六产业、CSA农业、体验休闲农业、有机农夫市集模式以及农产品加工等。高效都市农业难以生存也就谈不上真正的科学农业，但现代都市农业的高效完全基于物质产品生产、市场竞争是很难实现的，可以是多种途径。例如多功能的经济化，政府的扶持保护。生态化体现在未来宜居宜业的生态功能重要性，要多路径实现生态功能经济化，文化功能、乡村价值的经济化等。再如，发展生态环境与绿化美化产业，发展生态环境农业（经济林）、农田景观，保护一定的水稻和水产养殖，实现经济功能与湿地生态功能协调等。

基于上述思考判断，未来10到20年内，天津农业发展的基本格局（趋势与方向）主要表现在以下几方面。

（1）多种形式的规模经营粮食安全功能区。 落实天津永久性基本农田保护、粮食安全功能区与"责任制"考核要求，重点是政府通过高标准农田建设，农业机械设备、科技、公共服务、保险等方面提供完善高水平支持，通过土地托管、流转以及参与全国性的社会化服务企业（如"金丰公社""中化农业MAP服务平台"）以及粮食烘干贮藏、农机服务、植保服务产业发展，实现谷物生产规模化，并通过组织化、品牌化提升等推进规模化效益提高。

（2）精品高质"菜篮子"安全生产保障区。 都市农业的基本农产品"自给率"和应急功能要求，决不是回到过去的大量小规模分散种植养殖模式，养殖业企业规模化、一定蔬菜生产基地连片规模化、设施化是必然要求。养殖业是市场化程度、产业化程度相对较高的产业，未来小规模的企业、实力弱的企业将很难生存，包括对环保的要求虽然现在延缓，但方向与趋势不会变。规模化养殖企业总体上将逐步纳入大公司的社会化服务网络，从良种供应、饲草饲料配方以及技术指导、加工等，正如现在的奶牛养殖一样。小规模的企业不是都市农业发展的重点支持领域（休闲观光或者特色产品养殖等例外）。

（3）特色优势乡村休闲旅游区。 特色优势乡村休闲旅游区是在一定区域范围内，根据发展乡村休闲旅游的产业基础、资源潜力以及市场需求变化等，突破一村、一园、一线等"点""线"独自发展的局限，跨区域整体规划提升，形成区域各种旅游资源开发，各类主体、各种项目等有机融合的休闲旅游聚集区。《全国乡村产业发展规划（2020—

2025年)》提出，依据自然风貌、人文环境、乡土文化等资源禀赋，建设特色鲜明、功能完备、内涵丰富的乡村休闲旅游重点区。天津乡村具有丰富多样化的旅游资源，山、海、河、湿地、林、田、园等多样，要依据现有的乡村休闲旅游产业基础与扩展可行性、资源开发潜力等综合评估规划，以这些不同种类的特色资源富集区为基础，在特色旅游休闲村、园区基础上，建设一批各具特色优势的"乡村休闲旅游区"。

（4）"一村一品"农业特色村（镇）。天津市的不少村有很多特色农产品或者旅游资源，也有一定的基础，已经认定了不少农业特色村、特色镇，但距离高水平的标准要求、规范要求等尚有一定差距（潜力），特色产品的规模小，难以形成真正的"特色农产品优势区"。未来的主要趋势和任务就是如何通过发展新品种、新业态、新模式，通过产业链延伸或多产融合、品牌化等，进一步做大做强，成为真正高效的品牌。

（5）多产业多功能多业态（"三多"）生产园（场）。地产地销是都市农业发展的重要趋势，发挥都市农业距离消费中心较近的优势，发展"在地体验式"农产品消费、农业文化体验。现代都市农业的体验式休闲观光与农产品销售"微商""网红""微信朋友圈""会员制配送""社区团购"等产销零距离模式发展迅速，成为很多小规模农业创业者以及规模化园区发展的重要方式，是融合农业多功能的都市农业发展方式。这种模式往往是将多样化种植养殖、生产与消费、加工休闲等结合在一起，规模不大，但功能齐全、业态丰富，依靠产品质量与信誉在朋友圈、会员中形成适度规模的消费群体，是很有前景的都市农业模式。

（6）**多产融合的田园综合体**。天津具有多重的山地景观、农业景观、滨海景观，可依托乡村自然及田园资源，在经济作物种植基础上，评价区域自然资源、旅游文化资源、特色产业及其产业组织等基础，集现代农业、文化旅游、田园社区等多功能、多业态、综合运营的乡村社会系统，创新乡村新产业新业态，建设一批多功能性田园综合体。

（7）一定数量分散农户的小规模生产点。天津农村的很多村庄将存在延续，农户放弃宅基地、承包地的意愿严重不足。同时，小农户的存在也是农业社会功能的需要，部分农民需要经营小块农地保留乡愁和传承文化，保存地域多样化是乡村增加值的体现，对于难以流转的小农户维持其生存有价值（社会稳定、就业、锻炼身体以及康养），发展庭院经济等也是乡村区别于城市的重要特征。另外，随着社会化服务的发展，农村老龄人口从事小规模的农业是可能的，身体好且能够承担轻体力农活至70多岁没问题。也有些农户从事专业的种植，如水果、蔬菜等，对社会也有贡献。政府应当提供相应的服务乃至一定扶持，发展多样化的小宗类农产品，不追求高大上的设施，例如，蓟州区桑梓镇部分农民种植西瓜的大拱棚需要改造，但因为难以连片规模化而得不到扶持，应当改变过去的思路做法，自下而上根据意愿需求实施一定的普惠制补贴。

3. 天津现代都市农业发展的理念创新

现代农业发展过程实际是资本力量、技术创新力量、自然生态力量、生产者力量、消费者力量、政府或政治力量等6种动力和需求在不同阶段与环境下博弈、选择的结果。对现代都市农业发展理念以及天津起点的准确把握是谋划未来的基础，理念太超前、太滞后或者不适宜等都会阻碍发展。根据以往实践教训，未来需要转变发展理念，处理好以下关系。

（1）**主观愿景与客观现实条件的关系：立足现实综合条件规划与行动，少些理想化计划行动及打造不可复制典型**。过去发展都市农业的理念行动，以实现发达国家的现代化为样本"跃进赶超"的理念行为普遍，谋求与天津直辖市的地位、优势、战略形象相匹配的农业，农业增效农民增收与乡村资源持续高效生态利用、乡村文化传承以及就业等其他功能价值考虑较少，尚没有探索形成一条普遍的现代都市农业道路。打造典型不适应于普遍状态（典型在整体中所占比例较小），综合性所需条件不具备。未来必须根据整体市场竞争状态，农业（农村与农民）的主体状况，综合性基础条件等谋划如何发展，而不是出于主观愿望而不顾客观实际。少数典型代表不了现代都市农业的整体水平，打造都市农业典型不是为了体现政府"政绩""形象工程"或者供领导、老百姓参观，应当是探索经验模式进行示范带动。典型应当是依靠政府适度扶持，主要依靠自身力量和机制活力去创新发展。很多典型成为"僵尸企业"，有些企业"风光开业""昙花一现"，教训深刻。

（2）**共性规律与区域差异性：遵循农业产业发展客观规律，致力于差异化分类发展**。科技、制度与组织创新是农业发展根本动力，有其内在规律。都市农业也是农业，不应该也不可能背离农业发展一般规律，包括自然生态规律、市场供求规律、技术进步规律、产业分工与合作等组织化规律等。正是这些规律的作用，农业的区域性、主体差异性明显。如从事农业的动力、目标等不同，内生动力是发展的根本。依靠行政命令自上而下"一刀切"发展农业的观念行动应当避免。地区专业化、大规模化农业是乡村农业的主要特征，多样化农业应当是现代都市农业的重要特点，如何根据现实状况分类制定实施差异化的灵活性政策应当是发展都市现代农业的重要理念。必须致力于立足自身实际形成定位，探索天津道路，这种道路在一些人看来也可能是落后的，但却是符合实际的，政府只能引导。多样化多层次的农业将是未来天津现代都市农业的"常态"。

（3）**城市发展（城市居民）与乡村发展（农民）的关系：以城市为主向城乡兼顾"双赢"转变，农业农村优先发展**。保障城市一定鲜活食物的自给率、生态环境屏障等一直被作为都市农业的优先功能（现在也必须是优先功能）。现代都市农业必须以高效为中心，将保障和稳定"收入"放在突出地位，只有这样才有内生的持续动力、激励机制，必须实现以"城市为中心"目标向"城乡兼顾、乡村优先"的"双赢"转变。未来就是要在农村要素市场化资本化改革，农业补贴、保险以及乡村生态补偿等增强力度；在培养城市居民消费本地"高质高价"品牌农产品方面发挥作用。

（4）**国家政策制度与地方政策制度创新创造的关系：根据不同类型以及天津实际创造性地创新政策制度**。国家政策制度有的是强制性必须执行，有的需要结合地方实际灵活执行，有些政策乃至部分领导人的讲话主要是对一般的整体情况而言，唯书唯上以及本本主义会造成严重后果。创造性，创新性地执行上级政策或者制定符合实际的政策要求，一是要以系统详细、连续的基础信息作为制定科学政策基础依据，高水平的连续不断深入系统调研是制定政策的基础工作;二是坚持政策制定科学决策的民主集中制、专家咨询论证制度。

(5)政府"有形手"与市场"无形手":着力转变政府农业行政管理与服务理念,弥补市场缺陷而不是替代市场。一是明确经济社会发展是一个长期渐进的过程,不可能永远是"跨越式"的,跨越式发展的背后一定有很高的代价;二是平衡好经济、社会、生态效益目标,改变将示范带动等社会效益放在第一位而忽视现实经济效益、持续生存"第一要务"的问题,更加重视从生产者角度考虑经济效益目标和能否持续生存发展问题,更加重视经济效益和农民增收;三是树立"全要素生产率"的理念,也就是农业的发展是土地等自然资源数量质量、资本状况、技术、人力资本数量以及企业家才能等多种要素优化配置的结果,缺少某些关键因素(短板)很难成功;四是改变不顾条件追求与都市地位"相匹配"的"高大全""第一""最大""最先进"等目标。

第二章 农业供给侧结构性改革问题研究[①]

自1984年,中国农村改革实现粮食大丰收,第一次出现"卖粮难"后,农业供给侧结构性改革问题就以不同的表现存在,其仍将存在很长时期。不同时期的产生背景、主要问题及其表现、原因、主要举措、政策等存在区别,直到建立起类似于发达国家成熟稳定的现代农业体系,农业供给侧结构性问题才可能弱化。本章主要从天津区域都市农业发展角度研究供给侧结构性问题,从国家层面研究"农业芯片"种业的供给侧结构性改革问题。

第一节 天津农业供给侧结构性改革问题研究

一、对农业供给侧结构性问题的几点基本认识

1. 农业供给侧结构性改革基本内涵的理解

供给侧结构性问题是贯穿于经济发展历史的基本问题之一。供给侧是相对于需求侧、消费侧,是涉及产业体系、生产体系、经营体系在内的系统,核心是资源的配置问题,具有复杂性、系统关联与相互影响性等。结构性具有多角度多层次的丰富内涵,包括不同的产业产品、品种品质、方式模式、时间空间等复杂多层结构,是相对于需求侧产生的问题。改革不是简单的创新、调整、变革,是要针对供给侧不适应需求侧要求或者市场竞争要求,分析存在哪些问题、如何表现及其存在的原因、影响因素等,针对存在的体制机制以及政策、法律等方面问题进行改革,破除深层次的制度性障碍,激发主体活力,提高竞争力和生产率,更好满足市场需求。

2. 农业供给侧结构性主要问题的一般表现

对于农业供给侧结构性问题,不同产业产品或不同地区表现不同,有的是产品质量问题,有的是成本或效益问题,有的可能是品牌、组织或流通、加工等问题;有的是个别产品、个别环节出现不适应,有的可能是地区性的问题,如同样产品有的地区销售顺畅,有的则积压滞销等,是系统复杂的问题。一般主要表现在以下方面:一是产业产品

[①] 本部分内容主要来自于作者承担的"天津现代都市农业供给侧结构性改革研究"(2017)和参与完成的"天津现代都市农业十三五规划研究"(2015)等项目的部分成果。

结构问题，如层次整体较低，出现卖难滞销或者价低赔本等；二是组织化结构性问题，如农户分散经营为主，合作社以及产业化经营、品牌化程度低，产业链条短而不稳等组织问题；三是功能效益结构问题，如农业经济效益较低，收入较低，生态环境与质量安全问题严峻，带动就业等社会效益不高等；四是区域性结构问题，如区域自然资源优势潜力发挥不充分，特色不突出，竞争力较弱等；五是资源配置与利用问题，结构实质反映的是资源配置和利用状况，包括财政资源配置，水土资源、劳动力、科技人才资源利用效率效果，全要素生产效率高低等。

3. 天津农业供给侧结构性问题的来源

目前，在中国农业不稳定、不成熟的产业结构与消费需求历史背景下，很多农产品之间、生产地区之间的替代性很强，一个地区、某种产品的规模扩大或者需求增加，一般很可能意味着整体上其他地区或者产品的实际需求量降低，导致效益可能下降，这些地区也必须面临调整，如此循环。因此，很长时期内农业结构、农业供给侧尚难稳定，对具体问题的认识差异很大，体现研究或政策制定者的角度、理念、立场或者认识水平等不同。

天津农业供给侧结构性问题来自如下方面：一是来自区域都市农业的共性特征。都市农业是一种特殊的区域性农业类型，对其认识也存在很大差异，但受到城市化的冲击较大，脆弱性明显，机会成本高，边缘化、副业化等导致自由市场竞争难以有效生存（尤其是在产能过剩的阶段）。但都市农业的生态环境与景观、应急保障与鲜活农产品一定的自给性、文化传承、就业、城乡一体化纽带等多功能性的需求凸显，都市农业发展现实不适应需求而出现了问题。二是来自天津都市农业的现实特点。不同地区的都市农业发展水平以及满足需求、参与市场竞争的能力不同，其受制于政府的政策法律法规、经济实力、财政支农力度、体制机制等复杂因素，存在的问题不同。天津现代都市农业的问题主要来自和其他地区水平差距、竞争性差距，例如劣势在放大、优势在降低问题，自然资源相对于全国其他地区生产特色产品没有优势，不像其他地区的有特色产品规模很大等。同时也来自中央政府以及地方政府、消费者对农业的期望与要求，例如对粮食安全、鲜活农产品自给率以及生态环境保护的要求等，供给侧与要求存在差距。三是来自技术进步、新业态发展和动态市场竞争。农业技术进步加快，新品种研发与推广应用周期缩短，现代生物技术与信息技术加快发展下的新品种、新方式、新业态、新模式等不断创新涌现；大市场大流通以及国际化资本化加速发展，全国各地不断出台各种发展优势特色高质量农产品的相关规划和扶持政策，地区之间的产业竞争激烈，天津农业面临的竞争消费者需求压力巨大，短板短腿和不适应性问题不断显现。

二、天津现代都市农业供给侧结构性问题的七方面表现

1. 农产品供给结构落后于多样化高质量需求

现阶段最直接的表现主要体现在：一是地产农产品不适应多样化高质量需求。菜篮子产品的"三品一标"认证比例仍然较低，特色农产品品牌不少，但生产能力和规模普

遍较小，竞争力较弱。部分规模化加工企业所需优质专用小麦、辣椒、蔬菜或果汁专用果品等原料依赖于外地供应，功能性健康食品加工原料因为规模过小及农残问题依赖外地，本地大量种植低效的普通小麦玉米。都市农业的应急保障功能存在隐患，尤其是蔬菜受气候、季节、技术等限制，面临恶劣气候条件可能导致蔬菜供给难以保障的潜在风险等。二是农产品质量安全保障的风险依然存在。虽然地产农产品抽检合格率保持在96%以上较高水平，但这只是基本的安全标准要求，农产品质量安全隐患尚未解除。部分土壤、水资源等产地环境污染，部分生产经营者生产过程操作不规范，违规、过量使用投入品，蛋鸡、肉鸡以及生猪养殖的抗生素滥用等顽疾尚未根除，生产者及其周边知情居民不食用部分地产农产品现象不少，本市居民对地产农产品的黏性、信任脆弱，劣货驱逐良货、优质优价的良性循环尚未建立。

2. 化学农业仍然是主要生产方式

在竞争与生存压力以及风险厌恶的习惯心理下，传统化学农业生产方式惯性依然较大。一是农业化学品投入较大，农业面源污染尚未有效控制。农业对化肥、农药等投入依赖性大，要素利用效率低，化学农业的惯性依旧。配方施肥、水肥一体化以及种养结合的循环生态农业方式应用相对滞后。设施蔬菜每年投入的化肥和有机肥纯养分是粮田投入量的10~20倍，果菜类蔬菜施用化肥为实际肥料需要量的3倍多。每亩耕地化肥用量36.4千克，远高于国家推荐的生态示范区施肥标准（16.7千克/亩）和发达国家设定的安全水平值（15千克/亩），而且有效利用率不足40%，低于国际标准水平10个百分点以上。棉花生产、果蔬生产的病虫害控制依然大量使用农药，农药的减量化、生物安全化利用任重道远，塑料薄膜、农药瓶袋等废弃物大量存在。二是废弃物资源化利用和循环生态农业发展长效机制仍待构建。秸秆的综合利用面临收储成本较高等困惑，秸秆禁烧主要依靠乡镇村干部的"严防死守"责任制，市场化自觉有效利用的机制尚待建立；种养结合生态循环农业发展刚刚起步，生产方式和产品面临市场价格的不确定性、人工成本较高以及投入产出率较低、逆向选择等制约，有效的技术服务支撑体系、种植与养殖企业对接机制缺乏，政策扶持力度小，普及需要较长时期。

3. 大都市优势带动农业发展很不充分

与一般的对都市现代农业的逻辑推理和理想化定位不同，被普遍认为的大都市"资金、技术人才、加工物流"等优势在农业中的体现呈下降趋势，并未充分发挥。一是大都市工商资本带动农业创新创业较弱。作为北方工商业发达的直辖市，在以城带乡、农业产城融合、跨界融合等方面与京沪等发达地区差距较大，工商资本投资农业成长为知名品牌的典型亮点较少。海河乳业、王朝酒业等曾经的知名品牌未能成长为像北京三元、长城葡萄酒那样的行业国际知名企业。天津拥有众多知名品牌和大量的中小企业，对原料需求巨大，但受制于天津初级原料规模小、农残问题而主要依靠外地，对天津农业带动力弱。静海的很多肉鸡养殖户、奶牛养殖场等成为山东、北京加工企业的农产品原料生产车间，直辖市在科技创新、人才聚集等方面的优势在农业中没有充分发挥。地产农产品原料生产如何有效对接加工企业的需求是急需解决的重要问题。二是京津两大消费中心的区位优势未能转化为经济收益。虽然地处京津 4000 多万人口的城市消费中心，运输成本有优势，但农产品市场竞争力较强的却是外地产品，农产品生产与消费零距离对接的市民农园（DTY）、社区支持农业（CSA）、产地直销、宅配送、直供直销等都市农业优势产销模式发展不充分，消费中心对天津农业效益和竞争力提升潜力远未体现。都市农业的多功能性价值尚未有效认识和开发（仅仅局限在观光休闲），生态、文化、民生、社会稳定等价值尚未引起足够重视。三是设施农业及园区生产能力闲置浪费普遍。2008 年以来，天津的各种类型档次的设施农业种植基地、园区发展了 60 多万亩，但其中很多处于闲置浪费状态，有的已变性乃至荒弃。据天津农业普查结果，2016 年末，全市有实际生产经营活动的温室占地面积 5.86 万亩、大棚占地面积 10.26 万亩，合计 16.12 万亩。尤其是投资巨大的以智能化和日光温室为主的设施农业管理运行费用高，科技园区定位的科技创新孵化功能难觅，演变为一般的产业园区，缺乏示范作用和带动力，价格与成本不匹配导致大量亏损成为只能依靠项目经费勉强维持的"僵尸企业"。部分园区、合作社的无公害、绿色等优质高档特色农产品难以实现优质优价，投入与产出效益不匹配。

4. 以种业为核心的现代农业高新技术产业整体竞争力不高

农业高新技术产业曾被看作现代都市农业的标志性优势产业和重点扶持产业，但横向比较和动态看并非如此。一是种业发展优势整体不明显，上升空间和潜力较小。一般认为，天津的黄瓜、花椰菜、粳稻、大白菜、芹菜、微型脱毒马铃薯、西甜瓜、生猪、奶牛、肉羊和淡水鱼等种业在全国具有较强竞争优势和研发潜力，并且推进了十大种业基地建设 10 年。但从现实变化看，除黄瓜、肉羊、粳稻等少数几个产品外，其他品种以及种业整体优势不明显（或者下降）。根据农业部《2017 年中国种业发展报告》，2016 年全国持有效经营许可证的种子企业 4316 家，天津市 22 家（天津种子管理站统计 27 家）、北京市 192 家；种子企业实现销售收入 752.07 亿元，天津市仅占 0.87%（销售收入 6.54 亿元，其中自产农作物良种 2140 万千克，估值 5.6 亿元左右）。全国持部级颁证的"育繁推一体化"农作物种子企业 183 家，天津只有 1 家；2016 年中国种业信用骨干企业 57 个，没有天津企业（15 家蔬菜种业信用企业中 2 家天津的）。2016 年末，天津持证种子企业 27 家（多种原因持续减少），资产总额 10 亿元以上的种子企业有 1 家（全国 18 家），资产总额 1~10 亿元的种子企业有 2 家（全国 355 家，5~10 亿元的 27 家，2~5 亿元的 123 家），资产总额 0.5~1 亿元的种子企业有 3 家，资产总额 1000~5000 万元的种子企业有 5 家，在全国占比很小；市科委种业专项资金每年也就 500 万元（立项数 12 项）。生猪、奶牛以及肉鸡等大宗畜牧种业竞争更加激烈，趋向于种业、商品产品等全产业链经营。天津近几年畜牧种业企业数量下降（并没有合并重组），减少了 9 家。二是农业生物制品产业潜力空间大，但高端产品要求高、产品更新快、竞争激烈。我国农业生物制品产业发展潜力巨大，在国家一系列绿色发展政策引导和需求推动下，潜力加快释放。从天津看，动物疫苗由于国家强制免疫产品政策的实施，产品与企业的集中度相对较高，主要强制性疫苗生产企业中没有天津的。生物饲料、生物肥料与生物农药虽然作用日益凸显，但天津在全国的占比均相对较小，虽然有上市公司"瑞普生物"，但也不是行业领军企业。

5. 耕地兼业化副业化分散经营为主体的现象长期存在

农业的家庭小规模分散经营难以实现标准化和高质高效，天津大都市乡村农业的规模化种植业发展整体缓慢。一是大都市农村"以家庭代际分工为基础的半工半耕"模式普遍。天津作为外来农民工输入地，年轻人就业机会多，农村青壮年劳动力主要在市域乃至所在区范围内打工，就地城镇化。农村虽然老龄化严重，难见中青年劳动力，但不完全空心化，"386199"从事小规模副业化兼业农业，体现着农业的自给自足功能、就业稳定功能以及健身养老功能，除非流转价格合适或者年龄太大不愿劳动，否则不愿意流转土地，也不愿意放弃宅基地，土地升值的预期、农业机械化的发展以及政府补贴粮食政策等强化着这种行为。20年之后也可能出现大的根本性变化，目前50岁以上的农民可能将大量退出务农劳动，50岁以下的外出打工农民基本不懂农业，也不愿从事农业，流转土地与规模经营可能会迎来拐点。二是"专业化小农户+规模化大产业"的区域特优产业格局难形成。全市连片种植规模最大、最多的是玉米和小麦，难觅以小规模专业农户为主体聚集成几十万亩、乃至百万亩以上的大规模特色优势产业区和产业带，其主要原因是天津农业自然资源规模相对较小而区域差异性、适宜性较大，农业比较效益普遍较低而劳动机会成本较高，耕地兼业化副业化导致农业技术和制度创新动力较弱等。

6. 产业整体竞争力不强

农业产业竞争力影响因素复杂系统，整体竞争力不强体现在以下方面。一是农产品结构总体同质化竞争中的劣势明显。华北地区农业产业结构同构严重，天津在京津冀及周边区域的农业竞争中没有优势，天津农业劳动平均日工价比河北省石家庄市水平高出30元左右。河北省农业生产经营者更愿意承担农业风险、付出劳动而不断创新创业（利润最大化决策），设施农业与高档化发展迅速，天津农业生产者由于非农就业机会多、家庭收入与生活水平高而不愿意承担农业风险（风险最小化决策）。2016年末，我国温室、大棚占地为501万亩和1741.5万亩，分别为比2006年末增长312.6%和111.0%，稳居世界第一，工厂化种养呈快速发展态势，产业市场竞争更趋激烈。二是缺乏规模与影响力大的全国知名品牌。不同于农业大省，天津农产品品牌化竞争存在天然的规模化劣势。天津已获得地理标志或原产地认证的农产品有34种，总体规模都较小，本地影响较大，多数地理标志农产品市场认知度低、企业品牌影响范围有限，没有影响力和规模位居全国百强的品牌。2017年12月27日公布首批62个全国特色农产品优势区，唯海南省、天津市没有。天津有不少的传统或者新引进的高品质特色农产品在部分农户种植，收益很高，但很难规模化品牌化；政府给予了"蓟州农品"品牌大量扶持，但并没有明显提升影响力和效益。三是产业链组织化程度依然较低。生产经营者主体众多，大部分农户的生产并没有真正对接到现代农业产业体系；农产品生产者与加工商、运销商、服务商等产业链的其他主体缺乏实质性深度合作，基本是市场买卖关系为主的孤立经营，存在利益冲突，难以实现一体化，运行规范、竞争力带动力强的合作社不超过10%，普遍存在"合作难题"。

7. 农业增效农民增收难度大

在市场竞争以及政府的扶持下的农业效益和农民收益是衡量农业发展的最终主要指标，纵横比较看很不乐观。一是农村居民人均收入增长出现逆转。近年来，全国农村居民人均可支配收入增速保持高于城镇居民和GDP增速（"两个高于"）。但2016年天津农村居民人均可支配收入增速（8.6%）低于城镇居民人均可支配收入增速0.2个百分点，GDP增速高于农民人均可支配收入增速，"双高"逆转为"双低"。同时，更应看到，2017年天津的农民人均可支配收入（21754元）及其增速（8.4%）均低于京沪浙等发达地区（24240元，8.7%；27825元，9.0%；24956元，9.1%增速），增速也低于很多城市的农村居民，相对落后。二是耕地经济产出相对较低。玉米、小麦等普通粮食作物种植面积过大，颠覆一般的理论和认知。2012年以来总体增长保持在每年500多万亩的高位，能够旱涝保收的农户种粮种棉每亩也就能获得1000元左右的纯收入，相对于种植蔬菜、瓜果等低很多。北京、上海等大规模调减了粮食种植面积，2012—2016年北京、上海的粮食种植面积分别由290.8万亩、281.4万亩调减至131万亩、210.2万亩。天津农民改变种养习惯也面临资金、技术、销路以及政府政策、组织等制约，面临市场行情把握不准，不愿调、不会调、不敢调等问题。三是农业创造物质财富和对增收的贡献能力很弱。农业增加值每年仅增长3%左右，第一产业从业人员相对较多，2016年天津一产从业人员60.63万人（占全市常住人口3.87%），而北京上海分别为49.6万和40万人（占全市常住人口2.28%和1.65%）；每亩耕地种植业产值4168元，每亩耕地农业增加值3788元，均低于京沪。近年来，京沪的农业增加值已经连续出现负增长（但天津的耕地多，不同于京沪）。京津冀特殊区域的环保压力淘汰小规模养殖成为趋势，规模化工厂化养殖大发展的同时天津畜牧业总体规模下降成为必然。2017年天津生猪、肉牛、肉羊、肉鸡出栏量同比下降16.4%、2.9%、19.7%、24.1%。四是通过土地流转适度规模经营提升务农收入水平面临瓶颈。农业适度规模经营受效益良好的种养殖项目缺乏、融资难融资贵、人工费刚性上涨以及流转费高等因素制约，规模经营主体发展空间受限。部分地区土地预期价格、流转费用较高，很多地方已经由每亩300多元上涨到800~1000元甚至更多，流转期限较短（一般5年以下较多），规模经营亏损风险凸显，制约进一步流转；土地承包权退出制度难有重大突破，45%左右的土地流转率（2016年）将很难有实质性大的突破。

三、推进天津现代都市农业供给侧结构性改革的五大难点

天津现代都市农业供给侧结构性问题有着深刻复杂的原因和影响因素，深刻系统分析并认清这些"病灶"是研究的核心任务之一，这也是深化改革的对象和要解决的难点问题。

1. 政府与市场机制"双失灵"

（1）市场失灵顽疾长期负面影响深远，有效化解难度大。 农村市场经济发育仍然存在严重缺陷，城乡一体市场的体制机制不健全，农村资源资产的市场化资本化程度不高。

农产品数量远超过了现实需求,根据《中国居民膳食指南(2016)》提出的人均健康饮食标准,不考虑进出口和损耗,2015年中国蔬菜产量远超过合理消费量的2倍(产量7.7亿吨,合理消费量2.5亿吨),水果超过合理消费量1亿吨(产量2.7亿吨,合理消费量1.7亿吨),而果蔬是种植业结构调整的首选,特色产品、新产品的规模化扩张与更新很快,整体严重供过于求强烈影响天津市场,产品替代性强,价格波动与风险大,"卖难买贵"经常出现,"赌行情"严重,风险较大以及缺乏稳定的收入预期对引导农民调结构影响巨大。国内外农产品市场融合程度加深,价格波动风险大,预警机制不完善。农产品市场信息不对称,信用危机缓解难度高成本大,消费者对高品质农产品消费信心不足,逆向选择不利于高档优质农产品发展。土地、劳动力、资金等要素仍然保持向城市单向流动,失血太多等。

(2)政府职能越位、错位、空位现象大量存在,惯性强、改革难。市农业农村委对"三农"的管理工作协调难,基层乡镇以及村级组织农业管理协调职能弱化甚至丧失,农业管理服务边缘化,专业化管理机构及人员严重不足。国家层面科学有效的农产品产销调控与服务体系尚未真正建立,系统详细的生产经营统计信息调查分析发布等公共信息服务严重缺位,产销全链条信息及时准确流动反馈机制缺乏;农业农村经济社会详细信息体系不健全,真实系统的发展信息严重缺失,自下而上报送的信息真实性、可信度不够。依靠补贴、行政推动等投资建设的大量设施农业和园区效果远未达到预期。地方政府部门创新不足,怕担责的"懒政"与"不作为"现象不少,过去多方争取申报国家或者市级项目,现在不少被动应付。大部分乡镇基层农技推广服务"线断网破人散"。

2. 资金与人才结构"双失调"

(1)资金严重短缺与低效利用并存。与京沪财政实力以及投资农业的力度相比差距大,面对现代农业的多功能性和发展要求,财政资金严重不足,基础设施、公共服务、生态补偿等政府职能难以全面有效实施,不少"高大上"的园区项目、研发项目由于投资力度不够而成为"半拉子工程";财政支农资金使用细碎化分散以及交叉重复"堆造典型"等问题严重,预期目标功能难以有效实现。金融资本有效供给不足,难以满足新型农业主体融资要求。没有能在沪深股市公开上市融资的本土种养业及农产品加工、种子研发等农业企业,与江苏、浙江、山东等发达地区的民间资本投资现代农业异常活跃相比明显不足,合作社、农业企业等新型主体贷款需求难以满足。据对天津市705家农业产业化企业的调查,60%的企业反映存在融资难、融资贵的问题,位列制约发展的外部因素之首[①]。

(2)人才不足与过剩并存。"四梁八柱"式人才严重短缺。新型农业主体的专业经营管理和技术人才严重不足,难以吸引留住优秀人才。政府"三农"工作队伍不适应管理科学化的要求,受编制、岗位等限制,人员单位固化严重难以流动或淘汰,专业化高素质管理人员短缺,部分人员综合专业素质、能力与水平无法适应现代都市农业的发展

---

① 宋建辉. 推进天津农业企业持续发展的对策分析[J]. 天津经济,2016(10):71-76.

要求,虽然"五加二""白加黑"超负荷工作是常态,但农业管理的科学化、精细化等落后于江浙京沪等先进地区。相对于农业大省,天津农业科技人才并不少,但严重缺乏领军型和实用型农业科技人才,在全国有突出贡献的青年科技精英很少,很多特色优势产业产品和新兴产业产品缺乏科技人员进行持续研发和技术支撑,高素质人才集中固化于科研院所和区以上相关部门,流动性差。基层"留得住、用得上"的"三农"相关专业优秀大学毕业生和专业人才严重短缺,不少合作社、园区经常性从山东、河北等高薪聘请农民技术员指导,现有的农业技术人才的专业知识和能力结构不适应供给侧结构性改革的新产业发展和三产融合、全产业链创新等新要求。

3. 制度与技术创新"双滞后"

(1) 体制、政策、法律法规等制度创新不适应发展需求。国家有关设施农业发展、休闲农业发展的附属配套建设用地政策在部分涉农区镇难落实,执行土地政策不一致不协调(主要是国土部门与农业主管部门不一致),基本农田上报的数量地点不属实现象不少。地方政策管理自主创新较少,制度与政策理念等方面滞后。农业科技创新体制机制改革没有实质突破进展,科技资金配置分散低效严重,农业科技人才培养、研发与推广应用、实用人才培训等完全脱节,高学历高素质科技人才的单位集中、固化,流动性差,生产一线难以吸引留住人才,激发农业科技人员创新服务的有效政策体系尚未形成;项目管理体系改革进展不大,项目级别制、"课题(组)制度"研究组织方式的严重缺陷未能有效克服,缺乏对全市农业科技力量有效组织协调以实现协同创新和全产业链创新;对区域农业科技创新发展与管理没有系统的前瞻性顶层设计,农业科技成果与服务有效供给结构不适应农业产业结构变化要求,农业科技成果的创新性、引领性、支撑性以及转化率较低。

(2) 农业科技供给体系效能和水平相对较低。天津农业科技创新效能、地位等总体下降。获奖农业科技成果、产生重大影响和成效的农业重大科技成果、科技活动相对较少,过去经常说天津农业科技人才整体优势已不存在。农业科技创新型企业水平整体不高,作用突出、影响力强的真正科技型企业相对较少。各种工程技术或创新中心、联盟等创新平台功能作用发挥不够,能够围绕农业及其关联产业科技创新的综合实力相对较弱,机制有待创新。

4. 文化与组织引领"双落后"

(1) 陈旧落后的发展理念文化根深蒂固。浙江每10人就注册有一个市场主体,"大众创业、万众创新"内生活力迸射,"一散二怕三懒"在目前天津各个领域普遍存在。农业创新创业文化氛围不浓厚,农业企业家严重短缺,缺乏成长为百年"老店"的文化生态(基因)。"风险厌恶、未富先懒、小富即安"普遍,农户自给性生产而不是追求长期永续经营的利润最大化决策,"等靠要"、投机获利思想在企业、基层干部和农民中比较普遍,村民自力更生、筹工筹劳建设家乡已不存在。政策制定实施与管理"一刀切运动式",不适应多元化多样化基层现实和实际需求,被动应付工作,主动服务不够,"官本位"自上而下"命令式"管理大量存在。

（2）高质量成熟农业经营主体的成长需要很长历史时期。现代农业组织的形成既是一种基于共同利益、适应市场竞争要求的微观组织产权制度、经营制度变迁过程，更是一种文化观念的转变过程，需要很长的历史时期和不断的改革创新。"合作难题"目前普遍存在，产业组织不成熟及其成长的长期渐进性复杂性严重制约产业转型发展。虽然出现一些好的典型合作社，但整体很弱、很不规范。很多企业不是把农业作为事业来经营，有的企业组建就是为了获取政府项目资金，投机心理严重，难成真正的企业家。天津虽然在畜牧养殖、水产养殖等方面拥有一些有影响力的农业企业，但整体上数量少、实力弱、规模小，尤其是种植业的企业化程度更低；农产品生产企业成本与效益不匹配，人才短缺和现代经营管理能力不高；创新人才尤其是高端人才难留住，自主创新能力低。很多村集体不能有效履行为农户提供农业服务、管理协调、基础设施维护等统一经营职能，能够有效带领农户发展现代农业的村干部较少。

5. 环境与社会治理"双艰巨"

（1）生态环境的治理改善是一项投资巨大的系统性持续工程。农业发展的生态环境治理改善既需要"一减两控三基本"等农业绿色发展，也需要全市城乡乃至京津冀、环渤海的协同，更需要对环境污染进行治理，任务艰巨。2016年12月26日国家统计局公布的《绿色发展指标体系考核》结果显示，2016年生态环境质量最差的是宁夏、北京、山西、河北、天津，其中后4个均为华北地区；天津绿色发展指数排名第28位（倒数第4）。2017年10月20日天津水务网报道，1至9月本市国考断面水质优良比例35%（高于年度考核指标10个百分点），劣Ⅴ类水体比例降至50%（低于年度考核指标10个百分点）。土壤污染治理修复以及农村污水垃圾有效治理长效机制远没有建立，资金严重不足。

（2）构建乡村善治新体系任重道远。社会治理危机已经成为最严重的问题。农村基层党建存在薄弱环节，乡村治理体系和治理能力亟待强化。营造良好营商环境，规范市场运行、农业支持保护、生态环境治理、化解农村社会矛盾必须依法治村。建立有效的自治、法制、德治相结合的社会治理性体系是比经济发展更为艰巨的任务。

四、天津农业供给侧结构性改革的基本思路

1. 从产品数量型农业向质量效益型农业转变

根据消费需求变化和多功能要求，围绕提高质量和效益的集约型持续农业，加快"生产导向型"向"消费导向型"优化和转变，以销定产，优化产品结构、品种结构和提升品质结构；由"全面保障"向"重点突出"转变，重点扶持发展特色、优势、高档农产品，生产适销对路、附加值高的特色产品；采取高效节水、节肥、节药的减量化集约生产方式等。

2. 从"小而全"生计型农业向三产融合多功能农业转变

着力延伸产业链发展农产品加工产业、休闲观光产业、生产性服务业、物流配送等产业，实现三产融合，形成"一产接二连三"的互动融合型发展，形成更多的第六产业

经营链。围绕加工产品需要调整农业产品结构，发展加工导向型农业；开发农业的观光休闲等功能，发展生态循环农业；推进天津域内外农业开放合作由分散的松散型市场化合作向政府引导下的全方位机制性制度性合作转变。

3. 从初级资源密集农业向创新驱动农业转变

加快自然资源、劳动力资源以及化肥、化学农药等初级人工合成资源密集型农业向知识驱动农业转变，新品种、技术、管理、营销、服务等系统的知识科技创新和应用成为农业主要增长动力，资源利用效率大幅度提高，农业产品创意、产业创意、规划设计创意广泛应用；农业政策制度与体制机制创新加快推进，改革红利充分释放。

4. 从大众化农业向特色化品牌化农业转变

建立起适应天津都市农业特点的品牌培育保护的制度体系，品牌注册、品牌培育、品牌经营拓展和保护制度健全规范，支持保护有力；家庭农场、合作社、农业企业等市场主体都拥有自主品牌和稳定的营销渠道，形成一批以品牌价值为核心的现代农业企业，品牌销售规模和信誉度、美誉度显著提升，成为地方形象的代表和名片，居民消费的地产农产品大部分来自品牌产品。

5. 从兼业农民为主向职业农民为主体转变

通过土地流转、托管等途径促进实际务农的兼业农户、劳动力大幅度下降，强化新型职业农民队伍建设的针对性有效培训，青年农民数量明显回升，务农劳动力的平均收入达到或超过务工收入和城镇居民人均可支配收入。

五、天津农业供给侧结构性改革的重点任务及其实施路径

1. 实施品牌强农工程，提升特色优势产业竞争力和水平

根据天津农业品牌产品的规模和影响半径小等实际，重点扶持发展一批"小而精""小而美""小而强"的高质量"小"字辈精品。基本思路是优选现有品牌中特色鲜明、优势突出、潜力大、经营者事业心和能力很强的新型主体，从产地环境、投入品、技术创新与生产服务、加工包装以及网络营销、私人订制、采摘体验等全方位提供持续性跟踪指导，全产业链打造，尽快在京津冀打出品牌知名度和美誉度。

（1）**系统做好农业品牌创建的基础性工作**。一是着力提升百万亩特色农产品生产条件和水平。系统梳理天津特色农产品认定注册以及品牌建设情况，筛选出有发展基础和潜力的主要特色农产品（约26个产品、百万亩左右种植面积），从基础设施、产地环境、品种、种苗服务等方面系统提升。二是建立天津农业品牌助推平台及其工作机制推动特色品牌再造新优势。每年至少拨款500万元以上作为特色品牌发展资金，用于品牌的宣传、保护，建设集产学研、政媒智等资源共享、多维互动的集专业咨询、媒体宣传等服务为一体的品牌农业助推平台，聘请专家团队对特色品牌发展进行公益性咨询诊断和营销策划，巩固提升特色优势。

（2）**推进特色农产品名牌再造提升**。针对特色产品有商标、有认证、有品牌但难成名牌的现实，多种模式促进其产业化，着力促进"商标农业""品牌农业"向"名牌农业"

跨越。每个特色农产品打造一条完整的产业化开发链条，制定详细的开发提升方案，采取"合作社（加工龙头、农业公司、联社）+品牌+农户"以及"超市、配送中心+品牌+农户"等多种方式将更多的生产者纳入品牌农产品的生产和销售网络中，带动产业转型，将特色产品再造为影响力更大的名牌产品。一是"十佳"农业区域公用品牌建设行动。以传统文化、地方特色优势产业及产品为基础，将标准化建设、营销渠道方式创新、科技体系支撑、金融支持等与品牌建设有机结合，形成完整的品牌战略路线图和具体实施方案。以全产业链名牌化建设为主线，与农业特色小镇建设、全域旅游与田园综合体建设等统筹推进，适时引入社会资本，通过"政府引导+企业运营+协会统筹"的区域农业品牌发展模式，打造10个区域公用品牌，每个区域公用品牌农产品综合销售超过2000万元。二是百强企业（合作社）品牌产业链增值行动。深入挖掘本市品牌农产品价值，组织产业技术、行业经济、市场营销等专家对品牌农业企业（合作社）进行诊断和服务，围绕品种提纯复壮与引进、技术创新与推广应用、加工增值技术、标准化等，提供全产业链增值方案。重点扶持发展一批绿色生态的"三小"农产品品牌，力争打造100个以上销售收入千万元以上的知名企业品牌农产品。三是"千品"产品品牌引进培植行动。深入调查本市农业新品种情况（包括农产品加工品），研判市场潜力，加大扶持力度，扩大规模和知名度，培育为品牌农产品。注重农业新品种、新产业的引进，尤其是针对设施种植业、畜牧水产等新品种更新较快的行业，对有前景的新品种和新产业要全产业链地跟进培育。每年力争引进、研发和推广100个以上有前途的新品种、新产品培育，力争经过5~10年努力，使天津农业的优质产品、品种达到1000个以上。四是品牌评价、策划与宣传行动。成立品牌农产品行业协会，建立知名农产品品牌评价体系与完善的《天津市知名农产品品牌目录管理制度》，将纳入品牌目录的农产品品牌，根据品牌培育与发展的动态性，建立完善的进入与退出机制，对现有农产品品牌目录，实行社会监督、动态管理，加强保护，搞好品牌策划、营销与宣传，将品牌建设与电子商务有机结合，推动品牌竞争力提升。五是品牌全产业链标准化和品控溯源提升行动。在现有知名品牌农产品生产标准化基础上，结合产业特点，科学制定品牌农产品采摘、挑选、分级、预冷、加工、储藏、包装、运输等环节的标准，实现全产业链标准化。建立政府对企业监管、企业对品牌农产品追溯管理、第三方品质检测控制和消费者查询四部分构成的品控溯源信息平台。

2. 实施融合化"三百"工程，提升现代都市农业产业链水平

（1）百万亩特色农产品全产业链构建。围绕百万亩特色食用农产品的贮藏保鲜、初加工、精深加工等发展要求，促进品种结构与加工物流需求在技术、经济等方面的全方位对接，建立紧密型的产业链合作关系，构建26条特色农产品全产业链条，每条产业链重点扶持4~5家规模化、组织化、科技化水平较高的全产业链经营企业，培育100个左右的名牌特色产品，实现地产特色农产品与二、三产业的有效连接和深度融合。

（2）百企龙头带动津产原料基地建设行动。充分发挥天津农产品加工业的基础优势，优选100家企业进行"原料定制"生产基地建设，按照生产加工企业功能性品种品质、

农残、种养技术等要求,提供技术创新与对接服务,形成全产业链经营联合体。

(3)"百十"田园综合体与特色小镇打造行动。 结合乡村振兴战略实施,综合评价区域自然资源、旅游文化资源、特色产业及其产业组织等基础,聚集各方资源,规划建设跨村界和特色村两种类型的多功能性田园综合体100个(其中达到国家级10个)。大力挖掘种养殖资源和文化资源,做强现有农业特色小镇(农业强镇),创建国家级农业特色小镇和强镇10个以上。

3. 实施休闲农业提质创牌工程,凸显都市农业新优势

(1)整体谋划打造5个具有天津特色的现代版乡村休闲产业聚集区或产业带。 突破传统休闲农业消费地域性、季节性、项目雷同性等局限,根据天津乡村旅游的自然资源、人文资源的分布特点和开发基础,通过区域整体形象设计和创意策划,将农业生产活动、农耕文明与乡村文化、自然资源有机结合,将传统的休闲农业、自然景观旅游、文化旅游与城镇居民健康养老、休闲养生、体验消费等需求有机结合,形成5个现代版的乡村休闲产业聚集区或产业带。一是以环城四区的几十个现代农业园区、新村镇和杨柳青古镇、京杭大运河、小站练兵园、霍元甲故居等为支撑的环城"多元文化"精品产业带;二是以环渤海中心渔港贸易中心、塘沽海产品贸易中心、滨海海洋渔业科技园区、海珍品养殖基地和几所大型海滨游乐场为基础的"海洋神韵"海洋文化旅游产业带;三是以蓟州盘山文化产业园、八仙山自然保护区、中上元古界自然保护区和几千家农家乐为依托的"山水风光"休闲观光产业带;四是以潮白新河、七里海水库、大黄堡洼和周边的现代农业园区、农家乐等为基础的"湿地原生态"健康旅游产业带;五是以北大港水库、团泊水库及周边地区的现代农业园区等为基础的"水乡风情"特色休闲产业带。

(2)着力将20个规模较大、产业较全、功能较多、影响较强的农业园区打造为京津冀休闲农业的四星级景区。 重点引导扶持20个多功能现代农业园区按照四星级以上休闲农业园区标准建设发展。通过整合相关资源,融入更多的文化创意元素、创意设计和农业高新技术,艺术化布局生产空间,展示生产销售各类稀特优农产品,开发适宜的观光休闲项目,成为津门休闲农业标志性景观、京津冀农业休闲观光新亮点。

(3)打造200个特色休闲村庄综合体。 对已认定的200个特色村,运用创意文化产业的理念方法,进行基础设施、村容村貌改造提升,农业产业多样化特色化结构调整,农家乐居住特色、绿化美化、洁净化改造,特色文化深度挖掘展示,特色旅游商品、土特产品开发,农业主题活动及场景创造等,开发养老度假、健康养生等新型项目,成为都市现代休闲农业村庄综合体。

4. 实施绿色兴农工程,提升生态文明水平

(1)耕地重金属污染治理行动。 开展全市500万亩耕地土壤重金属普查工作,划分农产品产地污染区域,设立长期定位监测点500个,对农产品产地环境进行定点监测。建立农产品产地土壤污染分级管理制度,在中、重度污染区,开展农艺措施修复治理,同时通过品种替代、粮油作物调整和改种非食用经济作物等方式,因地制宜调整种植结构;少数污染特别严重区域,划定为禁止种植食用农产品区,扩大生态林、用材林种植

面积。

（2）**化肥农药减量化行动**。全面实施测土配方施肥，推动缓控释肥、水溶肥、生物有机肥等新型肥料的应用与推广，继续开展秸秆还田、增施有机肥。抓紧实施减药提质行动，加快绿色防控技术推广，因地制宜集成推广适合不同作物的技术模式；提升植保装备水平，扶持发展一批反应快速、服务高效的病虫害专业化防治服务组织，推进区域专业化统防统治、同防同治与绿色防控融合；加速生物农药、高效低毒低残留农药推广应用。

（3）**畜禽养殖粪污治理和资源化利用行动**。推广种养一体、生态养殖、循环利用、沼气工程等6种养殖粪污治理模式，推动规模化畜禽养殖场粪污治理全覆盖。奶牛、肉牛等规模化草食畜牧业普遍实施种养结合生产方式。

（4）**农作物秸秆综合利用行动**。推广高效粮食作物收获、秸秆粉碎还田一体化新设备，建立秸秆收储运体系，开发、引进和示范推广新型收储运技术和设备，扶持发展专门化的企业将分散的秸秆收集、打捆、运输、粉碎预处理，作为饲料化、肥料化和能源化利用的原料，并形成市场化长效机制。

5. 实施规模化农业载体再生工程，提升示范带动水平

（1）**"三区三园一场"建设提升行动**。通过完善农田水利基础设施水平、统一晾晒烘干设施、科技对接服务、补贴政策倾斜等多种途径，发挥设施农业基础优势，引导区域粮食生产基地实现规模化生产经营，重点建设100个连片规模万亩以上的粮食生产功能区，300个连片规模5000亩以上的瓜菜果品生产和水产养殖保护区，30个产值超千万的各类特色农产品优势区。对全市178个市级现代农业园区和专业园区（14个现代农业示范园，9个农业科技园，100个现代畜牧示范园，55个优势水产品养殖示范园区），以及尚未达到或授牌为市级农业园区的重要规模化基地进行系统科学、真实客观的考察评估，准确判断其功能发挥的程度、主要短板、发展方向、前景潜力以及意愿，在此基础上重新确定一批应该重点发展的各类现代农业园。根据国务院办公厅关于在2025年建成30个现代农业高新技术产业示范区的方案，首先重点遴选培育10个左右市级农业科技园区，力争有1个达到国家现代农业高新技术产业示范区标准；按照农业农村部规划，实施百佳"现代化示范牧场"创建活动，10个以上达到国家级水平。

（2）**促进农业园区转型发展，发挥更大作用**。一是明确园区作为产业发展的一种组织形式，生产经营与经济效益是首要功能，弱化赋予园区过多的社会功能，着力促进基于市场机制基础上的带动发展能力。二是采取自下而上申报建设方式。村、乡镇、区及其有关合作社、村集体、农业企业根据土地资源最优化利用以及实现富裕目标，自主主动提出进行园区建设的建议、规划，上报有关部门，根据规模、投资大小确定不同的审批监管部门。三是探索园区产权制度改革。制定园区设施向农户或社会出租乃至使用权转让的引导政策，鼓励将园区建设成农业创业基地，提高园区设施利用效率。四是创新对园区发展的公共服务支持方式。创新服务机制，建立科技人员对口服务园区长效制度。

6. 实施管理革命工程，提升农业全要素生产力水平

（1）实施主体增质工程，提升农业产业的区链发展能力水平。一是新型经营主体增活力行动。清理"假合作社"、"空壳"合作社，重点扶持龙头企业桥梁（"公司+合作社+农户"的产业综合体）、特色产业产品开发、村域（区域）土地资源规模化利用、公共产品管理协调（主要是区域公用品牌、自然资源、景观等区域公共产品）等四种类型合作社发展。建立家庭农场后备名录和专业大户有序转化机制，重点按照示范型家庭农场的标准要求，优先扶持1000家左右示范家庭农场规范化发展。二是新型集体经营农业振兴乡村产业行动。新型集体经营农业是农户家庭土地承包基本制度下形成的村集体"统一"与"经营"程度多样化的农业。发展现代都市型农业及其延伸产业是很多欠发达村庄发展产业的唯一选择，新型集体农业经营是克服"反公地悲剧"、承接财政扶持项目、实现共同富裕的最佳路径和有效载体，天津已形成了代理型、实体型、服务型等3种具有普遍价值的多样化典型模式。对全市欠发达村庄发展村集体经营综合诊断和分类，制定方案和建议，采取项目定制、资金倾斜等方式建设一批产业兴旺、共同富裕的新农村。创建村集体（村两委）与合作社、农业企业、家庭农场等新型主体同等享受政府财政支农项目的常态机制①。三是产销对接促进行动，打造一批产业链链接整合的典型示范模式。围绕农业主导产业，制定以建立"农工商一体化"为核心的农业综合企业经营模式促进方案，推动农业产业化向纵深方向发展。扶持在农业规模较大的区镇建立农产品加工整理中心（初加工、包装）和对外销售的平台（集配中心），打造区域整体品牌形象。

（2）完善农业管理体系。一是"321"农业经营管理人才队伍建设。加快建设知识型、技能型、创新型农业经营者队伍，推进教育科研机构更好地满足现代经营主体对经营管理咨询服务的需求。通过精准培训辅导扶持建设，形成以家庭农场主、专业大户、农民经纪人等为主的3000名高素质职业农民队伍、2000名本土"优秀农业企业家"队伍（1000名农业企业家、500名优秀合作社理事长、500名创业"新农人"）、1000名现代农产品物流管理、运销以及市场经营人才队伍。二是"三农"管理体制机制改革。强化区、乡镇两级政府农业发展职责，对天津"三农"的目标定位、政府职责定位、主管政府机构划分及其职能、职责定位等进行科学系统研究界定，形成四级协调、政策执行落地有效的农业行政管理新体制。三是"三农"大数据平台建设。瞄准平台发挥作用的难点问题，着力建立长效的基础数据的搜集、核实、整理和公开、利用等责任制度机制，培养建设一批专业化的管理人员队伍和合格的信息员队伍，保障数据信息的真实、系统、有效、及时传输。

---

① 于战平. 扶持新型集体经营农业，重塑村庄命运共同体[J]. 天津经济，2017（7）：23-28.

第二节　新常态下中国种业供给侧结构性改革研究①

一、对种业发展基本特点与规律的认知

对一国而言，种业既是农业的关联产业（引致性需求），也是农业的重要产业。作为农业关联产业，种业需求取决于农业发展需求，是农产品成本效益的重要因素。作为农业产业活动类型，其创造巨大的市场价值，是一种竞争性更强的特殊性产业，有其自身的供求特点。

1. 现代种业的供给侧特点及其内在要求

（1）优劣并存的两条种子供给基本路径（渠道），需要国家协调平衡。一个国家种子的来源渠道，一是本国自主研发、繁育，一般认为这应当是主要渠道；二是从国外直接购买。自主研发需求针对性强，有助于建立本土种业持续发展的研发繁育体系，但面临巨大的投入、较长的周期、失败的风险或者缺乏销路等问题，种业不发达国家只能是突出优势而"有所为、有所不为"。引进新品种是加速中国种业发展和农业产业科技水平、缩小差距的便捷快速的有效途径，但也可能造成"品种锁定""技术锁定"，制约民族种业的持续生存发展能力和安全保障能力，也不能完全满足本土种子的需求。同时，不同国家对新品种出口控制的做法不同，有的对本土新品种直接出口严格管控，有的则是由企业出于利润最大化作为特殊商品出口而没有限制。两种渠道各有优势和缺陷，在种业日益国际化的背景下，进出口贸易总体仍然处于快速发展期，如何协调好政府和市场两种力量，平衡好种子进出口的关系，是政府需要着力面对的战略和现实问题。

（2）多重预期目标（目的）的种业创新发展动力，需要政府严格管控。市场化、国际化的深化发展彻底打破了自留自用种子的模式，商品化已经成为主要方式，种子成为附加值较高的特殊商品，种业成为一个高投入、高风险、高效益的投资产业，深受投资资本的青睐，成为种业发展的主要驱动力。但因此也带来了一系列问题，如研发单位的急功近利，将不成熟不稳定的种子推向市场，假冒伪劣或套牌种子等。尤其是转基因种子问题更是全世界广泛关注，尚缺乏权威可信的定论。政府调控管理成为种业健康持续发展的重点，也是中国的难点。

同时，种子种业的发展兼有巨大的公益性，是国家产业安全、生态安全的重要关注点，在整个生态系统、生态链中具有特殊地位，科学性、严谨性、持续性要求很高，需要国家的有效调控与管理，否则会酿成严重的生态危机。中国生物入侵问题、转基因问

---

① 本节内容部分来自于2016年天津市科技发展战略研究重点招标课题成果——天津现代都市型农业科技创新发展战略研究（合同编号：16ZLZDZF00370）；部分核心观点发表在：（1）《中国种业》2017年第8期，1-7页，论文题目：用"五大理念"引领种业供给侧结构性改革与发展；（2）《天津市社会科学界第十二届学术年会优秀论文集》，天津人民出版社，2017年9月，617-622页，论文题目：新常态下种业安全的新内涵。

题非常严重，教训深刻。

（3）多重原因导致新品种寿命周期不断缩短，需要市场主体更强的创新创造力。一个新品种一般要经历投入期、成长期、成熟期和衰退期四个阶段，总体看寿命周期不断缩短，其原因很多：出现了性能更好更优异的替代品种；原品种退化，不适应土壤、气候条件，生产性能下降；结构调整导致产业发展规模下降或者社会不需要，例如蓖麻产业、苎麻产业等；地区之间的结构变化调整也需要品种的变化；分子标记、转基因等现代育种技术的发展使得育种周期长的特点已经改变，设施农业的发展增加了育种的频次；互联网与电子商务技术的发展大大缩短了推广周期；品种几年就淘汰一次、更新一次，更新速度快。一般认为，蔬菜新品种研发周期5年多，使用年限也就5年左右，尚取决于是否引进新品种发生替代，或者结构调整需求变化情况。

新品种寿命周期不断缩短，在支撑促进农业发展的同时，也加剧了研发机构的市场风险，导致每单位商品性种子的市场成本不断增加，需要研发单位不断推出更多更好的优异品种，需要在新品种研发后加快推广应用的力度，育繁推一体化成为最优路径。

（4）长积累、高投入、高风险与高效益并存的种业研发活动，需要政府与市场有效分工合作。种业是生产有生命的生产资料产业，是高科技、高投入（持续投入）、高产出、高风险的知识密集型产业，研发新产品是核心竞争力，知识产权保护的重要性和影响不断增强人才及其创新团队，知识产权或者历史积累、研发创新能力，资金实力等是发展成败的主要因素。新产品及其研发能力是企业发展的核心竞争优势，相关人才培育是持续竞争的核心和焦点。新品种研发既需要基础科学研究的不断突破作为理论和方法支撑，也需要在基础理论的引导支撑下的开发性的研究，都需要很长时间的连续性积累，需要连续不断地投入人力、物力、财力。基础性研究投资更大，直接经济效益较低或者短期难以显现，需要政府的有效支持。开发性应用性研究也需要大量的投资，弥补政府财政资金不足，提高资金使用效率和效果。利用种业高收益的特点，吸引调动社会资本成为主要发展途径。与所有的科研活动一样，无论公益性基础性研发或者商品开发性、应用性研究，都存在很大的风险性，需要真正有实力、历史的科研机构、研发单位或者企业承担，小单位、小企业难以避免被淘汰或兼并的命运，种业科技型小企业不是发展方向，必须与有实力的单位联合。即使是大资本介入种业也不是从零开始，一般采取兼并或者收购育种单位，很多国际种业巨头走的都是这种路线。政府与市场的合理分工合作是种业发达国家共同的做法和经验。中国过去种业发展存在的一个重要问题就是受制于体制问题，缺乏高效的分工合作的种业体系，效率低、竞争力弱。

（5）多种形式的一体化组织是种业供给体系的有效模式，需要涉种各环节各领域全方位高效合作。以种业为核心的现代生物农业发展已经突破了传统的研究领域、研究手段，深度及广度不断加深，需要理学、工学与生物科学、信息科学、新材料、环境科学等多学科的综合应用。种业涉及育种、繁种、推广等多个主要环节，需要多学科联合合作、多产业结合融合，包括管理科学、人文科学以及基础自然科学等。育种又与农业生产结构需求、区域资源状况、品种性状要求和生产目标关系密切，种子都需要"本土化"

的区域适应性，需要与相应的栽培技术、水肥条件等相匹配，需要选择适宜的营销推广模式。各环节、各领域、各主体的分散化导致效率较低，众多的小规模主体导致信息不对称，在竞争中必然走向失败。同时，随着世界种业市场国际化竞争的发展，大资本将种业作为"蓝海"之一深耕。"育繁推一体化"种子企业为基础和主导，肥料、农药等生产资料化工集团的大资本参与组成企业集团成为世界种业集团的领头羊。

建设一体化组织的种业供给体系，需要涉种的各环节各领域全方位高效合作，关键是利益机制、信任机制，核心是合作文化理念，主要方式包括国际国内合作，跨区域、行业的合作，"育繁推"一体化，供给方与需求方结合，通过行业协会等形成一体化组织，大集团的研发服务与地方的种子公司、推广服务部门的一体化等。在中国实现种业的一体化组织，更需要加快革命性体制变革与顶层设计，需要全面的理念更新。

2. 种业市场需求特点

（1）种业市场需求是引致性需求，供需相互促进或制约性强。需求推动供给，供给也会产生或引导需求的原理同样适用于种业发展。不同于最终消费品的农产品，品种的变化对最终消费者的敏感性远低于农产品生产者，种业供需的相互依赖、影响程度远大于农产品。作为农业发展的中间投入品，需求数量（市场空间）、品种结构等取决于生产最终农产品的需求，农业产业结构变化、生产方式变化（如对化学投入品的替代需求）、质量安全保障的需要以及因投入品变化而引起的成本效益、工艺操作等配套因素共同决定了种业发展空间与速度。

同时，在需求引导供给的同时，种子供给引导生产结构调整进而引起种业需求变化的趋势也日益明显。对于某一区域而言，新品种的推广活动能够改变或者引导需求，用新品种替代旧品种或者发展当地没有的新产品。种子研发部门发现或者驯化、创造新的品种，或者从域外引进驯化新的品种，会产生一个新的产业，成为特色优势产业发展的基本路径，获取先发优势和很高的附加值。需要加强种业发展的供给侧与需求侧相互协调促进的体系机制建设。

（2）区域需求存在专业化差异，规模性的需求增加。自给性兼业农户、规模农户、合作社与企业等采用种子的规律不同。农业生产总体上趋向于区域专业化、规模化，种子的需求结构因地区不同而有差异，整体上因为区域专业化以及新型经营主体的发展，规模性需求将逐渐成为主体，小规模的频繁交易向少次数的大规模交易发展，主要是新型主体、联合交易或集团消费增加。在不同的区域，种业销售带有一定的垄断性，随着电子商务的发展，种业销售渠道的变革必须适应需求的变化。

（3）对域外新品种需求增加，进出口双向约束不断强化。种业的国际贸易、国际化有其特殊性需要关注。历史上看，从国外引进就是新品种的重要来源，作为农业国际化的重要组成部分，种业的国际化将不断深化。中国化工集团2016年2月3日宣布将以每股465美元的现金收购瑞士农业化学巨头先正达（世界第三大种子公司，估值超过430亿美元）。在种子进出口贸易不断扩张的同时，也存在双向约束不断强化的趋势。对出口方而言，主要是加大力度保护知识产权，保护本国的农业及其种业的竞争优势可能限制或者有选择地出口。对于进口方而言，可能会担心本国的种业安全、生物入侵等生态安全问题而采取技术性贸易壁垒等措施限制。

3. 种业发展的总体趋势

（1）研发手段现代化。新品种的研发是种业发展的基石与核心竞争力。现代遗传育种已经由传统的经验型育种转变为科学化育种，现代基础科学的新进展、现代化的物质装备手段与科学精神、科学方法等大大提高了种业研发的效率，分子育种、转基因等缩短了育种周期，对种业发展产生着巨大的作用，重塑种业发展新格局，欧美发达国家据此占得先机。同时，也对科学伦理等提出了严峻挑战，需要共同应对，例如转基因育种问题等。

（2）企业组织集团化。基于种业发展的供需特点，总体看种业是大企业（或企业集团）主导的多元化经营，兼并重组、联合合作成为常态，不断向规模化、集团化、国际化方向发展。应用规模大的种子市场成为典型的寡头垄断市场，大部分产品是垄断竞争市场，个别市场份额小的种子几乎是完全垄断市场。据有关资料，2014年全球前十大种业公司的销售额占全球市场比例超过70%，前三大种子公司（孟山都、杜邦先锋、先正达）的比重超过了50%。从2006年至2013年，国际种业市场被国际种业寡头垄断，集中于前4名种业集团约占国际种业市场的二分之一，且寡头之间以互相持股或合资成立种业公司的形式加强了联系，并进一步控制世界种业市场；美国孟山都种业公司是目前世界上最大的种子集团，2013年种子销售额为103亿美元，约为2013年中国全国商业种子市场市值；世界第二大种业公司美国杜邦公司，2013年种子销售额为82亿美元，而中国经营最好的隆平高科种业公司最高销售额仅为1.9亿美元，仅为孟山都的五十分之一。由于高科技种子自身的属性导致种业市场利润大部分被种业集团所拥有，资本的逐利性使得社会资本进一步聚集，各国政府推行的农业科技化、产业化政策一定形式上加速了种业资本聚集。另外，种子消费"跑步机"理论推动了种业市场进入被种业寡头垄断的局面[①]。

针对国际化种业大公司对中国种业发展造成的压力，面对国内种业"散小弱"的状况，政府制定系列措施促进集团化发展和集聚发展。2014年种子企业总量由3年前的8700多家减少到5200多家；注册资本1亿元以上企业106家，增加近2倍；销售额过亿元企业119家，增幅30%；前50强种子企业销售额已占全国30%以上；前10强种子企业年研发投入近6亿元，占其销售收入的6%以上。2015年种子企业数量进一步减少。《全国现代农作物种业发展规划（2012—2020年）》明确提出，到2020年，培育一批"育繁推一体化"的现代农作物种业集团，前50强企业的市场占有率达到60%以上。

（3）产业运行规范化。种子种苗是特殊的生产资料，产业发展涉及很多不同部门和环节的分工合作，涉及复杂的利益关系和矛盾，必须依靠一整套的正式制度和非正式制

---

① 黄毅，柳思维. 国际种业垄断：理论解释、实证测算及趋势[J]. 华南农业大学学报：社会科学版（广州），2015（1）：79-91.

度、文化规范去约束,实现秩序化运行和良好秩序。这些制度规范包括:诚信制度、契约制度、标准化制度等。既包括一国一域,也包括国内外之间的合作等方面的运行规范化。

(4) 行业管理法制化。法制化是保障规范化运行的核心和最后防线,也是最有力的保障,产业发达国家的法制化水平是其重要标志,包括国际组织的国际公约,很多国家有关种子的法律法规等非常健全,这也是中国相对差距最大的方面和原因。作为特殊的生产资料产业,种业发展法制化的要求越来越高,包括新品种的推广(如转基因问题)、繁育、种子种苗的经营等,每个环节都必须置于严格的监管、法制化管理之下,才能形成良性的运转秩序。

二、中国农业及种业发展进入新常态

进入新常态实际是实现了由量变到质变,进入一个新阶段,并持续较长时期,也是要达到新的正常的或者长期的均衡稳定态势,按照规律发展。

1. 中国农业发展进入新常态的标志及要求

改革开放后农业持续快速发展是建立在以家庭承包经营为基础的制度改革效应、以市场化改革为核心的机制效应、以科技创新为核心的支撑效应和以扶持保护为核心的政策效应等"四重效应"基础之上的。农业的持续快速发展解决了13亿人的温饱问题,不断满足更多人口对多样化高质量农产品的需求,也为世界粮食安全做出了巨大贡献。同时,几十年的农业持续增长,也使得生态环境、土地资源等不堪重负,化肥农药、水资源的大量消耗,农产品成本不断上涨、竞争力下降,部分产品卖难等问题严重。在整体经济增长进入新常态的宏观背景下,农业发展也将面临新的要求和任务,综合判断中国农业发展进入了新常态,既是客观存在,也是主观需要。具体表现在以下方面。

(1) 农产品产量与出口量增长放缓,需求结构升级以及竞争性压力促使结构调整亟需深化。全球经济以及中国经济的增速放缓,影响到农业经济的增长,增速下降;整体经济增速下降,对农产品的国际需求增长下降,直接影响到中国农产品的出口。同时,由于中国农产品生产的劳动力成本刚性上涨、土地流转成本的不确定性增加以及保护政策导致的政策性价格上涨等,国际竞争力下降,贸易赤字达到较大规模并且成为常态。对国内需求而言,随着绝大多数居民农产品数量消费得到满足,对多样化、高质量、高品质的农产品需求不断增长,数量增长已经不是主要矛盾,质量、结构、效益并重成为主要目标,农业产业结构调整进入深化期。

与1998年开始的农业结构战略性调整相比,本次的农业结构深化调整在很多方面需要延续,但已经具有多重不同的含义。例如,强化农产品质量安全管理、加入WTO等已经15年,贸易逆差不断加大,国家对农业的支持保护力度加大,"刘易斯拐点"与农业劳动力短缺、成本上涨,工业化、城镇化发展以及区域土地利用等发生了许多重大变化,各个地区按照比较优势发展特色优势农产品,地理标志性农产品大发展,农产品加工业的发展更是达到了新的规模,新型农业经营主体更是数量大增,土地流转如火如茶等，是一个新的历史阶段。

（2）农业化学投入品使用与农业生态环境承载力达到极限，生产方式急需转变。工业化农业依靠化肥、农药、农机、高产品种以及竞争性保护政策（出口）等促进了农业跨越式非常规发展，工业化农业阶段符合经济市场和社会规律，但违背了自然规律，带来了严重的生态与环境安全问题、农产品质量安全问题，对自然界的自然资源、生态环境和人的身体健康造成了很多破坏和不利影响，有的是灾难性的，这是一种不可持续的农业，已经走到了尽头。

与整体经济增速下降需要转变方式一样，农业也急需转变发展方式，既要符合经济规律，更要符合自然规律。要由大规模、高强度改造利用自然，转向更多地顺应自然，在生态承载能力范围内更加精准、科学地利用土地等自然资源，发展生态循环型、环保型农业生产模式将得到有效发展和大面积推广应用。同时，依据农业发展的优势和适宜性进行布局更加明显，消费者需要更加多样化的高质量的农产品，过去盲目"调结构""赌行情"以及频繁波动的种养殖将转向更理想的优生区、适生区，降低成本、提高质量、形成特色，据此形成主导优势产业、支柱产业。

（3）农业总产出足够满足食物数量安全和平衡膳食需要，农业发展目标定位急需调整。虽然从理论上说，中国的自然资源和作物的生物产量增长尚有很大的潜力，但实现这些产量需要多种条件的协调配合，需要更多的投入，也会对自然资源和生态环境等造成更多的负面影响。而且中国农业发展的环境欠账很多，急需恢复、补偿，农业土壤不堪重负，资源利用程度高、强度大，生态系统急需进一步恢复优化。中国农业的经济总量也已经很大，设施农业发展规模世界第一，主要大宗农产品产量不少多年已经保持世界第一，在正常的国际贸易进口情况下（必然发生的常态），从能量总需求方面完全能够满足要求，我国畜禽肉类和蔬菜这两类农产品的产量分别是膳食需求最高量的 2.39 倍和 2.58 倍，鱼虾和奶类及奶制品供应不足，尚未达到平衡膳食需求的最低标准，蛋类和水果接近平衡膳食需求量的最高标准[①]。

从农业作为人类生存的基础和食物安全角度看，中国农业总体上早已迈过了温饱和主要营养需求的阶段，已经进入一个全新的阶段，已经不能再追求生产更多农产品的数量型增长，农业的多样化、多层次、多功能需求明显，需要重新定位并协调好产量、结构、效益关系，进出口关系，资源环境与产业发展等关系，农业部分目标应当回归，如生态环境功能、循环农业、原生态等。

（4）政府对农业支持的增量空间相对缩小，政府农业管理调控职能体系急需改革。一方面，随着整体经济发展进入新常态，财政收入增速下降，而需要支持的民生领域进一步增多，财政支持农业的增量空间相对变小。另一方面，从 2004 年之后实施的价格补贴支持等"黄箱"政策，经过 10 多年的运行基本达到入世承诺的最高限，短期的针对性

---

① 周振亚,高明杰,李全新,等. 罗其友. 基于平衡膳食的中国主要农产品需求量估算[J]. 中国农业资源与区划,2015,36（4）：85-90.

改革措施、补贴政策的边际效用为零乃至下降,增产增收潜力发挥基本殆尽,进入常态化的阶段。同时,财政资金使用效率不高问题突出,处于改革探索阶段;政府调控农产品进出口、资源管理、市场监管等方面尚存在不少漏洞,急需改革完善。

政府对农业的支持管理和调控进入新常态,就是要在短期刺激性政策、投资数量增长边际效用下降甚至可能为零的背景下,从更深层次上、更系统的角度制定长期性的政策体系,需要政府农业管理调控体系更加科学化、持续化、高效化。

2. 中国种业发展进入新常态

种业既是农业的关联产业(引致性需求),也是农业的重要产业。中国与发达国家种业发展存在巨大差距,为满足农业多样化快速发展对良种的需求,部分依靠本土研发繁育,更多地依靠多渠道、多形式大量进口。随着种业发展国际环境的变化,农业供给侧结构性改革需求的变化,中国种业改革创新的要求和力度不断加强,也将步入新常态。

(1) 良种实物需求量总体稳定或趋于下降,价值量稳步增高。在一国或一个地区农业产业及其结构没有发生重大变化的情况下,对于良种的实物需求量总体稳定,变化的主要是新品种替代旧品种,技术进步(如机械技术、设施农业技术)则会减少种子实物需求量,种业总体市场规模潜力有限,重点是品种及其结构更新的竞争、企业之间此消彼长的竞争。农作物良种覆盖率已稳定在96%以上,奶牛良种覆盖率提高到60%左右,畜禽良种化、国产化比例逐年提升[①]。良种的商品化已经达到较高水平,杂交良种全部商品化,即使是可以自留种子的常规水稻、小麦、大豆、内陆常规棉、常规油菜等主要农作物的种子商品化率也已经达到76.84%、73.97%、70.83%、84.34%和56.56%[②]。中国每年推广使用农作物主要品种约5000个,品种几年就淘汰更新一次。2014年国家审定7类主要农作物品种140个,退出品种114个;各省级种子管理机构审定主要农作物品种1471个,共退出品种1049个。蔬菜新品种研发周期5年多,使用年限也就5年左右。种子商品化市场化程度的进一步提升,研发的投入、成本不断增高等使得种业市场的交易额或者价值量总体稳步上升。根据业内专家估算,2015年全国主要农作物种子市值合计840.26亿元,花生、瓜类、蔬菜、花卉类作物种子市值约280亿元,其他类种子市值(杂粮、甘蔗、水果苗木等)约50亿元,合计市场总规模约1170多亿元,2020年将达到1500亿元。

(2) 国内种子生产总体上过剩与不足并存。中国本土种业自身的快速发展和国际种业寡头抢滩登陆,大宗农产品种子已经严重供过于求,尤其是玉米等大宗粮食种子连年产能过剩或已成为常态。而蔬菜、畜产品等良种则大量进口,有的对外依存度超过70%,受制于国外的品种。大量推广应用的畜牧业良种主要来自也受制于国外的品种,"部分优良品种核心种源依赖进口,全部白羽肉鸡祖代、大部分优质种牛精液和胚胎从国外引

---

① 李家洋等. "跨越2030"农业科技发展战略[M]. 北京:中国农业科技出版社,2016:31.
② 农业部种子管理局. 2016年中国种业发展报告[M]. 北京:中国农业出版社,2016.

进"①。农业结构调整加快需要更多的特色、功能性小宗农产品良种，国内研发滞后、储备少等难以满足需求的矛盾突出。

（3）种业发展回归到以提升研发创新能力、培育原创新品种为核心的科学轨道。中国种业几十年的大发展，自主培育推广了大批优良品种，但尚存在不少假冒伪劣、套牌、侵权等短期逐利现象，不利于研发创新能力和竞争力的提升，败坏了本土种业的信誉。科研院所主要为发表论文或者获取新品种审定，获取国家研发资金、获奖，不注重实际推广应用价值等，都是违背种业发展规律、不适应种业国际化要求的行为。近年来，中国打击侵犯品种权和制售假劣种子行为力度不断加大，仅2015年就实施了近10项相关的行动，已经出台相关文件对种业研发繁育的体制机制问题进行改革，种业发展将回归到依靠研发创新能力、核心品种、创新品种以及产业链的综合服务等提高竞争力的正常轨道。

（4）符合现代种业发展规律的企业化主导趋势明显。基于种业发展的供需特点，国际上总体形成大资本进入、大企业（或企业集团）主导的多元化经营，兼并重组、联合合作成为常态，不断向规模化、集团化、国际化方向发展。在近年来政府系列改革举措的推进下，中国种业企业化、集中化趋势明显。2010—2015年，农作物种子企业数量减少了4660家，减少46.44%。《2016年中国种业发展报告》显示，资产超过1亿元、2亿元、5亿元的农作物种子企业数都明显增加，净资产超过10亿元的企业数由2012—2014年的6家增加到2015年的9家，超过20亿元的企业数由只有1家增加到3家。我国农业植物新品种申请量由2010年的1206件上升到2015年的2069件，企业申请总量3638件，科研单位2760件，企业申请量"十二五"期间比"十一五"增长139%，远高于科研单位25%的增长量。2016年全国小型种子企业之间兼并重组的进程加速，一些资金薄弱、缺乏管理经验的小型企业被迫转型或倒闭，小型种子企业危机四伏，洗牌的进程加剧，安徽省80%以上的中小型种子企业正在积极探索转型发展之路②。

三、新常态下种业安全内涵要求的战略性理性思考

中国对于产业安全的关注与讨论是在国际贸易大发展的背景下产生的，也就是在2001年中国加入WTO后产生的话题。分析中国种业发展现状与问题，提出相应的对策，绕不开一个最基本的话题"种业安全"。近10年来，随着外资进入中国种业的范围和影响日益加大，引发了对中国种业安全话题的讨论，也在一定程度上促进了中央政府出台促进种业发展的意见、改革种业研发体制、修订《种子法》等系列改革，产生了积极的效果。很多研究种业发展都是在或明或隐的基于"种业安全"的客观或主观认知基础上的，但其本身并没有达成一个普遍共识或者相对科学的内涵界定，也带来了很多的不理性或者短视认识与误区，影响到对种子产业发展的理性认识与分析。

---

① 蒋钊. 农业部关于促进现代畜禽种业发展的意见[EB/OL]. （2016-07-27）[2021-01-15]. http://journal.crnews.net/697/35994_20160727015613.html

② 包亚玲，李德明，谢桂娟. 新常态下安徽小型种子企业转型发展对策研究[J]. 滁州学院学报，2017，19（1）：25-30.

1. 种业安全研究简评

根据相关文献得知,关于从经济、管理或者政治等中国含义或语义语境下的种业安全问题研究在发达国家很少(农学、植物学、食品科技、环境科学等自然科学关于种业安全问题的研究很多),中国是对该问题最敏感、发表文章最多的国家,这与我们对粮食安全问题、产业安全问题的高度关注有关。我国从经济角度对种业安全的研究主要是从基本内涵、评价指标体系与方法、中国种业安全现状评价等三方面研究的。但正如"安全"与"不安全"本身在很多场合就是一个弹性很大、动态变化的客观与主观混杂的概念,种业安全的理解差异很大,需要与时俱进地分析。

(1)关于种业安全基本内涵。对种业安全的界定较少,主要来自产业安全的引申,是从与粮食安全关系密切的角度分析。关于产业安全的研究著作、论文不少,但学界对产业安全存在不同的理解,有代表性的主要有产业发展观、产业控制力观、产业国际竞争力观和产业综合观。产业发展观认为产业安全是产业的生存与发展不受威胁;产业控制力观认为产业安全是国家对关系民生的国内重要产业拥有控制权;产业国际竞争力观认为产业安全归根到底是产业竞争力问题;产业综合观认为产业安全是一国对其重要产业拥有自主权、控制权和发展权,保证本国现有的或潜在的产业权益免受危害的状态与能力。根据对产业安全的理解,人们提出了不少评价的指标体系,有代表性的是从产业生存环境(融资、劳动力、市场、技术等方面)、产业竞争、产业对外依存度、产业控制力等角度分别提出相应的指标和评价体系,有的提出了判断不同安全状态的参考标准,并据此对中国的棉花、玉米等大宗农产品进行了安全性评价。

理性认识种业安全的基本内涵要明确以下问题。第一,产业安全或不安全是一个阈值弹性很大、很难衡量界定的概念,除非达到某个极值、产生严重的难以应对的案例,否则一切都可能只是"假想"、预防或者预警。第二,影响安全的因素太多,在不安全因素出现时可能能够克服,难以造成不利影响。这些因素也是动态变化的,外部大环境变化或者不可预见性的偶然因素的变化,其影响可能远远超过人们的想像,很多只能是事后的"教训"。但人们往往从这些典型案例或者教训中总结出一般规律,其实可能都是"小概率"事件。第三,种业安全与粮食安全、食物安全等关系密切,但种子的使用价值、生产经营、管理等不同于一般农产品,对其是否安全需要有新的角度和思维。例如,中国的很多新品种都是通过自觉地或者不自觉、正规或者不正规的途径从国外带入,当然中国的很多品种也输出到了国外。再如,中国不进口外国粮食可能存在巨大的短缺,但不进口外国的良种是否会影响中国的粮食供给?在多大程度上影响等,都是不确定的。第四,种业种类很多,不同的种子及其不同农产品的地位作用,国内生产能力以及国际贸易状况、潜力等差异巨大,安全性的评价、要求也不同,例如主粮与花卉对安全性的要求不同。第五,如果从一国与国外的开放性贸易、国际化分工合作等角度看,某一个产业或农业产业整体的种业安全必须放在国家对外开放的大背景大政策下,并结合国家贸易平衡的要求思考。例如,外国种业进入中国,中国的优势产业进入其他国家等。本文认为,种业的安全是相对的、动态的弹性很大的复杂问题,应当具有全局的国际视野理性分析思考。种业安全的内涵、要求不清，缺乏理性的规律性的正确逻辑思路会误导政策。

（2）关于中国种业安全现状评价。 有的是用指标体系与方法评价，有的是从单一的某一个方面、一个数据经验或者某一个侧面评价。目前尚没有对中国种业系统全面的综合性安全性评价研究，现有的研究重点针对进口量大或者在国内种业市场占有率高的某个（某类）品种（玉米、蔬菜、畜禽良种）等，主要从外资进入、跨国并购、种业市场进口量占有率的变化、种业研发投入以及研发水平、组织化水平等方面，通过比较研究、动态研究，尤其是与发达的欧美国家的比较研究发现存在的差距和问题，进而得出中国种业在某些方面的不安全问题。

从研究的结论看，对中国种业大致有相反的两种结论：一是种业是相对安全的，另一种是不安全的。得出种业相对安全的，主要是采用系统的进出口数据、指标体系等进行分析。得出不安全的结论，主要是因为外商（尤其是跨国种业集团）在中国采取各种合资、合作等方式进行投资布局带来的不利影响，造成不安全。例如，一般认为我国是畜禽产品生产大国，而主要畜禽品种的核心种质资源一直受制于发达国家，对国外核心种质资源的过度依赖会影响我国畜牧业发展的战略安全，选育与培育拥有自主知识产权的种质资源尤为重要。

关于中国种业不安全的结论，在某种程度上代表了普遍的看法和焦虑，引起了高度关注，对倒逼、推进中国种业的改革与发展发挥了重要作用。但同时也要看到，在分析研究的方法、评价指标或者思路等方面尚存在很多缺陷和不足。例如，进口种子达到哪些指标阈值才是不安全的，进口与国产（本土生产）的合理均衡点是什么，总量均衡与结构均衡问题，国际比较优势分工合作与种业安全问题，中国种业的进出口平衡问题，进口种子对本国种业生产能力的可能影响评价，短期影响与长期可能影响评价的综合，以及在评价指标选择的代表性等方面尚缺乏充分的研究及依据。安全的数量标准其实很难确定，无论用什么方法都存在缺陷，数据或者结论就不完全可信。总之，种业安全目前看仍然是一个难以有令人信服的科学结论的问题。

2. 新常态下中国种业安全内涵与要求

新常态下种业发展既要遵循经济规律，也要遵循自然规律、科研规律。经济规律包括国际贸易的比较优势、市场竞争规律、投入产出规律、利润最大化规律等。一个国家的国际贸易是一个整体，不能完全就农业谈农业。思考中国种业安全问题，不能仅仅站在中国的利益角度，不能情绪化、非理性的思考，以保护民族产业为理由希望违背经济规律而阻止进口。必须认识到农业种业的科研发展不会停步，跨国公司的全球扩张不会停步，这是符合科学研究与企业发展规律的行为（投资及其回报的天然属性要求）。更进一步，作为最大发展最快的发展中国家，在世界发展格局中不应当仅仅扮演"咄咄逼人的抢占世界市场"的角色，在中国已经积累了一定实力、达到一定水平就要用合作共赢等理念去谋发展。所以，以习近平总书记为核心的党中央提出包容性、共享、人类命运共同体、"一带一路"等系列战略，这些同样适用于种业发展。需要在大国地位、大国责任、大国目标背景下对产业安全重新定义,在和平与发展主题下、国际化与分工深化背景下思考产业安全。

中国种业安全的内涵应当重点体现在五个方面:第一,保持民族种业足够的研发和繁育生产能力,尤其在主要的品种供应能力方面不能因为进口造成的"技术锁定"、品种锁定而放弃研发、繁育的种子储备。第二,在优势领域获取世界种业分工的份额,尤其是通过种业出口促进不发达国家农业发展,为种业持续发展开拓市场;同时也可增加对发达国家的出口,哪怕是较小的比例。第三,保护好、开发好特色种质资源,增加本土优秀品种,提升未来种业市场的话语权,储备优异种子资源,严防资源流失。同时,不断增强适应性更强的传统本土品种在市场中的份额,适应消费需求结构和农业供给结构调整的需要。第四,根据国际规则建立几个中国主导的跨国种业公司,增强国际市场话语权和抗风险能力,现在已经有了明显进展。第五,建立起有效的种业安全预警与调控体系,包括进出口调控、战略种子储备等,保障在特殊或者偶发情况下的种子需求。

四、新常态下中国种业供给侧结构性问题的主要表现

良种作为农业增产增效的首要因素,在第一次绿色革命之后得到了空前的重视和发展,中国的种业科技创新得到了巨大进步,在水稻、小麦、玉米等大宗粮食和很多传统杂粮、经济作物,黄瓜、辣椒蔬菜、地方畜禽品种等育种方面,以及育种前沿理论、技术手段、研发实力等方面都取得了长足的进步,不少方面居世界领先或先进水平。但良种本身是动态发展、不断更替的,与种业国际化竞争不断深化的态势比较,与种业研发资源的巨大潜力比较,与引领支撑农业供给侧结构性改革的要求和更好满足消费需求、生态环境要求等比较,中国种业结构性问题仍然很突出。著名专家佟屏亚就指出,我国新审定品种存在"三多三少"现象,即品种审定的多,适宜推广的少;同质化的多,突破性的少;针对高产地区育种的多,适应特殊地区环境育种少[1]。

1. *种业研发供给品种结构:过剩与短缺并存,集中度畸高*

主要表现在三方面:一是作物新品种申请种类过于集中。虽然农业植物品种权申请量、授权量近几年一直保持较高增长,不断创出新高,但主要以大田作物为主,大田作物中又以杂交水稻、玉米为主。从经济角度看,用种量大、单位价值高、潜在的利润大的品种是选择的重要因素,出现一哄而上;从技术角度看,育种相对较易或者有杂交优势用户难以留种复制、产权易于保护的,相对比较容易产生新品种。2015年植物品种权申请量、授权量中(2014年也是如此),大田农作物分别占81.0%和74.6%(1675件和1080件);而种植品种更多、面积也很大的蔬菜,2014年、2015年则都只有127件,果树为80件和53件,花卉120件和147件[2]。蔬菜、花卉、果树等实际推广应用的大部分新品种直接或间接来自境外。二是品质等性状相似的同质化品种多,专业性、差异化

---

[1] 佟屏亚. 种业供给侧改革的机遇与挑战[J]. 种子科技,2016(2):27-28.
[2] 农业部种子管理局. 2016年中国种业发展报告[M]. 北京:中国农业出版社,2016.

大的品种少，难以满足多样化需求。例如，在东北进行玉米种植结构调整中，针对加工淀粉或饲料的专用型品种少，"兼用"或者用途差异小的品种多，出现淀粉加工厂找不到合适原料，而玉米种植户卖难等问题。再如，梨的种植，鲜食品种栽培面积和产量均占95%以上，晚熟品种约占 1/3，砀山酥梨、鸭梨、雪花、金花四大品种栽培面积和产量均占到全国的 2/3，导致水果成熟期过于集中，极易造成产量过剩，也放大了加工能力滞后的矛盾①。三是部分产业新品种对外依存度过高，传统本土地方优良品种发展空间被严重挤压。2000 年种业市场化改革后，我国种业已经从"一种地方特色和自给自足传统的'小农经济''边缘性'产业，转变为全球布局与资本市场的战略游戏"②。农业大规模的商品化、专业化发展的重要结果就是多样化的品种被所谓的适宜于"标准化"种养殖、加工要求的品种严重挤压，国外具有先进优良性状的大量品种通过各种途径被引进，杂交玉米、白羽肉鸡等是典型代表，大量的蔬菜、果品、花卉以及其他畜禽品种大量来自国外，在丰富国内生产品种、走向国际市场的同时，也对拥有独特性状、品质的本土特色产品的研发与生产造成了严重不利影响。例如，我国虽是全球最大的凡纳滨对虾生产国，2014 年全国养殖产量已达到 1.577×10^9 千克（占全国养殖虾类的 53.9%），但 90% 以上种虾需引种于美国 SIS 公司③。

2. 种业生产供给区域结构：低水平过度竞争，有限资源浪费严重

主要表现在：一是区域研发机构之间在部分育种产品上过度集中，缺乏动态调适机制，低水平自我封闭研发。基于历史上"四级农科网络"的历史传承和体制延续，为支撑当地多样化农业发展，尤其是粮食等大宗农产品的品种研发，除了极个别的省份之外，大部分省市的农业科研院所都有相应的研究机构和人员，受体制、理念影响形成路径依赖。在制定种业发展规划时，各地区信息不对称，一定时期内难以掌握其他地区的动向，只能是"自认为有优势的、有前景的""自说自话"，缺乏有效协调，加剧了低水平竞争。地方科研单位的部分专家，出于自身拿项目、经费保障的思想，对地方政府的种业发展建议带有选择性偏好；种子研发的"保密性"要求，造成很多的低水平"封闭性"重复研究。例如，虽然天津的小站稻历史上很有名，但真正的原产地已经完全城市化，全市水稻面积早已不到 30 万亩，但出于"保护"名牌的情怀等原因，在发展 10 大种业基地时将水稻列入，并聘请国内权威专家建立工作站等试图重振雄风，但目标很难实现（棉花也是如此）。二是实际推广应用的品种多而杂，难以实现最佳规模，品种研发的资源浪费与成果浪费严重。适应中国广阔复杂区域范围和消费多样化需要，同一产品不同品种的一定规模推广是必要的，但并不能就鼓励各地方都分散研发推出差异不大的新品种。大量的通过评审或申请的专利的新品种，没有进行投入产出、规模经济分析评价。《2016 年中国种业发展报告》显示，2015 年玉米、杂交稻、常规稻、小麦、大豆、油菜等推广在 10 万亩以上的品种分别有 977 个、535 个、293 个、419 个、170 个和 196 个，推广

---

① 张文超. 科技创新助力果蔬产业转型升级[N]. 农民日报，2017-5-10（5）.
② 陈健鹏. 中国种业改革发展中的关键问题[N]. 中国经济时报，2016-7-15（9）.
③ 韩坤煌. 我国水产种业产业的发展现状分析与对策建议[J]. 福建水产，2015，37（6）：495-501.

10万亩以上品种总面积占用种总面积的比例分别为78.6%、79.1%、74.7%、91.8%、71.0%和75.5%。同一产品的推广品种多而杂，很多达不到适度或最佳推广应用规模（也缺乏相应的分析研究），很多推广的品种恐怕仅仅是地方研发机构自己研发推广的小面积品种，对于适应性相对较强的玉米、小麦等品种研发是严重浪费。例如，玉米假如平均按照5万亩推广应用面积估计，至少也有2000多个品种。

3. 种业生产方式结构：主体多而小，研发成本高

主要表现在：一是生产经营主体多而小，缺乏行业领军企业。种业研发是高投入、高风险、长周期的产业，大型集团，尤其是化工集团并购种子研发企业，并发展全产业链经营，依靠强大的资金实力支撑研发与经营活动，是孟山都等国际种业巨头发展的主要路径，进而形成寡头垄断种业格局。而中国则受到发展阶段、体制等限制，种业集中度远低于发达国家。即使经过近几年的种业企业淘汰兼并重组，2015年国内前50强企业的市场占有率也只有35%，而2014年全球前四大种子企业的市场占有率是49%，差距明显。中国经营最好的隆平高科种业公司最高销售额为1.9亿美元，仅为孟山都的五十分之一，是日本种业公司Sakata的三分之一[1]。中国化工集团收购瑞士农业化学巨头先正达，标志着中国布局全球种业发展战略的开始。二是种业"育繁推一体"企业化程度低，产业链各环节分割导致交易成本高等问题严重。截至2014年底，全国5064家持证种子企业中，仅有72家（约1.4%）属于"育繁推一体化企业"，更不用说全产业链经营。种业市场"小散弱"的主体数量众多，"育、繁、推、销"四环节的分离造成信息不对称、利益协调难、零和博弈突出，这也是大量出现假冒、套牌的重要因素。小单位维持生存进而追求短期效益成为第一要务，将育种看作简单的生产过程，研究者、经营者短期行为、急功近利思想与行为普遍；产业链纵向各环节分散经营，实质性持续合作理念与行动缺乏，难以形成整体产业链优势。《全国现代农作物种业发展规划（2012—2020年）》明确提出，到2020年，培育一批"育繁推一体化"的现代农作物种业集团，前50强企业的市场占有率达到60%以上。三是育种方式整体落后于发达国家，原创性新产品研发周期长，品种储备少。有专家认为，与欧美等发达国家相比，我国种业大约落后20年。种业发达国家的现代生物育种广泛采取转基因、分子标记等先进技术，育种效率大大提高，原创品种多，品种储备多。中国拥有的有效品种权只有美国的5.3%，日本的13.4%，知识产权储备严重不足[2]。国内实际应用的不少新品种是从国外引进后的繁殖，缺乏原创与自主知识产权，持续性差。四是良种成本过高。常规新品种的繁育很多都需要大量额外非正常成本，导致良种到达最终用户时价格过高。例如，北京的耕地资源成本太高，需要去海南育种，相应地增加了很多人工成本；为防止育种材料丢失等，经常变换繁种地点，增加很多支出应对意外损失；一哄而上的同一目标育种，出现严重库存积压以及浪费，在营销方面低水平恶性竞争增加销售成本。

---

[1] 黄毅，柳思维. 国际种业垄断：理论解释、实证测算及趋势[J]. 华南农业大学学报（社会科学版），2015（1）：79-91.
[2] 陆福兴. 加强种业知识产权保护确保国家种业安全[J]. 中国种业，2016（9）：10-12.

4. 种业资源配置结构：与农业产业发展和研发需求结构变化不协调

种业市场产品供给结构方面的问题是人才、资金等资源配置的结果，改革开放近40年，种业研发经费、人才等资源配置不协调问题依然突出，计划色彩浓厚，部分方面甚至由协调变为不协调。一是特色小宗新品种研发投入少，缺乏持续性、配套性。基于利润最大化的追求，大宗数量的主要农作物良种研发与繁育等方面的单位、人员、资金等资源投入大，而对于传统的地方品种、特色品种的研发等方面投入少，并且缺乏持续性、配套性的投入。一般这些小宗的地方传统特色品种的提升改良只能得到地方的项目支持，商品化使用面积小、区域局限性大等导致育种积极性不高，难以吸引优秀人才以及资金投入，新品种的储备相对较小。有的品种几十年得不到有效的支持。例如，天津的红小豆品种选育，自20世纪80年代尚有专家研究外，到现在20多年来几乎没有研究。再如，天津板栗自1993年获得市科技进步奖后，再没有相关的立项研究信息。类似的例子全国很普遍。在农业供给侧结构性改革的紧迫要求下，新品种成为主要障碍之一。二是新品种研发类型、环节等方面配置结构不合理。不少专家普遍认为，我国80％以上的农业科研经费投入主要在农业科技应用技术研究，真正从事育种的科研经费不足20％；80％以上的农作物育成品种来源于国有科研院所和教学单位，来源于种业企业等其他单位与机构育成的新品种不足20％；80％以上的种质资源和75％的育种专家集中在科研和教学单位。中国80％以上的品种权申请集中在玉米、水稻和小麦等大田作物上，加上研发、生产与销售长期脱节的历史影响，品种同质化程度不断加重。三是区域资源配置不合理。最典型的是北京虽然农业总量很小（近几年农产品产量及其价值量下降），但由于是首都，改革开放后，农业科研院所全国基本合理均衡的布局状况被打破，在城乡差距的推拉作用下，研发资金投入北京市"一市独大"，部颁种子企业数量位居前列，与农业区域产业发展特点、种业研发特点很不协调。《2016年中国种业发展报告》显示：2015年，北京市种业企业科研投入6.24亿元，居全国之首，占到全国种业企业科研总投入的15.69％，企业自主投入力度最大的同样是北京（5.55亿元）；而部颁种业企业数量前3位的是山东（32家）、北京（30家）、河北（24家），科研人员较多的是山东（2247人）、黑龙江（2018人）、河南（1620人）、北京（1620人）、河北（1371人），而山东、河北种子企业科研投入分别只有3.27亿元、1.57亿元。

总之，中国种业发展到现在，如同整体经济发展一样，经过了几十年的体制转轨，处于转型与矛盾突发期，实际是纠结在很多的利益冲突矛盾中，仍然在转型，旧的体制机制、理念等逐步被打破，但新的却迟迟难以建立起来。从问题的根源上看，主要是政府与市场的职能界定、履职方式等尚没有清晰，尚未形成有效的合力，造成越位、空位、错位，导致同样的人财物投入产生的科研生产力相对较小，效率不高，这与中国的科研和财政管理体制有关，包括项目申请、经费使用、监管、评审制度等，也与大的外部环境、文化、法制化水平以及创新文化、诚信文化、产权制度有关。中国种业与发达国家差距是客观的发展阶段、发展水平的真实写照，包括研发的历史积累、科技水平、科研手段、科研开发的体制机制的效率，乃至研究人员的职业道德、敬业水平，政府的调控管理等方面,是客观存在的。欧美发达国家种业的体制机制更活,更适应国际化,中国要赶上它们需要很长的历史积累,这与工业设计制造的科技水平差距、基础研究差距、综合实力差距等一致。

五、用"五大理念"引领种业供给侧结构改革与发展的建议

1. 以创新为发展动力,为现代种业不断注入新活力

创新包括理念、技术与体制机制、管理制度等重要方面,体制机制与制度等创新是技术创新的动力来源和保障。国家已经出台并尝试着很多重要改革举措,有的被吸收进了新"种子法"中。本文认为尚需要在以下两方面加大改革力度:一是研究制定科研院所商业化育种脱离后如何保持创新活力的配套性政策。科研院所商业化育种剥离后,在基础性公益性研究领域留住高水平人才是核心问题。既要能充分激发调动研究人员回归科学研究创新正常轨道,克服急功近利行为,又要能实现"待遇留人""事业留人"。如果研究人员的待遇仍然采取目前的与职称、项目经费或者成果能否获奖挂钩,依靠承担基础性公益性项目,而这些项目经费不能用于支付研究人员的个人报酬,劳动付出的价值就没法体现,结果可能出现"弱者沉淀、能者出走"等外资、大企业集团挖走优秀人才的普遍想象。二是深化种业知识产权制度改革。出台保护国有育种资源资产和品种权利的保值增值法律规范,出台国有科研院所人员凭借国家的项目支持获得的专利、品种权等国家的财富的成果转化、增值收益分配,防止个别人员利用国家财政资金项目转化为谋取私利的手段,或者成为不公平竞争的手段。探索建立种业研发科研人员分类管理机制,促进科研单位的研发人才向企业有序流动的激励政策,促进科研院所的人才、研发设备等与企业有机结合的政策等。

2. 以协调为主要手段,构建高效的全国一体化种业新格局

协调既是一种理想的平衡状态,也是实现平衡的重要手段,不协调是中国种业结构性问题的集中体现。协调的内容很多,重点要协调好三方面的关系:一是政府与市场的关系。从种业基础性、战略性以及生物性、国际化等特点出发,要着力发挥政府主导作用,通过有效的顶层设计、规划引导、法制管理、产权保护、基础研究、信息服务、种质资源保护等为市场化企业发展营造公平公正公开的制度与环境保障,强化政府协调的职能落实,建立详细的种业信息统计及精细分析体系,抓住重点建立长效的种业发展协调机制。二是"央地"关系。多种模式方式并举,解决低水平重复研究、重复竞争等问题,以效率为核心,种业发展的基础性共性集中在国家队以及其他重点大学的优势学科团队,研究制定将更多的研发资源向地方科研院所、农产品主产区等聚集政策;探讨采取多种紧密性合作方式,构建重点产品"央地"联合研发团队或种业集团的体制机制;促进地方育种小单位,尤其是有特色优势的研究单位主动融入大资本、大企业、大机构,解决研发以及竞争力后劲不足问题。三是大宗产品与小宗产品的关系。大宗农产品主要是关系国计民生的主要农产品,新品种研发市场化推动力量大、竞争性强。新常态下农业供给侧结构性调整中最急需的是多样化的小宗特色品种,可能的采用规模有限、盈利

空间相对小，需要着力增加财政的扶持，增加对小宗地方特色品种的提升、创新等研发投入，不断提供更多的新品种储备。

3. 以绿色为需求导向，引领支撑农业供给侧结构性改革新要求

农业绿色发展的基本内涵就是更加注重资源节约、更加注重环境友好，更加注重生态保育、更加注重产品质量，推进农业绿色发展就是要增加优质、安全、特色农产品供给，促进农产品供给由主要满足"量"的需求向更加注重"质"的需求转变[①]。一是加大培育资源节约型新品种。改变单纯的高产对高水肥的消耗以及对自然资源过度掠夺的生产方式，适应减少化肥、水、农药使用和提高农产品质量等要求，调整育种方向，加大扶持适于免耕的品种、耐旱的品种、耐瘠薄少水肥以及节水、节肥、抗病的品种育种；培育具有较强适应性和抗病性的畜禽、水产新品种，减少抗生素等使用，逐步向生态、循环乃至自然生产等方式发展。二是进一步挖掘地方优质种质资源，大力扶持地方性传统品种的改良和提升。适应对特色优质和高档高质农产品需求、生物多样性的生态需求，在高产品种研发和生产能力基本达到经济极限的背景下，切实采取加大研发投入等措施支持挖掘、恢复、提升和创新地方传统的高质量高品质特色农产品。同时，从战略角度加强对中国多样化植物的研究，培育具有民族知识产权的原创性种植新品种。据有关资料，我国蔬菜种质资源丰富，目前国家种质库、种质圃已搜集、保存属于27科、67属、130多个种的蔬菜种质资源3.6万余份，一批优异的地方种质资源被发掘利用，尚有很大潜力。

4. 以开放为合作纽带，搭建种业国际化新平台

中国种业开放度很高，但并不是完全成熟规范、公平有序的开放。在国际化不断深化，知识产权保护更加严格，中国的"大国地位"日益凸显，以及全球性合作、对全球生物多样性和生态系统更加关注的时代背景下，必须深化开放合作。一是理性系统把握"种业安全"新内涵。放弃狭隘的"民族种业危机论"，树立国际化全球化分工合作大趋势下新的"种业安全"观，其要点是保持民族种业足够的研发和繁育生产能力，主要品种供应能力不因为进口造成的"技术锁定"、品种锁定而放弃研发、繁育种子储备；在优势领域获取世界种业分工的份额；保护开发好特色种质资源，增加本土优秀品种、优异种子资源以提升市场话语权；建立几个中国主导的跨国种业公司，增强国际市场话语权和抗风险能力；保障在特殊或者偶发情况下的种子需求。二是加强种业进出口及资本经营的顶层制度设计，规范平衡进出口与对外合作关系。在种子进出口的贸易规则、协议制定等重要方面制定前瞻性的制度规范，建立起有效的种业安全预警与调控体系，维护好中国种业发展所需的育种研发、繁育基础力量、种质资源储备、新品种储备等。把握平衡好中国种业资本走出去与境外资本引进来的区域、领域和数量、利益关系，建立新型的分工合作、互补多赢新局面。

---

① 韩长赋. 大力推进农业绿色发展[N]. 人民日报，2017-05-09（12）.

5. 以共享为价值取向，构建种业包容和谐新链条

共享发展就是要改变竞争，改变你死我活的"零和博弈"观，重点在微观层面平衡好产业链各主体、各环节的利益关系。一是与种子购买使用者建立和谐持续的利益共享关系。农业供给侧结构性改革的重要内容之一就是降成本，由于信息不对称等因素，很多农户购买种子是被动的市场价格接受者，很多种子在我国成为暴利产品，而且随着农产品市场价格的变化周期性振荡，种子价高的风险最终由购买者承担。要制定种子价格审查制度，严控种子价格过快上涨、价格虚高行为，严打企业、品种垄断高价行为，严打假冒伪劣套牌等行为。通过正当竞争、严格监管等，将依靠套牌、模仿生存的落后的乃至"僵尸"种业企业尽快淘汰。二是以培育扶持"育繁推服"全产业链大企业为核心，着力打通区域、部门之间种业研发资源流动配置与合作的通道。改变单位所有的传统思维，围绕培育扶持"育繁推服"全产业链大企业，打破国有科研院所育种资源难以流动共享的体制障碍，制定种质资源、研发平台、人才等方面的跨单位流动配置的新体制新机制，尤其是促进地方性的小企业、研究院所主动融入大公司，促进股份联合、股权联合形成产业链条、集团化经营，实现资源利用、利益分配的优化配置。

总之，种业既是农业的关联产业，也是农业的重要产业，更是科技知识密集型产业，有其发展的特殊规律。种业的需求主要取决于农业发展的需求，是农产品成本效益的重要决定因素。在农业发展进入以供给侧结构性改革为核心的新常态，种业发展也进入新常态。种业发展必须适应、支撑和引领农业供给侧结构性改革与发展，但在研发供给品种、生产供给区域、生产方式、资源配置等面临严重的结构性问题，这些问题具有历史性、系统性和复杂性，单一或少数的、浅层的改革创新难以从根本上解决问题，必须全面贯彻落实"五大理念"，采取综合性的深化改革举措。

第三章　天津农业科技创新与服务问题研究[①]

农业科技创新是一个涉及基础与应用研究、成果转化与推广服务在内的有机系统，既有其自身规律，也受制于所处发展阶段、体制机制、政策变化、经济实力等约束。区域性农业科技创新与服务不同于全国性，也涉及农业农村、科技教育等多部门的体制问题。因为系统详细的统计资料严重缺乏，以及研究精力能力的局限，本章内容主要是运用多种典型调查研究、座谈访谈、案例分析、比较分析等方法进行多角度多层面研究思考的结果。由于篇幅所限，很多观点未能列举详细依据进行分析论证。

第一节　天津农业科技创新整体状况的基本认知

区域农业科技创新体系涉及农业产业科技水平（结果）、科技创新水平、创新体系建设、创新能力与条件、创新组织等系统复杂内容，对其做出科学的评价或判断需要系统详细的基础数据资料支撑。本部分仅根据有限资料以及调研观察提出判断。

一、天津农业科技人才及其变化的特点

农业科技人才本质上是利用一定的专业知识和技能从事科技研发、转化与推广服务的专业技术人才，政府统计中的科技人才是绝对的主体，但不是全部。随着市场化国际化农业科技创新与服务的发展，21世纪以来，天津农业科技人才表现出很多特点。

1. 农业科技人才的分布更加多元广泛，企业科技人员增加

与农业企业规模化发展、扶持科技型企业以及企业为主体的地方科技创新导向紧密相关，"体制外"技术人员不断增多，面向生产实践基层人员的职称制度改革将进一步推进科技人才的企业化服务和就业创业。随着农业企业化以及社会化服务组织的发展，农业创新创业活力不断激发，大量的本科及研究生毕业后进入各种企业等组织成为事实上的农业科技人员，农产品加工业更是进入了以创新、品牌等为核心的新时代，科技人员更多地向生产一线的企业就业和流动成为必然要求和趋势。经济效益相对较好、能够规

[①] 本章主要内容来自以下项目的部分成果：（1）2016年天津市科技发展战略研究计划重点招标项目——天津现代都市型农业科技创新发展战略研究（项目编号16ZLZDZF00370）；（2）2018年天津市农业农村委科教处委托课题——农业科技人才支撑服务天津乡村振兴问题研究；（3）2019年天津市科技发展战略研究项目——京津冀协同发展背景下天津现代都市农业科技型企业发展战略研究（项目编号19ZLZXZF00100）。

模化企业化经营的畜牧养殖场、水产养殖场、农业公司、种子企业、加工企业以及规模化的园区等农业技术人员相对较多，而果蔬、大田作物等主要依靠公益性的科研院所或政府农机推广机构提供服务。

2. 农业科研院所与大学的科技人员数量与学历水平"双提高"

高校本科以及研究生的扩招与科研院所竞争对人才学历要求提高，高学历人才供给不断增多，供需两种力量推进科研院所技术人员数量增多、学历水平提高，硕士已经成为很多技术岗位的门槛标准，博士毕业成为普遍要求。天津农学院的高学历专业人才数量不断增长，学科趋向多元化综合化，仅2011年至2016年就引进农学与工程类、生物与化学基础类等专业专任教师70多名（绝大部分具有博士学位）。因为博士学习研究相对较深较窄，有的"过度专业化"，也可能出现不适应对综合应用型高级技术人才要求的问题。

3. 基层政府农机推广机构"农业技术人员"数量质量严重缩水

近10年来，因为农业技术推广体系（尤其是乡镇）受到冲击以及改革的滞后不配套等问题，体系不稳定，政府农业技术推广机构职能大大削弱，人才实际需求与使用严重不足。2011年天津有农业技术推广人才4813人，2016年下降到3426人，即使考虑到统计口径等误差，至少减少了1000人左右，这与我们在各区县调研的状况基本一致。其具体特点：一是真正从事技术推广服务的农技人员越来越少，很多乡镇的农技员"不务正业"，被大量的其他工作占据主要时间精力，毕业大学生很多都集中在办公室做行政工作，真正从事技术推广服务的很少。二是农技推广服务机构的很多编制（指标）成为接受政策性安置人员就业的重要岗位（如退役军人安置等），各区镇普遍反映此问题较多。目前乡镇农技推广人员中仅有45%有专业技术职称，其主要工作也不是专业技术。三是受制于"事业编制"工资与经费需要完全自筹或者部分自筹的瓶颈限制，大部分乡镇多年未引进新的农业专业技术人才（即使引进也不是技术岗位）。2016年全市农业技术推广人员中25岁以下仅11人，仅占0.32%；25岁至35岁之间有622人，占18.16%。调查了解到，很多乡镇是"有编制没人员"，多年不引进专业技术人才。四是农业科技发展迅速以及信息化手段的广泛应用，乡镇农技人员能够发挥作用的"领域""载体"以及手段等出现了严重的不适应，大部分机构的专业人员"无为无位"，逐步衰退，处于尴尬的"边缘化"无奈状态，并陷入恶性循环。

4. 农业科技人才数量较多，创新服务等专业技术活动效能亟待提高

农业科技人员以科技创新与服务为主要职责，不少研究表明，按照各种国际指标标准比较都说明天津农业科技人才是不足的。受制于科研经费项目的有限性，一般地方性科研院所、大学等只有20%~30%的专业人员能够有项目经费支持（业界称作"二八定理"）。更为严重的是，各单位的各种绩效考核、学科评估等对项目巨大需求，争抢项目竞争性激烈，不是大多数科技人员都能够经常连续性获得项目或研究资助，每年各层次项目的申报人数与获批的巨大反差导致采用各种手段竞争项目，产生很多负面影响，如照顾单位人情关系，项目小而散的碎片化严重，这是难出大成果的重要原因。2017年天

津农学院有教学与科研人员 519 人，课题数 736（参加人员人均 2.6 个），参加人员 284 人（占人员的 55%），存在课题相对集中现象。真正主持或者作为主要参与人从事研发活动的不足 1/3，很多参与人员只是"挂名"而已。另外，不少单位对于社会服务和创业、创业指导等不重视，即使是设置了"推广教授"也没有彻底改变习惯认知和制度，完善的绩效考核、职称晋升、报酬激励等详细可行的配套改革制度严重滞后。

5. 人才短缺与过剩并存的结构性问题突出，存在严重浪费

与农业大省相比，相对于土地资源、增加值等而言，天津农业科技人才数量并不少，但难以满足动态变化的科技创新与服务要求，结构、梯队不合理，不能充分有效利用，存在严重浪费。其表现在很多方面：一是严重缺乏领军型和实用型两类农业科技人才。其共性是"复合型"，理论与实践的能力水平兼备。领军型人才具备综合性、战略性、跨学科的综合素质能力，有较强的组织科研团队协作的能力，能出高水平成果。实用型科技人才类似于很多农民技术员或"土专家""田秀才"，基于多年实践经验，能够解决某个产业生产中遇到的综合性技术问题。天津某些地区发展樱桃种植、西甜瓜乃至设施蔬菜，都曾外请不少山东的"土专家"。不少农业科技人员属于前沿研究，有的博士的专业研究太专，只能从事某个所谓的前沿具体领域深入研究，但未必能有项目资助，未必符合地方的需要。二是一些特色优势产业产品和新兴产业产品缺乏专门的科技人员进行持续研发与技术支撑。包括天津板栗、草莓、樱桃等生产种植技术方面的研究严重不足，实用专业技术人员不少依靠外地。三是在全国有突出贡献的青年科技精英很少。从全国农业科技领域分析，天津有突出贡献和影响力的青年科技人才很少。农业部实施"十二五"现代农业产业技术体系建设，确定了 50 个产业技术研发中心、233 个功能研究室和 1144 个综合试验站，所聘请的 50 名首席科学家、1051 名岗位科学家和 1144 名站长中，天津市仅入选了 4 名岗位科学家、10 个综合试验站，远低于同为直辖市的北京、上海入选人数（机构数）。

6. 农业技术人员专业能力不适应日趋严重，培训成效亟待提升

在乡镇、区农技推广机构以及园区、合作社等实际调研中普遍反映，即使是过去曾经长期从事农业技术工作的农技人员，面对新技术、新产品以及新产业多样化更新发展的需求，面对信息爆炸、信息化技术广泛应用，其知识与能力跟不上现实需要，有的甚至不如专业农民，很多知识能力滞后，不适应解决现实问题的需要，部分情况下只能当"信息员"。农业大学毕业的专业学生，如果没有连续性的专业实践和学习，几年之后基本就等于"没有专业"。如何保障农业专业技术人员的有效专业活动是最主要的问题之一。

2010 年以后，虽然农业部对农技推广人员的推广能力建设非常重视，各省市也同样要完成很多的培训任务，在培训方式方面也有不少创新，但不少培训项目是自上而下的指标任务要求，农技推广或科技服务人员是否真的需要这些培训？培训方式、内容是否适应不同区域、不同对象的要求？据实际调查，很多参加培训的人员是由单位硬性指派的，很多技术人员基本上较长时间不从事技术工作，根本就学不进去，也不想学，因为学了也用不上，不少参加培训人员认为培训"基本没用"。如何实现农技人员精准有效培

训需要解决系列体制、机制问题，改变完成任务式的指标分配和培训活动，建立按需培训、精准有效培训机制。

7. 高学历人才单位集中固化，生产经营主体吸引留住人才难

农业学科高学历科技人员主要集中在天津农学院和市农科院，这些单位创新人才引进后就形成了单位、职业与岗位固化。但不少高学历人才因为没有连续性研究项目支持而导致知识与能力的固化甚至落后，引进人才期望的带动学科建设、出大成果等目的难以实现。农业园区、农业企业、合作社因为位置相对偏僻、待遇低而不稳等原因，对优秀专业技术人才缺乏吸引力，难以留住优秀人才。同时，优秀人才的传帮带机制不健全，存在人才"断层"导致的学科优势丧失问题。过去曾借助天津的区位与户籍优势，从东北、西北等地引进了不少急需的专家学者，短期内提升了部分专业学科的科技创新能力和水平，但随着这些专家的退休，出现了严重的断层而"青黄不接"。

8. 高学历农业科技人才供给数量快速增加，质量有待提升

近10年来，全国农业院校专业型研究生招生与毕业人数不断增长，求职人数较多，供给充足。但人才质量的供需矛盾成为现实问题，主要表现在：一是扩招的应用专业型研究生质量难以适应技术创新、产业创新加快发展的要求。入学研究生的质量下降，人才培养的内容、能力等培养目标和社会需求存在较大差距，高素质强能力的复合型优秀毕业生较少。二是农业企业、合作社等基层生产一线急需大量专业技术人员，但因为地域偏、待遇低以及职称评定、晋升通道窄等方面存在的体制政策原因难以满足优秀人才的要求。调研中了解到，不少农业企业因为难以支付相对较高待遇要求或者缺乏应有保险而吸引不到优秀人才。三是在天津进入收入相对稳定有保障的公务员系列或者事业编制仍然是很多本科生、研究生就业的首要选择。尤其是对于区县以上单位收入较高有保证，而在乡镇政府、企业或合作社等缺乏完善保障，一般乡镇的收入低于区县有关部门。

二、天津农业科技创新状况的基本判断

伴随天津经济社会发展水平的提高，农业科技创新也取得了巨大成就。与全国其他先进地区相似，适应产业发展与科技创新需求，在创新平台建设、产学研合作、科技成果等方面有很多的创新和优势。但横向比较相对滞缓，尚存在不少问题。

1. 农业科技创新基础条件状况

"十二五"期间一直到2018年，天津农业科研与推广项目经费、项目数量等相对增长较多，对建设现代都市农业发挥了重要作用。主要体现在：第一，农业自主科技创新活动。主要来自国家、市有关部门的自然基金、科技支撑计划等相关研究项目。农林牧渔业自然科学研究与技术开发机构科技活动的人员数基本稳定在600人左右，研究课题项目数量在300项左右，研究经费等小幅增长，在2.5亿元左右，政府部门的资金占主要比例。市科技局每年用于农业科技经费在1亿元左右，项目类型不断增多、年际经常调整。现代农业领域项目60个左右，经费5000多万元，其中自然基金现代农业方向每年14个项目左右，研发经费500万元。另外，天津还承担了大量的国家级项目，如"十

二五"期间承担了国家级 100 万以上的重大项目 27 项,获得 4649 万元的经费支持。2014 年以来,参与承担农业领域国家重点研发计划 7 个专项的 114 个项目,获得经费 3.69 亿元。第二,农业科技成果引进消化吸收与集成创新、示范推广。主要是市农业农村委农业科技成果转化项目,每年的农业科教支出在 1.2 亿元左右(立项数和资金极不稳定、年际差异大),专项资金 4000 万元左右。另外,市科委农业科技成果转化与技术示范项目、部分科技支撑计划项目等近 10 多个类型,并不断调整,经费大致在 5000 万元左右。第三,农业科技创新对外合作。先后与北京"四院三校"搭建了合作平台,实施了一系列农业科技合作项目。2016 年市财政安排专项资金 5000 万元,支持中以农业科技合作示范园建设;为落实京津冀协同发展,市科技局专门设立专项支持合作技术创新等。第四,农业科技创新平台及科技企业建设发展。实施水产、蔬菜、生猪、奶牛、林果、水稻等 6 个现代农业产业技术体系创新团队。形成了各类研发(工程)中心、重点实验室、科技园区(科技示范园区)、科技创新联盟、现代农业产业技术体系、星创天地等 6 类平台,农业工程中心 38 家,农业领域企业重点实验室 26 家,天津市第一批备案产业技术创新战略联盟中涉及农业的有 10 家,组建 12 家领军企业创新联盟,22 家"星创天地"通过科技部备案。第五,农业科技型企业。根据天津市科技局统计资料,领军企业的培育中农业科技企业有 26 家,其中种植养殖加工企业 8 家,食品企业 5 家,园林企业 4 家,兽药企业 3 家,饲料企业 3 家,农业设备企业 2 家,化肥企业 1 家;国家级高新技术企业中纳入统计的农业企业 61 家,从业人员 2206 人,营业收入为 200265 万元,其中技术收入 2988 万元,产品销售收入 193422 万元,高新技术产品销售收入 148254 万元,高新技术产品销售收入占产品销售收入的 76.65%。

2. 农业科技创新状态的基本判断

伴随着 2008 年天津市实施设施农业发展"4412"工程以及农业科技创新工程(截止到 2018 年),农业科技创新非常活跃,根据各种可能获得的有限资料得出以下几点基本结论:

(1)**某些方面的农业产业科技水平相对较高,但整体仍处于现代技术全面拓展与转型升级期**。农业科技进步贡献率比全国高出近 10 个百分点左右,农业综合机械化水平居全国先进水平。作为农业部试验项目之一,曾经建成了农业物联网核心试验基地 30 个。种植业设施面积达到 60 万亩,海水工厂化养殖水体 28 万立方米;商品化农产品生产基本全部实现良种化等。虽然农业科技进步显著,但全面整体看,仍处于现代与传统、先进与落后并存格局,只有部分企业、合作社与生产领域、环节水平较高。例如标准化、精细化与现代信息技术、组织管理技术水平整体相对仍然较低,距离先进的现代农业产业体系、生产体系、经营体系尚有较大差距。

(2)**农业高新技术产业科技创新在某些方面仍处于领先或先进地位,但整体优势衰减迹象明显**。中国与国外以及国内各地区之间在现代农业生物技术领域竞争日益激烈,作为重点持续加大研发投入,以农业生物制品和种业为代表受到重点关注。天津的农业生物制品产业企业数量不少,在部分产品研发方面形成了一定优势和知名度(如天津瑞普生物技术股份有限公司等），但体量和优势不显著，如主要强制性疫苗生产企业中就没有天津。从现代种业科技创新和发展看，通过实施"十大种业基地建设"与科技创新"种业专项"，天津优势育种领域综合实力稳步提升，黄瓜、粳稻、芹菜、西甜瓜、淡水鱼以及肉羊等种业在全国仍然具有较强竞争优势和研发潜力、持续发展能力。2016—2019 年种业科技重大专项支持 57 个项目，市财政累计投入 2900 余万元。但随着北京、山东、广东、山西等重大项目重大投资不断出台，天津竞争力优势衰减迹象明显。2019 年种子生产经营企业销售额总计也只有约 7 亿元，与前几年相比没有明显突破。2016 年全国持有效经营许可证的种子企业 4316 家，天津市只有 22 家（天津种子管理站统计 27 家），北京市 192 家；种子企业实现销售收入 752.07 亿元，天津市仅占 0.87%；全国持部级颁证的"育繁推一体化"农作物种子企业 183 家，天津只有 1 家；中国种业信用骨干企业 57 个中没有天津。截至 2020 年 4 月，天津共有持证农作物种子生产经营企业 56 家，其中大田作物种子企业 10 家，蔬菜作物种子企业 46 家，2019 年底认定市级"育繁推一体化"种业企业 7 家，种子（种苗）繁育基地 14 个，畜禽水产良种繁育基地 29 个。

（3）农业科技创新体系在改革中不断丰富，协同创新效率有待提升。基本形成了以天津市农科院、天津农学院为龙头，其他大学的基础学科、涉农学科广泛参与，重点产业化龙头企业和农业科技型企业等为主体的农业研发体系；以各级农业服务中心（站）、研发机构、合作社和农业服务企业、中介组织等为主体的技术成果推广服务体系，多元化多层次农业科技推广服务格局已经形成。但距离高效的分工协作一体化、整体功能最优化的协调系统尚有很大的差距。如分散的单位部门"各自为战"的竞争性格局没有根本扭转，科技成果转化应用率不高，大量科技成果没有推广应用或转化率、推广度不高，现实中又存在大量的生产技术问题、结构调整问题难以得到及时有效的技术支撑，高效科学的以大学为核心的"科研—推广—教育培训"三位一体农业科技创新体系实现不了。

（4）农业科技创新平台条件大幅改善，但潜力有待挖掘、效能有待提升。基本上形成了各类研发（工程）中心、重点实验室、科技创新联盟、现代农业产业技术体系等 6 类平台体系，种业基地和研发条件极大改善。但科技成果产出并没有同步有效提升，很多平台仅仅是形式挂牌认定，不少平台缺乏规范有效的持续性研发和服务，有信誉品牌影响力的不多，重大科技产出成果不多。

三、新时代天津农业科技创新面临的新形势

1. 国内外农业科技创新特征与趋势认识的主要观点

理性科学认清国内外（世界）农业科技革命（创新）的特点与趋势，才能找准区域的定位和目标。对于世界范围内新的农业科技革命发展特征，普遍公认有以下这些方面。农业科学将向深度和广度加快拓展，在学科分化、分工与更新的同时又将以崭新的形式有机融合结合；现代生物技术、信息技术、新材料新装备、太空技术等高新技术研究不断取得新进展并更广泛应用于农业领域；农业科技创新从单纯隶属依附于农业学科、自然科学、工程学科发展为与社会科学、人文学科的深度交叉融合，相互依赖制约。更进

一步，我国现代农业科技创新发展的主要趋势表现在：第一，技术发展将充分体现生物技术、信息技术与常规技术相结合，定量化、规范化和集成化相依托，可持续发展支撑技术不断深化系统化实用化，"农业+互联网"的智能化（智慧化）与大数据等信息化关键技术快速发展。第二，现代农业科学研究及其需求将从追求产量为主发展到优质、高效、生态、安全等高质量绿色可持续，从单纯注重单项、微观研究发展到单项与综合、微观与宏观并重，产业链、价值链与创新链结合日趋紧密，创新资源整合力度进一步加强，节能减排、绿色低碳等农业可持续发展技术需求旺盛，农业科技与农村民生科技并重的格局逐步形成，由分散的点状需求向整体的系统科技解决方案需求转变。

从国家层面整体政策导向来看，通过对农业科技项目资源配置、成果获奖、大学学科整合重组以及近两个五年规划、相关政策等简单梳理，发现以下显著特点：一是全局整体的农业科技创新主要方向、思路、目标和领域、重大项目等战略问题基本明确，农业科技体制改革基本方向与框架基本确立；二是国家级科研院所、综合性重点大学、重点农业大学等在农业科技创新的引领作用进一步凸显，国家队与地方队的职能功能分化进一步加剧；三是培育发展大宗农产品"育繁推服一体化"的种业和产前产中产后紧密联系的"产加销服一体化"跨界融合农业企业（集团）成为主导，在畜牧养殖、高质高值特色种养殖产业中已大量涌现；四是推进建立农业科技创新联盟和产业科技创新中心，加强多元化多层次农业科技园区建设仍然是政府的主导方式之一；五是工商资本、社会资本投资农业及其科技创新、技术服务等势头强劲，农业技术创新与服务、新业态、新模式的风险融资日趋活跃，智慧农业、平台农业等发展领域不断拓展深化。

2. 区域农业科技创新与科技进步的新特点与新趋势

主要有以下方面：第一，区域农业科技创新竞争力和水平是多种复杂综合因素的动态耦合体，与经济发展水平一致。这些因素主要是区域产业规模水平对科技需求的支撑，综合性学科研发优势及其与农业的交叉融合创新，高水平的综合性农业科研院所（大学）为龙头，较强的财政持续扶持强度，内生活力很强的创新创业的人才政策与文化生态、科技创新型企业的水平等。中国农科院发布的"中国农业知识产权创造指数报告"的排序背后反映的就是这种条件，2016年的报告显示：农业知识产权创造指数的区域差异显著，高的山东与最低的青海之间相差48倍；总体地域分布继续呈现出由东部向中西部递减的阶梯状特征，和各区域的经济发展水平相符合，东部沿海地区农业知识产权创造持续发力，农业知识创新中心东移的趋势明显[①]。第二，"农业+互联网"、智慧智能农业、大数据等成为农业转型升级的聚焦点，技术瓶颈和组织管理难题约束亟待突破，全面技术创新支撑需求日益强烈。如常说的农产品电商"三座山"——标准（技术、产品、服务、物流等各方面）、质量（质量安全、保鲜等）和物流（物流配送成本高）问题，物联网的设备与技术瓶颈以及大规模应用的经济可行性问题等。各地区将结合自身的实践和

---

① 中国农科院农业知识产权研究中心. 中国农业知识产权创造指数报告（2016年）[R/OL].（2016-08-04）[2021-01-15]. http://ipr.caas.cn/xwdt/ysxw/39456.htm

发展要求、技术创新的重点领域和共性、关键性技术难点，以期获得一定的话语权和优势。第三，区域之间竞争与合作不断升级，竞争激烈程度远高于合作预期。虽然联盟、创新中心被作为重要形式加以发展，但效果有限，徒有形式的不少，进一步发展成效有待观察。第四，企业化科技集团以及科技创新企业群将成为决定区域科技创新水平的主要力量，这已经被山东寿光、北京、长三角等很多地方的实践、现实所证实。第五，在激烈的竞争中部分地方科研院所将被淘汰，或者功能由育种等全面综合性研发转向栽培等公益性研究和综合服务为主。育种企业集团化主导对地方小的科研院所造成巨大压力，只有适应这种变化加快改革，创新体制机制，转变定位、职责、理念、重点，才能有效体现功能，才能生存。

3. 地方农业技术创新支撑现代农业的实践特点与趋势

多年来，各地在这方面有很多做法，体现出变革的特点与趋势。一是巩固强化发展地方优势，挖掘提升地方特色，尽快形成研发市场优势是地方科技创新的重要方向。二是围绕优势主导产业整合多种力量，多学科、"政产学研用"、"科教推服"相结合，省市、区县、乡镇、生产主体的一体化运作，是高效的科技创新体系的必要组织模式。实质性"（政）产学研用服"紧密结合，更加重视农业高新技术的多样化创新与多学科综合配套成体系，这是全面提升供给侧结构性改革的必然要求和必然趋势。三是"三农"科技问题统筹协调解决。与"三农"相结合，产业链协同创新、区域协同整体开发提升为重点，解决重大科技问题、"三农"发展问题，是全面建设小康社会和现代化的必然选择。四是实用性技术创新发展非常迅速，技术上的突破很快就会带动新兴产业迅速崛起，尤其是相对投资小、周期短、见效快的物化型科技产品创新领域的竞争将更加残酷，如良种繁育、生物肥料、生物饲料等生物农业。五是促进农业产业链与技术链的双向融合创新，开展关键技术和共性技术的研究、集成和示范，形成诸如"良种繁育体系—标准化种养体系—农产品精深加工体系—副产物综合利用体系"等。六是由某环节某项技术推广应用为主，向综合系统性、全产业以及生产与环境、"三生"结合等"农业农村推广"转变，实现"农业技术推广→农业推广→农村推广→城乡一体协同推广"的持续延伸拓展。

四、天津现代都市农业发展对科技创新的新需求与新思路

农业供给侧结构性改革的科技需求是以提高农业质量效益和竞争力为核心，作为区域现代都市农业，对农业供给侧结构性改革的科技需求也将是全方位的，并具有鲜明的自身特点，必须转变发展思路。

1. 农业科技创新的新需求（新要求）

（1）适应消费需求和现代都市农业功能变化的技术。 区域现代都市农业发展功能定位的优先序（重要程度等）是变化的。从满足城市居民需求、城市整体发展对农业功能定位要求变化以及中国农产品整体供求状况趋势出发，天津现代都市农业生态环境、食品安全、休闲养生等多功能要求将凸显，对农业科技的新需求重点要突出保障和提升农产品质量安全水平、生态循环低碳等可持续农业科技，实现经济效益与生态效益双赢的

技术需求增加。例如，满足休闲观光的创意农业乃至养生的品种多样化生态循环的种养殖基地和园区发展所需的多种技术等。

（2）促进农产品降（节）本增效、增加收入和提升竞争力的技术。农业成本上涨日益影响农业效益和竞争力，农业增效农民增收是农业持续存在的基本要求，降本增效提高农业全要素生产率和产业竞争力成为农业供给侧结构性改革的关键。例如，依靠精准/智能农业技术提高产出、降低成本、提升品质等。

（3）能够充分释放资源潜力的技术。受制于多种技术障碍、技术难题或技术服务缺陷，区域农业资源的发展潜力远没发挥，需要不断地科技创新。包括实现自然资源有效科学开发利用的技术，特色农产品全产业链发展对个性化、特色化农业科技及其服务需求。例如，天津盐碱地、土地盐渍化以及地下水禁采等严重制约农业发展，系统性破解的技术需求。

（4）多层次产业技术系统化配套需求。一是产品结构变革技术。重点是：根据消费者对产品品质、质量安全性、功能性的需求变化，结合发展条件引进新品种，提高品种生产性能，改变品种结构；发展功能性特色产品（加工专用、医用、保健农产品等），在产品的重点功能、品质等方面改变提升；结合当地自然条件和市场消费需求变化、供求关系变化，引进当地的产品或品种。例如，将种植小麦玉米的种植模式改变为种植经济作物、杂粮杂豆、饲草作物等。二是与品种、产品结构变革相匹配的种养殖技术变革。新品种、新产品产生预期应有的技术经济效果必须有与之相匹配的种养殖技术，这已经成为目前天津农业结构调整中的重要"短板"，这些方面的新技术需求很多，包括投入的肥料、饲料、种苗、机械等，如耕地60厘米以上的机械；改变控制环境条件技术，如土壤改良、灌溉技术、设施、环境控制等；种养殖的栽培、病虫害防治、疫病防疫、饲养工艺操作以及过程管理等田间、饲养车间管理技术；产后的收获、贮藏保鲜、初加工等技术。三是生产方式转变（绿色化）技术。重点是绿色化、低碳化、生态化生产方式的应用技术，设施农业生产技术。其中的关键要求是在保障能够实现经济收益和生态环境协调目标的前提下，技术要具有可操作性（投入劳动少、便利以及投入产出合理），也就是技术采用者要有积极性、主动性自主选择该技术，形成持续采用的习惯，这才能表明生产方式发生了根本转变；要针对一般农户、规模农户等提供针对性的可行性技术。四是产业链系统整体功能价值提升的集成技术体系构建。围绕特色优势产业、主导产业，按照产业链整体价值功能最大化要求，集成相关技术，弥补技术、产业链条短板，实现系统链条技术功能的匹配，使价值功能最优化、最大化。这是涵盖产前、产中、产后全环节多学科全领域的动态优化组合与集成，促进农业全产业链的新技术、新模式、新业态加快发展，产业融合机制进一步完善。

2. 新时代天津农业科技创新发展的新思路

新时代新的农业科技革命以及区域科技竞争的迅猛发展，适应现代都市农业供给侧结构性改革需求，天津农业科技创新发展必须首先在思路上明确一些基本问题，突破与转变习惯性思维做法。

（1）转变科技创新的重点组织方式。主要强调三种：一是以重大项目带动区域创新水平提升。组织专家围绕与天津农业科技创新关联的重点相关领域及其问题（全产业链、区域集群等），拟定能够产生重大成果、重大影响、重要贡献、重要推广应用价值的重点方向、领域和重大项目等，在此基础上提出预算，组织或者公开招标聘任科技人员成立联合攻关组实施。二是以产业链协同创新、区域协同整体开发提升为重点，解决重大科技问题、"三农"发展问题。选择资源开发潜力大、产业环节齐全的典型乡镇进行系统的全方位整体开发，硬技术与软技术、短期与长期相结合，用5年时间实现系统的重要质变，力争出一批应用性强的研究成果、经验、典型和模式，实现多方面的创新（包括人文社会科学）。例如，可由部分科研院所和大学各自负责一个代表性镇域，第一批先行试点。三是构建全链条科技创新组织模式。开展"现代农业科技创新产业链示范工程"，围绕产业链部署创新链、围绕创新链完善资金链进行农业科技任务布局，进行全链条创新设计，一体化组织实施。选择具有深加工潜力和市场前景的产品，支持有意向有实力持续研发开发的重点龙头企业进行"全产业链"的连续发展（产业链、科技创新链、价值链、资金链"四链"结合）。克服单个村、乡镇、区的局限性，打造更大规模的产业基地。

（2）协调平衡好科技创新的重要矛盾。新时代的农业科技创新，在有限的资源约束下将会面临很多的矛盾关系需要理性思考、科学抉择，在此列举重点的几种。一是传统技术与现代新技术的关系，不能忽视传统与常规。随着对农业供给侧多样化个性化需求、高品质产品需求、功能性产品需求增多，很多传统的品种、生态化的技术回归成为"后现代农业"对中国传统农耕文明的传承发展。21世纪以来，全国以及天津市的都市农业发展以北京、上海的高投入、高技术（如种源）、设施化园区化模式为标杆，但缺乏京沪的实力、创新资源优势，功能效益与投入不匹配，如何使天津农业成为"有钱图"的"体面职业"是摆在决策者面前的长期任务。现代改性技术如果投入产出不经济、不持续，则不如传统的常规技术。包括在现代育种方面，很多分子生物技术作用有限，传统的方式在很多蔬菜、粮食、果树等大田农作物中仍然是主流。二是自主研发与引进的关系，更加注重引进消化集成与再创新后推广应用。除部分优势领域之外，因为产业规模、财政支持规模总量相对较小，天津在绝大部分农业生物育种、生物制品产业、物联网、新材料新设备以及种养殖技术的智能软件、大数据等高新技术领域没有优势，研发的资金投入与人才基础难以满足持续要求，农业科技创新与工商业创新的结合远不如山东、江浙以及北京、上海等，解决天津农业农村发展的科技问题必须进一步树立大开放理念，有所为有所不为。在项目研发立项阶段、解决产业或区域发展技术难题方面首先要更加强化重视"技术查新"作用，避免低水平重复，更加注重成果的实际应用价值。三是服务新型农业主体与普通农户的关系，不能忽视普通农户。聚焦服务新型农业经营主体是科技支撑现代都市农业的主要目标，但一般农户的需要也是科技服务体系的必然职责要求，普通农户、兼业农户将长期大量存在。针对农户生产类型，将国内外的各种先进适用技术进行有效地筛选、组装集成并建立试验示范点，提供一套系统化针对性的可行的"科技服务套餐"、安全农产品节本增效方案乃至庭院农业发展方案等供农户选择，也能成为天津现代都市农业的特色和创新点。四是打造高水平"亮点典型"与整体行业水平提升的关系，着力发展可复制的示范样板并带动整体提升。打造典型亮点不能仅仅作为供参观或展示水平形象的标杆，应当着重体现出作为一种突破性的试点探索样本，把经济社会以及技术必需、可行、可复制、能推广、带动效应强作为首要评判标准，而不是标准"高大上"定位。要考虑技术的先进与经济的可行兼顾，典型亮点尽量少而精，避免浪费。比如，很多的物联网试验项目在没有政府扶持之后基本上成为"摆设"，高档设施农业园区的智能温室运营费用高，难以实现投入与产出的匹配而成为负担等。

第二节　天津科技人才服务农业问题研究

一、天津科技人才服务农业基本状况调查

从历史和整体角度看，在相同的体制下，天津科技人员服务农业的基本状况与其他地区有很多共性，只不过不同地方的具体政策、项目、具体行动与实施成效等差异较大。通过问卷调查以及座谈，进一步明确了农业科技创新与服务的"政产学研推（服）"体制机制尚未有效理顺，效率有待提升；农技推广服务旧体制不断解体，但系统性的体制机制改革严重滞后是体系低效的根源。

1. 农业科技服务体系运行总体处于转型发展的多元化并存期

在国家改革政策的引导推动下，科技创新与服务的信息化、市场化、企业化推进职能分化，利益博弈进一步加剧，形成多元化并存的关系，乡镇农技推广服务职能全面弱化。具体表现在：①政府有组织或要求的技术服务种类多而杂，不同程度存在重复问题。财政重点支持的农业产业技术体系、科技特派员、困难村技术帮扶、科技成果转化、基层农技推广体系改革与建设补助、农业科技园区或产业园区以及其他的绿色发展等项目，在实际落实中存在很多的重复内容或要求，有些市场主体重复享受，优惠政策的覆盖面较低，未能实现尽可能的普惠。②政府推广服务机构的"主体"功能地位严重弱化。很多农民、合作社对于"遇到技术问题怎么办"的问题，大部分回答不是"找农技员"或者政府，而是找熟人能人、上网查找、给种子公司打电话咨询等。同时发现，农户、合作社采用的很多新品种、新技术来自种子公司的推荐、网络寻找，政府虽然发布了"主推品种技术"，但采用率并不高。有些西瓜、蔬菜种植户反映"农技人员来了解决不了技术问题"，甚至不如他们的"土办法"。大部分乡镇的种植业农科所（站）名存实亡（包括农业办公室在内），多年不从事专业技术活动，种子站（销售点）和农药化肥销售站（点）成为重要的技术来源、咨询服务地，新品种、病虫害防治等向这些机构咨询的较多。③新型经营主体能够得到多渠道的技术支撑与服务，一般农户边缘化。很多农业企业、合作社就有自己的技术人员，直接与专家对接或者借助平台解决技术问题，政府的各种项目主要针对这些组织。大的农资销售商在销售产品的同时，为了稳定客户，越来越倾向于

提供相关技术服务，在规模以上畜牧养殖、水产养殖中已经较普遍，初步形成了政府的公益性研发推广服务与企业化服务结合的格局。一般的小农户既得不到政策优惠，也难以受到技术服务的"青睐"，从技术服务与产业组织提升结合角度如何实现"小农户与现代农业体系对接"将是未来要解决的普遍问题。④专业技术性要求较强、更新较快的产业对技术服务需求和依赖较高，需要全方位的服务。特色产业、规模化畜牧水产养殖、食用菌等产业的新品种或新技术更新较快，经常性需要包括技术培训、现场指导、销售等方面的服务，也面临巨大的销售压力。传统大田种植的技术含量要求较低，对技术服务的依赖要小得多。上述 4 个特点为下一步的改革提出了一个难题：是坚守巩固与完善原有的体系，还是顶层设计新格局并采取新的理念与思路创新发展？

2. 政府基层农技服务体系的"区级主导、乡镇缺位"及人才结构矛盾凸显

与过去相比较，近年来出现了 3 个明显变化。①基层技术推广服务组织模式变化：区级组织主导与乡镇组织缺位。5 年前很多乡镇积极争取承担农业技术推广服务项目，近年来因为多种原因已经不愿意争取承担，比如资金管理规范、审计要求严格，技术人员的其他工作繁重，项目组织方式变化等。有的区采取"科研院所专家+区农委技术服务中心+新型主体"的模式，区级层面直接组织项目面对新型主体，成效明显，区农技推广服务组织的项目运营与组织管理能力水平成为决定性因素。②人才需求发生变化：新业态、新模式所需人才短缺。传统的农业技术人才主要指农学、自然科学、工程等硬技术人才，随着全产业链经营理念的普及，现代都市农业多功能开发，创意农业、观光休闲农业发展以及品牌建设、营销、电商等需要更多的经营管理专业人才，但难以吸引留住相关优秀人才，其原因很多。例如，经管类人才就业机会、岗位等相对较多；人才素质能力需要大量的社会实践锻炼，真正高水平的高级人才、精英及其团队要求的待遇较高，一般的企业、合作社承担不起。③不同乡镇的技术服务状况差异较大。各区、乡镇农技服务机构的功能发挥程度、服务水平、基层满意度差异较大，这与各区、乡镇的财政预算安排或补贴、乡镇财政收入状况直接相关，更主要的是地方农业产业发展的地位、需求、理念以及管理的体制机制等。

3. 生产主体遇到技术问题的解决途径日趋多样化、差异化，基层政府相关机构作用减弱

普通农户、家庭农场、合作社与农业企业的技术人才状况、关系渠道、经常性生产技术服务途径不同，遇到技术问题时的解决途径次序呈现多样化、差异化，与过去相比途径丰富、便捷有效。一些农户选择技术品种（服务）主要依靠当地的种子站、广告、熟人、看别人或者听别人的，网上购买少，除非非常信任的品牌。一些合作社针对"遇到技术问题时的主要解决途径"问题的选项是"凭经验能解决的先解决""向周边种养行家咨询""看书或者上网查询"。而另一些则选择"打电话给农技员或信息服务中心"和"打电话咨询有关专家或者服务热线"。专业种植农户一般选择"凭经验能解决的先解决""向邻里、亲朋好友询问""看书或者上网查询等"。有些农民遇到技术问题时，有的向镇里熟悉的技术员请教，如果解决不了，由镇里再向区农技部门求救。对于一些农业企业、

合作社，有自己的农技人员直接联系专家或者技术咨询服务、上网查询等，有些将某些技术委托给科研院所服务。

因此，生产主体遇到问题时经常性未必找政府相关部门，很多问题现有的政府机构技术人员也无法解决，因为缺乏长期的专业技术实践积累，主要依靠市场聘请技术人员或专家解决。新产品、新产业、新方式等不断创新，政府事业单位的技术人员属于岗位编制固定、人员基本固定、待遇基本固定、专业知识结构基本固定（如果不是经常性学习培训），但实际的职能并不固定，而要围绕政府中心工作（尤其在镇级），传统农技推广服务机构及其服务方式已经很难适应快速发展的新产业新业态要求。即使是科研院所的很多专家也难适应，面向国内外寻求相关技术、人才是必然趋势。镇政府如何设立固定的农技推广服务机构需要重新评估与创新。

4. 注重实效的科技服务内容与方式最受欢迎，部分高新技术推广应用缺乏配套体系和实效性

针对"效果较好的农业技术传播途径"问题，农民基本选择"农技人员一对一示范指导"和"示范户或专业大户的带动"，符合一般的做法。针对农业技术人员设置的"科技服务方式中效果较差"问题的10个选项中，选择的结果主要是"发放科技书籍""开展科技周活动"和"学历证书培训"。在多个场合人群分别求证，普遍认为所谓的"科技活动周"是没用的形式主义居多，部分发的书籍是没人用的、卖不出去的，只有发奖品、实物的实惠才有人参加。延续30多年的活动、陈旧的形式早已不符合信息化时代的要求了。其原因很简单，年龄大的人看不懂或没时间看，年轻人很少看或没时间看，网上信息很多等。

另外，有些高新技术如果没有政府无偿供给，生产者就缺乏持续购买行为，因为成本太高或者成效不明显而难以大规模推广，最典型的就是某些产业的物联网技术（如水产）。因为国产传感器以及数据上传等系统性硬件水平差，更换国外传感器成本代价高，也需要系统性操作、数据分析软件等配套，在研发试验项目期结束后很多试点单位已不再使用。对于高新技术的推广应用不能盲目。

5. 对生产经营主体的科技服务需求个性差异化与动态变化的满足难度增加

农业生产经营主体对农业科技服务的需求的个性差异化越来越明显，随着新产业、新产品、新业态的发展变化，满足的难度加大，需要针对性的细致工作，与现实供给存在矛盾。据调查，一些专家对农民提出的问题解决不了，有些培训的内容不适用不实用。很多农技人员都是20世纪八九十年代毕业的，知识与能力及其结构等方面都已经不适应科技发展，农技人员从事专业的时间机会少了，培训针对性不强，完成任务式培训，与实际距离较大。

6. 农技人员下乡服务面临的困难以及体系弱化是主客观多因素共同作用的结果

针对"农技人员下乡服务的主要困难"问题，在8个明确的选项中选择最多的主要是"农技活动经费短缺严重""所学的专业和掌握的知识技能不适应农业结构和技术进步的要求""非技术性工作占据大量时间""农技供给渠道多元化导致对本地农技服务需求

减少"等4个方面，这与其他很多资料、调查相互印证。同时，针对"在地方财政相对吃紧的背景下目前的基层农技推广体系发挥好在乡村振兴中作用的主要关键举措"的7个明确选项中，选择"引进更多高学历专业技术人员""按照农技推广法要求保障经费""完善以解决问题、满足需求等结果为导向的绩效考评制度""减少非专业性工作占用时间"4个选项普遍认可。而针对"竞聘岗位与精简分流非专业性人员""扶持技术人员创办农业服务产业""建立农技人员支撑生产单位技术服务的对接责任考核制度"等3个选项很少，可能因为这些意味着要求的提高以及不确定性增强，大部分的农技员不会选择。另外，针对"区级政府农技推广服务机构作用地位弱化原因"的7个具体选项中，"机构人员固化与体制机制僵化""多元化市场服务主体发展对政府机构业务的替代""业务经费严重不足""承担的专业性业务太少"等4个选项很多，进一步印证了前述的观点。同时也说明，对体制机制的弊端也都普遍认识到，但在怎么改等方面涉及自身利益，似乎困难重重，难以达成共识。

7. 科技服务成效与其他涉农政策的协同配套性要求增强

大量调查反映，农业的发展不是单纯的技术问题（或者说技术服务等不是主要矛盾），相关的地方政策、行政执行力和执行效率才是关键，产业、政策与技术必须相向而进。例如，合作社、农业企业等吸引留住高水平人才的社会保障等政策问题。合作社、企业等雇佣当地农民不上保险（一般不要求，也会增加成本），雇佣农业技术人员要有保险，否则没人去。但对单位而言则是"要上保险都上、要不上都不上"，进而出现矛盾。面向合作社、中小企业的紧迫需求以及创业需求，从事技术服务研发的人员如何获得基本社会保障乃至更多的扶持政策，弥补新型主体技术水平与能力不足等短板造成的影响，急需政策解决。

二、天津基层农技推广体系存在问题及改革的认识

对于基层农技推广体系改革的系统研究已有近20年时间，国家出台了许多改革措施，但效果仍不够理想，农业科技推广体制实难适应市场经济的要求。目前，我国基层农技推广人员的现状及问题具有很多共性，普遍认为主要是：总量不足、结构不合理，待遇整体偏低、流失严重，岗位编制不合理，专业技术知识结构单一、更新慢；农技推广人员的外部环境存在体系建设不完善、经费投入不足、体制不合理等问题[1]。各地的探索典型很多，但结果差异巨大，很显然未能解决根本性问题。现实状况发展变化较快，改革滞后，基本属于在原有体制下的修修补补。而美国、欧盟以及日本等国家的农业科技创新与技术推广服务体系能够在基本定型后没有发生反复的"折腾"，没有这么严重的体制和效率问题。对此，丁振京从制度变迁的角度做了深刻分析，认为路径依赖对制度变迁的轨迹具有决定性的影响和意义，制度变迁沿着原有的路径和既定的方向前进，总

---

[1] 左停，旷宗仁. 农业科技推广体系创新与乡村振兴——农技推广人才队伍基本状况调查与研究[M]. 北京：中国农业大学出版社，2019：4-6.

比另辟蹊径要方便得多；农业科技推广部门本身对传统的国家计划的方式具有路径依赖性，习惯了国家定计划、拨经费进行推广的方式，转换和替代这种制度，就意味着利益关系的重新调整和分配，必然会遇到各方面的阻力，传统文化、思想观念、社会意识形态、政治组织、政府机构、农业科技推广部门本身等因素，会以各种方式对农业科技推广制度的变迁产生路径依赖性。除改革者的主观愿望和最终目标外，还依赖于一开始所选择和依赖的改革路径，这就增加了农业科技推广制度创新的难度和复杂性。新的农业科技推广制度的建立，必须突破对原有各项制度的路径依赖和防止选择不正确的路径[①]。

1. 天津基层农技推广体系存在问题及其原因

40年来的基层农技推广体系经历几次"改革"均未达到预期目标。新一轮机构改革试图解决"三农"体制问题，政府涉农机构在市、区、镇三级分别成立了"农业发展服务中心""农村社会事业发展服务中心"或类似机构（经济服务中心、社会服务中心），承担与技术服务活动相关的业务，初步解决了涉农服务部门按照行业分设的弊端，为整合协调各方面资源，初步适应农业全产业链发展的要求奠定基础。但通过调查发现仍然存在严重问题，老问题未解决，新问题又产生。

（1）农业发展以及技术服务职能实际严重虚化弱化。区农业农村委的职责加大，但其发展农业产业的主责主业却变成副业，用力较弱，目前很多工作很不协调。镇政府农办的职责也加大了，部分镇的农办成为涉及农村全面发展各方面工作的总协调，某些镇政府所有与乡村振兴相关工作的上级文件都下达到镇农办。一般区农委25个公务员编制，其他大部分是事业编制，共100多人。因为各种社会事业的任务重、任务急，考核指标明确（不同于发展农业产业），大部分时间围绕这些"中心工作"或应急工作，如"全域清洁化""厕所革命""清洁村庄三年行动计划"等。反倒是农业产业发展、技术服务等工作大幅减少了，到镇政府更是如此。很多农技人员的主要工作不是技术服务，而是"厕所革命"等工作。

（2）职责定位矛盾和不协调问题突出。机构改革实际上首先是解决在岗人员分别归入行政公务员职能处室或事业编的各事业部，并不能按照专业素质能力实现优化配置，对新岗位不熟悉的人员"错配"普遍。同时，行政处室与事业服务的职责划分等尚需时间协调，即使事业单位之间也存在不协调现象。如农业技术员培训归入社会事业发展服务中心管理，而从事农业技术服务的农技人员归属农业服务中心，培训的组织者与业务主管、主责单位分离。对技术人员的培训需求，农业技术人员及其所在单位应当最清楚，农民的需要技术人员应当最清楚，现在的一些培训基本属于完成年度任务或者预算经费必须到期完成的任务。

（3）"政产学研服""农科教推"等相互分隔痼疾依旧。农业科技创新与推广服务体制的问题，从经济学角度看就是资源配置的失调失灵或者低效无效问题，表现在财政资源（项目）有限的约束条件下，在各个职责要求、科技人员、产业发展要求等之间的合

---

① 丁振京. 路径依赖与农业科技推广体制改革[J]. 经济问题，2000（9）：39-40.

理配置问题,核心仍然是体制、政策、组织、管理的改革创新问题。农业科技推广服务体制存在的问题是行政管理体系本身存在弊端的体现与放大,即如何形成良好的科研文化氛围与持久的内在活力。机构改革并未触动根本,对彻底改变"政产学研服"或者"农科教推"等相互分离的状态,改变"几张皮"问题的作用不大,农业科技创新与推广体系改革必须进行根本性的体制变革才能解决。

(4)**农业产业收益低而不稳,农业创新创业活力不足**。农业成为具有较高的稳定收益的产业,才能激励市场主体创新创业,愿意为采用新技术、聘请技术人员付费。这是发挥市场作用、激励科技人员发挥潜能的需求条件。农业产业收益低而不稳是制约农技推广体系效率的基础性客观原因。

(5)**财政资源配置到农业科技创新服务体系的不合理、不稳定、不持续等决策体制问题**。天津市财政状况较好情况下,每年能够用于农业科技创新与推广转化的资金也就3亿多,其中真正用于专业业务活动的不超过2亿,全市涉农专业技术人员4000多人,平均每人年经费也就5万,很多人员多年没有经费,难以开展科技活动。另外,即使这么少的经费,也会经常受到各种"重点任务"的"偏爱""剥夺"。有些重点任务缺乏理性科学,浪费财政资金,比如一次性花上千万购置的某农产品加工试验设备一年用不了多少次,一些大项目财政资金预算随意,远超过实际需要,而很多的研究人员申请不到项目经费,缺乏专业研发活动的连续性。政府集中财力于某些重点工程,往往使得延续性的研发创新与推广服务项目出现断裂,无法按照科技创新的规律要求持续深化,而科研与推广项目往往需要一定的周期才能产生应有的成效,也才能验证成果。当前农技推广体系更为核心的问题不在于其本身,而在于其外部需求与环境。当农业不受农民和地方政府重视时,当资金与人力纷纷走出农业产业时,农技推广所能获取的外部资源必然有限,其发展条件必然受限[①]。

(6)**财政收入的严重下滑将使现有体系更加衰退,改革可能倒退**。因为财政收入问题,很多乡镇多年未招聘农业专业技术人员,有编制没经费、没业务、没地位。区级、市级相关事业单位部门则是聚集很多人才,但机构改革只是"人员的归类定编安置",并没有完全考虑到这些人员如何能够发挥专业技术能力和适应岗位职责要求。目前及未来几年,如果财政收入减少、经费大幅度压缩,将陷入低水平的恶性循环状态。让在乡村认真从事技术服务、为乡村振兴提供智力支撑的科技人员获得应有的或者更高的待遇、收入,得到应有尊重是核心问题之一。

(7)**乡村振兴中专业技术人员及其专业活动的地位尴尬**。农业的财政直接贡献为负的,对产业发展的带动价值、生态环境、就业、社会文化、地区形象等多种功能地位的认识不充分,在经济困难与财政压力大的背景下,把主要精力用于招商引资发展非农产业。认为基层农技部门可有可无,大量的非专业技术人员转业到农技部门,成为"安置

---

① 左停,旷宗仁. 农业科技推广体系创新与乡村振兴——农技推广人才队伍基本状况调查与研究[M]. 北京:中国农业大学出版社,2019:36.

蓄水池"。

（8）后备高素质综合性"领军人才""骨干人才"队伍培育难。总体看，天津市40岁左右在全国农业科技创新与服务领域影响力较大的技术人员几乎没有。专业博士多了，但能够有效服务基层的全才专家少了。其原因很多，如科研及教学单位的绩效考核侧重于高质量论文、项目成果级别与经费数、获奖等，实际成果推广应用、服务社会的考核评价体系一直未能有效建立；项目细碎、小而散、不连续，经费不足，技术人员从事技术专业性活动的时间、实践、内容等不断减少，既不能支撑有效的综合性研究与推广服务锻炼，也难以形成一定的技术服务社会信誉。

2. 天津基层农技推广体系改革核心问题的理性思考

决定一个地区农业行政管理以及农业科技创新服务体系效率的无非以下方面相互影响的系统因素：一是"人"的素质能力水平是核心，既包括决策与组织管理者，也包括政策的组织实施者；既包括各层次的领导，也包括各层次的具体工作者、实施者，以及各类市场主体等。二是核心决策层能够制定的相关制度的科学性、合理性、有效性等（政策、体制等）。三是历史以及现实中形成的区域文化，如行政文化，营商文化，科研学术文化，教学文化等。一个地区的区域发展文化、发展氛围一旦形成，会有很强的惯性，影响巨大。四是"三农"的外部影响力量，如地方行政高官对"三农"的态度，财政资源的配置等。在基本相似的行政管理体系框架下，区域行政管理与事业服务、发展水平差异更主要的体现在所形成的区域文化，包括不断创新的先进理念，成熟科学的做事规范（如调研、需求导向等），高效的执行检查系统等。

体制转变有两种基本类型：一是壮士断腕革命式制度变迁。是基于顶层科学理性设计基础上的"强制性制度变迁"，要从每位领导及其部门的科学决策等做起，从每一个具体的项目的决策、执行、检查反馈、评估等系统执行开始，从建立正向激励与约束惩罚相结合的制度建设做起，从公开、公平、公正的程序以及信息建设等做起。二是局部突破的协商适应式"诱致性制度变迁"。渐进式改革取得成效相对较难，因为路径依赖的作用，需要较长时期的持续改革创新。"黄宗羲定理"反复应验，改革的内外环境复杂多变，风险与不确定性较大，会阻碍改革，延缓新格局的形成，导致改革陷入"困境"。当然，按照制度演进的一般规律，任何制度的变革都存在很强的路径依赖，在实践中借鉴其他国家、先进地区的成熟经验，首先必须要清楚这些经验所需的内外条件等系统问题，局部的战术策略性改变可能会成为"邯郸学步"或"东施效颦"。对于农技推广体系改革来说，至少要重点考量三个方面的问题：是否有利于构建农业教育、科研、推广"三位一体"的推广体系，是否有利于提高农技推广人员工作的自主性，是否有利于降低制度改革的人事成本[①]。总之，必须从根本上进行系统的真正的变革才能解决问题，做好顶层设计而不是仍然"摸着石头过河"的全面深化改革才是根本途径。

---

① 李金龙，修长柏. 农业科技特派员制度的国际借鉴研究[J]. 科学管理研究. 2015，33（5）：91-95.

三、基于典型事例的天津农业科技创新服务状况分析

1. 天津农业科技创新获奖情况分析结论与启示

近 10 年来,天津农业科技方面获得国家和农业部重要奖项相对较少,不但落后于北京和上海,甚至于不如山东青岛市(青岛农业大学所在地)等,一定程度反映天津农业科技创新与推广转化等工作与先进地区的差距,地位与优势不仅没增强反而相对降低,也反映出体制机制存在活力不足等问题。

(1)获农业部"神农奖"情况。神农中华农业科技奖是 2006 年 1 月经农业部科技部批准设立的面向全国农业行业的综合性科学技术奖,是原农业部科技进步奖的继承和延伸,主要奖励为农业科学技术进步和创新做出突出贡献的集体和个人,2010 年开始两年评一次,设立科技成果一、二、三等奖(分别为 50 项左右),优秀创新团队成果奖(25 项左右)和科普奖(10 项左右)。2010 年以来的 5 届评奖,科研成果及优秀创新团队奖励数 753 项。天津作为第一单位获奖的只有天津市农科院的花椰菜、甜瓜、芹菜等三个育种品种(三个等级奖各一次)。天津没有获优秀创新团队成果奖和科普奖。

(2)全国农牧渔业丰收奖获奖情况。该奖是农业部 1987 年设立的农业技术推广奖,用于奖励在农业技术推广活动中做出突出贡献的集体和个人,设农业技术推广成果奖、贡献奖、合作奖。2010 年开始,评奖周期由原来的每年 1 次改为每三年 1 次,每次奖励不超过 400 项。2016—2018 年度农业技术推广成果奖一等奖 80 项,天津没有获奖(北京市 2 项获奖,不包括在京的国家级科研院所);二等奖 160 项(天津"特色果蔬产贮运绿色保鲜关键新技术集成与示范推广"获奖,北京市 4 项获奖);三等奖 159 项,没有天津获奖;农业技术推广贡献奖 500 人,北京 5 名,没有天津的;农业技术推广合作奖 20 个,没有天津的。2014—2016 年度一等奖 60 项(天津 2 项);二等奖 159 项(天津 3 项);三等奖 180 名(天津 2 项);农业技术推广贡献奖 484 人,天津 5 人;农业技术推广合作奖 20 个单位,没有天津的。2011—2013 年度一等奖 60 项(天津 2 项),二等奖 160 项(天津 2 项),三等奖 180 项(天津 2 项);农业技术推广贡献奖 486 人,天津 3 人;农业技术推广合作奖,21 个单位,没有天津的。整体看,天津获奖数量很少,并且明显下降。

(3)国家科技进步奖等国家级重大奖励。总体看,天津获奖农业科技成果、产生重大影响和成效的农业重大科技成果、科技活动相对较少。虽然全市农业科技方面的立项数、经费、科技成果数在 2010 年至 2017 年明显增加(包括承担的国家自然基金等项目),农业科技创新活动也受到空前重视,但没有影响显著的重大成果、重大科技创新活动。农业基础、应用基础以及科技支撑计划等立项也不少,但是获得大奖的却稀少(尤其国家主要大奖)。2010—2015 年全市从事农林牧渔业的自然科学研究与开发机构的研究经费收入大约 2.2~2.6 亿元,立项数在 260 项左右,2017 年增长到 32478 万元,课题数 341 项(当年开题 128 项,课题经费内部支出 1.6 亿元左右)。自主创新立项数 2016 年、2017 分别为 61 项、62 项,经费 5000 万元左右;其中的自然基金现代农业方向每年 14

个项目，研发经费500万元。自2009年以来在农林牧渔等传统农学类研发方面作为第一单位没有获得国家大奖（2008年天津科润农业科技有限公司获国家科技进步二等奖），在农机、食品加工、食品安全、农业废弃物利用等以第一单位获得过国家科技进步二等奖。过去的对虾、黄瓜育种、花椰菜育种等获得过奖励，但似乎仅仅局限于这些范围，没有新的突破。

通过上述三方面获奖状况反映出在全国各地区加快发展以及竞争背景下，天津农业科技创新与服务体系的地位作用或竞争优势相对下降。虽不能直接说明或者表明水平下降，但横向比较，结合改革创新的要求，还是能够反映很多问题与不足，有些可能是客观的，但更主要的是内在活力、质量与水平方面的差距和不足。第一，在国家及各地科技投入与创新力度不断加大、整体水平不断提升以及日益激烈的竞争性评奖中，天津处于严重下滑态势。农业科技的投入不断增加，项目数量、研究人员等不断增加，高水平的科技成果很多，新产品、新技术创新、更新速度加快，评奖的成果数量有一定的限制，在相对的竞争比较中天津整体落后了。第二，信息化、市场化不断深化背景下的天津农业科技创新与成果推广转化的先进性、影响力相对不强。市场化、信息化的深化发展，农业技术的采用突破了地域限制，在更大范围内选择，天津的很多农业采用的技术来自外地，天津相比较市场竞争弱。第三，获奖状况反映了内部的体制机制与创新质量相对较低。成果能否获奖的核心是成果的新颖性、先进性、成熟性、完整性、突破性以及应用的规模、效益等社会影响力。获奖数量的多少、级别的高低是科技创新的投入、创新体制机制、科技人员的整体水平等集中体现。第四，跨单位的合作成为重要现象（有的也可能是组合材料为了报奖）。从获奖单位看，跨区域、跨单位成为重要方向，不是简单的挂名，如何与其他单位合作，如何吸引其他单位加入更高水平的团队产生重大科技成果，跨单位、跨学科、跨领域的合作创新符合发展趋势与要求。天津农学院教师参与完成的项目在"2018—2019年度神农奖""2016—2018年度全国农牧渔业丰收奖"中有4项成果分获一等奖3项、二等奖1项。第五，天津农业科技创新成果及其推广应用等受制于规模限制，突破不多，重要成果少。农业总体规模小，科技创新实力、能力水平与北京、上海没法比，与拥有很大规模的农业大省在推广应用面积、经济社会效益等方面也没法比。如果在项目选择、研究深度广度与先进性、推广应用的潜力与影响力等方面没有重大成果，很难获奖。

另外，简单分析近年来农业科技创新与推广转化获奖项目情况也发现以下特点（规律）：一是产业规模与产业发展的现实需求是促进产出高水平研究成果并获奖的重要条件。因为产业规模大，现实中存在的问题经过研究后能够产生巨大的经济社会技术效应，引起地方政府、国家重视，能够获奖并持续不断深入研究，也能够得到企业赞助合作开发研究。二是科研院所的知名度、信誉以及学科协同、特色化优势等非常重要。知名大学、科研院所经费充足，社会关系资源丰富，研发平台及其获取资源能力强，多学科科技人员整体水平高，获奖多越来越普遍。

2. 天津现代农业产业技术体系建设分析结论及启示

自国家现代农业产业技术体系从 2007 试点 10 个、2008 年正式全面实施 50 个之后，上海等很多省市在 2010 年左右陆续启动实施区域性农业产业技术体系建设，天津市 2016 年开始启动实施。10 多年来，全国各地的现代农业产业技术体系在服务农业方面发挥了重要作用，尤其是在农业科研与服务机制创新方面，尊重科研规律提供稳定资金支持科研人员安心搞科研，打破部门、学科、区域界限和利益藩篱实现协同创新，破解科研评价唯论文、专利和奖项等"痛点"，提升农业科技持续创新能力和效率，集中解决产业链发展中共性技术难题，取得明显突破和显著成效。从北京、上海、天津等地以及各个产业体系的总结报告看，按照设定目标完成的都不错，尤其是在引进新品种新技术、发表论文、专利申请和培训等方面。但在实现"地方性现代产业技术体系"的实效性目标、解决实际产业发展的技术问题、促进全产业链发展与竞争力提高，解决技术服务"最后一公里"的辐射带动职能等方面，地区以及不同体系之间存在差异，有些超过预期，有些则未达到，存在很多问题需要深入思考。

（1）系统性影响因素思考。作为功能与使命定位明显的现代农业技术体系，因为组织运营与管理模式的特殊性，其成效取决于以下因素：职能定位与资金、基础条件等要素的选择与匹配，体系首席专家及创新团队成员，一整套系统科学、合理有效的内外部协作与运行管理制度机制（利益分配与激励机制、科学的考核评价指标导向等），细致科学的信息统计调查、考核评价评估与动态反馈、调适纠错等管理体系。

（2）天津存在的主要差距与问题。与先进地区相比和功能目标定位要求看，天津农业产业技术体系存在问题主要表现在：一是产业覆盖的产品种类面太大。比如水产、蔬菜、林果三类都比较大，容易追求"面面俱到"，超越管理与服务能力，为后续考核评价与监管留下隐患。二是制定的具体目标与产业需求的结合度、急需程度等对接不紧密。年度计划的针对性、可行性及衔接性不够，职能定位太多太笼统，未能聚焦紧迫现实需求。原因主要是前期的综合性系统产业技术需求、技术瓶颈调查研究以及分析研判可能不全面深入。三是没有示范点的数量质量和活动的具体要求，缺乏严格的考核管理与淘汰管理制度。四是没有市级高效的专门协调管理与指导监督机构，人员选拔与岗位设置、考核评估、监测与责任承担机制等不健全。如第三方评估机构的引入以及定向针对性评估不够。五是部门协调与组织不够。部分体系与基层政府相关部门未能紧密合作，存在互相推诿等现象；定期组织管理、督促检查、调查研究、汇报评估，经常解决实施中的现实问题等监督管理力度不够。六是注重发表论文、专利申请、推广应用新品种新技术的数量、培训数量等比较突出，与产业技术体系建设的预期目标和初衷的符合度缺乏可信的统计分析与评价依据。如申请专利的推广应用如何，试验示范基地多少人次参观学习、带动辐射了多少、转化了多少技术或专利，哪些是新的产业体系建设的贡献等方面，缺乏令人信服的信息数据获取以及保障渠道和制度。

（3）基于天津水产产业技术体系工作成效及其启示。水产是天津的传统优势特色产业（尤其在北方），从研发、成果转化到产学研合作、人才培养等方面获得很多荣誉。组建产业技术体系，囊括了几乎天津所有的相关科技创新与服务单位、水产养殖站场等，资金扶持也较多，所制定的目标也非常高。从实施效果看，几乎都是超额完成任务，完全实现了设置产业技术体系的目标。从 2018 年完成情况看，29 项考核指标中超额完成 22 项，其余 7 项完成。通过农业部审定的品种 1 个、引进优质品种 51 个，推广高品质名优品 31 个，示范绿色、生态、高效的工厂化循环水 140200 平方米，池塘工程化循环水养殖 380 亩，鱼虾贝蛰生态立体养殖示范 1030 亩、推广 1000 亩、辐射 3000 亩等均超额完成。这种显著成效，作为一种涵盖所在地区某个产业的技术体系，即使在全国各个省市的同类比较中也是不多的。

天津水产产业技术体系建设取得的成效整体上最为显著，这是很多良好机制与条件共同作用的结果。首席专家及其真正团队与承担任务要求相匹配，历史积淀的学科根基与文化传承是其持续发展之魂，连续不断的各种学科发展、研发与转化、人才培养等支持形成良性循环发展，政府、科研院所、专家、市场主体等"政产学研商服"合作多赢，产业的收益与风险"双高"、技术更新快与要求高，对新技术服务需求强烈等。

深入思考分析天津现代水产产业技术体系的成效得到如下启示：一是区域农业科技创新体系是系统工程，需要长期连续的积淀，有其成长衰退的科学规律，科学战略思想指导下的顶层设计、重点领域持续不断创新积淀、政府科学决策管理是基础，各种临时性"紧急任务""重点工作"挤出正常接续研发很难出大成果，改变的不应是"重点领域"而应是人。二是各层次学科系统专业技术人才的培养需要在科技活动实践中成长，靠引进一个"顶尖人才"很难持续创造学科奇迹，很可能就是"昙花一现"。本土优秀人才尤其是领军人才群的养育至关重要。三是历史看天津涉农领域中有过不少产业科技创新的优势领域（包括葡萄酒产业、果茶产业等），有的已经彻底落后而无地位，有的正在衰落，战略性高度重视与谋划不够是主因。例如奶牛养殖科技曾经领先全国，但现在辉煌不在。四是多渠道多方式让在乡村从事技术创新与服务的科技人员获得应有的条件和足够高的待遇，才能持续做好科技创新与服务工作。

3. 天津农业科技特派员制度的反思

天津市农业科技特派员探索实施较早，2004 年在蓟州区开展试点，2006 年成为科技部与联合国开发计划署合作开展的"中国农村科技扶贫创新与长效机制探索"项目 15 个承担省市之一，2009 年科技特派员工作被列入天津市 20 件民心工程，并制定了《关于开展科技特派员创业服务行动的方案》，在市级科技经费中安排 500 万元科技特派员专项资金，对有关科技特派员创业服务行动中的科技项目、科技培训活动、科技特派员工作站建设等给予扶持①。2013 年开始的全市大规模"困难村结对帮扶"工作，市科技局的重要举措就是重新组织科技特派员团队、科技特派员相配合。天津市深入推行科技特派员制度行动方案（津科农〔2017〕24 号）提出了很高的目标和要求：到 2020 年，围绕 10 大农业产业链，布局 1000 名农业科技特派员，示范 300 项产业融合关键技术，打

---

① 王云. 天津市科技特派员制度存在问题及建议[J]. 天津农业科学，2012，18（3）：79-82.

造 5~10 个农业产业科技示范园区、20~30 家"星创天地"、100 个农业产业创新示范基地，帮扶 10000 家农户加入产业链条，新增 100 家农业科技型企业、10 家规模过亿元科技型企业，形成特派员科技帮扶服务体系和都市农业科技创新体系（目标很高似乎大部分未实现，就是规划而已）。据报道①，天津市科技局从 2014 年结合困难村技术需求建立多层次科技特派员队伍以来，已经组建 72 支科技帮扶团队，共有 974 名科技特派员参与其中，帮扶工作覆盖了天津市 892 个结对帮扶困难村。为困难村和困难户组织培训、观摩 1470 场次，服务农民 36891 人次，培训农民 26198 人次，为困难村培养本土科技人才或农村创业人才 2000 余人，示范推广新产品 825 项、新技术 2444 项，技术成果转化 109 项。到 2020 年，天津农业科技特派员将超过千名，帮扶的困难村也将超过千个，真正实现困难村科技帮扶全覆盖。

天津农业科技特派员制度实施中涌现出了不少的优秀典型，发挥了很好的作用。但对照福建、浙江等先进地区科技特派员的实际做法，根据与多位科技特派员和合作社、农户等交流，发现因为组织管理等问题而存在很多缺憾。一是科技特派员的角色定位是单纯地推广服务还是综合性地解决产业发展技术难题。应当向综合性发展，而不是单纯的推广服务，包括信息员、调研员、研究员、技术员、指导员等职责，与其他工作协调整合。二是工作性质是临时性应急式的科技服务还是经常性的工作。从其他各省市看，很多都是作为一种经常性的重要工作。而天津似乎是作为某项重点工作的补充或应急（如困难村帮扶），没有作为一项长期的制度常抓不懈，没有形成典型的创新性经验与模式，基本上属于"完成任务式"的工作。三是重数量（形式）与轻实效（质量）问题。也就是实效与数量不符问题（注重形式数量）。公开报道宣传天津 1000 个科技特派员，但真正在从事相关工作的到底有多少？据初步调查估算不到三分之一，过去曾经被选为科技特派员都有经费扶持，目前变为被评为优秀科技特派员才有支持，如 2018 年遴选 50 人，每个 5 万元，按照科技项目对待。也就是实际有专项经费支持的科技特派员是极少数。四是供需精准选派问题。据作者 4 年帮扶工作的直接观察体会，2014 年选派的不少科技特派员（团）根本就没有与产业的技术需求相对接，是划分区域分配任务式的，每个团队 100 万元左右的经费支持，针对性实效相对较差。五是相关制度、协调管理与工作条件等问题。天津市科技局、市农业农村委、市教委针对困难村帮扶都曾有科技特派员，在专家选派、服务对象等方面存在重复浪费。对科技特派员都提出了很多关于"详细过程管理"与"留痕"等细致要求，有的管理制度要求缺乏合理性、针对性，难以有效执行，缺乏科学有效的考核评估办法与长效机制。特派员经费较少甚至没有是最大问题，调查中很多专家认为"科技特派员作用发挥不好的原因"主要是"经费不足以支持任务要求""技术需求与科技人员不匹配""确定的帮扶单位无积极性"等。

---

① 陈曦. 首席+骨干+团队，科特派网格化服务覆盖津门[N]. 科技日报，2019-12-24（7）.

第三节 天津农业科技创新与服务面临的主要难题

一、农业科技供给体系效能和水平亟待有效提升

通过大量数据、事例和调研发现，与先进地区、资源潜力和功能要求相比，天津农业科技供给体系效能和水平有待进一步提升。

1. 农业科技创新体系效能相对较低

主要表现在：天津农业知识产权创造指数排名不高，植物品种权申请量、授权量等相对较小，农业发明和实用新型专利相对较少，研发单位竞争力一般；获奖农业科技成果、产生重大影响和成效的农业重大科技成果、科技活动相对较少；农业科研成果转化率低的问题依然严重。农业科研成果转化低的问题在全国也具有普遍性，一方面现实中的很多技术来自域外，很多产业技术需求未能满足；另一方面大量的研发成果转化率低。例如，从2006年之后天津某重点农业研究机构开始重视专利申报，截止2017年底有效专利数203件，其中发明专利72件，实用新型专利131件（申请670项，授权304项），但共计只转让专利16件，许可使用专利9件，两项合计仅占授予总数的8.2%。其原因多样，如成果本身存在各种问题难以适应市场需求，专利持有者转化动力不足或者缺乏高效的转化机构和机制，成果信息宣传推介与市场体系不健全等。

2. 农业科技有效供给结构不适应农业产业结构变化要求

农业科技成果与服务有效供给要满足生产者增加收益等方面的需求，能够通过一定的方式方法和路径便利地推广扩散到生产者并达到一定规模。其结构不适应主要表现在：一是能够申请专利、发表高质量论文或者获取较大经济效益的研究重视程度高，品种选育改良重视程度高，良种所需的栽培饲养技术则相对不足。二是生产领域的种养科技人员多，产后领域相对少，产后加工的成套设备和现代化物流设备开发等较少。三是传统学科和大宗农产品投入与人才配置比重偏大，小众的特色优势种养业则相对不足，新产业新产品新业态所需科技支撑较弱。四是围绕产业需求的科技成果及服务的系统集成性供给相对滞后，存在短腿短板。例如，不少奶牛养殖企业的生产管理乃至财务分析软件从以色列引进，农业大数据应用平台建设、电商平台等"平台技术""平台经济"发展滞后。五是经济管理、经营策划等软技术供给严重不足。包括科学的政策研究，为微观主体提供品牌战略规划设计和运营服务缺乏，既缺少有一定影响力的中介服务公司，也没有作为政府的正式研究项目成果纳入资助或者业绩职称评价体系，很多园区规划、品牌设计等依赖域外力量，即使是农业科技管理也是缺陷不少。农产品经常性大量出现"卖难"和产能过剩，品牌化竞争、标准化生产、科学化管理成为提高竞争力和全要素生产力的重要标志，农业经济管理水平急需提升。六是农业科技型企业人才严重不足，制约企业持续发展。据对天津11家有名的各类种业企业调查，普遍缺乏高学历、高职称的创

新型实用科技人才。

二、资金不足与配置利用成效不高问题亟待务实改进

作为基础性、公益性、社会性明显的农业科技创新与服务活动，财政资金是经费主要来源，其一方面取决于获取中央财政资金（项目）的能力，另一方面则是地方财政状况及支持农业科技活动的力度。即使是企业作为科技创新的主体，很多也对财政资金项目依赖很大。与北京、上海等地和发展要求相比较，天津有不小差距和问题。

1. 农业科技创新与服务资金不足，配置使用效率不高

科技活动经费随着财政状况的变化而变化，总体看在2018年之前的几年持续增长。但即使2018年财政状况较好，农业科技活动经费相对较多，但仍然严重不足。据《2019天津科技统计年鉴》，2018年服务农林牧渔业的科技活动总收入55952万元，其中来自政府资金52087万元（其中财政拨款39312万元，承担政府科研项目收入11415万元，其他1360），占93.1%。农业科学领域的科技活动人员1342人，人均经费41万元，似乎不少，但除去人员费用后能够真正用在研发与推广等科技活动的估计不超过60%。同时人员相对比较集中，符合一般的"二八"规律，70%左右的科技人员和农业专业技术员的科技活动没有持续性经费支持。基层推广服务体系既"无钱养兵"，也"无钱打仗"。2012年天津市、区县、乡镇三级农业技术推广机构的各种经费来源合计3.81亿多，其中事业性拨款1.23亿（市、区、镇分别为0.31、0.63、0.29亿元左右），其他经费为经营性收入1.8亿元，科技项目经费0.596亿元，政策性补贴0.16亿元。到2017年，基本没有太大变化，2019、2020年的预算大幅度削减。

同时，部分财政科技资金变相转化为企业或单位报酬收入，促进科技创新作用较小，如部分"虚、软"的平台。一些农业科技专项投资巨大成为摆设或者半途而废。例如市农业农村委、市财政局2016年计划投资5000万元支持建设10个"天津市中以农业科技合作示范园区"，出台了专门的"财政补助资金管理办法"，每个项目总投资至少2000万元，示范园核心区面积应在200亩左右，原则上设施和露地各占100亩，主要引进以色列的温室及其设备、品种等技术。但是，在建设了大约5个"示范园区"后，发现其温室、设备与技术、品种等并不适用于天津，有的已建成的闲置，该项计划不了了之。自发展农业科技园区或者试验示范基地以来，在科研院所或者试验示范场（基地）闲置浪费的温室数量惊人，现在仍然可大量看到（因为是固定资产或项目投资不能拆除）。再如，天津市科技型中小企业的认定虽然有标准，但实际操作时为了完成数量指标，不少没有严格按照标准要求执行，出现了不少假冒科技型中小企业套取科技资金问题。现实中的部分科技项目资金使用并未应用到研发与成果转化上，很多获取财政资金"专业户"就是依靠各种科技项目资金生存的"僵尸企业"。部分"虚、软"的平台建设投入在验收之后就陷入难以运行的地步，因为没有强烈持续的普遍性有效需求作支撑，没有好的体制机制与稳定的经费、人员保障，这是全国的普遍现象。

科技经费少与需要承担项目的人员多、研发与服务需求多，导致分配项目多，碎片

化、断续化严重，往往只能在某个小点突破，很难持续着力于某个领域的深化拓展，难以形成稳定影响力的团队、重大成果和知名专家。研究成果转化应用率很低是最直接的体现。同时，有些项目经费真正用在做实验研究的占比小，交通与会议等费用占比过大；部分政府部门及领导盲目相信"国家队"，贬损本土科技人员，很多本土科技人员失去锻炼实践机会。

2. 农业科技原创能力强的企业及新兴力量缺乏倾斜政策扶持

天津有很多全国有名、有品牌和影响力的研发型农业种子企业，如水稻原种场、换新水产良种场以及宏程芹菜研究所、耕耘种业等，这些是天津农业的"亮丽名片"，也是重要的种业资源库、文化资源，需要持续不断的扶持，否则就将被其他地区超越，成为历史遗憾（罪人）。但据调查，这些机构（企业）也面临发展的困境，优势在不断下降或者逐步式微，有的受制于国有或集体所有的体制束缚严重，或者重视不够，普遍难以得到倾斜政策扶持。同时，民营农业科技企业发展动力强劲，有很多的机会和成长发展空间，将会成为带动激活天津农业科技创新的生力军，也符合天津发展"农业科技产业"的战略定位。但据调研，这些企业能够得到的优惠政策很少，有的得不到"真金白银"的关注与资助。例如，水产种业企业的鱼类育种和遗传改良周期长、见效慢、投资大、风险高，育成一个新品种一般需要十几年时间，期间需要投入大量的人力、物力、财力，育成后的检测费用就需要10多万元。而鱼苗的推广又具有公益性，企业利润少，社会效益大，但企业很难获得财政资金的持续资助。种质资源库没有直接受益，维护成本高，急需政策性资金扶持。

三、农业科技创新与服务的体制机制亟待系统性创新突破

体制机制和制度障碍是农业科技创新服务体系低效的主因和政府推进改革创新的切入点，也是地区差距的根本原因。关于农业科技创新与服务体系存在的问题，有大量的研究成果揭示出了很多共性问题，被广泛认可。例如，刘涛认为科技推广工作的顶层设计和系统规划不足，部门和相关单位间定位分工不清、协调合作不够；促进科技成果转移转化和推广的公共服务平台建设滞后，缺少专业化科技成果转移转化机构，科技成果信息汇交与发布机制尚未建立，促进科技成果推广转化的政策不完善，对科技成果转移转化工作和人才队伍建设重视不够，科技成果推广的积极性不高等[1]。本研究认为，区域农业行政的体制、政策等制度已经陷入了有增长无发展的内卷化、路径依赖（锁定）与格局固化等低水平循环陷阱，在根本的人事制度没有或不能根本变革也不允许打破铁饭碗的情况下，局部调整或"小打小闹"的形式改革很难解决根本问题，改革的系统性、困难性凸显。结合天津实际，在此主要强调以下方面。

1. 战略发展规划研制及有效执行缺乏

市科技局对科技发展战略研究比较重视，每年有不少研究项目立项，是省部级软科

---

[1] 刘涛. 浅议国家现代农业科技推广体系发展策略[J]. 农业科技管理，2019，38（2）：50-52.

学课题。但部分研究浅层次，严格科学的立项专业论证不足，很多成果缺乏系统针对性和实际指导性，针对性的具体产业、行业、产品或区域的深入系统实际调查、策略性研究较少，尤其是从科技研发竞争的角度研究少，大部分研究侧重宏观，现实调研不够。同时，这些研究在农业科技发展中很少转化为政策和战略规划的内容，改革创新乏善可陈。农业科技在科技局的战略规划中只是"点缀性"不得缺少的小项。市农业农村委过去制定有科教兴农的五年规划，基本上没有发挥导向、激励或约束作用，也没有相关执行的评估，就是完成制定规划任务"挂挂"而已。同时，在制定规划及执行中，理想化追求高新技术或"高大上"情节严重而难以落地，没有可行性与有效性，几乎没有按照规划要求逐项落实的。实际上就是缺乏长远的连续继起的顶层战略规划推进农业科技创新与服务的持续规律性发展，总是在摇摆中浪费资源，高水平的研发体系、学科体系、团队、优势领域以及服务体系很难建立。

2. 部门分割依旧，竞争有限经费难以形成合力和良性循环

农业科技研发体制机制创新没有重大实质进展，科技型企业发育不足，与科研院所有机分工协作的高效协调关系尚未形成。农业科技创新、人才培养、推广服务等单位部门分割，人才单位固化难流动，难以动态优化形成合力，队伍结构梯队不合理，短缺与过剩并存，存在浪费。天津市农科院、农业技术推广服务机构、农业行政主管部门隶属市农业农村委，天津农学院、涉农其他大学归教委管理，有限的科技创新与推广经费等需要在众多单位、人员之间竞争、平衡，细碎分散、使用效率低，缺乏连续性研究支持。受编制、保障及单位自主权不足等约束，人员固化不能有效流动（进退有序有矩）、择优录用，少部分专家能连续承担各种项目，其他大部分技术人员可能没专业工作可做，但却不能离开。人才职称评审与使用聘任的矛盾突出（进而引发报酬待遇问题），人力资源社会保障部、农业农村部印发了《关于深化农业技术人员职称制度改革的指导意见》（2019年12月），无疑对农业技术人员是极大的利好。但问题在于：一是受岗位编制的限制，很多达到职称标准要求，甚至远远超过要求的，但因指标限制评不了职称，有些评上了职称但无法聘任，尤其在区县比较普遍，这些会影响到收入、积极性等。二是职称评审、聘任、岗位职责、科学客观评价、流动等制度难以建立，固化是主要根本原因。

3. "前置性"项目级别制与课题组制度的不利约束明显

将科技研发需求以项目形式由"课题组"承担是一种普遍的模式，但弊端很多。按照项目归属的负责管理部门（立项）分为国家级、省部级以及局级、横向课题（无级别），而不是以课题可以解决的现实问题、学术问题的重要程度以及研究成果的水平、应用前景等评价级别，只要获得某个级别课题并评审通过就完成了任务，而对于实际应用前景等考虑较少。有些横向课题（包括发展规划、咨询报告等）虽然实际应用价值大，并且直接转化为生产力，却难以获得应有的成果待遇。科技人员的绩效考核与申报各种项目对前期研究基础要求（学术论文、著作、专利、项目级别与获奖成果级别）等要求，促进将更多的精力用来申报国家级项目或者省部级正式项目，服务社会的应用型研究动力不足。同时，过度竞争性择优立项方式，忽视面向区域农业发展的多学科协同创新攻关、

系统创新，不少研究所和课题组专业性研究深度未能不断提升、创新，难以培育和增强机构的科技创新核心竞争力。

4. 农业科技项目立项与管理科学规范化及有效性不高

目前的科研项目管理仍然存在"重立项而轻验收""重指标而轻应用"等问题，立项的选题、信息公开、成果评价以及应用等方面尚不系统（与项目普遍较小有关）。项目实施过程缺乏有效的动态管理和追踪监测、评估等。在农业科技创新资金严重不足的同时，临时性的行动项目冲击正常研发计划，不利于科技创新长期连续性的投入。例如，据政府官网公布的"2017年天津市结对帮扶项目拟立项清单"，某区科委作为主管部门为3个困难村申请到各90万元的项目，分别是3个村的微咸水综合利用技术集成与示范、人口环境提升工程、农产品结构优化提升工程。但对于一个科技人员在天津要申请到一个30万元左右的农业科研项目则很困难。类似这种情况很常见，应急项目经常打乱了正常的连续性农业科技研发活动。再如，天津小站稻产业发展作为关注重点，1000多万元购置稻米加工设备用于研究，减少了很多应该立项研究的课题，在财政资金有限的情况下更显得"不合理"。这是在"遵循科技创新规律"与"服务领导决策和重点任务"之间的配置选择问题。

5. 重大财政扶持专项计划项目缺乏科学系统的第三方评估

近年来，天津市政府曾投入大量的财政资金打造农业科技创新的"亮点"，例如十大种业基地建设（2008年）、农业科技创新工程（2012年）、农业科技园区建设工程、三产融合工程、物联网区域试验工程等，但一直缺乏权威的第三方科学评估报告公布。缺乏科学总结分析与反思就难以发现问题，难以积累经验教训并总结规律，不断提高项目完成的质量。

6. 科技创新与服务详细信息缺乏，科学系统决策与评估基础弱

地方农业科技创新与服务必然要求"有所为有所不为"，必然是开放的，必须对相关的研究成果、前沿信息以及本区域现状信息等有系统的掌握才能做出科学选择。天津农业科技创新与服务的基础资源、成果以及产业发展中实际应用的成果等信息严重短缺，农业产业中实际采用的农业新品种新技术的来源、应用状况等方面的系统详细信息没有，非常不利于制定科学战略与政策，从事科技管理工作难以采取科学的方法，例如财政预算支出的科学评价，技术经济的分析评估等很难科学，凭经验粗放决策管理是常态。

第四节 提升天津农业科技创新与服务体系效能的建议

对于中国未来农业科技创新发展与改革的方向、思路等许多问题已经明确，重在根据天津的实际和发展要求创新并创造性地实施。改革深水区更加系统深入全面，难度更大，更需要自上而下的有效执行和各方面改革配合协调，不出现明显的"短板短腿"，要在科学系统调研基础上顶层设计。本部分主要从政府角度提出如何通过政策、法律制度

以及财政扶持的引导、行政管理体制的改革创新，建立一种持续性长久机制，长期执行、监督与完善提高，取得长久效果。限于篇幅，只提出方向或具体建议的要点。

一、改革完善农业科技创新与服务体系

1. 构建高水平一体化区域农业科技研发体系

一是进一步明确天津农业科技创新的主要定位。分析天津在全国研发体系中的角色定位、优劣势和发展潜力、前景领域，重点围绕制约天津现代农业发展的关键性、共性和难点问题以及产业链发展关键环节开展技术创新，形成综合性、系统性、整体性解决方案或可复制、可推广的集成化技术模式。二是整合全市农业科研教学与推广力量组建高水平"天津农业大学"。建立以大学为核心的"科研—推广—教育培训"三位一体的农业科技创新体系，解决小农业且有限的农业科教资源配置分散、竞争性低效等突出问题，突出学科合作与交叉、重大任务牵引和重大成果产出导向，形成政府科技创新与服务组织之间的无缝链接和一体化。

2. 提升农业科技创新与服务载体效率和功能

一是促进科技型企业"产学研"合作水平提升。从政府推进产学研（政产学研用）的有关政策制度方面制定鼓励或者约束性要求，鼓励形成长期合作关系（例如签订的是3～5年的项目合同合作协议），优先考虑5年以上合作双方继续合作。二是建设务实高效的研发中心和创新联盟等平台。聚集人才、资金、项目，建立实质性持续合作机制，清理没有实质活动、效果不显著的平台。三是继续探索农业技术推广服务体系改革。针对现实困境与未来趋势进行顶层定位与设计（重构），妥善解决不少难以胜任咨询服务和技术指导的"农技人员"社会保障等问题，着力建立新的人才招录、流动、履职以及绩效考评等长效、动态调整机制，将基层国家农技推广服务机构经费纳入"三公"经费，保障人员能够安心从事技术服务工作，提升推广服务效率。四是增强区级科技创新服务能力。统筹中央和地方科技资源支持基层科技创新，发展区级科技成果转化与创新服务平台。科技项目指南更多征询涉农区的现实需求，项目经费更多地向其倾斜，实施科教项目"大专项+任务清单"管理改革，强化以区为中心统筹使用各类项目资金。五是理性发展以科技创新服务为核心功能的真正的高效农业科技园区。真正的农业科技园区建设与持续发挥功能需要很多条件，不单是持续大投入，而且包括创新人才团队、体制机制的高效。在财政资源有限的约束下，必须理性科学发展，不能浪费资源，盲目追求高大上的高新技术，更不能迷信农业科技园区模式。

3. 完善农业科技人才引育制度，发挥好创新人才的核心作用

一是营造人才发挥作用与成长的良好环境条件和制度文化。最能吸引优秀人才的是其长期发挥作用的平台和发展机会，也就是"事业留人"，而不是子女升学、蓝印户口等。要促进高效培训学习与提升常态化，增强优秀人才发展的未来预期和激励上升通道，落实好基层人才（农技员、乡土人才等）职称评定制度改革政策，大量向一线基层人才倾斜。建设农业农村科技发展智库，完善农业科技创新激励机制有关政策，建立科技人员

对接生产经营一线服务的长效机制，完善科技特派员选派与管理制度。二是建立市域农业科技人才队伍评估与评价激励基本制度。重点建立农业科技人才定期普查（调查）及结构等评估制度，分类推进人才评价机制改革和薪酬激励制度，完善科研诚信制度体系。三是统筹区域人才资源引育和配置。制定人才需求与引进的长期规划统筹人才引进，合作社、企业等引进人才的社会保障由区统筹支付。四是校地联合设置"乡村振兴"专业（方向）。深化涉农大学教育改革与创新，面向基层一线的复合型应用型人才需求，为乡村振兴的关键岗位量身定向培养一批熟悉"三农"的"新农科实用人才"。大幅度增加在职农业专业硕士招生数量，采取定向委托方式培养一批从事生产经营与技术服务、区域农业管理的高学历实用人才。

二、创新优化农业科技资源配置使用与管理制度机制

1. 转变理念与思路

首先要着力做好政府项目决策与组织管理的科学化水平，提高项目的成效。例如，由被动的完成任务式项目决策转向自下而上的问题导向、需求导向决策；将"一刀切"式自上而下的行动转向更加精准、分类的项目；改变自上而下"带帽"项目方式，采取自下而上申报，建立项目库，优选项目逐年扶持。其次，要通过改革创新推进相关领域发展理念和思路全面转变。主要是粮食等大田作物、规模化养殖的各种生产经营服务逐步由市场化社会化服务主体承担，动态调整优化政府公共性农业科技创新服务职能定位；由"农业技术推广服务"向"农业推广服务"转变；农业科技创新力量由分散向整合转变（重构）；推动现存在岗农技人员转型发展，向信息、中介、管理咨询服务、技术服务等多学科综合要求和创业转变；招聘引进人才类型向复合型的新农科人才转变；实现"任务式"农民（农业技术人员）培训向"精准需求"有效对接的培训转变，对科技人员水平、绩效的考评主要依据解决现实问题以及产业需求的满足情况等。

2. 大幅度增加财政投入，优化资金配置结构

一是制定并按照 5～10 年的战略规划以及分解的年度任务确保财政农业科技资金的稳定增长和规范化配置。大幅度增加市级财政对农业科技资金投入，市财政农业科技研发和成果推广直接投入应当占到农业增加值的 2% 以上。二是整合农业科技资金统筹使用，增强市级财政资金对重点和重大研发项目的定向持续扶持能力。将市级财政对支撑农业科技发展的扶持资金（比如种业）分为定项（向）固定投入和不定项（向）两类区别对待。定向指的是对于信誉好、基础好、有优势、特色、前景的研发项目，制定 5 年研发计划，打包申请，逐年资助，保障研究的连续，当然也要制定相应的监管、检查评估体系、专家咨询矫正、责任承担、淘汰出局等制度。有的育种项目可以制定 10 年连续规划，也可以分批每两年固定资助一次。不定向重点是鼓励扶持有苗头的创新性科技企业、品种，前瞻性的新品种研发等。三是整合资源继续持续做大做强特色优势和潜力领域。打破部门所有、单位所有，整合所有的平台、人才、资金等，围绕若干个主要研发方向重点进行持续不断的支持，力争在一定时期内能够取得突破性的重大创新性成果。

对于基础较好的产品品种研发持续保障出成果所需投资,对于新的有前途、有一定基础的方向或产品研发,整合各方面力量,合力攻关。四是建立农业科技企业研发与推广的政策性保险制度,扶持农业科技型企业做大做强。天津拥有历史积累较长、创新品种资源较多的中小型农业种业企业几十家之多,具有重要的作用和发展前景。但在研发与推广中的风险很大,很多并不是主观的,也是小概率,对繁种企业、农户都是损失。每年都有不少的种子企业因种子在推广应用中的"不稳定性"出现纠纷的典型案例,影响巨大。繁种及推广的保险能够很好解决此问题。建议设立"新品种推广应用险",纳入政策性农业保险的补贴范围,引导种业企业积极参与。

3. 创新管理制度机制,提高创新与服务体系效能

一是加强对农业科技精细化管理的基础体系建设。建立天津详细的农业科技信息统计及精细分析体系;加强对农业科技资源、科技驱动机制、科技成果及其应用等管理的深入连续研究;建立天津市农业产业科技创新项目选择与评价中心,形成科学高效的评价机制与制度。二是强化农业科技相关行政职能部门间的统筹协调,完善农业科研立项机制和农业科研评价机制。跳出现政府指南发布、自由申报、专家评审、择优立项的科技小循环,实现调研实际需求、凝练重点项目、政府认可、专家解题、定向组织的科技大循环。三是改变"前置性"课题级别认定为后绩效评价认定。前置性省部级以上项目一律改为后评价,根据基础研究、应用研究、调研与政策建议、管理与服务咨询类等不同类别制定标准以及项目级别认定办法。以实际应用价值和成果转化效果作为应用性成果级别和奖励的评价标准;以学术创新价值及其影响力作为学术或者基础研究、理论研究成果级别评定和奖励的标准。加大区域综合发展以及经营管理、政策咨询类评奖项目的力度等。用制度导向让从事科学研究、高等教育以及技术开发推广成为一种真正的"职业"选择结果,不再固化而是可以流动,不再成为很多人都想从事的"好职业",而是根据能力素质选择与淘汰。四是完善农业科技项目管理制度机制。农业科技创新与服务项目的立项选择必须建立在多方专家科学论证基础上,实行公开公平的招标评审以及建立项目跟踪制度。建立项目承担单位及主持人信用档案,实行"精品""信誉榜单"制度,对优秀项目及其承担者实行资金追加与深化扩展资助。

第四章 天津都市农业经营体系与发展模式研究

农业生产经营组织体系和发展模式是现代农业发展的重大议题，随着体制变化以及改革开放的不断深入，实践创新不断推进理论创新，从传统的集体统一模式到家庭承包制，进一步发展合作经济、农业产业化经营、现代农业园区、家庭农场、产业化联合体等，一直是政策和学术的焦点难点问题，本章仅选取四个方面的研究内容简要介绍主要成果。

第一节 天津新型农业经营体系问题研究[①]

众所周知，2013年中央一号文件出台后，新型农业经营体系问题成为关注的焦点，官方文件和许多专家对此发表了很多重要观点。作者应有关部门委托也在2014年对天津农业经营体系问题进行了调研，限于篇幅仅对部分成果观点介绍。

一、农业经营体系的基本内涵及其构成[②]

1. 基本内涵界定

农业经营体系与农业产业体系、农业生产体系共同组成农业体系。农业生产经营活动及相关主体的构成与相互关系的总称。其涉及的问题包括：系统由哪些主体构成，主体的生产经营方式及其职能、功能，主体之间的合作、竞争或依赖、对抗的关系，系统的整体效率与功能等。

农业经营体系与广义的农业经营体制有时也被看作同一含义。但狭义的农业经营体制重点是从农业的制度规范和政府管理角度说明农业由哪些机构（部门）或主体构成，他们的职责（职能、功能）和相互关系是什么，履行职责的方式方法等方面的制度规范。从字面理解，农业经营体系侧重于描述一种现实事物状态（即农业生产、经营系统的状态），一种微观的经济活动体系，而不是制度规范或者规定。农业经营体系的内涵范围更大，农业经营体制只是其中的部分内容。一定阶段、一定经济体制下的农业经营体制是农业经营体系的制度基础，是农业生产经营活动的制度前提。

[①] 天津市农业农村委员会2014年委托调研课题。
[②] 于战平. 对新型农业经营体系发展基本问题及其难点的认识[J]. 发展研究，2015（7）：47-52.

2. 农业经营体系的构成要素及其相互关系

目前，农业行业（或者一个地区的农业）的经营体系主要由三类主体要素以及它们之间的相互关系（联系）组成。

（1）农产品生产经营主体。农产品生产经营主体是直接生产或购销、加工农产品的组织或个人，其获取的利益来自直接生产出售产品的收益或购销产品的差价增值。主要分为三类：一是农产品直接生产者，包括普通的农业承包经营户、专业生产户（准大户）、专业生产大户、家庭农场、农业生产型合作社、农业生产型企业以及部分具有农产品生产功能的村集体组织（集体农场）等；二是农产品加工企业；三是农产品购销组织或个人，是负责收购、运输、储藏或销售农产品的公司、企业或者个人，如农产品配送公司、农产品超市等。

同一地区同一行业的农产品直接生产者具有相同（相似）的生产性质和特点，共同利用自然资源，整体利益基本一致，类似于完全竞争的市场，其产品价格、利益实现共同受制于市场整体供求关系，每一个生产者都是弱者（带有产品垄断性的集团除外），是市场价格的被动接受者。同时，他们之间也具有一定的竞争性，但不是零和博弈，主要是在产品的差异性、成本、管理、技术等方面进行创新，谋求自身利益的最大化或者规避风险，推动产业的整体素质提升。促进生产者之间联合为合作社、行业协会是争取和维护共同利益的重要路径。

在农产品生产经营主体中，由于农业生产和农产品特性决定，生产者的风险最大，处于被动地位；加工者和购销者相对处于有利或者主动地位。如果农产品市场销售不畅或价格较低，加工购销商可以选择不去收购以规避风险，只能由生产者承担风险，不少农产品生产的"赌行情"特征明显。生产者希望价格越高越好，加工和收购商相反，价格的波动、利益的不稳定，生产者与加工者、购销者之间的利益矛盾、冲突和博弈，难以形成多方共赢合意的"风险共担、利益共享"的持久稳定关系是农业经营体系的主要问题之一。促进生产者之间的联合合作以提高抗风险能力、竞争能力和市场话语权，发展产供销一体的综合性合作社，延伸产业链条进行一体化经营等，是解决现实矛盾的基本思路。

（2）农业服务主体。农业服务主体是为农产品生产或运销等提供服务的组织或个人，其不需要自己购销、拥有或生产农产品，其利益主要通过收取服务费用获得。根据服务的特点或性质不同，主要包括以下五类：一是政府的技术推广、动植物防疫、质量检验检测、土地流转服务等公共（益）服务机构，是农业社会化服务体系的基础；二是互助性合作服务组织（服务型合作社）、行业性的服务协会、专业技术协会与村集体等；三是农业生产资料销售服务组织；四是产中经营性市场化服务组织，主要是从事技术推广、农机作业、病虫害防治的营利性组织或个人；五是流通服务组织，包括第三方物流企业、批发市场、电商平台等。

农业社会化服务体系是农业经营体系的支撑，其主体的性质、服务内容、服务方式和风险大小等差异较大。政府公共服务体系的体制机制和效率直接制约农业生产经营效率，是改革的重点。市场化经营性服务风险相对较小，属于"微笑曲线"的两端之一或其一，尤其是区域或者行业垄断性服务组织，与农产品生产者是利益的对立方。在产业链整体价值博弈分配体系中，农业生产者处于弱势不利地位是农业经营体系的重要问题。发展培育竞争性的专业化、社会化服务市场，降低服务成本、提高效率是农业经营体系建设的重要任务。

（3）农业管理协调主体。农业管理协调主体主要是为了实现公共利益和整体目标，或者行业目标利益，对农业的调节、控制、管理和协调，为微观生产经营主体提供公平良好的发展环境条件，是农业管理体制所涉及的主要内容。主要包括两类：一是政府农业管理及其相关部门。通过经济、法律、行政等方式方法对微观主体的管理、协调和控制。二是农业行业协会。在农业行业协会发达的国家或者有关产业，行业协会承担准政府机构的管理协调等多重重要作用，主要是行业服务、行业代表、行业自律、行业协调等，是农业经营体系的重要组成部分。

（4）主体之间的关系（联系）方式与机制。各种主体基于不同的目标、利益和责任、条件等，承担农业生产经营中的一些功能（职能），既有分工又有协作，既有竞争、对抗又有合作、共赢，形成了多种复杂的关系，如市场交易关系，合同契约关系，合作关系或竞争关系，管理与被管理关系等。

二、新型（现代）农业经营体系的要求与建设难点

1. 新型农业经营体系的要求（标准）

新型农业经营体系是相对于传统的或过去的经营体系而言的，是动态发展的。从新型经营体系建设目的、最终结果以及实践应用角度评价新型或现代的经营体系的标准可从以下几个方面理解。

（1）各种资源潜力充分发挥，形成高效生态化利用体系。在符合生态环境保护和持续发展要求的前提下，农业土地资源、财政资金、社会民间资金、劳动力等资源利用和配置效率最大化，潜力最大程度得到发挥，土地生产率、劳动生产率、资金产出率等水平提高，产品与生产资源浪费在技术可能条件下最小，社会成本最小，实现政府、社会、生产经营主体的目标均衡。

（2）形成具有整体优势的产业体系，产业素质和竞争力水平较高。依据资源优势和市场需求形成有优势特色的规模化主导产业、支柱产业基地，产业规模化、组织化、社会化水平、品牌化和信誉、影响力等较高，能有效参与国内外市场竞争，持续生存发展。

（3）产业链利益分配合理，形成高效持久的分工合作体系。产业链利益相关的各类主体通过市场交易、合同契约、合作等多种方式建立合理的利益分配机制、风险承担机制，关系稳定和谐，功能互补、分工协作，实现均衡的多赢目标利益，形成高效持久的分工合作体系，有效避免"小生产与大市场"矛盾。建立起产业链各环节有效连接、主体高效持续经营、利益合理分配、风险及时化解、信息快速传递、公共服务健全完善的发达高效体系，使从事农业生产成为收入有保障的"体面"职业。

2. 新型农业经营体系建设的长期根本性难点问题

构建新型农业经营体系涉及许多深层次的实质问题，是一项长期的任务。不能只看到表面的、局部性或个性的、短期性问题，更应当对长期性难点问题有清醒的认识，增强针对性和有效性。

（1）经济社会转型期矛盾对农业影响巨大。改革开放的非均衡式经济快速发展，在经济总量快速增长的同时也产生了大量的经济社会矛盾，目前正处于矛盾突发期和关键的转型期，如城乡、区域、阶层差距问题导致的追赶冲动，经济主体的诚信缺乏与社会信用体系不健全，监管体制不适应，法制建设滞后问题，无序竞争、违规竞争问题，合作理念意识缺乏，追求短期利益，地方发展公司化竞争等，这些在农业更是大量存在。新型农业经营体系建设涉及三次产业的各行业、政府的行政管理体制改革、公共服务体系改革等众多方面，大环境必然会影响制约农业经营体系的建设和发展，单靠农业内部很难彻底解决。

（2）合格成熟的经营主体及其和谐共赢关系体系构建的长期渐进性、复杂性。适应现代农业发展要求的新型经营主体及关系体系的形成既是一种基于共同利益、适应市场竞争要求的微观组织产权制度、经营制度变迁过程，更是一种文化观念的转变过程和法律制度的突破过程，在诱致性制度变迁下往往需要很长的历史时期和不断的改革创新。经营主体合作意识与行为培育，经营素质和能力较强的规范化现代农业微观组织形成需要很长时间。自2007年合作社法颁布实施后，注册登记的合作社爆发式增长，由2008年的5万多个增长到目前的200多万个，但一般认为比较规范、能发挥作用的最多不超过1/3，不少专家调研后认为不超过10%；工商资本投资农业产生的与农民利益对立、损害农民利益问题以及非农化、非粮化等更是广为诟病；出台培育发展家庭农场的政策导向后，在很多地方又兴起大办快办的赶超热潮。2014年末出现的全国性奶农"倒奶"、宰杀奶牛和乳品加工企业拒收牛奶的问题，经常性出现的农产品"卖难"滞销问题，菜篮子产品"最后一公里"价格过高等引发的产业链利益风险博弈、矛盾冲突问题等大量存在。

（3）农业产业的高风险性、波动性与发展水平较低的阶段性国情特点。农业是弱势弱质产业，自然风险、市场风险大，收益保障程度低，即使在政府的扶持保护下也难有稳定收益和发展预期，导致产业主体易变，主体之间建立稳定的关系较难。而且，我国农业生产经营主体数量庞大、单体规模小、综合素质低，产业链各环节关系复杂，农业整体上比美国、英国、日本落后百年以上，经营体系的差距是其重要方面。

（4）制度惯性与改革阻力。改革进入深水区和攻坚阶段，大的突破艰难，旧制度的惯性作用巨大，支农惠农力度加大反而更强化了旧的体制机制的惯性，"政府失灵"在某些领域经常性存在，政府公共服务"缺位"严重，农业科技推广服务"最后一公里"问题长期存在与农业科技推广服务体系改革滞后直接相关。尤其重要的是，在中央政府、省级政府非常重视农业的同时，部分区县、乡镇对于农业产业发展、产权制度改革等方面的重视程度却不断下降，很多措施在基层难以得到实施，部门间形不成合力，严重阻碍着新型经营体系的建设。

三、天津新型农业经营体系建设中面临的主要现实问题①

根据作者的实际调查和其他相关信息,主要概括如下。

1. 主体不强问题

(1) 规模经营户急需发展提升。据 2014 天津统计年鉴,2010—2013 年,农户户均家庭承包地 5.0 亩、4.7 亩、5.1 亩和 3.9 亩,户均耕地规模低于全国平均(约 7.5 亩)。据天津市农业农村委统计,2013 年天津农户承包地流转率 24.5%,略低于 2013 年底 26% 的全国平均水平。

(2) 合作社急需提升和规范发展。从发展的要求和潜力看,合作社整体还很弱、很不规范。据调查,天津市截至 2013 年注册登记的 5136 个合作社中,停止运营的占 11.2%(576 个),半经营状态的占 27.4%(1405 个),正常开展活动的占 51.4%(3155 个);拥有注册商标的合作社仅占 7.6%,实施标准化生产的仅占 20.8%,通过农产品质量认证的仅占 10.7%;创办加工实体的仅占 1.3%。整体判断,运行较规范、带动力较强的合作社不超过 20%,不少合作社建立的目的就是获取优惠政策的投机等。

(3) 农业企业自主持续发展能力急需加强。各种名称和组织形式的农产品生产企业是现代农业的主导,虽然政府对在土地费用、生产设施和基础设施建设等方面给予了投入补贴,但因各种复杂原因,经济效益低而亏本经营普遍,成为依赖财政的"僵尸企业"。

2. 链接不紧问题

(1) 产销衔接不畅。生产经营者主体众多,关系不稳定,坐等销售的传统方式为主,农产品生产者处于被动地位,传统销售渠道占到近 90%,有固定、稳定的销售渠道的比例不超过 10%;农产品生产与消费的时空结构不完全匹配,物流成本仍然较高、务农收益相对较低,农产品滞销、降价、亏损的风险主要由生产者承担。

(2) 横向合作不实。农产品生产的企业、农户、合作社等基本上是孤立经营,基于各自优势、专业化分工基础上的合作共赢缺乏,合作社实质带动农户、真正参与合作社经营管理、享受到服务的农户比例仍然较低,横向实质性合作、能够获取实实在在长久利益的合作社联合缺乏。

(3) 纵向联合不深。农产品生产者与加工商、运销商、服务商等产业链的其他主体缺乏实质性深度合作。加工企业带动农户不足,存在利益冲突,难以实现一体化;农产品运销物流企业与农产品生产者基本是市场买卖关系,生产者处于被动地位;农产品生产者与其他生产资料供应者、经营性服务者基本是纯粹的市场买卖关系,农户是被动的市场价格接受者。

---

① 于战平. 新型农业经营体系建设面临的问题及创新性对策建议——基于对天津调查的思考[J]. 改革与战略,2015(4):106-110.

3. 效益不高问题

（1）价格难测。 某地的农产品市场价格不是由当地的生产者决定的，而主要是由某种产品（以及整个行业）的全国市场供求关系决定，价格波动经常性发生必然。关键是作为生产者很难预测、预防，尤其是价格大幅度下降的"滞销""卖难"风险和损失主要由生产者承担，不能给生产者长久稳定的发展预期，影响产业的持续经营。

（2）成本上涨。 农产品成本上涨是总趋势，人工成本、机械作业成本刚性上涨，土地成本预期性刚性上涨。农业劳动力结构性短缺造成的雇工价格较高，且农忙时找不到合适的人力。土地增值期望提高，流转成本较高。尤其是对于规模化集中生产，单位产品成本不降反升，不如小规模有优势。

（3）保险缺失。 政策性农业保险补偿标准太低，保障对象和范围较窄，并且需要区级匹配，难以调动投保积极性并形成良性循环[①]。例如，中国人保公司天津分公司2014年对于政策性温室大棚保险，每亩保险金额最多不超过设施建造成本的50%（不保设施内产品、收入），并且是发生灾害到保险期满的设施折旧后一定比例的损失，不是全部设施投入或实际价值的损失（包括建造的人工等都不算），每次事故的绝对免赔额为300元，赔偿与实际成本支出差距太大，不利于吸引民间投资农业，形成了一种现代农业发展核心要素短缺导致的低水平循环。

（4）基础不牢。 粮食烘干设备或晾晒场地、水利设施和灌溉方式、农业建设用地供给与规模化、集约化经营要求不配套。如粮食经营规模扩大后，大型烘干设备没有，购置不起，不可能用传统的自然晾晒方式（占地太多）。喷淋、滴灌等高效节水农业发展缓慢，部分地区水、电、路等基础设施的投资少，年久失修。据2014天津统计年鉴，2013年天津年末实有机井比2012年减少了5.9%，有效灌溉面积减少8.3%，节水灌溉面积减少39.3%。生产经营规模扩大，农业设施增加，农用地管理办法与发展的需求越来越不适应，规模经营户管理用房、仓库、晾晒场等附属配套设施用地一直解决不了。

（5）品牌不响。 大部分农产品有商标但无品牌，商标、品牌的传播影响范围很低，难以成为吸引固定客户或者获取品牌收益的手段并实现优质优价，不利于建立稳定高效的产销关系和客户关系，易于出现滞销价低问题。

4. 服务不优问题

（1）体系不全。 目前公共服务和经营性服务均存在缺位问题，乡镇农业公共服务人员编制不足，工作偏离，严重缺位。生产环节的经营性服务发展不均衡，相对于政府农机补贴以及需求推动下的农机社会化服务快速发展，种植业病虫害统防统治、统一育苗服务等相对缓慢。金融服务更是严重滞后，农业贷款条件苛刻，产品创新少，风险控制手段单一，对抵质押品的依赖性强。截止2012年6月末，天津市仅有天津农商行等7家银行机构为43家合作社提供信贷支持，合作社融资覆盖率仅1.65%；合作社每年的信贷融资需求保守估计为20亿元，但实际贷款余额为6125.78万元，融资满足率仅为

---

① 李春杰，曾玉珍. 基于Web of Science文献计量法的农业保险研究的演进路径分析[J]. 世界农业，2014（4）：131-135.

3.06%。2014年天津市由市财政、各区县共同出资成立了市级农业担保公司，但项目实际贷款时需要区县财政担保，财政困难的区县难以有效利用。

（2）效率不高。现有的机构、体制机制难以满足日益个性化的农业服务需求，如发展某些高档特色产业的技术、品种、生产资料的服务，民间投资现代农业建设需要的综合性投资创业公益服务严重缺乏；乡镇公共农业技术推广服务职能萎缩，经营管理服务严重缺位等。

5. 制度不适问题

（1）扶持较弱。虽然天津市每年用于农业的发展资金不断增长，2013年农林水事务支出达到123亿元，但与政府应当承担的农业发展职责、农业的多功能性作用和发展的要求比较，与北京、上海等直辖市比较，农业基础设施欠账较多，农业政策性保险、补贴的项目、力度等方面差距较大。

（2）体制不顺。政府部门之间以及上下级的各管理部门之间不协调，在财政资金的使用、政策的执行与创新等方面难以形成合力，资金使用细碎化现象普遍，附属配套建设用地、承包经营权抵押贷款等政策措施在基层难以得到落实等。

（3）管理不精。管理不精细大量存在于经营主体内部管理以及政府调控管理、行政管理等方面。主要存在职能漂浮、重心偏离、监管缺位等问题。例如，政府的很多职能、工作受制于体制、人员、理念、经费等问题在乡镇基层缺位、断层；项目建设重投资、轻监管等。

第二节 天津都市农业产销体系问题研究[①]

农产品产销不畅，经常性出现卖难滞销问题已经成为市场化体制下现代农业发展的一大顽疾，需要在理性科学借鉴发达国家基础上改革创新，构建高效多元的产销对接体系。

一、国外现代都市农业产销体系演变的共性特点[②]

1. 现代农业产销体系是适宜稳定的多层次、多元化体系

经过几百年市场机制与政府调控的不断完善发展，发达国家基本上都形成了适宜于本国的农产品产销体系，产业链各环节形成了稳定的利益依存关系、信任关系，农产品消费相对稳定，产销体系基本成为稳定的全产业链协同体。各国农产品产销体系都是一种主导（主体）、多样化、多层次并存，其主要取决于农业产业多样化的产品特性、农业生产经营组织的多层次性，以及生产经营规模大小、法律制度等各国特殊的国情。第一，从代表性运销模式看，一是以日韩为代表批发市场主导（核心）的多元化模式，生产者

[①] 天津市农业农村委员会市场信息处2012年委托课题"天津都市现代农业产销体系建设规划研究"。
[②] 于战平，张晓林. 借鉴发达国家经验 完善中国都市现代农业产销体系[J]. 世界农业，2014（6）：28-31.

的大部分初级产品通过各种途径（合作社、协会或者农户自己、运销商等）在批发市场进行批发、直销、专卖店、超市经营等多种模式；二是以美国为代表的产地物流配送中心主导的多元化模式，美国将近80%的农产品经过产地物流配送中心直接从产地到零售商，经由销地批发市场（美国称车站市场）流通的仅占20%左右。第二，从交易方式看，有拍卖交易、钱货两清的对手交易、订单交易等多种模式。不同产品的适宜方式以及在不同国家的应用不同。如日本曾规定，在批发市场应当以拍卖交易为主，1978年中央批发市场果蔬的拍卖比率为83%，到2007年下降到只有20%左右，并且不同产品的拍卖比率也不同。中国农业生产的地域差异、产品差异以及经济发展差异较大，生产的组织化和生产力水平整体不高，更应当发展多样化适宜的产销模式。

2. 农业产销体系是由低级向高级发展的社会分工协作的动态演进过程

农产品产销体系是与社会经济整体文化和制度化水平相适应的动态调适过程。主要表现在产销各环节关系的稳定性，利益分配的合理性，运销和交易的有效性，以及减少浪费等方面；也表现在产销体系各市场主体的规模、素质和能力水平的不断提升方面，实现生产者、运销商、消费者等市场主体利益与社会公共利益最优化。同时，这种变化是体现社会分工协作规律，与社会经济发展水平相协调的客观过程。社会分工与协作的深度、广度和水平，竞争或者合作、竞争合作的方式、内容、范围等在一定程度上体现在农产品产销体系中，是一定社会经济发展特点、水平和方式等综合因素的体现。农产品产销体系建设不能凭借主观想象，盲目追赶世界最高水平，应当逐步发展，区分不同行业、产品特色发展。

3. 利益机制、信任机制与法制化的共同作用是保障农业产销体系稳步发展的内在基础

产销体系达成内部均衡是正式制度与非正式制度等多种制度机制共同作用的结果。首先，产销体系主体的利益保障和诉求是推动持续创新发展的核心。其次，信任是形成各环节稳定合作并持续发展的软条件。这种信任既可以在长期的合作中形成，也可以是基本人性（个人性格、理念、价值观、素质等）的体现，更重要的是通过订单、合同等约束性有效行为长期培养而成。第三，法制化是保障产销体系稳定发展的制度基础。中国经济发展中的各种假冒伪劣产品泛滥、信任危机严重导致的产销体系不稳定等与法制建设滞后有很大关系。

4. 农产品生产经营组织化水平是农业产销体系的组织基础

日韩系统功能强大的农协组织构成了产销现代化的基础；欧美国家依靠数量相对较少、经营规模大的家庭农场和农业合作社、行业协会等组织与批发、零售环节的现代化组织模式相适应，能有效节约交易成本，提高交易效率。同时，产销组织的水平体现在人力资本的文化、价值观、习惯、能力等综合素质，人力资本素质又是组织化水平的重要保障。

5. 政府与市场（企业）的高效结合是农业产销体系健康发展的主要推动力

农产品产销体系稳定发达的现代国家都是政府能够有效弥补或解决市场失灵问题

的典范,在批发市场的建设计划和审批、交易规则的制定与执行监管、公共信息服务、技术研发等很多方面支持着农产品产销体系。政府与市场进行科学合理的分工协调推动农产品产销体系健康发展,关键是政府在哪些方面、什么时候、如何介入等。政府职能准确定位与转变,高效率履行职能、职能履行的民主化评价监管制度建设对农产品产销体系建设至关重要。

6. 技术装备和基础设施水平是产销体系现代化的物质支撑

农产品产销体系的进步与现代化是随着标准化、储藏保鲜、物流运输等方面的工业化、信息化技术水平提升的过程,经济实力、技术创新水平越高的国家和地区,农产品产销体系的现代化水平越高,因为能够给产销活动主体提供先进适宜、低成本高效率的技术支撑和物质保障,解决农产品物流中的技术难题,降低损耗和成本,提高效益,满足主体的发展要求。

7. 促进多种形式的地产地销等产销零距离对接是都市现代农业产销体系的特色和优势

都市农业具有距离消费中心较近、消费者能近距离与生产者沟通等优势,已发展成型的农产品生产者与消费者零距离对接产销模式包括市民农园(DTY)、社区支持农业(CSA)、建立农产品产地直销所、通过农业观光休闲带动特色农产品就地消费和销售等。

二、天津主要大宗地产农产品销售的基本渠道与存在问题

1. 主要大宗地产农产品销售的基本渠道

天津地产农产品基本运销模式主要是产地批发市场集散聚集批发模式,销地批发市场分销,兼有产地与销地两种批发市场功能的综合批发模式,加工企业收购(主导)模式,零售商直采模式,生产者(合作社、基地、园区、农业企业等)自主零售直销模式等。

(1)粮食和棉花。主要由农户(或合作社)直接交售到粮站、粮食(饲料)加工厂以及棉花加工厂,很多地区是由收购商(小商贩等)到农户家中收购集中,然后再出售给加工厂,或者是粮食储备库、粮站等直接到农户收购,这些模式占到销售量的95%以上。一些特种用途或者订单生产的粮食产品、品牌产品,基本是由加工企业按照契约收购(如水稻),这种比例较小,粮食估计不超过5%。

(2)蔬菜(含菜用瓜)。地产蔬菜一部分满足本市需求,一部分销往全国各地。从种植者角度看,蔬菜销售的基本模式主要包括:一是种植户(及其合作社)自主或主导的随机销售模式。种植户在产地批发市场或销地批发市场(或者综合市场),在县城乡镇或者城市社区零售市场随机不固定地直接销售,占到50%左右。包括天津周边的河北、北京等市场的销售。二是运销商(及采购商)主导的销售模式。即由运销商(采购商、集货商、经纪人等)在农户、合作社、生产基地等进行采购,生产者被动等待上门收购(包括大部分超市的采购均属于此模式),占到45%。三是订单式以及生产者直销。即通过与集团消费单位、超市或者加工企业签订定期供应合同,或者合作社、农业企业在城

市社区开设直销店等，有固定、稳定的销售渠道，效率较高，但比例较小，不超过5%。在天津产销体系建设中，蔬菜产业是一个重点和难点。据对天津设施种植业的调查，与设施种植业农户签订订单合同的企业只占龙头企业的30.2%，与加工流通等龙头企业签订订单或服务合同的农户只占27.4%，只占农户设施面积的25.9%；采取"农超对接"销售产品的合作社占设施种植业合作社的8.5%，在城镇（或者批发市场、社区）设立产品直销销售点（店）的合作社占设施种植业合作社17.7%，与团体消费单位签订销售合同销售产品的合作社只占设施种植业合作社的14.6%。

（3）**鲜瓜类（果用瓜）**。第一，设施高档瓜类销售渠道。主要由一些经纪人、运销商和采购商到生产基地直接采购，进入超市、农贸市场、水果专卖店以及流动摊贩销售。有的休闲农业做得好的村则依靠游客采摘销售了主要的高档特色瓜，并且价格较高。部分在道路沿线的种植户在道边进行直销（苹果、葡萄、鲜桃类似）。第二，大众普通瓜类销售渠道。主要是瓜农自己在批发市场或城市社区直接销售；也有部分城市居民、农民工等从地头收购然后专门在城市社区销售。超市、农贸市场等零售商也通过直接到基地采购或者到批发市场批发的方式销售。这类产品销售的不确定性、不稳定性较大，容易出现滞销问题。往往是价格相对较低，并且容易下跌。第三，知名品牌瓜类产品销售渠道。主要销售渠道是两个：一是固定合作的客商直接采购（包括超市等）；二是生产者或者合作社等采取包装作为礼品销售，或者在社区、批发市场设立临时专销点。知名品牌瓜类产品的销售一般比较顺畅，收益相对稳定。

（4）**水果**。水果种类复杂、用途不同，生产的区域性明显，销售的渠道模式较多。第一，不耐贮藏鲜食性果品销售渠道。类似于普通瓜类，主要是果农自己在城市社区直接销售；也有部分城市居民、农民工等从地头采购然后专门在城市社区销售，超市、农贸市场等零售商也有直接到基地采购，产品销售的不确定性、不稳定性较大，容易出现滞销问题。往往是价格相对较低，并且容易下跌。第二，耐贮藏的鲜食性果品销售渠道。采取客商到地头收购、果农自己到市场销售或者超市等采购商到果园采购。大部分由果农（合作社）、有冷库的贮藏经销大户将收购果品自己贮藏起来逐步销售。第三，加工专用的果品销售渠道（或者可用于加工并有加工厂购买的产品）。加工专用葡萄主要通过与加工厂签订订单的方式生产销售，红果则是加工厂自己收购贮藏，或者委托当地经纪人联系收购。

（5）**肉类产品**。主要是养殖户（合作社、场）与加工厂之间通过契约合同方式或者市场随机买卖方式进行交易，交易关系很不稳定，订单农业履约水平相对较低。基本能够完全按照订单履约的主要是肉鸡等禽类产品（可能因为单位产品价值低、盈利少，市场较稳定）。养猪业订单不稳定性大，往往需要依据市场行情变化调整。

（6）**鲜鸡蛋**。一般是由零售商在固定的养鸡场取货销售（养鸡场向零售商户送货），或者在批发市场批发。有些生产者、零售商户经过多年基本上形成了稳定的客户关系，零售价格也是在出厂价的基础上加上一定的成本利润，相对关系稳定，零售商户收益稳定。但养殖户承担所有的风险，市场价格波动主要取决于整体供求关系状况、突发性事件（如禽流感）等。

（7）**鲜牛奶**。鲜奶一般有固定的加工企业收购并加工，订单式生产较多；或者是加工企业自建养殖场，建立农工商综合体。由于绝大部分鲜奶必须经过加工才能销售，并且鲜奶易腐烂变质，奶牛养殖的产销一体化程度相对较高[①]。

（8）**水产品**。露天池塘养殖的产品，一般是在养殖成熟捕捞时有大量的长期固定客户到池塘收购，或者养殖户通过做标记（如插上红旗等）、在网上发布消息等，吸引客户到池塘直接收购，然后在批发市场或零售市场销售。也有养殖户直接到批发市场或农贸市场、社区等直接销售。对于工厂化高档精品养殖一般是采取代理商的模式，由专门的代理销售商针对宾馆饭店进行直销，或者针对北京、东北等外地市场直销，形成比较稳定的产销关系。

2. 大城市地产农产品产销体系存在的主要问题

（1）**农产品生产与消费的时空结构不完全匹配，价格波动仍然较大，生产者与消费者和谐双赢、稳定合意的价格关系尚未形成**。农产品受季节性生产、品种有限等限制，与消费的常年均衡性、多品种要求存在矛盾，生产与消费的时空结构不完全匹配，价格易于出现波动，在大市场大流通背景下城市农产品价格的"牛鞭效应"波动幅度更容易放大。同时，由于鲜活蔬菜瓜果品种的错季上市，贮藏保鲜技术发展水平不高，风险补偿与保险不到位等原因，农业的风险仍然很大，收益不稳定。

（2）**农产品产销体系各环节之间关系很不稳定，传统低效的被动销售比例大、风险高**。即使是签订了订单，一旦市场价格变化产生较大的牟利空间，毁约现象就大量发生；农户分散生产占很大比例，在生产地被动等待收购商上门收购占很大比例，农户销售的组织化程度低，单家独户参与市场是普遍现象，随机性强，信用体系以及稳定的客户关系尚未真正建立，农户处于被动的交易不平等地位，风险较大。

（3）**距离消费中心较近的优势发挥不充分，物流成本仍然较高、务农收益相对较低**。地产农产品生产成本相对较高，不少农户坐等商贩上门收购产品，处于被动地位，产品直销的比例不高，环节过多，优势不明显，即使零售价格较高农民也不一定能获得较高的利益。不同的农产品从批发市场到零售环节的加价比例和加价方式不同，影响行为决策的因素不同，期望收益、竞争环境、损耗的可能性、可能的销售量等不同。一般不耐贮藏的易腐烂变质的蔬菜加价较高，如天津市区农产品零售价格一般相当于天津大沙河、当城产地批发市场价格的2~3倍（产品不同、价格区间不同有差异），产地农民获益较少。而耐贮藏的蔬菜、瓜果等加价比例不高，一般在30%~50%左右。有些产品如粮油、鸡蛋、肉类、鱼类等加价比例较低。

（4）**农产品标准化以及物流技术装备水平较低，不合理的损耗和浪费大量存在**。产地批发市场在硬化道路、设施棚罩、贮藏保鲜等基础设施方面相对落后。大部分农产品生产出来后的收获、分拣分级、贮藏保鲜、包装以及物流加工、运输等产业链系统基本

---

① 李春杰，魏秀芬. 外资对中国乳业产业安全的影响分析[J]. 世界农业，2016（4）：99-104.

处于没有标准化、规格化状态（或者没达到、不需要），鲜活农产品不能及时销售的腐烂变质数量仍然较多。产地初加工、贮藏保鲜、分级整理、冷链物流等减少损耗浪费的方式应用较少。

（5）农产品产销体系的市场经营主体数量多、行为方式复杂多变，素质和能力差异大，整体水平不高。 农业生产经营及其产销主体仍然呈现数量众多、规模太小、素质能力和水平多层次性，行为方式差异大、不规范等特点，流通渠道模式呈现"结构不对称性"和"关系不稳定性"的特点。占主体的是众多小规模的组织化程度较低的非企业化农户、收购商贩、农贸市场摊主、运销商、流动商贩等，其行为不规范、不稳定，客户关系不稳。各种类型的农民专业合作组织正处于发育的初级阶段，难以完全担当组织化的重任等。

（6）农产品产销全链条信息及时准确流动反馈的一体化信息服务体系尚未建立，信息平台与体系的针对性、时（实）效性、指导性等功能有待进一步开发完善。 农业产销信息化服务体系建设在不断向满足生产经营需要的实用化信息方向发展，但信息不系统、不全面，不能涵盖所有的或主要的领域，影响功能发挥；批发市场价格收集上报及监测多（事后），但分析、预测预警难度大而相对较少（需多方面人员结合）；信息太杂、缺乏清晰分类，缺乏有关生产品种、面积、产量、收获时间等系统性事前的预测性、引导性、预警性信息，指导性不强；针对产销服务的信息不能吸引广泛的关注和查询，点击量明显少。

（7）科学有效的农产品产销调控与服务体系机制尚未真正建立。 政府的调控和服务主要针对的是产中领域，保障供给仍然是主要任务，保障市民获得价格较低、质量较高的农产品供应仍然是工作的主要出发点。对于市场失灵需要政府履行职能的系统详细的生产经营统计信息调查分析和发布等公共信息服务严重不足，缺乏良好的机制；投资较大的公共基础设施建设以及公益性市场建设等需要政府扶持的领域采取市场化的方式，利益导向推高了农产品的价格。

三、"十三五"期间天津现代都市农业产销体系建设的建议[①]

1. 完善提升天津地产农产品产地市场体系和功能

将农产品市场体系建设的重点向产地倾斜。一是加大农产品产地批发市场路面硬化、罩棚建设、废弃物处理和产品初加工、冷藏储运设施、电子结算系统等投资，使其全部达到环城销地批发市场的软硬件水平，并根据需要扩大建设用地面积。重点是蓟州农副产品批发市场、碧城农产品批发市场、大沙河蔬菜市场、范庄子蔬菜批发中心等。二是在位置相对较偏、规模化鲜活农产品生产基地布局建设一批田头市场、专业市场。三是支持发展产地批发市场与销地批发市场、零售市场的协同化、一体化经营，依托产地批发市场、园区、生产基地等新建一批生鲜农产品初加工及冷链物流配送中心，引导

[①] 本部分作为课题研究后的政府决策建议于2014年6月提交天津市农委领导决策，品牌建设、信息体系等建议实施。

批发市场在社区建设一批连锁经营店或合作经营店、定点销售点。四是扶持发展"农旅联动",发放免费农业旅游消费券,在农村交通要道、重点镇、旅游示范村、聚集地等设立一批统一标志的地产农产品直销店(点),扩大城市居民体验和就地购买规模。

2. **优化提升传统终端零售载体功能水平,深化完善产销对接新业态试点**

一是研究出台社区菜市场向公益化方向转型的机制与政策,重点是全市城区 240 多个集体和民间投资的菜市场力争完成公益性转型。二是研究出台促进"农社对接"、"农超对接"、农产品电子商务等产销新业态持续发展的机制和政策,实现基于市场竞争的自我良性发展。

3. **构建全产业链农业产销信息服务平台**

一是根据重点服务微观生产经营的需要整合各方资源,重构市域农业生产、销售的基础信息系统,建立真正的农业全产业链信息中心。二是完善重点零售市场信息监测系统和及时发布机制,强化全国"菜篮子"产品信息的搜集整理、分析,通过主流媒体分品种适时发布权威性的供求动向信息,提出前瞻性、精确化的信息和建议。

4. **培育 5 支万名产销专业人才队伍("52111"人才队伍)**

构建涵盖城乡以及农业全产业链的产销专业人才队伍,即:5000 名农业信息调查员及预警分析师队伍,2000 名示范型职业农民队伍,1000 名现代农产品物流及市场经营人才队伍,1000 名本土"优秀农业企业家"队伍,1000 名产销公共服务人才队伍。

5. **提升农业生产经营组织化、品牌化水平**

一是集中力量重点支持规范合作社做大做强,延伸产后贮藏保鲜、配送、初加工等领域,力争 60% 以上达到市级示范社标准。二是支持鼓励有条件的合作社向公司化企业发展,着力支持村"两委"领办各种专业合作社、综合社,扶持发展以土地、资金等资产为纽带的新型合作。三是重点围绕地产优势特色农产品加工带动,选择扶持建立 100 家有前景的加工龙头企业做大做强成为标杆,与农产品生产者形成多种紧密型利益关系。四是实施新一轮农业名牌战略,筹集 500 万元以上品牌扶持宣传资金,优选强化 50 个以地理标志产品为代表的区域、产业共用品牌的经营管理和协调,带动商标农业向品牌农业、名牌农业转型提升。

6. **推进农产品产销一体化管理服务体制改革**

一是将隶属于市农业农村委、市商务委等"各管一段"的部门职能和资源整合统筹,探索一体化的体制机制,形成多部门多层次联动合力。二是建立相关部门定期信息通报和协商制度,统筹制定天津农产品产销体系建设规划、政策和投资项目。三是从偏向市民利益转向更加关注农民利益,从保生产为主转向更加注重产后领域和产销一体化协调发展,从财政普惠制扶持进一步转向重点地区、重点领域、重点环节和重点项目。

7. **完善政策性农业保险和市场价格调控制度**

一是针对目前政策性农业保险制度难以调动各方积极性导致的保障功能不充分、覆盖面小等问题,试点建立以收入保障为核心的鲜活农产品政策性保险体系,力争 2020 年覆盖面达到 90% 以上。二是探索重点鲜活农产品目标价格制度和前瞻性的反周期调控监测体系（价格大幅度上涨时不鼓励增加生产），引导舆论工具科学客观地分析和认识农产品价格波动。

8. 加强农产品产销体系建设重大问题的前瞻性调研

根据"十三五"发展要求，重点调研以下问题：一是适应京津冀协同发展的大趋势，研究天津地产农产品产销体系与北京、河北乃至山东等周边地区的协同发展问题，例如批发市场布局、优势产品分工布局以及区际产销对接的体制、机制问题。二是组织各有关部门力量，对全市主要鲜活农产品的详细产出情况、输入和输出情况、消费需求情况等进行系统全面地调查，形成制度，为进行调控、制定规划、预测分析等提供基础性的权威信息。

第三节 天津新型农业集体统一经营模式研究[①]

随着土地流转规模经营的发展，多种不同程度、不同层次的村集体统一经营农业成为不少村庄提高土地产出率、农业竞争力和农业增效的重要方式，有的甚至成为带领村民实现共同富裕的典型，在条件适宜的村将是天津现代都市农业发展的一种有效模式。

一、新型农业集体统一经营的基本内涵与类型[②]

1. 基本内涵界定

新型农业集体统一经营是实行家庭承包经营制度后对农业"双层经营"体制下部分村集体统一经营模式的一种总体概括，这种集体统一经营在具体的组织运营机制等方面不同于人民公社时期的集体统一经营。人民公社时期的集体统一经营采取行政命令组织方式，土地以及主要农业生产资料集体所有，集体统一劳动、统一管理、统一经营、统一分配。1983年底确立了以家庭承包经营为基础统分结合的双层经营体制。按照政策设想，在双层经营体制中，集体统一经营的内容（职责）主要是管理协调、提供服务、资源资产开发及保值增值等，其中有些属于管理职能而不是真正意义上的经营（以获取利益或利润为目的市场行为）。政策或法律规定的集体统一经营层次（职能）实际上可分为三个经营程度逐步提升的类型：一是基本职能，即管理土地、水利设施等公共资源资产职能以及协调职能，这是所有的村级组织都有的。二是在管理基础上有统一服务功能，尤其是为农户提供统一的生产资料购买、农机作业、灌排水、植保、产品销售等生产经营性服务。有些纯粹是利用集体资产、公共设施由村集体管理，也不属于经营范畴，例如单纯的灌排水。大部分村集体、村委会不是真正的农产品生产经营，只是提供服务，经营的层次较低。三是在上述两职能基础上有真正的农产品生产经营，是以集体统一生

[①] 2015年农业部农业农村资源信息预警项目"天津现代都市农业发展模式评估"子课题之一。
[②] 于战平. 扶持新型集体经营农业，重塑村庄命运共同体[J]. 天津经济，2017（7）：23-28.

产（也可与农户分散结合）销售农产品、收益分配等经营活动，该层次内含实现集体资产保值增值职能要求，是真正意义上的统一经营（而不是单纯的管理）。

据此，我们将新型农业集体统一经营界定为：在双层经营体制下，在不改变农户土地承包权利和农户自愿基础上，村集体组织发挥其各种优势，通过建立有效的市场主体（如合作社或者法人化集体经济组织）和各种有效的方式机制，统一经营村集体全部或者部分土地资源增进村民收益的经营方式。新型农业集体统一经营只是实际中或者政策规定的村集体经济的一部分，并不完全等同于村集体经济组织的职能，也不等同于村委会的实际工作。新型农业集体统一经营是一种经营方式，现实中既可以由村集体经济组织履行，也可以由"村两委"履行。

2. 与传统集体统一经营的区别

改革开放之前的传统农业集体统一经营，是通过自上而下的行政命令及"运动"形成的，不是建立在农民自愿基础上的。生产资料由成员集体所有，任何成员不能单独行使占有、使用、收益、处置权，组织具有显著的社区性；生产经营活动由集体统一计划安排，生产集中经营，成员按照组织分派的任务参加生产劳动；经营决策少数干部说了算，成员参与度低，存在少数内部人控制问题；劳动成果的分配平均主义问题严重，名义上是按劳分配，但劳动报酬不能体现劳动付出的质量数量。

新型农业集体统一经营是在新的制度前提下，适应新的发展形势和新的要求，采取新的组织管理与运营机制而形成的一种新模式，是在村民自治和集体土地所有、市场经济体制下，在农民自愿基础上，不改变农户与集体的家庭承包关系和基本制度，根据不同村集体的实际和农户的诉求，采取多种有效的方式、机制和组织模式，在约定的范围和项目上实现共同利益最大化。

3. 基本类型

目前全市工商登记农民合作社中村干部牵头领办占比近20%。随着政府扶持力度的不断加大，由村集体领办土地股份合作社发展迅速，成为发展和实现村集体经济的有效形式之一。按照统一经营的内容、机制、组织化程度等不同，实践中主要有三种基本类型。

（1）代理型集体统一经营："集体（村'两委'）+农业园区（集体农场）+农户"。这种类型就是村集体的农户将部分或者全部承包地交由村集体或者"村两委"统一代理经营，村集体可以采取从农户手中将承包地再反包的方式（也有部分村采取将集体机动地与反租的农户承包地结合），集中起来进行规模经营，发展特色种养、设施种养业的集体农场或者园区等，实行集体统一经营。具体经营管理由"村两委"或者村集体经济组织负责，劳动力主要来自本村农户，利润除了用于村公共积累、公共服务外，可以给农户一定的利润分配。2008年天津市实施"4412"设施农业发展工程，要求一定规模的集中连片，很多村建立起的设施农业园区或者基地（由村级管理经营的农业园区估计上百个），大部分采取的就是这种方式。

（2）实体型集体统一经营："集体（村'两委'）+土地股份合作社+农户"。这种模式是一种在近几年广受重视的土地流转规模经营与发展村集体经济结合的典型，其主要是由村委会（或者村党支部）成员领办（实际上代表村集体），由村干部组织农户以土地承包经营权入股成立土地股份合作社（实体），将部分或全部承包地交由合作社统一经营。其内部具体的组织机制、管理机制和分配机制存在较大差异。有的是只有土地入股，有的结合现金等入股；有的只根据耕地数量多少确定不同的股权，有的将土地数量折价入股；有的只根据经营情况确定收益或分红，绝大部分都确定保底收益或分红以充分吸收农户入股实现规模经营；有的是为了形成规模经营优势、自主经营，有的是组织土地股份合作社后再将规模化土地出租给农业企业，目的是为了增加社员的集体谈判力、形成规模；有的是为了将村民零散的土地集中进行规模化商品生产，有的是根据农业项目开发的需要采取土地入股的方式集中土地等。土地股份合作社已经成为政府政策大力扶持的一种土地流转规模经营模式。财政部在2015年年底发布《扶持村级集体经济发展试点的指导意见》，确定2016年中央财政选择13个省份开展扶持村级集体经济发展试点，其中试点之一就是支持村集体领办土地股份合作社。

（3）服务型集体统一经营："集体（村'两委'）+服务型专业合作社+农户"。这种模式主要是村集体经济组织（或村两委）根据村集体的实力、掌握的集体资产情况，为农户提供农业生产所必须的公共品、公共服务，是不以盈利为目的的服务。部分村集体以村"两委"领导的名义领办合作社，为社员、村民提供各种产前产中产后服务。根据提供服务的方式、内容等有很多种类，例如，有的村统一组织农田水利建设、水利设施的利用和维护，有的提供统一的农机、植保等服务，有的统一为农民提供种苗、灌溉等服务。在天津农村，很多村庄的小型水利设施设备都由村委会负责。部分经济实力较强的村为农户提供产前、产中、产后的全程服务，农户只负责日常管理，产品收获后分别归农户所有。

二、发展新型农业集体统一经营的必要性

通过对很多典型的分析可以看到，相对于一家一户分散经营，村集体统一经营农业表现出全面综合的多方优势和效应，在此基础上其未来表现的前景非常广阔，是解决好现在和未来农业发展问题的一种有效模式。

1. 从实践效果看，是发挥村集体的组织优势系统解决解决基层"三农"问题的理想模式

新型集体统一经营农业在建设高水平现代农业、拓展休闲功能、带领农户共同富裕、创建一村一品以及休闲乡村品牌、解决村集体凝聚力差、乡村治理困境以及其他的经济、社会、文化、生态环境等方面村集体统一经营农业都表现出了很强的优势、显著的效果，无疑是解决基层"三农"问题的理想模式。

2. 从技术经济角度看，是克服"反公地悲剧"、获取最优技术经济效果的有效途径

中国实行家庭承包制产生的"反公地悲剧"问题恐怕是世界上少有的。农业生产对自然生态环境的依赖性较强，区域生态环境以及自然资源、植保等具有整体性要求，按照自然地块，乃至村庄、跨村庄实行规模化种植是最佳的组织模式。只不过中国人多地

少、集体统一经营易于产生劳动监督难、平均主义、劳动支出与成果不能直接挂钩等效率问题，所以适宜于家庭经营。但中国的分散小规模家庭经营是一种无奈的选择，并不是最佳的土地利用方式，资源分散利用的植保、土地利用效率、生态等效果差。从未来的总体趋势看，经营规模扩大，或者说最基本的按照区域、地块等生态环境、自然资源的持续高效生态利用将是基本的趋势。

3. 家庭经营的缺陷、劣势与不利影响、负面效果不断显现

从实践看，家庭承包制在解决温饱、保障农户依靠勤奋劳动就得维持低水平生存产品和收入等方面作用明显，在依靠个体家庭能人的创新就能够实现富裕的项目、新产品生产模仿较慢和市场供不应求环境下，农户家庭经营可以实现致富增收（一般也是部分"最先吃螃蟹"的农户）。但在经过了几十年的分散家庭经营后，农业的弱质性特征与市场风险叠加，而农民个体抵御各种风险的能力并未同步提高，表现出极大的脆弱性，农民客观上需要通过组织化的制度安排来抵御风险、把握机会、增加收益，分散经营竞争力、品牌建设、营销、创新等方面劣势日益明显。因此也就出现一种现象，在天津农村，很多农户不愿意冒风险调整种植结构，种植玉米、小麦等收购价格有保障但收益相对也较低的产品，结构调整缓慢，也很难依靠农业致富，农业就是一种副业，满足自给性需求，阻碍土地流转规模经营。新型农业集体统一经营的必要性在于以超越一家一户小农经营的合作弥补家庭农业制度之不足，化解社会化大生产条件下农户生产能力不足与公共品成本高昂之间的矛盾，化解农业生产的社会化与农民个体脆弱性的矛盾。

4. 弥补了其他组织方式的缺陷，是承接财政扶持项目、实现共同富裕的最佳载体

村集体虽然不是一级政府组织，但相对于合作社，与政府部门关系密切，是经过村民代表或党员选举产生的、代表村民利益的组织，一般受到村民的更多信任。农户家庭共享集体领导的经营管理智慧和合作的规模化效益。其充分利用了专业合作社、土地股份合作社等新型主体的组织方式与发挥集体的组织、人才、社会关系等优势相结合，能发挥政府财政支农资金的最大效能，实现普惠制要求。如果由村集体承接国家扶持项目，有助于增加村集体的资产，也为解决村集体收入问题提供了一种基础和可能性，为共同富裕奠定了基础。同时，农业基本经营单位虽然适合于家庭，但公共基础设施、自然环境条件及气候等利用需要协调（如水利、植保、病虫害防治等），很多村的水利设施、设备等仍然由集体统一管理、经营，不少村存在整体性基础设施不适应问题，投入股份合作社并不能代表全部土地、村民。整体看，随着政府进一步扶持"三农"，财政扶持资金要改变细碎化，整合财政资源，整村或者几个村联合的支持改造、发展无疑是一条有效路径。

5. 完善农业基本制度的重要方向

从《中共中央关于一九八四年农村工作的通知》、1991 年《中共中央关于进一步加强农业和农村工作的决定》、1994 年《中共中央关于加强农村基层组织建设的通知》以及 2008 年十七届三中全会通过的《中共中央关于推进农村改革发展若干重大问题的决定》等历年来有关农村工作的中央文件中，完善统分结合的双层经营体制，通过集体层

面的"统"来解决分散农户办不了、办不好的事情，充实集体层面统一经营的内容，壮大农村集体经济、合作经济实力，一直是中央坚持的主基调，但没有找到有效形式和切入点！对村集体统一经营层次政策设计的职能定位并没有完全实现。大部分村集体只是管理职能，而不是服务，新型农业集体统一经营能够有效解决这一问题。

6. 增强或重建村集体、村两委的凝聚力、权威，重塑村庄命运共同体的重要组成部分

"有为才有位"，村级治理存在的综合性问题，与村"两委"、村集体经济组织发挥作用不尽如人意，距离村民期望差距大有关系。新型村庄综合治理体系的构建，村级综合体、村庄未来的发展、村民增收的要求，都希望村集体发挥更大作用，不能带领村民增收致富、共同富裕的村"两委"难以成为优秀的村"两委"。新型农业集体统一经营对很多缺乏非农产业支撑的村，是解决这一问题的重要方式。

总之，天津的城镇化有其特殊性，除去少部分村庄因为区位优势变为城镇社区外的大部分村庄仍将存在，而且部分人或者逐步增多的农民会将土地流转，村庄需要管理、经营，提供各种综合服务，将每一个村或者几个相连的村庄在环境生态、基础设施、公共服务、社会治理、经济发展等方面打造为一个综合体，这是新农村建设、全面小康的要求。未来的天津村庄应当是一个社会自治、经济合作、文化共享、社会和谐的命运共同体，适应现代都市农业、农村、农民发展的新要求，天津必须将新型农业集体统一经营作为方向加大支持力度，重点发展。

三、新型农业集体统一经营发展的条件因素与存在的问题

1. 条件因素（成功的共同经验）

集体统一经营有主动的和被动等两种基本动力，主动就是出于村干部的自觉自愿承担责任发展，被动迫于政策或行政管理、政府领导的要求，诸如很多村集体建设园区。集体统一经营的范围、内容、方式、层次可以是多样化的选择，取决于村集体的组织领导力、权威性与村民的认可程度、参与支持程度。一个村的土地经营方式也可以有多种选择，土地集体所有以及村自治等制度为各种经营方式留下了制度空间。在双层经营体制下，一个村集体采取何种具体的组织模式，是否采取集体统一经营以及何种类型的集体统一经营，是多种条件因素组合及综合选择的结果。从现实看，有效的农业集体统一经营需要以下条件。

（1）村级主要领导的素质与能力。这是最基本的首要条件。主要领导有较大的勇气和胆识，有与时俱进的理念思维，如主动发展服务意识、市场意识、带动农户共同致富的主动性、责任感、村集体意识等；要有与市场经营相适应的经营知识与经营管理能力、性格及人格魅力及在村民中的威信等。从基本的逻辑看，村干部是由村民及村党员选举产生的，大部分是村民中的优秀代表，其综合素质能力高于一般村民，有基础条件能够做到。

（2）村民较高的认可与积极参与度。这是由村集体的资产属于村民集体所有，土地

实行家庭承包制的制度特点要求的。只有绝大部分村民积极参与，才能是真正意义上的集体统一经营（可以是土地入股、委托经营等多种方式），村民通过流转出土地的经营收益要超过农户分散自营。村民的积极参与不但可以利益共享，而且更重要的是要风险共担。

（3）效益明显的统一经营项目。"统一"有多种选择，有的主要是将农户的土地集中连片种植，种植的作物与一般农户没有区别，主要是传统的粮食；有的则是发展设施农业，选择好的设施种植瓜果生产品种等。只有选择好统一经营的项目切入点，并根据市场变化不断创新发展，不断获得较好的收益，才能持续经营。

（4）适宜有效的经营制度和内在机制。包括产权制度、利益分配保障制度，这是村民认可参与的前提。例如，很多村通过土地股份合作社实现集体统一经营，对村民都有"保底分红"的规定，否则很多村民不放心将土地流转集中等。

（5）政府扶持与相关政策配套。实践表明，目前凡是村集体收入、村庄治理以及村民收入、共同富裕等各方面做得好的，都离不开政府的大力扶持，也都能得到政府的有效扶持。班子团结、村庄稳定、干群和谐的村是政府选择扶持对象的首要因素，这些村集体的治理和经营能力相对较强。同时，有效的农业集体统一经营也会面临技术与人才、土地使用、信贷等难题，需要政府政策能够及时跟进，为其持续经营不断创造良好政策环境。

2. 存在的问题（难点）

难点很多，一类是发展的市场环境、政策导向、自然因素等客观问题，单个的村难以解决的，需要新的政策；另一类是经营主体的人员、组织等自我管理、能力素质、理念等问题，需要通过选人用人、培训，输入外来力量（大学生村官等）等解决。

（1）认识与理念滞后问题。从实践及舆论环境的主流认识都认为农业适宜于家庭经营，对集体统一经营的认识存在"一刀切"等偏差，"恐合、恐社症（合作化时期、人民公社时期）"阻碍着许多有益的探索。对各村庄的变化及巨大的差异性认识不足，有的基层政府发展村集体统一经营积极性不足。从政策及法律层面、领导的理念方面，对村"两委"、村集体经济组织的职能认识及界定存在误区，对村庄发展、村集体经济发展的需求、优势、可能性与可行性等认识不清，政府发展集中在城镇、非农产业，集中在农业现代新型经营主体等。

（2）村主要干部积极主动性不足，能力水平不适应问题。村民对于村集体的认知等已经完全不同于人民公社时期，统一经营的管理运营方式、机制等方面也不同于传统的村集体，村干部工作难做，出现风险问题更难做，很多村民只愿意分享利益、不愿意承担风险，遇到亏损时会对村干部非常不利。村干部很多就是"多一事不如少一事"。村"两委"干部是多种类型并存的，混日子的，想干事的等。同时，也有很多现实情况可能导致积极性主动性不足，比如：一是由于报酬较低，村集体收入较低，难以吸引优秀人才、能人，村干部的综合素质与能力达不到要求；二是村庄的事务庞杂、细小、耗时多；村民分化，异质性，治理难度加大等。上述问题在不同的村庄表现各异，很多村实现由集体统一经营难度较大，有些则可以，有些可以部分统一经营。同时，在村干部选拔任用方面存在很多老问题，例如，3年任职期限，村集体、"两委"或者合作社领导者的更替遗留下很多问题；虽然天津市对村主要干部都要进行轮训，各种形式的培训很多，但针对市场经济、农业经营管理、新理念等培训相对较少，主要是政治、法律、政策的较多，尤其是针对村集体如何进行统一经营等相对较少。

（3）作为集体统一经营市场主体的合作组织自我持续发展的动力、能力不强。注册合作社作为载体承担村集体统一经营的组织载体成为无奈的普遍选择，但其发展存在很多问题。一是土地股份合作社"保底"收入以及是否是真正合作社问题。如果不对农户承诺保底分红，农户不入股；承诺保底分红就不符合合作社"利益共享、风险共担"以及"民主管理、盈余返还"的要求。同时，现实中入股的农户实际上很少参与合作社的经营管理，大部分入股社员也只关注能否保底、分红能否增加，股份合作社类似于股份制企业性质，需要在发展中逐步完善解决。二是专业合作社持续性发展问题很多。合作社在发展中存在的问题主要是部分领办者办社动机主要是为了争取免税政策、获得增值税免税发票，或者为获得法人地位以获得政府部门提供的资金奖励和项目支持；财务管理不规范，成员账户不健全；合作社社员的出资额基本都是假的，留下隐患；农民的合作意识很差，投机性严重，只能利益共享、不能风险共担，产品市场价格高时社员没有意见（可卖给合作社，也可在市场销售），但是在市场价格普遍较低时，无论产品质量好坏都要求合作社负责收购等。

（4）土地规模化统一经营可能存在的风险缺陷。缺乏很成熟的风险保障机制，如农业政策性保险保障范围水平较低，市场主体之间的关系不稳定导致"卖难"亏损的风险较大，缺乏分散机制。尤其是市场的低水平无效竞争普遍，农业供给侧结构性供给矛盾突出；不少农户的自给性生产、辅助型生产占很大比例，土地流转相对缓慢，连片集中流转存在很多瓶颈。同时，规模越大、风险越大，市场波动引起的效益不佳、承诺不能兑现等引起农民不满意，内部人员控制导致的村民不满，村集体统一经营存在分配、内部管理机制等方面问题的可能性，传统集体统一经营的缺陷可能重现。而且经营项目的选择也是关键，如果是家庭自己经营亏损认可，但如果是由村集体经营就会引起很多的"猜想""怨恨"，导致出现干群矛盾。

四、发展新型村集体统一经营农业的政策建议

1. 调查摸底，制定发展方案，有计划地重点扶持引导

一是结合美丽村庄建设、互联网进村入户、村级组织建设以及土地流转规模经营等各种项目行动，将新型村集体统一经营农业作为重要的内容要求。二是对全市村庄发展村集体统一经营的潜力、需求、方向与方式选择等问题进行综合诊断，制定方案和建议，制定发展规划，在5~10年内构筑起新型村集体统一经营的框架。三是对全市村庄进行分类，选择村"两委"素质能力强、班子团结、群众能积极参与、农业发展有潜力等适宜于、有条件发展农业集体统一经营的村，进行重点推广，采取项目定制、资金倾斜等

方式，分步有序引导形成各种类型的集体统一经营，加大示范引导，建设更多的新型农业集体统一经营典型村。

2. 实施村集体及村"两委"人员经营管理素质能力提升工程

一是选择资源开发潜力较大、村干部素质相对较高的村，改变村"两委"不承担经济发展职能的认识，改变对干部的经济发展素质要求较低的认识，试点改变村"两委"的职能定位，增加统筹村土地资源利用发展现代农业的职能，并给予项目扶持。二是将现代农业的经营管理作为村干部培训的重要内容，结合产业发展的实际进行土地流转、规模经营、市场营销、品牌建设、电子商务等针对性实务培训，尤其是结合各村的资源潜力、产业基础等实际进行项目策划建设服务。三是加强村集体经济发展的人才智力支持，扩大大学生村官的规模，引导经济管理人才进村服务，大学生村官必须切实工作在村，改变部分大学生村官被乡镇政府借用的做法。

3. 宣传研究典型经验，切实重视新常态下转型期以及未来集体统一经营农业的优势及现实需求

一是在政策支持方面，政府必须改变对合作社（包括土地股份合作社）的迷信，直面合作社中存在的很多现实问题及风险，要认识到作为工商注册的市场主体，单个合作社发展的短期性、不稳定性以及很多合作社的投机性等问题，谋求与村集体的有效合作可能是最佳的发展方式。二是抓紧制定村集体经济组织条例，改变目前"虚置"的尴尬地位，使村集体能够名正言顺地承担经济发展职责和法律责任。三是进一步加大宣传典型的力度，对典型做法等进行理论研讨，总结经验，引导各级干部与时俱进理念转变，营造村集体创新创业的良好舆论氛围，从长远战略角度谋划新型村集体统一经营的大发展。

4. 加大对村集体基础设施、公共服务能力建设的投入

一是加大对纯农业村的转移支付力度，将完善所有村庄的农业生产生活基础设施作为头等任务和普惠性政策，创造基本的良好生产生活条件。政府的投入以村集体作为重点，有效平衡对村集体、合作社等投入的关系。二是彻底改变依靠各种财政资金堆造难以推广学习、不可复制的"高水平典型"的做法，让更多的村集体能够获取财政资金用于改善农业基础设施及公共服务能力，使有限的财政资金发挥更大的作用，为更多的村提供发展的机会、基础条件，帮助其打破瓶颈或短板制约。三是建立完善农业生态补偿政策，将基本农田、水源涵养地、林地、湿地保护区作为生态补偿重点，分别制定实施办法，明确补偿程序、标准和监管措施。四是进一步改善提高基层农业科技综合服务能力和服务效率，试点建设农业创业（投资）指导服务中心，为投资创业者提供全方位、科学、公正的公益性服务。支持区域（跨乡镇）特色（支柱）产业综合服务平台（技术、新品种、农资等），为特色产业提供全程全产业链的"一揽子"服务；按照多功能、一体化的思路，打造集各项农业公共服务于一身的乡镇或跨乡镇的区域农业公共服务机构。

5. 完善和强化政策性农业保险的保障制度，减轻村集体统一经营的风险损失

农业的自然风险以及市场风险较大是导致统一经营的重要原因，规模越大、风险及

损失可能越大，家庭分散经营相当于分散承担了农业风险，新型农业集体统一经营同样面临巨大风险。针对目前政策性农业保险严重滞后或短缺的现实，要以收入保障为核心重新设计制定保险标的、保费标准、保障水平、赔付额等制度，按照全过程、全环节的全部成本作为保障的底线，逐步将天津所有大宗农产品、设施种养业等纳入保险范围，尽快实现全覆盖；积极开发特色品种、棚内作物、渔业和价格指数等新险种。

第四节　天津现代农业园区引领示范模式研究[①]

自 1993 年山东提出发展现代农业科技园区后，借鉴发达国家农业科技园区、示范农场等模式，在政府相关政策的支持引导下，建设现代农业园区被作为一种在农户家庭承包经营基础上促进先进农业技术创新和示范应用，实现农业现代化的先进生产力组织方式、经营方式得到持续发展，数量迅速增多、规模不断扩大、类型进一步丰富，成为世界农业发展的一种独特现象。天津作为全国较早进行现代农业园区建设试点的地区，园区化似乎已经成为一种必然的选择，各种类型、名称的园区在农村很多。但也存在不少问题，需要理性分析评估，以期指导其健康发展。

一、天津农业园区发展的简要历程、主要类型及总体特点

1. 发展的简要历程及其主要做法

中国发展现代农业园区是在借鉴了工业开发区、工业园区以及新加坡、以色列发展现代农业科技园区和美国等国家试验示范农场的基础上，为加快向农户展示示范现代农业集成技术而采取的一种组织方式。据有关专家估计，截止 2014 年我国各类规模以上农业园区 30000 家，其中农业科技园区 5000 多家，休闲农业与乡村旅游产业园区 20000 多家，农业产业标准园 5500 多家。另据国家有关部门公开资料，截止 2015 年底，国家于 2015 年认定国家现代农业科技示范区 8 个（包括京津冀地区的北京现代农业科技城、河北环首都现代农业科技示范带），从 2009 年开始，农业部已认定三批国家现代农业示范区共 283 个（天津 2 个），从 2001 年开始，科技部共认定国家级农业科技园区 246 个（天津 2 个），另外有大量的其他专业性的园艺标准园、休闲观光园等被认定、建设。

总体看，天津的现代农业园区发展是伴随着中国现代农业园区的试点试验示范进程同步发展的，总体可分为两大阶段。

（1）探索试验阶段（1997—2007 年）。 中国于 1994 年前后于北京建立的中以示范农场和上海孙桥现代农业园区，取得很好的先发优势和轰动效应，拉开了中国现代农业园区建设的大幕。1997 年由国家科技部正式启动首选北京、上海、沈阳、杭州、广州和天津进行工厂化高效示范区试点，围绕设施和环控技术、种苗技术、种植栽培技术、产后

[①] 2015 年农业部农业农村资源信息预警项目"天津现代都市农业发展模式评估"子课题之一。

技术进行研究和示范。由市科委和市农委共同组织实施的"天津市工厂化农业科技示范区建设"项目于1997年启动，经过两年多的实施，代表不同设施水平和不同技术特色的7个工厂化农业科技示范区，分别在津南区港田集团、蓟县城关镇、汉沽区大田镇等地建成，累计投入6000多万元，面积1333亩，示范区研究、示范和推广了新一代日光温室、滴灌技术、二氧化碳施肥技术、无土栽培技术、新品种及高效栽培技术、温室环境自动化控制技术等一批新技术（目前大部分早已不存在）。市政府1999年和2000年为6个园区挂牌为"天津市现代农业科技示范园区"，2001年批准津南国家农业科技示范园区为国家级农业科技示范园区。1999年始建天津市农业高新技术示范园区，由天津市政府主办，天津市农业科学院承办，占地面积225亩，截止2010年，累计投资3000余万元，成为具有试验示范、引进消化、窗口展示、科普教育、旅游观光等功能的综合性市级农业科技园区，其2006年被国家旅游局命名为全国农业旅游示范点，2013年左右，因经费入不敷出而运转困难、基础条件建设滞后等多种原因其功能丧失，成为行政办公地点。

（2）大规模推进实施阶段（2008年开始）。 2005年开始，以东丽区华明镇示范小城镇建设为开端，天津探索并首创了"三区"联动这一特大城市郊区推进"四化"同步发展的新路子。2007年8月，天津市委出台了《关于推进城乡一体化发展战略、加快社会主义新农村建设的实施意见》，提出实施设施农业"4412"工程。政府出台相关扶持政策、建设标准规范引导农户、企业、村集体投资发展设施农业和园区，出台《天津市现代农业示范园建设管理办法》、各类园区的建设标准和相关政策，对于市级现代农业示范园区，市财政每年补助1000万元，连续补助3年，区县级财政按照1:1配套；凡列入市级补助的工厂化养殖示范园区市级补助资金最高200万元；池塘养殖示范园区每个市级补助资金最高100万元。

2008年至2011年，全市各方面共投入近200亿元资金用于设施农业建设，建设45万亩高标准种植业设施生产基地（市财政每年5000万元）和20个现代农业园区，建设100个现代畜牧业示范园、55个水产品养殖示范园，高标准设施农业面积累计达到60万亩。结合示范小城镇土地复垦，到2014年，全市累积建成现代农业园区23个（14个现代农业示范园和9个农业科技园区），园区开始逐步应用农业物联网技术。同时开展国家级设施园艺标准园创建项目，到2014年，共创建蔬菜标准园22个、瓜果标准园7个，总面积2万多亩，基本实现"六统一"管理，统防统治、测土配方施肥。

据统计，在2011年完成设施农业"4412"工程时，共新建453339亩种植业设施，23个现代农业园区，100个现代畜牧养殖园区和55个现代水产养殖园区，水产工厂化养殖规模占全国总量的六分之一，形成了全天候、工厂化、标准化农业生产体系，在京津冀大都市圈，乃至北方地区树立了独特的竞争优势。其中，种植业设施类型构成是普通塑料大棚59334亩、钢（复合）骨架塑料大棚157105亩、普通温室77221亩、新型节能日光温室158158亩、智能温室1521亩（如表4-1所示）。全市种植业设施建设总投资达到119.0亿元，其中市级财政补贴10.6亿元，区县财政配套补贴4.4亿元，农民自筹42.4

亿元，企业投资 20.5 亿元，银行贷款 23.6 亿元，其他 17.5 亿元。

表 4-1 "4412" 工程期间新增设施种植业情况表

分布	不同类别建成占地面积（亩）					
	合计	普通塑料大棚	钢（复合）骨架塑料大棚	普通温室	新型节能日光温室	智能温室
全市	453339	59334	157105	77221	158158	1521
蓟州区	81271	0	49171	0	32100	0
宝坻区	76317	9101	18201	11944	37071	0
武清区	123030	32020	36532	39073	15335	70
宁河县	44990	815	25499	1026	17650	0
静海县	56632	12597	21903	393	21569	170
东丽区	6044	1432	134	0	3718	760
津南区	1423	248	137	81	787	170
西青区	35360	100	0	19260	16000	0
北辰区	13359	815	250	4808	7456	30
*塘沽	451	0	54	0	337	60
*汉沽	7754	2206	3777	96	1614	61
*大港	5088	0	1447	540	2901	200
农垦集团	1620	0	0	0	1620	0

资料来源：根据天津市农业农村委统计资料整理所得。

* 滨海新区的管委会。

2012 年开始启动实施"设施农业提升工程"，对"4412"工程建成的 20 万亩种植业集中连片的日光节能温室和农业示范园区、113 个现代养殖园区进行全面改造提升，建设 40 万亩放心菜基地；启动 2 个现代高端畜牧产业园区和 10 个精细畜牧养殖园区建设，计划再用 4 年时间建设 70 个现代渔业园区等。

总之，在政府系列政策的推动引导下，天津市农业园区发展呈现多元化的状态，各种规模、类型、产业的冠以"园区""科技园区""示范区"等遍布农村，不同的名称及其变化导致统计不准，不同的标准也会导致数据的变化。据有关部门排查统计，经认定的国家级农业科技园区 2 个、现代农业示范区 2 个以及市级现代农业示范园区（种植业）21 个、72 个设施渔业园区、12 个现代畜牧业产业园区，被市有关部门认定的观光农业示范园区 10 个等。需要说明的是，随着经营状况等变化，有的过去是被认定的园区现在并没有列入，有的立项建设但并未建成或者已经不存在，有的出现合并、名称变化等情况，有的则出现重复情况。例如，很多休闲观光农业园区本身就是现代农业示范园；有的规模太小没有统计，包括很多的养殖小区、观光农园、农庄等。

2. 天津现代农业园区的主要类型及其现状（特点）[①]

首先需要对园区的概念及其相关分类说明。关于园区，虽然人们使用了几十年，但对其认识并不一致，而且目前越来越宽泛。搜狗百科中将"园区"释义为：政府集中统一规划指定区域，区域内专门设置某类特定行业、形态的企业、公司等，进行统一管理，包括工业园区、农业园区、科技园区、物流园区、文化创意产业园区等。很多专家也对此进行了不同的界定。有人认为，现代农业园区是将部分资金、高新技术、现代农业设施在指定区域内进行集聚，然后大力发展与农产品生产、加工、销售有关的各类产业，运用科学的运营机制进行高效管理，形成具有一定规模的现代化农业生产场所。也有人认为，现代农业园区是指在有一定区域优势的地区，以加快农业产业化，增加农民收入为目标，以高新技术为依托，引进先进的园区经营理念，使农业资源高效利用，具有一定园林观赏效果的农业生产空间。

相对于一般的生产，在一定区域边界范围内进行的规模化、集约化生产是产业园区的基本要求；主要进行技术知识创新、试验示范等是科技园区的基本要求。按照园区的内容或主要功能不同分为科技型、产业型以及综合型园区，也可分为单一功能、单一产业与多功能、多产业的园区。也可以按照是否经过有关部门认定分为政府有关部门认定或认可的园区（符合一定的标准）和没有经过认定的园区（一般情况是某企业或公司的生产场所以园区作为外在形式或名称），大部分有一定规模的园区政府部门基本都清楚，尤其是农业园区，申请政府的扶持政策是普遍现象。园区也可以分为封闭性或相对封闭性与开放性的，例如现在的很多示范区都是跨行政区域的开放型大"园区"（广义的园区）。对于农业园区也可以按照认定的单位或级别分为国家级和市级农业科技园区、市级现代农业示范园区、由农业部以及市政府农业主管部门认定挂牌的市级农业产业园区、区县级政府有关部门认定的区级农业产业园区等层次。尤其是国家级以及市级园区都有规模、水平等方面的详细标准要求。在此，仅仅按照狭义将天津的农业园区主要分为以下几类简要分析其特点（将农业部认定的现代农业示范区不作为一般意义上的园区）。

（1）现代农业科技园区。 科技园区就是以农业科技研发、引进、试验示范、科技企业孵化、技术培训、科技产品生产销售等为主要功能的园区，同时，也可依托科技研发聚集高科技、高附加值农产品的生产经营，将科技成果进行转化应用。按照国家要求，一般分为核心区、示范区、辐射区等。科技部2001年出台的系列办法将农业科技园区看作现代农业发展的新型模式，是农业技术组装、集成的载体，是市场与农户连接的纽带，是现代农业科技的辐射源，是人才培养和技术培训的基地，对周边地区农业产业升级和农村经济发展起示范与推动作用；农业科技园区以技术密集为主要特征，以科技开发、示范、辐射和推广为主要内容。2012年的《"十二五"国家农业科技园区管理办法》对国家级科技园区的定位（要求）是我国现代农业科技创新转化示范基地、农村科技特派

[①] 李春杰，张卫华，于战平. 国外现代农业园区发展的经验借鉴——以天津现代农业园区发展为例[J]. 世界农业，2017（12）：230-235.

员创业基地、现代农业新兴产业孵化基地；园区建设要带动区域农村经济社会发展，为推进城乡一体化发展提供有效模式和科技支撑；申报园区要有明确的技术依托单位，有较强的科技开发能力，有一定数量的科技型农业企业和科技特派员，有比较良好的基础设施条件和比较完善的技术转化服务体系。同时提出了国家农业科技园区评估的6大方面19个具体指标组成的指标体系。

事实上，1999年政府投资建设、市农科院负责的"天津现代农业高新技术示范园区"本身就应当是农业科技园区（现已经不在原地址，不存在）。2001年国家科技部认定的国家级农业科技园区——"津南国家现代农业科技园区"则是天津最早命名的现代农业科技园区。从2008年开始，天津市规划建设一批市级现代农业科技园区，主要位于滨海新区而统称"滨海农业科技园区"（10个），主要是天津滨海农业科技园区、天津滨海国际花卉科技园区、天津滨海傲绿农业科技园区、天津梦得奶牛科技园区、天津滨海观赏鱼科技园区、天津滨海茶淀葡萄科技园区、天津滨海生态农业科技园区、天津滨海杨家泊水产科技园区、天津滨海北塘休闲渔业科技园区、天津滨海耐盐碱植物科技园区。其中，天津滨海国际花卉科技园区被认定为国家级农业科技园区。"天津市农业科技创新基地"虽然被列入现代农业示范园区，但是典型的农业科技园区，主要是市农科院的各个研究所进行研究试验示范以及产业化经营等，已经具备国家农业科技园区的雏形，有望成为天津真正意义上的国家级农业科技园区。在上述12个农业科技园区中，以政府为建设主体的园区2个，分别是天津津南国家农业科技园区和天津滨海耐盐碱植物科技园区；以科研单位为建设主体的园区1个，即天津现代农业科技创新基地；其余的均是以企业为建设主体。

目前天津的两家国家级农业科技园区按照标准要求相差甚远，目前已基本成为一般的产业园区。津南国家农业科技示范园区虽然于2003年创建农业专家大院，聘请大量的兼职教授和研究人员，市科委等也曾经给予巨大的支持，但因为政府行政管理体制等众多原因，2010年左右基本上分块租给松江集团建立生态农业园以及其他公司从事经营活动。天津滨海国际花卉科技园区从一家生产经营高档花卉的公司政府引导支持的重组、扩张合并等成为国家级科技园区，但受制于研发的支撑体系、产学研合作机制、资金、市场变化等原因，现基本勉强维持，面临巨大的资金压力。同时，也有其他的一些命名为市级农业科技园区，实际上可能并不是以研发、科技推广服务为主，只不过是引用了一些高新技术的农业产业园区而已。相对而言，目前天津市有一批具备农业科技园区基本特征的市级良种繁育场、公司等，例如天津百利种苗培育有限公司、天津奥群牧业有限公司、天津天祥水产有限公司、天津海发珍品实业发展有限公司等企业，只不过规模、研发实力、成果数量，尤其是科技型企业的孵化功能不具备，都只是一个企业。但他们都是以新品种繁育等为主要业务，并进行科技成果产业化的科技型企业，可看作市级现代农业科技园区（类似于梦得奶业集团）。

(2) **市级现代农业示范园区**。这类园区是主要从事种植业的现代农业示范园区（有关部门认定的现代观光休闲农业园区也来自这些园区）。2008年天津市出台"天津市现代农业示范园区建设管理办法",在全市有组织地规划建设一批现代农业示范园区(有的也称作现代农业科技示范园区,核心区面积不低于1000亩)。一般是围绕一个或者少数几个主导产业在新品种、新技术、新设备以及先进生产经营、组织管理、产业化经营、发展观光休闲农业、延伸产业链等方面进行示范。截至目前经过认定的有23个。另外,尚有10多个具有一定的规模和水平的现代农业园区。例如,于2000年开始建设的蓟县中智示范农场、华泰农业园区、西青的园艺博览园、静海的华夏未来生态循环农场、精武镇生态观光农业园、北辰区东赵庄都市渔业园区、静海的生宝谷物种植合作社经营的设施农业基地区等,都兼具观光休闲功能,总计符合有关标准要求的园区估计有30多个。

作为天津现代都市型农业发展水平的典范和标志,市级现代农业示范园区的主要特点是投资及占地规模大、设施设备档次水平高、产品科技含量及档次高、功能多样。按照2008年天津市"现代农业示范园区建设管理办法"的标准要求,每个现代农业示范园总面积不少于5000亩,其中核心区面积不少于1000亩;要高标准建设现代农业生产设施、配套设施及广泛配备与其相适应的先进的机械、器材等;广泛采用新品种、新技术、新材料、新工艺;示范园内可设置农产品生产加工销售区、农业科研培训教育区和农业休闲观光旅游区等,做到分区明显、功能互补,形成良性互动等。因此,园区的投资规模都比较大(尤其是规划设计的投资规模),一般都在亿元以上,不少超过数亿元。当然由于各种原因,有的实际中并没有达到规划设计要求。

总体看,通过市级现代农业示范园区建设,在一定面积土地上的集约化投入,通过推广应用大批先进技术、新品种、设施设备和企业化的生产经营组织管理方式,拓展农业的观光休闲功能,在为市民提供四季均衡的丰富的高档花卉、瓜果、蔬菜等产品,满足居民对观光休闲的需求,增加农民就业收入以及土地流转收入等方面发挥了较大的引导示范作用,也使天津农业总体上能够处于全国的先进行列。当然,由于各种原因,也确实存在很多现实问题需要认真反思总结,例如投入大而产出的经济效益没有达到预期,示范带动作用不强等。

(3)市有关部门或农业部认定的农业专业园区。这些园区主要包括当时农业部有关部门或天津市农业局、畜牧兽医局、水产局等认定的蔬菜园艺标准园、畜牧水产养殖园区等。例如,天津市认定的10个"现代渔业示范园区",基本上都是公司的生产基地。有的是近几年按照要求发展起来的,有的是在过去基础上提升。一般有一定的规模(小于现代农业示范园),专门从事标准化无公害蔬菜、花卉、瓜果以及畜牧、水产品的养殖,是天津市无公害优质农产品供应的重要基地。有的园区有一些对外的采摘活动,但主要收入来源是农产品的生产经营活动。包括2011年建成的100个现代畜牧养殖园区和55个现代水产养殖园区,截止到2014年创建的22个蔬菜标准园、7个瓜果标准园区等。

相对于前两种园区,这种专业性的中小规模园区,相对投资少,一般以经济适用的设施为主(如日观温室、冷棚等),管理相对简单,生产运用成本低,政府的财政投资少,村集体、大户、合作社、小型民营企业等均可以经营,在国家财政以及技术推广服务机构的支持下,专业性产业园区运行比较稳定,有一定的赢利,是保障市民获得质量有保障的优质农产品的重要来源,应当重点扶持发展。

(4) 其他一般的小规模产业园区。这类园区很多,没有统一的标准,也没有较准确的统计数据。主要指一定规模的产品生产功能或观光功能,符合一般农业园区集约化投入、在一个相对封闭的区域内生产经营,得到区级政府认可且在当地有一定影响的园区(并不是自封为或者自称园区的都符合园区的基本要求)。如有的民营的小公司经营设施种植业的场地、养殖小区,村集体或合作社经营的设施农业园区等,一般规模相对较小(100~500 亩),管理运营成本较低,投入产出率相对较高,一般能够有盈利,与农民增收关系最密切。

3. 天津农业园区发展的总体特点

(1) 数量众多、类型丰富、大小不一。由于缺乏权威性的关于"园区"的标准,只有国家级、市级等园区的规定,但现实中符合园区基本特征的很多,很难完全统计,也没有准确的统计,包括各种自称为园区但不符合基本特性要求的园区。这些园区的主体功能、主导产业、主栽主养品种等存在差异,特点比较明显(部分园区有相似的地方,导致低水平重复),规模大小不同。

(2) 经营运作模式多样。农业类园区一般采取"企业(合作社)主体+政府规划和财政支持+基地"的基本模式,以设施蔬菜、畜牧水产养殖、设施花卉、观光休闲以及综合性农业科技和产业园区为主;经营管理主体、经营运作和管理模式各异,有的由投资者成立公司或企业负责经营管理,有的成立管委会对园区内的投资经营企业(或承包农户)实行统一服务、管理协调,有的由集体统一经营管理或者农户承包、集体统一服务等。

(3) 由近郊向远郊区扩展。总体上,天津的农业园区在滨海新区以及环城四区最多,主要原因是城市扩张农业土地相对比较稀缺,园区的资本密集型特点在近郊财政有实力满足等。但随着现代农业园区功能的变化以及民间资本投资兴趣的增大,政府通过布局、行政引导等措施带动农业园区向远郊区扩张,像宁河、静海等农业园区数量进一步增多。

(4) 经济社会效益差异较大,但总体经济效益不高,部分园区功能发生巨大变化,部分园区已不存在。整体看,通过农业园区化,在统一品种、统一标准化生产、统一生产资料购买和营销、统一检验检测等方面提高了组织化程度和规模化经营;主导产业突出、技术和管理水平较高、经营时间较长、规模适中的产业型园区经济效益明显;投资规模大、功能规划与产业较多的农业科技园区以及部分设施蔬菜园区作用与功能尚未充分发挥。同时,部分园区由于城镇化发展、经营管理不善等原因已经不复存在,造成了不少浪费;部分科技园区因为体制机制、产学研合作、研发创新能力不足等原因变为产业园区、观光休闲园区,依靠土体出租和休闲收入维持。

(5) 由科技集成示范功能向多功能、多目标、多产业的联动协同发展转变,由小规模的园区向大规模的跨行政区域的示范区转变。园区发展已经从 20 世纪 90 年代开始的农业科技展示、集成示范等功能为主,向综合性、多功能、多产业方向发展,尤其是大部分园区都将开发观光休闲功能作为方向发展和重要盈利点。传统的早期园区基本上是狭义的较小规模，往往是在一个村、镇等范围内，但现在很多园区开始跨区域发展，包括天津西青区近几年整合数个村的资源打造跨村共营的园区。从农业部2009年启动"现代农业示范区"建设的意图和趋势看，已经突破了狭义园区的范畴，主要基于一个区（县）为对象的现代农业示范区建设，更加强调高新技术、设备等与产业发展、社会发展的区域紧密结合、区域统筹，强调其集成、直接示范带动和辐射等。2015年科技部批复的北京现代农业科技城、河北环首都现代科技示范带等8个国家现代农业科技示范区，国务院批复设立的黄河三角洲农业高新技术产业示范区等则进一步尝试将科技部认定的现代农业科技园区的做法扩展到更大的领域，促进科技创新更好服务于更大区域的社会经济发展。事实上，有的国家级农业科技园区早已具备国家现代农业科技示范区的特点，例如，新疆昌吉国家农业科技园区，总规划面积49.8万亩，其中核心区3.6万亩（集体土地和部分国有土地），示范区46.2万亩（国有土地）；昌吉州党委下文成立了昌吉国家农业科技园区管理委员会和党工委，实行一套机构，两块牌子，正县级建制，主要行使计划、财政、外贸、规划、建设等经济管理和行政管理权限。2014年，园区实现总产值26.6亿元，实现财政总收入8.8亿元，区域农牧民人均纯收入达到22980元。

二、天津农业园区建设发展的主要模式

天津农业园区的建设基本上是四种路径：一是政府自上而下按照规划计划确定发展，或者农业部、科技部等有项目支持，地方选择申请建设；二是区级政府根据自身规划、战略等确定的建设扶持项目，也可作为向上争取或者完成上级计划的举措；三是企业自己投资计划建设的项目，希望得到政府支持；四是在原生产基地、农场等基础上的扩展发展。路径不同导致目标定位、功能定位、标准、投资建设主体及运营方式、评价指标等诸多不同。有典型代表性的是以下几种模式。

1. "三区"联动统筹"三化"建设模式

该模式是以示范小城镇建设为龙头，通过"宅基地换房"对农业镇域范围内相邻行政村的土地进行整合，将农村原居民住宅基地置换后，建设成为集中居住社区；将占补平衡后节约的耕地占用指标，用于示范工业园区建设，实现农村工业集聚发展；将原村民分散的宅基地复垦为耕地，建设成农业产业园区，园区经营以市场为主导，由投资者成立公司负责经营管理，较大的园区成立管委会，对园区内的经营企业（或承包农户）提供公共服务；部分愿意继续从事农业生产的居民可进入园区工作，转变为农业产业工人，实现人口向城镇集中、工业向小区集中、耕地向种田大户集中，农民由第一产业向第二、第三产业转移，以此推进农村工业化、城镇化和农业现代化（简称"三化"）。从2005年开始，规划实施4批54个示范小城镇试点建设，建成一批现代农业园区。天津"十三五"规划建议进一步提出，要推进以人为核心的新型城镇化，加快示范小城镇建设，坚持"三区联动"发展，建设别致多样、干净整洁、留住乡愁的美丽乡村。

从实践看，大部分地区宅基地换房建设示范小城镇确实实现了目标定位，尤其是采取整村推进能够大大加速城镇化的步伐，大部分农民基本满意。但是这种模式需要较强

的基本条件:一是一般是整村推进,需要绝大数农民不以农业为生。二是资金能否平衡是关键,复垦宅基地、集中建住宅以及配套基础设施需要占用部分耕地、巨额资金,复垦的宅基地面积扣除集中居住占地面积后必须有足够的剩余用于出让,并且获取的土地出让金能够弥补上述资金等开支后有剩余(包括建住宅的投资商的利润等);能够出让的建设用地通过"招拍挂"后能够被开发商购买并支付较高的出让金。一般在商品房、工商业投资价值较高的地段和区位才能实施。三是复垦土地质量达到耕种的质量要求,小城镇建设占用的一般是较好的耕地,宅基地复垦的耕地质量相对较低,虽然数量占补平衡,但其质量、生产力在短期内可能较低。

2. 政府主导,统一规划扶持建设模式

这种模式主要是指市政府(市农业农村委、市科技局)按照提升现代农业发展水平、发挥示范辐射带动作用的要求,与区政府合作,在每个区有目的地规划布局和建设有一定档次和规模的示范园区、科技园区。其主要特点:一是列入市政府农业发展的重点规划、投资扶持计划之中,作为代表现代农业的标志、形象和水平,领导和各级政府高度关注,给与特殊的重点扶持。二是规划及建设标准要求高,往往花费较高的费用聘请高水平的设计团队进行整体规划设计,主管部门领导反复听取汇报、专家论证才能通过。三是功能要求全、产业要求特、档次要求高,投资巨大。仅核心区一般要求1000亩左右,大部分有智能温室,最次也是日光温室为主。但最终能否完成规划投资则是个变数,存在很大的不确定性,事实上不少园区并没有完成规划投资及产业、功能定位,留下巨大隐患。截止2011年底,天津启动建设农业科技园区11个,投资总额最低的是天津滨海耐盐碱植物科技园(1.04亿元),最高的是天津津南国家农业科技园区(60亿元)。其他规划总投资较大的是天津滨海国家农业科技园区(30.94亿元),天津滨海国际花卉科技园区(22.59亿元)、天津滨海生态农业科技园区(10.2亿元)、天津滨海杨家泊水产科技园区(19.18亿元)、天津市现代农业科技创新基地(6亿元)等。四是市政府投资以及区级政府配套投资要求大。一般市政府出台扶持政策(比如2008年出台的每个园区最多扶持3000万元),区级政府也需要配套资金,有时也可以通过其他途径获取上级的专项资金扶持,实际配套是否到位取决于区级经济实力以及对上的运作能力,有些园区基本就是靠财政项目维持。五是对经营运作、管理的企业或事业单位等要求较高。例如,需要高额的日常运作管理经费,有的需要经营运作企业有较强的经济实力配套投入,经营管理体制机制必须适应高效管理的要求,建立面向市场的现代企业事业单位管理制度等。正是这些特点,也为这些园区的发展埋下了隐患,很多园区生存困难,成为全国现代农业园区发展面临的共同"痛点",有效降低成本,形成持续有效的盈利模式是关键。

3. 区级农业园区化发展模式

该模式主要是在高度城镇化的涉农区,农业用地资源紧缺,农业高度集约化是发展的方向,采取发展农业园区的方式促进农业现代化,其主要在是滨海新区及城市近郊(区域)等高度城镇化区域。以西青区为例,截止2014年,西青区共建设13个有一定规模的设施种植业园区(设施农业示范园),计划总投资达到31.71亿元,实际投资达到30.7

亿元，建设智能温室 20.096 万平米（投资 2 亿多元），二代节能温室超过 1 万亩（投资近 10 亿元）。同时，西青区结合困难村帮扶政策，整合帮扶资金为几个村共同建设农业产业园区，作为发展村集体经济、增加农民收入的主要载体。农业园区化已经成为西青区建设国家现代农业示范区的最大亮点和载体，西青区农业（种植业）主要来自园区，再加上养殖业场、园区，农业已经基本园区化。2015 年开始，构建"一带三片十园多节点"的农业发展新格局，其中："一带"是指在沿外环线区域打造农产品物流、交易、会展农业产业带；"三片"是指以杨柳青镇和辛口镇为主体打造田园生态农业片区，在张家窝镇和精武镇打造高新科技农业片区，在大寺镇和王稳庄镇打造湿地生态农业片区；"十园"是指重点建设和提升 10 个都市休闲农业产业园；"多节点"是指按照围绕特色差异化发展、填补重点园区产业空缺的思路，大力发展大柳滩果品基地、大寺保健蔬菜等多个各具特色的休闲农业节点。

区级农业园区化彻底改变了区农业的发展模式，尤其是城市化工业化水平较高的近郊区农业走向高度集约化、高附加值、多功能，园区化是一种有效模式。但其是有条件的，主要是有较强的经济实力和财政支持保障园区的投资需求，能有效弥补农业弱质性和民间投资的有限性。

4. 市场主体自主规划建设运营，政府扶持认定专业园区模式

这类园区是农业园区中最多的一种建设模式，其具体种类多，规模大小不等，建设运营方式众多，是由企业、合作社、村集体等各类主体基于投资获利等目标建设各类园区。一般先由企业投资建设，或者获取政府的一定扶持建设，投资建设主体是企业，再由政府有关部门按照标准认定，给予一定的补贴扶持。包括部分市级现代农业示范园区、养殖业标准化园区、园艺标准园区等。

各类市场主体投资农业建设现代农业园区，是农业企业化、工商资本等投资农业的重要形式，也是应当大力扶持发展的。这些园区建设的主要特点：一是以经济效益或者利润为目标，不同于政府统一规划建设的大规模园区。二是自主型投资较多，并且通过多种途径争取政府的财政资金支持,有些园区是工商资本将房地产等收益所得投资农业，为未来的产业转型做准备。三是大部分园区都是专业化生产的，在政府强农惠农政策扶持下有一定的利润，尤其是投资相对较小，产品有一定的档次、特色，如草莓园（靠采摘等）、奶牛、花卉等园区。四是采取企业化的经营运作和管理方式，政府行政干预较少。当然，在现实中也不排除部分企业有借发展农业园区之名行圈地发展非农产业之实。

三、农业园区发展的主要问题：经济效益低与示范带动力弱

在政府的引导推动以及市场促进下，我国及天津农业园区发展迅速，类型丰富，在促进农业组织化水平、科技化水平提升发挥重要作用的同时，部分类型的园区也面临很多问题或困难，有的投巨资建设的园区已变性乃至不复存在，成为全国性的现象和难题，需要客观理性分析。早在 2001 年，作者就曾发表论文指出，根据近 3 年来参与天津市近 10 个示范园区的规划及可行性研究的实践和思考,示范园区建设在规划及可行性研究机制、

组织机制、投融资机制、经营管理机制、技术依托保障机制、辐射带动机制等六方面都存在很多缺陷问题，示范园区的成功运营应当着重解决好六种机制问题①。但很可惜，似乎问题依旧，并没有实质性改变。目前分析主要问题是经济效益低与示范带动力弱。

1. 关于投资经济效益较低的问题

巨额投资的现代农业园区，往往现实经济效益与规划设计和理想差异较大，越是政府列入重点的综合性园区似乎投资效果越差，成为全国的普遍现象和共性问题。例如，在天津的几个较大的综合型园区调研，每年亏损几百万很常见，有的不得以只能靠土地出租、设施出租等勉强维持②。生存的压力可能迫使这些园区不得不采取违法违规的方式，在更大程度上改变土地用途，尤其是随着城市化的扩张也为这种做法提供了可能、借口，非农土地比从事农业更快升值，而企业、政府无力解决依靠农业生存问题。虽然各园区的状况不同，但背后隐藏着一些在中国特殊的体制文化背景下的客观必然因素、共性因素。就天津的农业园区而言，主要是6方面具体原因。

（1）"高大上"的规划、建设内容及其资金需求与资金供给不足的矛盾。"高、大、全"的定位及其巨额、持续的资金需求与可能有效的筹资数量之间存在巨大缺口导致整体功能规划定位难以实现，经营所需的流动资金需求量大而难以有效融资导致经营困难，土地有效利用率相对较低但必须支付全部土地固定成本导致单位产品的平均土地成本较高，花巨资购置的智能温室或先进设备可能会因为运行费用太大而难以正常使用，浪费普遍等。所有的园区都很注重基础设施建设、注重形象，比如高标准的园区大门、办公楼、专家楼等，在园区道路很宽阔，占地面积很大，土地利用率较低（与国外不同）。即使政府巨额补贴也难以盈利成为农业园区发展的最大痛点。

规模大、投资多、功能全、档次高是很多现代农业示范（科技）园区在规划设计时的要求，否则难以通过各种评审。但政府的扶持资金有限，越是投资大的项目政府投资比例越低，需要自有资金或者银行贷款，大部分园区难以达到规划设计的功能。相对于国家农业科技园区而言，政府投资所占比例较小，与东部地区相比差距较大。例如，据2012年国家农业科技园区发展报告，东部地区财政投入资金占比达到24.82%，西部地区达到14.94%。天津的农业科技园区中，除了天津滨海茶淀葡萄科技园区（45%）、天津滨海傲绿农业科技园（18.07%）、天津梦得奶牛科技园区（17%）之外，其他均小于10%，最低不到4%。地方政府财力有限，资金支持力度较小，以中小企业和民营企业为主的组织结构决定其融资能力有限，农业产业的特性决定了园区融资渠道有限。建设资金不足，可能资金断裂、严重短缺，影响工程进度，部分相关项目没法实施，形不成系统整体功能。同时，大规模、大项目运营资金更是难以满足（摊子大、运营资金的盘子大），造成很大的沉没成本，土地资源利用率低下，制约整体功能发挥，也难以持续吸引优秀人才，削弱园区的产能盈利能力，就此可能陷入恶性循环不能自拔。

---

① 于战平. 论农业示范园区成功的六种机制[J]. 农业经济, 2001（12）: 22-23.
② 李春杰, 张卫华, 于战平. 国外现代农业园区发展的经验借鉴——以天津现代农业园区发展为例[J]. 世界农业, 2017（12）: 230-235.

（2）园区生产产品的价格及其销售状况很难弥补实际成本。农户经营大棚能够获取一定的盈利而园区则普遍亏损成为农业发展的一种普遍现象（即使财政大量补贴）。投入与产出、投入与运营成本以及规模报酬之间存在复杂关系，虽然大规模能够获取规模报酬的好处，但园区的管理人员、工作人员的工资收入要求较高，其他的各项可预见的、不可预见的费用较多，也可能因为运营管理成本的大幅度增加、风险因素及损失程度大、应对的难度加大等原因导致走向规模不经济。高投入、高成本需要有产品的高附加值、高价格和一定的销售规模，但现实是这些高成本的产品价格难以弥补成本，受制于市场环境的变化、消费者的消费习惯等，价格太高，销售量有限，只能在春节假期等作为礼品销售时卖出好价格。整体看天津居民对高档特色高价农产品的需求有限，包括对观光采摘的需求等，在公款消费受到严格抑制后，不少园区失去了重要的消费力量。也就是说，人力成本、电力、水等物质服务费用、人工成本上涨与农产品价格、产品销售量、有效需求不匹配，高成本不能通过高价格实现。市场价格不是由该园区定的，即使是高档产品也需要一定的渠道、品牌以及消费者的有效需求及其一定的规模去实现。高投入、高标准建设和不断上涨的雇工成本、雇工数量大等生产经营成本过高与产品的市场价格之间的难以匹配导致的持续型生存经济效益较低。

（3）过分乐观估计、夸大和依赖观光休闲对经济效益的贡献。部分园区可能本身就是想借农业园区之名发展非农产业。即使是发展休闲农业，也存在不少误区导致效益不佳。大的主要园区进行规划设计时能承担任务的经常就那几个有资质的咨询公司，再加上农业的大项目也就是几种类型，导致很多园区大同小异，投资很大、功能定位很全、档次很高，但却难以实现盈利。智能温室主要定位于观光休闲，但门票不能太高，简单的参观缺乏持续吸引力，回头客少，难以弥补运行成本（温室运行费用太高，与参观人数、门票收入不成比例）。很多园区的休闲观光项目低水平重复、缺乏重复性消费的冲动（有些就是由同一家设计公司规划设计），短期的新鲜感很快失去。即使最早发展起来的一些著名园区，很多国家领导人、国外政要及各方面人士、全国的千万游客都参观过，当时作为全国的现代农业以及高科技农业观光的典型，也难逃衰落命运。事实上，我国台湾、日本、欧洲等农业和乡村观光休闲产业发展较好的国家，没有像中国这样大的投资，大改大建，改变乡村及农业的特色，变相进行房地产、楼堂馆所建设，将观光休闲作为主要的盈利点，而只是辅助功能。有效需求不足与设计要求之间的矛盾，观光休闲的季节性限制及节假日集中而平常较少，重复消费的较少，园区雷同，高估有效需求。2016年3月4日，第一财经日报报道，国内投资超5000万的主题公园达300家左右，70%在亏损。休闲农业最广阔的空间应当在有自然景观、文化以及独特农田景观的远郊区，而且消费带有季节性，只能在大部分地区作为辅助功能。

（4）经营者主观方面以及园区经营管理体制等方面的问题。部分园区的投资者打着现代农业的旗号，实际上是准备圈占土地开发房地产，或者等待征地变性房地产牟利；有些借助政府扶持农业套取政府资金，不是本着将农业作为一种事业、强烈的兴趣乐趣驱动；部分经营者对农业的周期性、高风险等产业特性认识不清，难以成为有长远战略目标、持续经营的企业家；有些园区则是政府的事业单位，体制束缚难有较大发展等。在"4412工程"建设过程中，不少示范园区的立项建设是带有行政或半行政命令，区县必须完成的任务。因此，当时是唯恐规模不够大、档次不够高。

（5）技术创新及产学研合作能力难以满足园区发展要求。 持续的强有力的技术创新支持是园区成功的另一个重要原因。既有人才长期服务，又有技术项目支持解决生产中的难题；缺乏高水平技术创新团队的长期支持，园区尤其是科技型的很难生存发展。大部分园区需要借助外部研究人员，但很多园区的产学研合作仅仅是有项目合作、没项目不合作，有的就是挂名申报项目；有的外聘外地专家，难以经常性服务，因为这些专家服务全国，精力有限，而天津的本土专家不足。在经营管理中，缺乏人才以及强有力的技术支持，难以吸引优秀技术管理人才也是园区面临的重要问题。

（6）未能从"投资—成本—利润"结合角度对园区微观经营进行科学有效的经济核算与评价。 经济核算是评价考核企业状态的有效手段，但迄今为止几乎很难看到从投入产出、财务管理的角度对国家农业科技园区、产业示范区等进行细致的科学评价，也没有提出相应的财务指标要求，纯粹作为社会公益项目。农业的评价不少是模糊、笼统、无严格期限范围、老项目投资与新项目投资没区别的自说自话，或者是圈内、行业内专家、领导的评价，对社会不公开。作为企业或企业集团，农业园区属于农业企业化经营，存在天然的劣势、缺陷，如何盈利是世界难题，涉及产品及其品种、技术、成本、营销、品牌、渠道以及消费需求等。

2. 关于示范带动功能较弱、效果不能有效发挥问题

政府花巨资扶持建设现代农业园区，很重要的一个目的就是要示范、辐射带动周边农户，能否辐射带动农户、带动多少、带动效果如何以及发挥了多大的示范作用是衡量政府主导建设园区的主要标准。但现实是大部分园区示范带动效果很弱，作用几乎没有，反而是园区竞相模仿如何争取政府资金，部分带动农户的考核数据指标真实性很低，几乎没有带动农户，所谓的示范区、辐射区不存在或者不明显。基层乡镇、村以及村民将这些工程统称为"形象工程、面子工程"、反面案例，产生的不是正向社会效益而是负面不良影响。监管评价以及事后追责不到位导致园区科学、理性、健康发展的文化生态、市场环境难以形成，也是大部分园区难以产生良好经济效益的原因之一。导致示范带动作用微弱的主要原因有以下几方面：

（1）园区设施档次高、投资大，农户投资不起。 市级以上重点建设的园区大多投资大，设施的档次和水平很高，占地面积大，一般的小企业、农户、合作社等难以承受。现在的乡村干部都已经普遍认识到，因此对发展设施农业、结构调整积极性普遍不高，部分设施闲置浪费。

（2）园区生产模式不适用农户而难以效仿。 大部分园区是企业化的生产经营与管理方式，包括很多生产技术、流程不同于农户小规模生产。很多园区设计的农民培训流于形式，农户也就是参观一下开阔眼界或者权当旅游而已。

（3）缺乏纽带和有效机制带动作用难发挥。 发挥园区的示范带动和辐射作用，其纽

带主要是根据农户生产需要进行新品种（种苗）推广应用、技术服务，回收农户的产品，形成"园区+农户"的模式，扩大产业发展的规模等。示范带动的有效机制就是通过市场买卖关系、合同关系或者借助政府的协调等。但现实是大部分园区已经成为一个封闭的自我运营的企业，为了生存而经营，没有带动，这种状况也限制了园区的发展。也有部分园区在政府策补贴扶持下，通过为农户代培种苗带动农户、合作社，园区的带动作用发挥出来，先进设施的利用效率得到提升。

四、天津农业园区发展的必要性及其要求的理性认识

1. 发展农业园区必要性的理性认识

深刻剖析发展农业园区中存在的现实普遍问题并不是要完全否定这种组织形式的优势及其存在的客观需求，而是为了更好地完善并利用好这种组织形式促进现代农业发展。

（1）园区是一种可以采用的产业发展组织形式，类型多样，功能突出。 自园区这种组织形式出现后，很快成为工业、农业、商贸物流等产业规模化、集约化集聚发展，促进高新技术产业化的一种重要方式，成为一种组织形象、区域品牌、形象和水平的标志。虽然农业产业发展更适宜于分散的家庭经营，但不能因此否定这种组织形式的优势与存在的客观需要，也有很多的农业园区取得了显著的经济社会效益。关键是如何规划布局、定位、经营管理。

（2）园区是在中国特殊的农地制度下现代农业企业化、集约化、集群化发展的重要组织形式，是便利化地示范推广先进技术的重要载体。 在一定的地域范围或土地上通过聚集多种生产要素密集投入、三次产业的有机融合等实现资源的高效利用是现代农业发展的一种客观需要，在土地资源稀缺、地租高昂、机会成本较高的都市化区域更是如此。中国农户数量众多、居住分散，获取先进技术的信息闭塞、来源渠道窄，需要一些诸如示范农场、园区等载体场所让农民便利地学到新技术。同时，通过工商资本租赁农民土地发展现代农业，不但缓解现代农业资金不足的问题，有效提升农业的技术装备水平，也是增加农民收入的重要途径。很多园区通过租赁农民土地、雇佣农民在园区工作使农民成为拥有租金、薪金的新业主，也缓解了"谁来种地"的问题。

（3）中国农业园区存在问题的根源是发展理念脱离实际和体制机制缺陷。 也就是发展农业园区的理念、体制与道路选择、要素不协调以及调控等方面存在严重的问题，主要是政府与市场的关系没有处理好，政府行政主导的不良后果。在发展农业园区的探索过程中，受到政府推动、财政资金专项扶持的诱导，基层政府和企业竞相争取有限资源，而在整体规划、布局、发展定位以及投资等方面偏离了现实可能性与实际需求，缩小与发达国家农业差距、率先实现现代化的要求导致"大干快上""高大上"以及追求区域园区发展类型齐全、档次水平高、功能全等，超越现实、发展阶段，把需要几十年才能达成的目标在几年内希望做完，是大跃进的一种表现，违背经济规律。对实际估计研究不深入，太理想化，忽视经济效益，而在规划的论证中，不顾实现的条件、风险与现实需

求,管理协调不到位,园区的管理体制、经营制度、管理理念和手段等难以满足大规模园区经营的需要。在发达的大都市率先发展的现代农业园区,经过媒体报道宣传、领导参观肯定、专家研讨认可而迅速扩张,导致一哄而上,数量太多。对园区的客观真实、科学有效的监督考核与评价缺乏,掩盖亏损等方面的现实问题等几乎鲜见公开信息及其研究,介绍的都是好的方面,形成低水平的重复,浪费资源现象蔓延,治愈难度加大。不是园区这种组织模式存在问题,而是将其放大,不顾条件、不负责任滥用,迎合了追求高大上、面子工程、政绩工程等需要,而不是本着节约、持续、高效发展。

2. 未来农业园区发展的要求(方向)

(1)特色专业化产业、多样化功能开发与适度规模、先进经济适用技术装备协调。全市"高大上"的园区已经不少,特色化专业化发展将是方向,中小规模、适度投资、先进经济适用技术装备的园区将是发展的重要选择,其能够在一定程度上避免"高大上"园区的高成本、管理难等问题。

(2)政府主导转向企业主导,示范型向实体型发展。政府通过宣传发动、规划布局、设立财政专项等方式引导推动园区建设,对于在短期内提高认识、推动发展起到了一定的作用,起到了一定的示范作用,但由于发展过快、建设标准太高、规模过大等导致示范带动的效果并没有达到预期,反而成为问题的重要根源。未来园区的发展,需要遵循市场规律,把建设选择的权力交给市场、交给企业,政府主要通过政策引导调控,实现由行政主导向政府扶持、市场主导的新常态转变。同时,在现代信息化迅速发展条件下,新技术、新品种、新设备以及新材料的传播途径很多,示范功能已不重要,需要回归园区企业的生产经营属性。理想的状况是形成一个产业集群,关联产业在一定区域聚集,通过相互的关联、产业链的延伸等获取价值增值,由社会效益、示范效益为主向更加注重经济效益和带动效益转变。

(3)园区投资与产权多元化,产学研合作紧密化。目前的园区对于财政资金依赖性大,但产权不清,难以有效调动社会资本的投入。未来要根据深化改革以及建立现代企业制度的要求,建立股份制或合伙人制的园区发展模式,拓宽融资渠道,为持续发展奠定产权基础。同时,松散型的产学研合作也是很多园区致命的缺点,只有促进实质性产学研紧密合作才是有效出路。

(4)数量适度有序增长,重在提升存量的发展质量水平。未来园区的发展数量不宜过多增长,发展速度应相对放缓,尤其是综合性的大规模示范园区在天津已经出现功能重复等问题,留下的很多问题及造成的不利影响需要消化,现有的农业园区如何办好,如何提高存量园区发展的质量、水平和效益是首要问题。

第五章 新时代天津乡村振兴战略研究[①]

自党的十九大提出乡村振兴战略以来,几十项相关政策意见或法律法规陆续出台,国家层面乡村振兴战略的基本思路方向、重点任务和政策走向已经比较清晰,开始进入如何结合地方实际有序高效发展阶段。区域乡村振兴在不同的约束条件下面临很多不同矛盾和问题,各地积极推进,竞争压力与不确定性与日俱增,需要务实性的战略研究。本研究力求尽量避免部分"大而全"规划的桎梏或约束,立足于天津乡村区域的阶段特征和问题导向与需求导向,理性系统分析认识机遇与挑战,遵循科学逻辑与经济社会发展规律,把顶层长远战略研究与深化改革的可行性对策研究相结合,按照"发展基础判断—指标体系设定(目标定位)—发展模式选择设计(路径)—政策体系创新(保障)—实施对策建议"的思路,希望能提出具有较强长期指导价值的成果。

第一节 天津乡村振兴的基础与面临形势

一、天津乡村振兴的基础

1. 天津经济整体发展状况对乡村振兴的影响

乡村振兴战略的有效实施,城乡融合一体化,需要资源配置、人才保障、财政支持等将农业农村发展置于优先地位,天津整体与各区发展状况直接关系到乡村振兴的有效推进。作为沿海发达地区直辖市,虽然天津近几年的经济发展面临巨大困难和深层次问题,但40多年的改革开放快速发展也取得了巨大成就,表现出自身的显著特征。

(1)城市化总体水平较高,农村"就地城镇化"(居村城镇化)特点突出。 2018年天津常住人口城镇化率为82.9%(户籍人口城镇化率70.3%),2019年为83.5%,比全国高出20多个百分点;乡村总人口262.8万人,有3556个村民委员会,村庄户籍人口规模不等,平均每个村委会739人,小的村只有200人左右,大的村2000多人,以自然村为单位建立村民委员会、村党支部等组织;村庄农业生产经营人员60万左右,基本上全年居住生活在村庄的人口主要是农村老人、小孩以及部分本地农民工,部分本地农民

[①] 本章内容主要来自天津市农业农村委员会重点调研项目"新时代天津乡村振兴战略研究"课题研究报告(项目编号:TJNWY2017002)。

工白天在城区、镇区、园区、企业等打工，晚上回村居住。

目前天津农村城镇化的特点主要表现在：一是农户代际分工兼业化普遍（中青年从事非农产业、父母在家务农带小孩的半工半耕状态），农户分工分业不彻底。乡村总人口减少缓慢，从2009年至2018年只减少了约7.3万人。二是大部分村庄耕地受到保护，自身非农产业发展空间受限，很多村庄人地矛盾比较突出，居村城镇化普遍。三是各村庄或区域的整体环境、服务体系等差距较大。四是城乡居民社会保障制度实现一体化。城乡低保标准统一提升为每人每月860元，农村居民养老保险、基本医疗保险参保率均超过95%。但在具体的标准和保障程度等方面城乡尚存在不小差距，不同区之间因为发展水平差异也存在一定实际差距。五是作为劳动力输入地，农村劳动力就业机会较多，但不充分就业、自愿性失业、技能不符合要求的摩擦性失业等大量存在，农民收入构成中60%左右依赖工资性收入，区域非农产业景气状况、就业机会对农民收入影响巨大。

（2）全市产业发展的空间与潜力在涉农区，区域之间差距较大，区级组织的统筹发展能力是关键。 天津中心城区的发展空间较小，支撑发展的主要是滨海新区以及其他涉农区。改革开放以来涉农区县通过建设经济开发区、产业园区、房地产开发等对农村土地资源的开发，部分区迅速发展，有的区相对滞后。实施乡村振兴战略，市区政府统筹经济社会发展的能力和水平成为非常关键因素。

（3）天津整体经济发展面临严峻挑战，正处于转型爬坡期，财政资金缺口较大，对乡村振兴不利影响巨大。 天津市一般公共预算收入经历了10多年20%以上高速增长，2011年最高达到36.1%之后开始下滑，2016年降至10%，2017、2018年"断崖式"降为-10.4%和-8.8%。据大量数据和有关研究分析，天津整体经济（包括农村）存在的问题主要是：产业结构落后，质量素质不强；创新创造水平相对于京沪、江浙以及广州、青岛等较低，"双创"与国内其他城市相比存在明显差距；投资对于经济的拉动一定程度削弱，对实体经济的支持作用一定程度削弱；民营经济发展不足、质量不高。克服这些问题只有通过一定时期的系统全面深化改革创新才能走向良性轨道。随着外部经济环境变化，地区之间的差距显现出来，部分区严重缺乏后劲，甚至事业单位、公务员的工资都要部分借债或者迟发，更不用说对"需要大量花钱"的乡村振兴的支持。与2017年相比，2018年各涉农区的区级一般公共预算收入普遍减少（只有蓟州区由25.34亿元增加到27.83亿元）。因为天津总体经济的严重下滑，支持振兴乡村的财力受到严重影响，乡村自身基础和发展能力较弱，资金缺口较大。以市级财政一般预算支出中的农林水支出为例，根据天津市财政局官网公布的各年度市级财政预算决算数据，2009—2015年分别为51.1亿元、57.8亿元、51.1亿元、60.7亿元、68.3亿元、82.1亿元、92.7亿元，总体呈现增长。2016—2018年分别降为87.4亿元、83.8亿元和63.2亿元（2016年的下降部分原因是市级列支的对区的补助调整为转移支付，相应影响支出增幅），2019年进一步下降为59亿元。同时应该看到，困难村帮扶、村庄全域清洁化（厕所革命）以及对口帮扶甘肃、新疆等重点工作占用不少财政资金，导致部分重要工作难以有效持续开展。

2. 天津实施乡村振兴战略起点（农业农村发展基础）

从乡村振兴的主要内容和要求看，天津农业农村发展的整体状况具有如下特点。

（1）村民生活与收入水平相对较高，收入主要依赖工资性收入，但大部分村集体实力与自我发展能力较弱，强村较少，一般村和困难村较多。 一般家庭的生活水平整体较高，住房、电视、冰箱、洗衣机、淋浴热水器、空调、助力车、手机等已经普及，能满足需要（手机每百户平均233部以上）。农村居民家庭每百户拥有小汽车量从2014年的27.5辆增加到2018年的42.5辆。近几年，农民人均可支配收入中60%来自工资性收入，农业家庭经营收入占25%左右，财产性收入占4%左右。据相关资料显示，2017年9月天津市新一轮帮扶的1000个相对困难村中，村集体经营性收入不足20万元的952个，其中收入不足10万元的710个，收入不足5万元的548个，收入为零的312个；农民人均可支配收入低于全市平均水平的841个；基础设施建设滞后的508个；干群矛盾突出、信访多发和治安形势相对复杂的22个。据市农业农村委产权制度改革信息统计，截至2018年已经完成产权制度改革任务的1418个村中，村集体经营性资产只有90多亿元，西青区25个村50多亿，占了56%，平均每个村2亿元，各村差距也较大；东丽区31个村11.1亿元，平均每村3580万元；津南区37个村，平均每村793万元；北辰43个村，平均每村2609万元；滨海新区134个村，平均每村750万元；蓟州区265个村，平均每村69.6万元；宝坻区751个村（基本全部完成产改），平均每村9.5万元；静海60个村，平均每村89.7万元；武清70个村，村均32.2万元等。不少村庄经营性资产为零，没有经营性收入；村庄之间的差距非常巨大，强村很少，总体上天津村庄的自我发展能力很低。困难村帮扶要求的村集体经营性收入每年20万元的目标实现难度很大，即使采取"打包使用""购置门面房出租"等多种途径能够短期达到，但因为缺乏产业发展的内生动力活力，也很难持续。

（2）村庄经济发展与所在区镇发展水平显著正相关，传统农业村数量多、规模小、分布散，具有较成熟主导产业和竞争力的强村很少，发展的差异性明显。 虽然各乡镇可能都有个别村经济实力较强，如果区镇的非农产业发展水平较高，能够有效辐射或带动村庄发展，提供更多就近就业机会，高水平的村相对就会多些，如西青区等。而像蓟州区、宁河区等相对落后，大部分村比较困难。以房地产、传统加工制造等产业为代表的行业过剩加剧，非农产业园区化、城镇化聚集，村庄发展空间受限。具有较强的成熟主导产业或者发展潜力较强的村相对较少，没有特色优势产业的普通村、农业村较多；在大众大宗农产品、传统工业品产能严重过剩，产业创新竞争加剧以及风险加大的背景下，产业振兴成为乡村振兴难点之最。

（3）城乡一体社会保障制度初步建立，农村基层组织体系比较健全，社会整体稳定，但距离乡村治理现代化要求尚有较大距离，组织效能与善治水平亟待提升。 初步实现了城乡一体社会保障制度，但乡村医疗、养老等保障水平相对较低。村级组织基本实现年轻化、职业化，村支部书记与村委会主任实现"一肩挑"，村干部报酬较大提升；村务监督委员会普遍建立，普遍新建标准化党群活动室，乡村社会治理的架构基本成型。但很多现实的和长期存在的或潜在的深层次问题尚待解决，组织能力建设、文化活力建设、社会治理以及村民的积极主动参与意识能力等很不适应。村民分化、阶层化与原子化普遍存在，参与村庄治理积极性不高，不少制度规范或做法流于形式，村干部的整体素质与水平有待提升，农村假冒伪劣商品还较普遍存在。重塑新时代村庄命运共同体任重道远。

（4）**乡村生态环境的系统改善和治理尚处于起步探索阶段，宜业宜居的生态环境建设任重道远**。2017—2019年，天津市健全了农村垃圾"村收—镇运—区处理"体系建设，按照5‰的人口比例配备2万多名村庄保洁员，垃圾收运设施配套率达到100%，村庄生活垃圾无害化处理率达到96%，累计建设1115个生活污水处理设施。全市规模养殖场畜禽粪污治理基本实现全覆盖，完成2905家规模养殖场畜禽粪污治理，畜禽粪污资源化利用率达到80%以上。对22.7万座户厕、3515座公厕进行了改造提升。2020年还将改造提升29.6万座户厕和1783座公厕。但整体看，绝大数村庄距离生态宜居、生态振兴的要求差距较大，既包括污水处理、土壤与农业面源污染治理、垃圾分类及其无害化资源化利用等问题，也包括村民自我生态环保环境意识与行为养成，建立长效的资金保障与管护机制等深层次难题。调研了解到，受制于基层环保部门的严苛要求，乡村农产品加工业发展很困难，三产融合可能成为一种"口号"，其涉及基层环保、土地资源管理与其他部门的协调，不同产业类型的环保标准等问题。

（5）**小城镇和产业园区发展水平与带动力有限，镇村一体水平不高**。虽然政府确定扶持了一批示范小城镇、重点镇、强镇建设，部分镇发展水平明显提升，但整体看效果尚未达到预期，具有较强持续发展能力和广阔前景的产业强镇较少，有影响力的特色小镇很少。2009年开始，重点建设31个示范工业园区，但通过分析31个示范工业园区6037户驻区企业的财务指标和税收贡献发现：园区税收增长乏力，企业获利能力有待提升；亩产税收规模偏低，税收拉动作用不强；融资困难普遍存在，缺乏短期融资保护，示范工业园区发展质量不高[①]。天津市政府要在2018—2020年关闭200家散乱产业园，已经关了100多家，2019年下半年和2020年再关100家左右[②]。

（6）**农业现代化水平整体居全国先进行列，但存在明显的短板和深层次难题**。少量现代农业新型主体与大量"现代小农"并存，使用现代农业生产要素的大量兼业化小农户数量难以有效降低，大部分农户多年作为副业种植小麦玉米，产业结构水平低下。农业普查数据显示，2016年末全市农业经营户66.08万户，其中规模农业经营户12261户（仅占1.86%）。因为人工和土地成本较高、农业保险覆盖面和保障程度不高，增加务农收入的动能衰减，农业企业化以及规模化经营风险凸现，农村三产融合面临环保压力。全国很多农产品产能严重过剩，市场风险与竞争压力增大，大棚房整治对部分投资者生产经营产生较大的冲击，信心和能力受挫，蔬菜种植面积和自给率一定下降，很多设施出现"空置"，农业发展内生动力不足。

---

① 将静，黄晶，王苏凝. 从税收角度看天津示范工业园区的发展[J]. 天津经济，2017（7）：35-39.
② 中华人民共和国国务院新闻办公室. 坚持以人民为中心推动天津高质量发展[R/OL].（2019-07-22）[2020-01-18]. http://www.gov.cn/xinwen/2019/07/22/content_5413087.htm#1

二、天津乡村振兴面临的形势

天津整体经济社会发展状况以及国内国际环境都会对天津乡村振兴战略的实施产生多重影响,总体看面临挑战巨大。

1. 科技进步推进产能快速增长,各地乡村产业振兴同步加快,过剩与卖难"频发"的竞争压力和风险加大

全国各地立足自身优势激发内生动力加快产业发展势头强劲,新产业、新产品、新业态、新组织与新模式不断创新,整体农产品供给结构加快优化,可能的高质量农产品出现有效需求不足的生产整体过剩风险不小。截至2018年,农业农村部"农产品地理标志"认证2524个(2008年只有121个),很多农产品认定的地标品牌少的十几个,多的达到六七十个。以天津强力组织实施的"小站稻振兴计划"的大米为例,中国农业品牌目录2019农产品区域公用品牌(第一批)价值评估榜单显示,小站稻评估价值24.73亿元,崇明大米24.8亿元,天津与上海相当;而东北大米的品牌价值远超过津沪,兴安盟大米为180.26亿元,盘锦大米529亿元,榆树大米167.92亿元,九台贡米111.19亿元,五常大米897.26亿元。天津的优势并不明显,虽然个别地区个别品牌大米能够高价销售,但稻谷价格普遍不高乃至下降的风险不小。

2. 乡村非农产业高质量发展带动就业增收的不确定性很大

产业发展能否成功,需要有一定的资源基础、开发利用潜力与投资经营者、制度和人文环境等系统条件。天津农产品加工、乡村旅游以及三产融合将面临新的竞争环境,环保压力将持续,新开工厂的环保要求、投资等提高,生态环境保护成本增加,很多难以再发展,农民增收面临新难题。天津绝大部分外出就业农民工在本市,很多主要在乡村中小企业,对地方非农产业发展依赖性较大,大部分农民持续发展增收并靠农业实现富裕目标很难。乡村振兴的机遇,很大程度上将来自外部市场环境的好转,例如京津冀协同发展的加速推进,疏解北京非首都功能带动天津的发展,天津的区位优势以及土地资源优势、港口优势,开发区、产业园区等产业基础优势能否产生带动或溢出效应。

3. 不同地区执行国家政策的差异性以及地方政策的差异性影响巨大

近年来国家出台实施了很多关于环保、绿色发展等方面的政策和行动,但各地对政策的理解存在差异,结合不同的实际执行存在巨大差异。例如,大棚房整治在不同地区掌握尺度、采取的补救举措不同,对农业发展信心与未来预期的不利影响不同。受"环保风暴"影响,很多农产品加工企业在天津农村建不了,但在外地有些地方就可以,导致企业或者业务外迁。产业发展的各种严峻外部竞争环境不容忽视。

4. 人才与科技创新争夺战加剧,文化与制度创新等深层次社会环境变革面临挑战

相对粗放式发展的传统产业比较适宜于乡村,新产业尤其是高新技术产业主要靠技术创新与资本的结合,要依靠各类人才的聚集及其创新创造力与相关产业基础配套。全国各地对高新技术产业、技术创新的优秀人才争夺激烈,大中城市的集聚作用显现,乡村没有优势。与长三角、珠三角以及一些农业大省(如山东)比较,天津农业产业及农

业科技创新吸引高水平优秀人才存在创新创业环境、事业发展平台、优惠条件等吸引力不足,政策力度相对较弱等问题。而未来吸引人才将更多依靠系统的创新创业文化氛围、政府营商环境、创新创业平台及服务水平、全社会的氛围与政府的政策、管理服务水平、体制机制等"软环境"条件,如果在这些方面没有实质性的系统改革突破,将很难在与其他地区竞争中获得持续优势,进而实现持续创新与高质量发展,个别点突破创新或者"昙花一现"典型难以支撑长期创新发展。

5. 国际贸易环境不确定性风险增大,农产品贸易逆差较大,对农业农村的不利影响将不断加剧

全球化、国际化既给中国发展带来了持续的重大机遇,满足国内需求和粮食安全,也会对部分产业和区域带来严峻挑战,尤其是对于农业产业和乡村初级农产品加工发展影响巨大。国外大量进口的高档农产品一直在压低国内农产品的价格,争夺盈利空间,农业增效困难。贸易摩擦影响中国的整体经济景气,下滑的风险加大,影响农民的工资性收入。农产品贸易逆差将长期居于 500 亿美元以上高位,2019 年扩大到 718.7 亿美元,一直保持顺差的水果贸易在 2018 年出现 10 多亿美元逆差,2019 年进一步扩大到 29.1亿美元;畜产品贸易逆差多年持续扩大,水产品、蔬菜等贸易顺差减少趋势。

三、天津乡村振兴面临的主要难题

通过对 205 名市区镇三级涉农干部问卷调查,结果表明针对基层目前实施乡村振兴战略需要破除的难题,选择占比最多的是"集体经济薄弱"(64.9%),"财政供给和需求不匹配""各类人才留不住""理念滞后、观念守旧""内生动力不足"分别占 45.9%、44.4%、42.9%、42.4%;"产业转型难""土地问题"也是重要的难题,选择比例为 31.7%。

1. 镇村级产业振兴发展的内生动力活力不足

一是大部分乡村地区难以找到增长潜力好的新产业新业态,有亮点的很少。帮扶困难村普遍面临产业难帮扶问题。乡村产业发展的困难是多种因素作用的结果,自身发展持续性内在动力缺乏放大和凸显,过去依赖直辖市"城市产业外溢乡村+卖方市场"带动乡村发展模式无法复制,乡村产业自我创新发展的基础与内生动力活力严重不足,能有效吸引投资的好项目及其必要的综合营商环境条件缺乏等。二是农业供给侧结构性问题突出。农产品供给结构落后于多样化高质量需求,低效低值产品占绝对比重,产业整体竞争力不强,三产融合水平低。截至 2018 年,全国"一村(镇)一品"2109 个,天津 29 个(北京 63 个),仅占 1.38%。2020 年 12 月,农业农村部管理干部学院和中国农村合作经济管理学会在京发布了《国家农民合作社示范社发展指数研究报告(2019)》,依托"国家农民合作社示范社管理系统"2019 年度数据,分析 4920 家国家农民合作社示范社样本的整体发展情况(国家农民合作社示范社 8470 家),并从基础实力、发展活力、创新能力 3 个维度 27 项指标对示范社样本进行发展指数测算,评出了示范社 300强。天津没有农民合作社入选,上海有 2 家、北京有 1 家。

2. 生态环境治理距离宜居宜业差距很大

大部分现存中国村庄的核心问题在于自然环境与社会生态一道恶化，而且相互交织；农村的污染是"复合污染集大成"，存在"共犯体系"，是"治理危机"的重要方面①。农村人居环境三年整治行动以及"厕所革命"即使能够如期顺利完成，也面临如何长期可持续的制度以及机制等保障问题。高质量绿色发展方式与生活方式实现的长期艰巨性，距离生态宜居的高标准要求差距很大，需要整体上的技术与产品创新推广，需要持续投入大量资金，需要居民自主意识、内生动力、长效机制建立等深层次难点突破。

3. 公共服务与公共基础设施水平的城乡差距、区域（村庄）差距较大，部分设施利用效率低，供需矛盾突出

一是部分村庄的基础设施和公共服务尚不完善，已经建成的大部分水平不高，与城市差距大，各村之间差异也很大。有的农村道路严重破损无钱修补，有的过窄不能满足需求，缺乏完善的道路、卫生、绿化等维护机制。二是大面积封井日益凸显加剧水利公共设施与公共服务、节水灌溉等短板短腿，对农业发展影响巨大。全面封井不但导致农业用水难、成本增加，靠天吃饭的自然风险加大，利用沟渠水灌溉影响产品质量和竞争力。节水水平与先进省份比有较大差距，节水灌溉需要更多投入，农田骨干设施老化失修、功能衰减。三是公共服务体制机制导致的低效问题突出，相关部门任务式自上而下统一要求按自然村分别独立建设村庄文化体育等服务设施，"千村一面"，存在严重废弃与浪费现象，持续高效发展的人才、资金、机制等尚未建立健全。

4. 基层组织持续高效履行职能并不断创新的基础不牢固，各种社会矛盾问题仍然突出，有效善治任重道远

新老矛盾叠加交织的农村社会问题将日益增多。韦风涛（2018）指出，农村问题层出不穷的根本原因是昔日曾有效联结起农民、村干部、乡镇和县市的一条生态治理链条严重断裂；从全国情况看，越是裂口大的地区，农村问题越多，越缺少一支懂农业、爱农村、爱农民的"三农"工作队②。天津市区镇三级农业农村机构改革初步完成，村级换届全部采取村支部书记与村主任的"一肩挑"，2018年开始，公开招聘1000多名农村党务工作者。但决定组织体系效能的主要因素是职能定位及其履职条件、人员素质与能力水平、机构内部的制度以及机制、工作人员的职业成就感、报酬待遇等，从现实看尚存在很多问题。

（1）政府管理不适应。 据实际调查，机构改革首先是对人员的重新归岗，未必适应管理科学化专业化高效化的岗位要求。受编制、岗位等限制，人员单位固化严重难以流动（或淘汰），在职人员普遍的"职业倦怠感"严重，缺乏成就感。很多基层工作辛苦，经常加班而没有加班费，事业编制干部在某些乡镇待遇较低、任务较多，事业费以及工资需要乡镇部分自筹，基层难以吸引留住优秀人才。有的干部找关系留在区级或者借调脱离乡镇，部分地方出现"区级单位编制少人员多"而"乡镇编制多人员少"的困境。

---

① 张玉林. 农村环境结构性困境与治理危机[J]. 中国乡村发现，2018（1）：44-50.
② 韦风涛. 打开后续发展通道，优先解决懂农问题——宁波推行村级小微权力清单制再思考[EB/OL].（2018-06-15）[2021-02-15]. http://www.zgzcinfo.cn/news/show/21-1907.html

自上而下巨大的工作任务量需要乡镇完成,疲于奔命应付等,普遍性的"报酬危机",政治素质与业务素质、"三农"情怀等兼备的人才严重不足,治理的财力支撑和能力提升急需加强。据对 119 名乡镇农业干部问卷调查,有 78 名干部(占 65.6%)经常加班,平均每人每月加班 7 次,每次加班时长为 4 至 4.5 小时,其加班内容主要集中在开会、写材料、准备迎检、统计报表等。另据调查的 205 名干部中,仅有 53.7%的干部经过系统的岗位或专业的行政管理与服务工作培训;有 44.4%认为自己在实际工作中欠缺"专业技能知识"能力,有 42.0%认为欠缺"写作能力",有 32.7%认为欠缺"综合管理能力"。近年来很多区镇干部调动频繁,尤其是主要领导过度频繁变化造成的不利影响明显。

(2)乡风文明与"三治结合"的组织运行效能亟待提升。村集体经济薄弱,完全依靠政府财政或"困难村帮扶"等"短期"举措,硬化道路、公厕等基础设施持续维护难,为村民服务的能力严重不足,村庄的凝聚力、共同体意识严重不足,村民异质化、原子化,地缘邻里关系、血缘亲情关系等维系传统乡村的文明凝聚力减弱,老龄化的养老、严重的"剩男"、不文明丧葬、产业发展受限等问题亟待高效体系解决。

(3)振兴乡村的"行政成本""乡土成本"较高。三年以前天津曾被认为是全国营商成本最高的城市之一,目前已明显好转。但对乡村而言,尤其是在部分区镇村,"产业第一、企业家老大"的营商环境根上并没好转,"隐性行政成本""乡土成本"很高,主要干部变动频繁以及升迁制度等已成为一种无形社会发展阻力。

5. 农村居民(尤其低收入人群)增收困难

受多种因素制约,农村居民实际收入已经呈现增速下降趋势,虽然官方统计数据天津农村居民人均可支配收入增速不低,但据调查以及基层干部反映,一般典型农户人均可支配收入基本处于停滞状态甚至下降,难以达到平均数。2018 年统计公布农村居民人均可支配收入 2.3 万多元,但据调查以及估算一般典型农户收入不足 2 万元。"环保风暴"造成大量"散乱污"企业倒闭,农产品生产成本上涨而纯收益下降,非洲猪瘟以及"大棚房整治"等都是现实"减收"因素,2020 年的新冠疫情更是影响严重,乡村产业振兴增收的有利因素和力量不足。个别高收入典型与平均数掩盖下的低收入人群增收问题更值得关注。纯农业村受制于耕地保护、务农效益低、建设用地少等制约,振兴难度大。

6. 资金缺口巨大与优质项目短缺,财政支农资金严重不足,使用效率亟待提升

乡村振兴所需资金远不能满足是普遍性问题和约束条件。实现农业农村优先发展,首先必须大幅度增加投入,其次是提高资金使用效果以形成持续稳定增长机制和能力。发挥好资金作用需要好项目、好的基础条件、优秀的经营管理者,财政资金扶持对象的匹配、监管评估等综合性系统条件。目前的问题主要表现在以下方面:

(1)金融资本服务乡村振兴仍将面临普惠制金融发展的基础性难题。一般认为农户、合作社、中小企业等缺乏抵押担保物、风险大、融资成本高是贷款难的主要原因。但根本原因是真正能够让金融机构放心贷款的优质客户和项目少,盈利性与稳定性较差,风险难以有效规避。而对于公共服务、公共基础设施建设,金融机构以及社会资本更是融资意愿不强。

（2）天津的区位优势难以发挥，城市资本带动农业农村发展动能不足。2018年12月公布国家重点农业产业化龙头企业监测合格的1095家，其中北京35家，天津15家（2017年18家），上海18家，重庆31家，河北43家。天津与全国先进地区差距较大，在全国的占比很小。直辖市"雄厚"的工商业资本、产业基础、人才与科技雄厚、港口优势等带动农业农村发展体现得很不充分，动态看其动能、效果相对减弱。

（3）财政支持力度不够，有效撬动社会资本形成持续发展的内在动力活力不足。以京沪为范本定位天津"三农"发展目标、功能和产业，但天津的支农资金差距大，与北京上海远不在一个档次。2017年天津农业增加值174亿元，比北京高出54亿元，分别占GDP的0.94%和0.43%，但市级预算支出中农林水支出仅相当于北京的34%。在市级财政一般预算支出中的农林水支出中，真正用在农业和村庄发展的绝对数和比例都较低，占比较大的水利、林业都是服务全市的，部分涉农区、乡镇就是吃饭财政乃至"要饭财政"。财政支农力度较低会产生很多不利影响和问题，对于弱质弱势的农业产业的扶持力度不同，农业科技创新、引进人才、组织建设、品牌建设、营销以及服务体系效能等系统性素质能力存在差异，目标任务很宏伟但缺乏足够的真金白银去实现，势必造成很多的政策性"烂尾项目"，期望目标难以达到，造成严重浪费，形成一种恶性的低水平循环或内卷化。

7. 地方治理体系与治理能力缺陷问题

在中央的路线方针和战略确定之后，地方发展得如何主要取决于地方干部队伍，其决定了地方治理能力和成效，成为拉开地区发展差距的主要因素。从近年来的天津实践看，存在很多缺陷不利于乡村振兴，在此简要列举几方面。

（1）重大项目的决策科学化与组织实施有效性等制度问题。客观说，近10多年来，天津实施的"4412工程"、美丽乡村建设、困难村帮扶、结构调整"一减三增"、"煤改气（电）"等重大工程，财政和有关单位、社会等投入了大量人财物，但预期效果未能有效实现，被广为诟病。核心就是对项目的目标定位、实施的制度要求、实施的组织运作模式与机制等决策的理念方式出现了问题，未能真正遵循实事求是、求真务实，不切实际地确定目标、制定制度规范，实际执行难以到位。地方的政治体系、行政体系以及其他社会治理组织之间如何形成协调高效的科学决策与实施制度是系统问题，上有政策、下有对策，上面"压实基层责任"，基层无力招架，只能选择性地"形式主义"应对。据调研考察，浙江的乡村振兴之所以走在全国前列，就是在很多的项目谋划建设、制度等方面不断创新，采取求真务实的具体有效措施，成为全国学习典型；农业农村部的很多项目在浙江等地能够迅速拿出相关的有效实施意见办法等。

（2）政府配置资源的体制机制问题。虽然机构改革成立了农业农村委员会，但仍然有规划、自然资源、文化、社会保障、非农产业发展等主要归属于其他部门管理，部门不协调、不统一的制度及其内在机制问题仍将大量存在，农业农村委员会的协调统筹能力显然不足。例如，关于土地出让金的使用方面，既是体制问题也是法规问题，通过征收农村集体土地转为国有的出让金，绝大部分用于城市、县城等建设，用在农业乡村发展的很少，城区和县城等建设水平提高迅速，但乡村则差距明显。历年天津市土地出让金的收入和支出数额巨大（列入政府性基金收支），但用于农业农村很少。2017年，天津市级政府性基金收入364亿元，其中国有土地使用权出让收入346亿元；支出363亿元，其中城乡社区支出349.8亿元（占96.4%），主要用于支付土地整理成本，建设地铁、公路、桥梁等市政基础设施；社会保障和就业支出1.6亿元，主要用于库区移民补助。

（3）相关法律法规问题。主要是关于基本农田保护制度规定的比例过大，农用地转为非农建设用地等对于发展权的限制，建设用地（包括宅基地）的市场化受到限制，乡村失去了很多发展机会和自我发展能力积累的大好时机。部分村庄的很多土地被划定为生态红线、生态黄线内，生产项目发展没有空间，缺乏生态补偿机制，为了公共生态利益而让少数村庄村民承担成本。

8. 深化农村改革难度大任务重

近年来天津市在农村政策制度、体制机制等创新方面亮点不多，创新性创造性不足。一是推进困难村帮扶、农村产权制度改革、土地确权登记以及供给侧结构性改革等方面，缺乏结合不同情况的分类有序推进政策，科学合理性和针对性较差，有效执行力差，改革难深入，基层被动应付完成任务，绩效不明显，距离改革预期较远，负责改革创新的行政体系与文化存在严重问题。二是持续性内生动力（创新）不足，真正的企业家及其为企业家服务的营商环境不佳，唯上、唯领导的不科学低效行政管理等问题普遍存在。三是乡村对优秀人才的吸引力不强，形成一种低水平的均衡或者循环，不利于乡村振兴。针对"本区农业行管理体制机制存在的主要问题"调查时，205名干部中有67.3%选择了"人员力量不足"并认为是目前最大的问题之一；有82.9%选择"目前本部门存在人员配置不足问题"，有51.2%选择"严重短缺，勉强应付工作"。部分区域行政的体制政策等制度已经陷入了内卷化、路径依赖（锁定）与格局固化等低水平循环陷阱，在整体的社会稳定要求、人事制度没有根本变革情况下，局部调整或"小打小闹"的形式改革很难解决根本问题，改革的系统性、困难性凸显。

总之，天津乡村振兴面临的最大挑战来自自身，内在发展体制机制不适，改革创新动力不强，习惯性的思维、理念、工作方式方法，习惯于自上而下命令式"一刀切"推进工作，而不是分类分步有序扎实推进；部分区抓产业振兴远不如"重点工作"受到重视；涉及乡村振兴的相关部门之间难以协调统筹发力，基层疲于应付，不少村民和村干部没有振兴的内生动力等，在部分地区已经成为一种常态文化，低水平均衡循环难以打破，全社会全员全力振兴乡村的整体环境氛围尚未形成。

第二节 天津乡村振兴战略指标体系研究[①]

乡村振兴作为新时代推进农业农村现代化进而实现强国梦的战略，是未来30年三

---

① 本节主要内容发表在《理论与现代化》2020年第5期（86—95页）。

农工作的主线。建立适宜实用的评价指标体系既是政府部门的需要，也是理论研究的责任。本部分以天津为例，在对以往社会经济评价指标体系构建与应用反思基础上，结合乡村振兴战略基本内涵和天津基础条件，提出构建区域乡村振兴战略指标体系的原则，对指标选择创设以及指标体系应用方面提出建议。

一、我国评价社会经济发展指标体系问题的反思

指标体系是根据不同目的要求和研究对象特点，把客观上存在联系又相互独立的能体现社会经济现象特征的若干个指标科学地加以分类和组合形成的统一整体。构建和应用社会经济发展评价指标体系一般包括如下紧密关联的6个环节：对评价对象内涵特征与标志要求的理解；指标选择或创设；指标标准值或目标值的预测或确定；指标权重确定；真实可靠数据的获取；指数计算及其结果的解释分析等。指标体系的质量决定于这6个环节的真实性、科学性以及理性、客观性等，环环相扣。因为社会经济现象毕竟不同于自然物质现象，指标数量化衡量在这6个方面都会存在很多天然缺陷、不确定性或者主观性，即使统计科学技术获得较大发展，对于综合性研究对象和研究问题也难以满足综合评价的科学性要求，评价的科学性严重欠缺。新时代发挥好评价指标体系对乡村振兴的促进作用，需要按照求真务实的原则，遵循人文社会科学研究规律，立足中国以及区域的基础、统计技术发展的现实等约束，才能得出科学理性的结论。

我国社会经济发展评价指标体系的广泛应用，起始于20世纪80年代的"英格尔斯现代化指标体系"的引入。但谢立中指出，所谓"英格尔斯现代化指标体系"的理解和运用从名称到内容实际上都包含着不少讹误和不当之处，其不是由英格尔斯提出来的，是拉西特（Russett）在20世纪70年代从60个特征（或分散指标）对72个国家（包括发达与不发达国家）进行了比较研究，区分发达国家与不发达国家的某些特征值，其并不是一个我们今天所理解的"综合评估指标体系"，这实际上主要是中国学者的发明，国外很少有哪个国家或地区的领导人会认真地将这种综合评估的结果当作自己决策依据；其不是一个用来评估"工业时代现代化"的指标体系，未形成一个综合评估指数并非一定是个缺陷①。但很遗憾，这种警示并没有引起学界和政府的重视，行政管理体制下的考核评价、地区之间比较与排序以及现代化追赶等对评价的需要，学界的庸俗实用化、浮躁等违背人文社会科学研究常识现象愈演愈烈，追求研究的数量化、标准化与可考核可衡量等取向都促进了学界、政府等对此青睐有加，将非常复杂的社会经济发展问题评价"简单化"为少数指标数值，并计算为一个综合指数值代表发展水平，进行纵向横向的比较排名，是不严谨、不科学的一种重要表现，社会经济评价指标体系滥用、误用等问题严重。

1. 综合性评价指数与排名"满天飞"与非科学地扩大化使用指标体系

地区发展排名、大学排名、科研排名以及国内外的比较等已经深入中国的各个领域，

---

① 谢立中. 如何看待社会发展指标的综合评估——兼评"中国现代化研究报告"[N]. 光明日报，2001-08-02（C02）.

严重影响着决策和社会风气,其依据就是各种各样的评价指标体系。据作者有限的信息和粗浅认识,在国际上似乎只有联合国开发计划署(UNDP)在《1990年人文发展报告》中提出的人类发展指数(HDI)得到普遍的认可和参考应用,但其思路、方法在中国被不断地扩大化使用。"现代化指数""可持续发展指数""全面小康社会指数""绿色发展指数"以及"乡村振兴指数"等已经成为中国人文社科领域一道"独特的风景",似乎计算综合评价指数成为学术界和政府的重要任务之一。众所周知,HDI指标体系与方法提出后,在不断地发现缺陷进而不断地修订完善,是一个不断揭示影响因素、变量之间内在关系和内在规律的过程。也说明该方法是存在缺陷的,只能仅仅作为参考。本文认为,社会经济评价指标体系在针对一个国家或者相对微观、具体的主体和主题评价有效性相对较高,但对于中观区域或者相对综合性的主题则有效性要差得多,尤其应当慎用,比如对于区域的排名等。

社会经济现象"指数化"方法自身以及在实践中存在很多缺陷:一是数据本身来源及其准确性不确定、不稳定,尤其是处于大发展大变革时期的中国社会经济很不成熟、不稳定,很多并不符合一般的因果和逻辑规律;二是很多能够反映定性内涵特征要求的指标受数据来源及计算技术等限制而无法设置(尤其是综合性强、内涵丰富的指标),而使用了近似的简单化指标代替,基于综合指数计算以及误差控制等技术需要而限制指标数量,要尽可能简化,实际采用的指标对客观现象(评价对象)的解释力有限;三是采取无量纲化处理计算综合指数,在权重的赋值上虽然有很多方法,但科学性、权威性都不足,主观性明显。毕竟社会经济现象不同于自然物质现象,自然物质世界具有客观规律性,可以通过物理化学以及数学等学科的理论和方法进行数量化测量表达。

2. 社会经济评价的指标之间因果关系或逻辑关系等很多难以系统准确把握与实践验证导致的学理性规律性严重缺陷

虽然改革开放以来中国人文社会科学研究取得很大进展,农业农村社会发展的实践与理论研究成果丰硕,但到目前为止中国农村社会经济发展的内在机理、主要变量之间的关系等研究尚未形成系统成熟的理论,作为发展中国家及其农村正处于大发展时期,很不稳定,本身就难以准确数量表达描述,学理性规律性欠缺。把非常复杂的经济问题、社会问题乃至政治等问题用数学化方式去描述,并得到理论化的结论,作为研究无可厚非,应当鼓励探索。但鼓励探索不等于不顾约束条件的随意使用、滥用乃至泛化、庸俗化,这是违背人文社会科学研究规范规律以及伦理要求的。

3. 忽视指标数量分析背后隐含的"隐性假设条件"以及同一指标数值反映的事物内在质量的差异性而简单比较或者相加得出综合结论

虽然是同一个指标及其数值,但其"含金量"不同,同一指标的理性科学使用是有其"隐性假设条件"的,但现实中却被简单用来解释现象或者作为依据。例如,用R&D经费数量或者占GDP比例、专利数量、论文数量等衡量一国科技实力、水平,但研发经费真正用在研发方面的数量、比例,专利、论文的质量和转化等情况差异较大。也就是说,简单数值比较得出结论有效性的"隐性假设条件"是指标"含金量"没有差异或差异很小,这点基本被忽视了。因此,对于指标及其数值的理性认识和使用是应有的态度,不能绝对化地过度解释,社会经济发展综合评价指数只能作为参考。

4. 将评价分析复杂社会经济现象的指标体系作为考核评价政绩(业绩)的方法和依据的科学性和学理性严重不足

不断追赶先进水平,上级部门对下级完成相关任务的情况进行考核评价是推动工作的重要手段。适应这种需求不断根据政府关注的主题推出各种考核评价的指标体系,甚至作为考核政绩的"科学依据"已经非常普遍。事实上,一个地区的发展、行业的发展,固然与行政领导有关,但能否完成任务、完成到什么程度,同样存在一定的规律,是政府、市场主体、公众等各种相关者共同作用的结果,是各种可控与不可控因素作用的结果,用复杂的评价社会经济发展的指标体系评价政绩明显不合理,是过度行政化管理的表现。

二、乡村振兴战略的内涵与指标体系构建原则

乡村振兴战略从其背景、内涵、目标等方面均不同于以往的农村发展战略,构建指标体系首先需要对该战略内涵系统深刻理解,进而提出应当遵循的基本原则。

1. 对乡村振兴战略内涵的理解

十九大报告提出,新时代我国社会的主要矛盾是人民日益增长的美好生活需要和不平衡不充分的发展之间矛盾,这是实施乡村振兴战略的大背景。国家《乡村振兴战略规划(2018—2022年)》指出,乡村是具有自然、社会、经济特征的地域综合体,兼具生产、生活、生态、文化等多重功能,与城镇互促互进、共生共存,共同构成人类活动的主要空间。乡村振兴的地域范围主要在县城以及城市城区以外的区域,其不但是地理区域概念,而且是文化地域概念;既有行政管理区域含义,也有生态、文化、社会管理区域含义等。衡量乡村振兴的状况应当是全市乡村整体、区县乡村整体、乡镇整体、村庄等四个层次。乡村振兴战略的提出,是在决胜全面建成小康社会剩下最后关键3年提出的,既关系到能否如期全面实现小康社会,更关系到全面小康目标实现后农村发展的目标和重点、路径等战略问题。

根据中央精神和国务院有关规划,基于构建评价指标体系视角,乡村振兴战略内涵强调以下几方面:①"三农"事业的新导向。着力解决乡村发展滞后或"乡村衰败"的不平衡、不充分等问题。乡村振兴战略是解决"三农"深层次问题的新举措,新时代乡村发展的新标志新战略。"振兴"意指大力发展,使之兴盛起来,是相对于衰退、衰落状态而言实现质的扭转改变或飞跃提升,或者是在原先的状态水平(或者相对较低水平、不充分状态)上的更高水平发展。②新时代探索中国特色农业农村现代化道路的新实践,新农村建设的"升级版"。乡村振兴战略是在即将全面建成小康社会,绝对贫困问题基本解决,主要基础设施、社会保障初步建立,为满足城乡居民更高层次需要的更全面发展战略。乡村振兴战略提出的5方面20字要求比新农村建设的要求更全面、标准更高,解决问题要更深刻系统,需要将城乡融合发展和农业农村优先发展作为根本路径。如果说

改革开放的前 30 年主要是引进、模仿西方工业化国家的现代化理论和模式，十八大以来探索中国特色农业农村现代化道路就成为主要任务，成为习近平新时代中国特色社会主义思想的重要组成部分。③以"县域"为主要"靶向"的战略。县级政府是我国功能与职责最全的基层政府，组织实施乡村振兴的前沿"总指挥"，也是监测评价的主要单元。2018 年中央一号文件指出，建立实施乡村振兴战略领导责任制，实行中央统筹省负总责、市县抓落实的工作机制；县委书记要下大气力抓好"三农"工作，当好乡村振兴"一线总指挥"。杨华认为，乡村振兴的基本单元应该定位在都市之外的县域范围，包括县城、集镇与村庄的统一体；乡村振兴不是村庄振兴，它本质上是县域的全面振兴①。

2. 乡村振兴战略指标体系构建的原则

社会经济发展评价指标体系构建始终存在内容的庞杂性与指标有限性、量化分析要求与定性标志难以量化、事物动态发展性与指标体系相对稳定性、多种功能目的要求与统计分析技术局限性、客观性科学性要求与主观性难以避免等多种矛盾，需要遵循一定的原则平衡各种矛盾，才能构建好用好指标体系。一是继承借鉴与创新结合。关于经济社会发展的全国性、区域性或者行业、专题性指标体系研究成果非常丰富，如农业农村现代化指标、全面小康社会指标体系、绿色发展指标体系等，乡村振兴作为农业农村现代化战略，在内涵与目标要求等方面与农业农村现代化既具有一致性，同时也具有一定的差异，需要继承仍然适用的指标，并根据新战略新要求提出创新性指标。尤其是要关注或侧重于中观区域、微观村庄、特殊群体等多层面、多角度的"振兴"问题，更加注重过程（措施做法等），不同于传统农业农村现代化的评价指标以平均数、增速为主的评价。二是理论建构、政府需求与农民感受结合。新时代的乡村振兴，在强调政府推进、城市与社会等外力推进的同时，更加强调村民的主体地位、目标诉求以及乡村内生活力的激发，要站在村民的获得感、主观感受等角度看待、谋划指标。特别强调，乡村振兴战略要重点解决乡村发展"滞后""落后""不充分""不平衡"等问题，需要相应的具体指标充分体现，这也是统计年鉴中没有统计的方面。以往的农业农村现代化研究侧重于总体的平均数水平，对各类"差距问题"以及部分"落后"问题没有重点考虑。三是结果性与过程性兼顾，阶段性工作目标与长远性核心目标结合。国家《乡村振兴战略规划（2018—2022 年）》以及各省市出台的 5 年规划目标，主要是阶段性、工作性指标，是针对全国或区域总体监测的，并不是一套系统科学地综合反映"乡村振兴战略"的指标体系（更谈不上科学评价），不但指标数量少，而且缺乏与乡村振兴战略深刻丰富内涵、根本目标相匹配的"核心指标"，部分富有创新性的指标质疑较大，有些难有客观标准，如集体经济强村比例等。乡村振兴涉及乡村发展的各方面，体现战略丰富内涵的多样化指标可大致分为结果性与过程性、客观性与主观性等类型，需要根据多种因素综合权衡设置。四是预期性与约束性、理性与理想指标结合。设定指标目标，一方面应反映发展的规律、趋势要求，带有预测性，体现内在客观性理性；另一方面，是基于国家或区域发

---

① 杨华. 论以县域为基本单元的乡村振兴[J]. 重庆社会科学，2019（6）：18-30.

展需要的政府强制性要求或者理想目标，带有约束性。同时，指标体系一般具有引领性与指导性、预期性与监测性相结合等多重功能，在指标设置与目标值确定方面应统筹兼顾。五是乡村振兴战略理论、国家政策和区域基础与实践结合。不断深化的乡村振兴战略研究成果，2018年关于乡村振兴的中央一号文件等国家层面的战略部署是构建区域乡村振兴指标体系的共性基础。同时，各地的乡村发展状况与趋势等具有各自的特点，区县、乡镇、村之间的差异也很大，振兴的起点不同，趋势要求也不同，指标体系的构建需要研究如何充分体现差异性。要构建适用于村、乡镇、区县以及省市的乡村指标体系，在考虑指标体系整体相对稳定性的同时，留有一定的弹性调整空间，体现差异性与动态调整性要求，兼顾特性（特色）。例如，天津绝大部分农村居民住房已经满足需要了，没必要作为指标提出过高要求，基于市场发展的手机基本普及也没有必要作为指标等。

三、天津乡村振兴战略指标体系创设及应用建议

1. 指标选择与创新（创设）

完整性、有效性和可行性是构建合理指标体系的基本要求[①]。乡村振兴战略内涵非常丰富，设立指标体系有多重功能，即使在剔除作用重复的指标或者因果关系明确且较强的指标，较系统描述清楚乡村振兴战略也不是20多个指标能够承载实现的，过分精简指标数量，主要是基于获取信息方便并便于计算"综合指数"的"技术要求"，但从功能上说应当是全方位立体式地尝试设置足够指标。同时，要适应对全市整体、区县整体、乡镇整体以及村庄等多层次乡村振兴战略进展评价监测的需要，指标的实用性、适应性很关键，提出的指标体系很容易经过简单筛选或者加工后，就能实现适用、实用性强的目标。

需要进一步说明的是：第一，乡村振兴战略实施是综合性的动态过程，很多标志可选的指标弹性较大，也就是反映某个特征可以从多个角度去设置，或者用多个指标衡量，并无绝对优劣（都可能是近似代替）。目前尚难以提出公认的权威性科学指标体系，本文提出的各种指标，也可能尚有更好的指标未被采用。定期进行指标调整和体系完善应当是理性的做法，因为在发展过程中，部分指标已经稳定地达到了较高水平，正常情况下不会发生变化，或只能进一步改善；部分指标设计存在一定缺陷需要修改，不同阶段发展要求与监测重点发生变化等，建议5年调整完善一次。第二，构建指标体系应当着重于发现差距与问题，而不是显示政绩或排名。因为计算综合评价指数（分值）的技术难度大、科学性不强，指标体系构建后不进行权重赋值以及综合指数计算评价应当是理性科学的态度。对于乡村振兴这样全面综合性的问题，计算综合评价指数可能是很不科学不理性的工作，尤其是据此给各个地区进行排序的研究风气是到了必须纠正的时候。应当侧重于监测重点标志的进程、差距，分析问题和原因，探究发展规律等。第三，鉴于乡村振兴指标体系的研究刚开始，相关的统计指标数据未必能够具备，对有些关键性反

---

① 李响，邢清华，王小光，等. 指标体系的构建原理与评价方法研究[J]. 数学的实践与认识，2012，42（20）：69-74.

映本质特性的应当设置的指标，即使目前数据难以获得，也予以保留，并希望能够据此建立新的信息来源渠道，推进或倒逼政府统计信息工作不断创新，服务好发展要求。

2. 关于目标值确定

关于目标（标准）值的确定，一方面不应盲目追求或者制定高标准。进入新常态新时代，面对复杂的内外环境，风险、不稳定性加大，有些指标要求重在提升质量，有些要较长时期才能达到，需要量变到质变的积累，很难完全确定具体时间。另一方面要有"底线"评价理念与标准，或者确定目标范围而不是一个数字标准。也就是设置一个最低标准，达到底线就实现，不盲目追求国内外或全国最高水平。不少指标根本就不可能实现百分之百或者很高水平，乡村振兴的很多内容是一种主观感受，只要在一定范围内就是达到要求或良好状态。

3. 关于完善统计信息体系问题

天津"三农"信息的整体系统性、连续累积性以及真实有效性等方面存在严重不足，直接影响到对乡村振兴进程的监测与评价，这是非常基础性最应当加强的工作。国家《乡村振兴战略规划（2018—2022年）》提出，加强乡村统计基础工作，因地制宜建立客观反映乡村振兴进展的指标和统计体系。建议发挥好统计部门专业性机构的职能与作用，扩大调查资料的范围；多途径建立完善政府行政管理部门的信息体系；发挥好研究机构、中介结构的连续性调查作用，完善各级政府的网络信息系统；大幅度扩大和完善农村固定观察点的数量和观察指标，提高其代表性。

表 5-1　天津乡村振兴战略评价指标体系表

目标层	准则层	指标层（具体指标）
城乡融合一体化（16个指标）	收入分配（5个指标）	农林水事务支出占财政支出比例；城乡人均财政支出比；农业保险（补贴）深度；城乡居民人均可支配收入之比；城镇职工与农村居民人均养老金之比
	基础设施与公共服务（6个指标）	城乡固定资产投资比；"四好农村路"比例；农村义务教育学校专任教师本科以上比例；每千人拥有卫生技术人员数量；居民医保覆盖率；林木绿化率
	城镇化（1个指标）	县城城区和镇区常住人口占县域人口比例
	产城融合（4个指标）	农产品加工业产值与农业总产值之比；休闲农业和乡村旅游年接待人次；地产农产品电商覆盖率（农产品网络零售额）；快递业务进村覆盖率
产业振兴（22个指标）	产业效率效益（9个指标）	工业园区土地产出率（工业劳均生产率）；农业劳均增加值；种植业亩均增加值；畜牧养殖劳均增加值；养殖水面亩均增加值；农林牧渔服务业年增加值；农业设施有效利用率；农林牧渔行业工资收入与全行业平均之比；达到或超过村集体人均经营性收入平均数的村庄比例

续表

目标层	准则层	指标层（具体指标）
产业振兴 （22个指标）	农产品质量安全 与品牌化 （4个指标）	菜篮子产品抽检合格率；放心农产品基地产量占菜篮子产品比例；"三品一标"农产品占"菜篮子"产品比例；品牌农产品销售额年均增长率
	农业科技与信息化 （3个指标）	农业科技进步贡献率；农业新型规模主体物联网普及率；主要农作物农机化综合作业率
	农业组织化 （6个指标）	农户紧密型参与产业化经营比例；合作社达到市级示范社标准的比例；新型职业农民占农业从业人员比重；农业规模经营户比例；农户承包地流转率；农业新型主体产出占比
生态振兴 （18个指标）	发展绿色化 （10个指标）	绿色防控覆盖率；配方施肥面积比例；每亩耕地化肥用量；农田灌溉水有效利用系数；节水灌溉比例；规模化畜禽粪污综合治理率；秸秆综合利用率；受污染耕地安全利用率；耕地污染治理率；农用水质高于v级比例
	环境生态宜居化 （8个指标）	"六化六有"村庄比例；美丽乡村示范村占比；优美庭院所占比例；安全卫生自来水普及率；清洁能源普及率；卫生厕所普及率；污水无害化集中收集处理村占比；生活垃圾分类收集处理村占比
组织、人才、 文化振兴与 治理有效 （25个指标）	组织振兴 （7个指标）	村级五好支部比例；"六有"益农信息社覆盖率；村集体经济组织法人实体化运营率；"最多跑一次"服务达标村比例；村级组织运行经费满足率；乡镇便民综合服务中心达标率；乡镇科技服务组织健全有效比例
	人才振兴 （3个指标）	村干部大专以上文化程度比例；有驻村指导员（第一书记）村庄比例；有大学生村官比例
	文化振兴与乡风文明 （6个指标）	县级及以上文明村（镇）比例；统一规范管理"红白事"村庄比例；"五好家庭"比例；节地安葬率；村综合性文化室覆盖率；村民人均教育文化娱乐支出占消费支出比重
	治理有效 （9个指标）	有村规民约村比例；村庄规划管理覆盖率；建有综合服务站的村比例；千名公务员中违法案件立案人数；百名村干部违法案件立案数；万人刑事案件立案件数；村均环境与资源违法案件年发案数；农村食品市场抽检合格率；村干部小微权力清单制度落实到位率
生活 富裕幸福 （15个指标）	生活富裕 （7个指标）	恩格尔系数；人均预期寿命；农村居民人均可支配收入；20%低收入户年收入增长；村医疗卫生站标准化达标率；农村五保供养机构集中供养率；社会化养老服务满足率
	幸福满意 （8方面调查）	基础设施满意率；人居环境满意率；公共服务满意率；社区治理满意率；社区认同感满意率；对村党组织干部与党员满意率；对村组织主要负责人能力满意率；对农业农村发展制度满意率

第三节 天津乡村振兴模式研究

改革开放以来，在经济社会发展不同阶段的很多领域实践中创造并提炼、宣传了丰富多彩的模式，成为推进理论与实践创新、讲好中国故事、宣传中国道路的重要形式，包括温州模式、特色小城镇建设模式、田园综合体模式等。党的十九大提出乡村振兴战略以来，农业农村部等部门在总结全国各地先进经验基础上，向全国推荐了"中国美丽乡村建设十大模式""乡村产业振兴十种模式"，《浙江乡村振兴报告（2019）》总结提出了浙江省乡村振兴的十模式，具有较强的微观实操借鉴价值；大量研究介绍的中国台湾"农村再生计划"，日本的"一村一品""第六次产业"等振兴做法，德国的"城乡等值理论"及"巴伐利亚试验"等，具有较强的战略和政策参考价值。目前随着各个层面的研究越来越深入，国家层面政策体系框架基本形成，结合不同区域特点提出具有较强指导价值的振兴模式已经成为理论创新与基层实践的迫切要求。本文基于国内外乡村振兴典型经验深度挖掘与辩证思考，从模式构建基本问题出发，提出指导未来乡村振兴的实践模式。

一、社会经济发展模式学理性特点的认识

从基本词义和现实使用语境看，模式有多重含义，如模型（模仿对象）、类型、典型发展经验的抽象概括，发展道路及其路径、切入点、内在机理等。正是因为对模式内涵的理解或使用差异较大，导致概括的模式差异较大。在经济社会发展领域，模式一般是对一定阶段或一定条件下解决某些问题的创新性做法的抽象概括，其核心是解决问题的切入点、关键要素、主要动力与机制、特征等。能够成为一种模式，应该是具有解决某问题的创新性内在有效机制或路径。对社会经济发展模式应当从以下方面理性理解。

1. 模式内涵具有基本规定性（特性）要求

首先必须具备有效性。也就是能有效解决某些问题，或者是针对现实的重要问题提出的解决路径。其次是具有稳定性和可模仿、可借鉴性。就是在相似或相同的一定的环境条件下，可以模仿复制并产生应有的稳定效果。没有普遍适用的"拿来主义"模式，任何模式都有适用的综合性条件与因素。三是具有创新性或引领性、先进性。好的模式能够体现其主题的内在机制（核心机制）、路径及其理念等方面的特点与要求。学习借鉴模式关键是要看到本质或者内在机理。

2. 模式形成具有条件性与动态变化性

任何发展模式都是在一定时期、一定内外环境条件下产生的，既包括客观因素，如自然环境、区位等资源禀赋等，也包括主观因素，如理念意识、创新与创造精神、团队协作、历史文化与传统、政策与法律等制度或软实力因素。总结与借鉴某种模式，需要理性客观、系统深入地思考其存在的综合性内外因素。随着环境条件变化，有些模式落

后了需要更新，有些新的模式会产生，盲目地"一刀切"自上而下推广某种模式存在很大的风险。有人甚至认为，现在已经进入"无模式时代"，模式意味着僵化不变，不能用一个模子束缚手脚。

3. 模式思维具有多视角多层次性

虽然国内热衷于总结宣传和推广各种各样的所谓"模式"，但其内涵理解不完全相同，科学性、学理性与实践性、具体使用等不同。一般是根据普遍关注的解决某个难点问题的不同视角及其内在机制、特征等方面的创新性实践概括（或构想），体现"问题导向"，不同的人认识角度、深度不同，可概括为不同模式。同时，不同的对象体现的创新性价值可以从多个角度、多层次去观察概括，同一个对象可以概括出多层次的模式，其表述不同、价值不同，应用推广的范围不同。

4. 模式表达具有多种方式

常见的模式表达方式，一是为了突出明显的区分度，用具有显著差异的地名概括，如温州模式、苏南模式。但这只是名称，不能直接显示其实质或主要内涵特征，需要进一步描述。二是针对某种主题或者问题，直接用核心的或者创新性机制、路径或做法命名。这种模式表达比较直接，最典型的如资源配置的市场机制、计划机制、混合机制，内源性与外源性等。三是将上述两方面结合的表述，常见的是"以某地为代表的用什么办法解决什么问题的模式"，简单说就是"地名+核心内涵或特征（或创新点）"。

二、天津乡村振兴创新性模式建议[①]

结合乡村振兴战略的内涵、目标等要求，本文提出5种乡村振兴模式，供不同区域选择参考，其中前3种属于跨村域，后2种针对单个村。这种模式的划分也体现作者对于天津乡村振兴重要问题与推进思路的认识。

1. "政产学研商"协作建设"乡村振兴试验示范区"模式

乡村振兴是未来30多年的大战略，面临很多系统性、深层次与动态性、区域性的各种问题，需要政府、科研院所、社会组织等全社会广泛深度参与，单靠基层政府力量难以达到；必须立足于培育村民主动参与乡村振兴的意识和能力，充分挖掘活化乡村价值。需要探索解决乡村振兴战略面临的深层次系统复杂难题的路径，形成长效的可持续机制和可复制、可推广的有效振兴方案。该模式就是充分发挥科研院校人才技术密集、学科齐全优势以及社会影响力，以乡村振兴战略实施的系统性深层次新问题和新需求为导向，地方政府与科研院所进行实质性全面"区域乡村振兴"合作（30年），通过对有代表性的乡镇村进行深入系统的田野调查研究（连续性驻村），提出全面振兴的长远规划和实施方案，科研院所、政府、村级组织和企业、民间各种社会力量等共同参与实施，用3～5年时间形成一批振兴的试验示范镇村和创新成果，为其他地区乡村振兴提供理论和实践操作的指导借鉴，并随着发展变化深化研究，持续性合作振兴，直至达标。

---

① 于战平，李春杰. 深刻认识国内外经验 创新中国乡村振兴模式[J]. 江苏农业科学，2021，49（5）：1-6.

其主要实施建议：①以乡镇为平台（对象）做实"院县合作"振兴乡村。改变由于县域范围太大等导致的"院县合作"协议多、有效实施少以及单项技术开发协作多、区域综合开发协作少等状况，以一个乡镇为平台（对象），优选涉农技术研究、社会科学研究、生态环境以及社会服务密切的科研院校，与当地政府合作组建"乡村振兴研究院"（研究试验示范基地），拟定针对该区域发展的村民教育培训、技术引进集成创新推广以及产业发展、人才培养、融投资等全方位的研究与实践内容，动员聚集各种力量全方位调研诊断和规划谋划并组织试验研究。②创新财政扶持制度和各方协作制度。整合财政涉农资金，建立"乡村振兴试验示范区专项"试验研究经费，签订任务责任书，拟定任务清单，制定针对性专门的验收与考核制度。③赋予试验区"先行先试"创新政策和特殊倾斜政策。借鉴开发区以及农村综合改革试验区的做法，针对重点难点问题的法律政策约束，省市政府以及区县政府及时出台相关的创新性配套政策，包括土地利用、人才定向培养使用、投融资以及科技人员服务、研究成果确认、研究经费使用等方面政策。

2. 镇村统筹联动振兴模式

基于一定区域的乡村人缘、地缘、生态以及社会等方面整体性相互影响特点，持续有效的乡村振兴需要在充分调动发挥村庄、村民等主动性的同时，更需要区域的"顶层设计和统筹联动"。镇村统筹联动振兴就是把新型城镇化与乡村振兴有机结合实现一体化融合，改变过去集中多种资源重点打造单个村庄的方式，强化以镇政府为组织协调主体和责任主体，根据乡村振兴战略的长期综合性，在镇域范围内统筹各种资源、协调镇区与村庄、村庄之间以及经济、社会、生态、文化等各种关系，实现城镇化与乡村振兴的协调有序持续推进。镇村统筹发展的一种方向或理想目标就是"田园城镇"，就是"产业+田园+城镇"的融合模式，追求"城乡等值"，注重生态文明与新农村建设的协同发展，实现城乡经济的长期可持续发展[①]。

镇村统筹联动振兴乡村，要在县域、镇域范围内对基础设施、公共服务与组织体系、产业发展、生态环境以及社会治理等方面统一战略规划，制定统一的适用政策，塑造整体发展形象与优势。以产业振兴为例，其主要路径是：①城镇开发建设带动。把区域、城镇经济社会开发建设、美丽村庄与新型农村社区（中心村）建设等一体规划推进，工业化、城镇化和农业现代化协调发展，以新型城镇化引领"三化"协调发展。②特色镇（产业强镇）建设。以特色小镇建设为抓手，发挥特色产业的辐射带动作用，形成产业基地在村庄，龙头在镇区等多种发展模式。③田园综合体扩展。田园综合体是集循环农业、创意农业、农事体验于一体的融合性产业，通过人口、产业的自然集聚和有目的引导聚集，形成由小村到大村、由农村社区到特色城镇发展。在农业特色产业规模化、乡村旅游观光有一定基础的适宜乡镇，可以按照田园综合体建设方式发展。

3. 村际联动（联合）振兴模式

根据一定相邻村庄的自然资源与地理环境的相似性、文化的相近性以及地缘关系等

---

① 胡柏. 田园城镇——具有中国特色的城乡协同发展模式[J]. 当代经济, 2018（16）: 22-23.

基本现实，基于农业产业规模化发展、生态环境的区域性、区域形象整体性以及节约社会治理成本等要求，突破自然村庄的地域界限，从更大空间系统布局推进农业农村发展和振兴。

村际联动（联合）振兴乡村，根据村与村之间的各种关系以及可以联合的程度，可以从各个方面采取多种方式协作，包括生态环境建设、产业振兴以及基础设施和公共服务等采取针对性方式。在此提两方面建议：①扭转部分地区以"自然村"为组织单元建设"全能型社区"导致的基础设施建设维护与公共服务投资缺口大、治理成本高等效率较低问题。根据村庄规模大小合理分类，试点采取不同的治理与扶持措施。例如，人口千人以上的村可单独设置行政村，自然村与行政村一体；500~1000人的村，尝试相邻的2~3个村为一个组团（片区），建立"片区服务中心"等。对于人口过少或者村庄距离较近的小规模自然村，建立管理片区等。②财政扶持项目的选择与施行机制改变。改变以"自然村"为组织单元建设"全能型社区"的做法，在财政扶持的产业项目、生态环保项目、基础设施、社会文化发展等项目方面，打破村域界限，推进相邻小村的跨村共建共享；按照最佳"服务规模"等要求，对财政支持美丽村庄建设的基础设施、环境治理及公共服务等项目建设进行效果评估。例如产业开发，要打破自然村界限，按照以产业规模化发展要求，推进跨村的土地流转，形成更大区域规模化，为标准化、品牌化、组织化提升逐步奠定基础。

4. 常态化精准有效帮扶困难村模式①

近10年来，以"驻村第一书记"为标志的困难村帮扶已经成为贫困地区扶贫和其他地区促进全面小康社会建设的重要举措。天津从2013年开始实施2轮共计7年的大规模帮扶困难村工作，总体看，虽然在基础设施建设等方面有明显成效，但村集体经营性收入增长、产业发展以及农民增收、内生发展意识动力培育等方面与预期效果尚有不小距离。实现预期目标的困难村帮扶是一项复杂系统工程，涉及帮扶的提供者（帮扶单位及人员）、被帮扶的村庄状况以及政府组织、任务要求、目标定位、政策制度等，各省市差异较大，提升帮扶效果需要在制度、机制等方面改革创新。

常态化精准有效帮扶，是以村庄的全面可持续发展为目标，根据乡村振兴战略的长期性、困难村振兴的复杂艰巨性，立足于多样化村庄的不同短板、发展需求与可行性等，优化聚集外部力量与调动内生因素动力有机结合，建立多样化长效帮扶的体制机制。"常态化"就是要改变目前3年左右帮扶期的组织和目标任务，实行针对"问题村"驻村指导员或第一书记的常态化，持久帮扶。精准就是短板与问题研判准、解决实际对策准（针对性可行性）。"有效"主要是强化目标绩效管理、淡化过程等。其需要在很多方面创新，着重点是：①建立动态调整帮扶困难村、帮扶项目的选择与申报、实施制度。细化困难村的基本标准，并建立动态化调整机制；对帮扶困难村需要的帮扶项目进行分类建设，需要而且能够统一由政府完成的基础设施建设全部由政府统一建设。②帮扶单位及其人

---

① 本部分主要基于作者2013年8月至2017年8月在天津市从事困难村帮扶工作经历及思考。

员组织、相关专家的优化组合与制度机制创新。按照乡村振兴与帮扶的主要内容划分若干专业类型的帮扶专家团队（每种类型分别组建若干帮扶团队，按照便于管理行动的原则由同一单位或不同单位的3人组成），每个团队分别负责一定区域的专业内容（产业、文化、生态等），困难村根据需要解决的问题或者需求申请专家团队定点帮扶。打破每单位组建驻村工作组的办法，每单位可设置一名负责领导及办事员，负责组织联络、协调，但不要求全部人员驻村帮扶。③整合拓展帮扶资金与细化项目规划实施。根据实际核算或任务要求，对各单位每年应该提供的帮扶资金额度提出要求，与财政预算资金一并建立"困难村帮扶基金"。制定困难村帮扶的不同类型项目申请标准与程序（如产业发展类、生态环境类等、基础设施建设类等），由困难村根据需要及实施的可行性、紧迫性、目标等申请，组织专家评审团进行评审。重点鼓励基于跨村的财政资金联合使用方式。④完善帮扶过程与成效的监督考核制度。制定科学合理的帮扶考核内容、目标与具体指标、评价方法（包括满意度评价）等，注重帮扶效果与目标的达成、监督，淡化过程的详细管理，对帮扶成效显著的单位和个人制定奖励措施，对帮扶工作不积极主动作为、效果很差、问题多的相关单位采取组织处分或财政经费使用限制等惩戒措施。⑤优化帮扶配套政策制度与相关主体职责。帮扶涉及市级相关管理部门、帮扶单位、困难村及其所在的区、乡镇、村，必须从时间节点、职责范围、履职手段、责任追究等方面细化各环节的主体责任，建立定期巡察制度；结合农村项目建设实施的特点，协调财政、审计等部门，建立操作性强、能有效节约资金并提高实际使用效率的有效制度。例如，解决项目招标耗时长、浪费资金问题以及项目支出报销必须有税务部门税票（含自有资金使用）的制度等。

5. 强化新型村集体组织发展带动模式

让村民共同过上富裕富足的生活是乡村振兴的最终目标。村集体资产确权登记和股份合作化等产权制度改革，《民法典》赋予村集体经济组织法人实体，政府大量扶持乡村发展的财政资金需要形成更多的村民共同资产助力共同富裕，这些都为发展新型村集体组织带动乡村振兴提供了充分的依据和基础。如果说改革开放前30年主要是依靠能人致富和宽松政策、科技创新等带动村庄发展的话，近10多年来，随着城乡统筹、以城带乡、以工补农、新农村建设等政策的实施，乡村发展振兴的的典型基本可概括为"村级党组织的坚强领导+产权制度和产业组织改革+政府的倾斜性大量扶持+资源优势基础+村民的凝聚力"。即：部分村庄依靠高素质能力的村级党组织领头人及其成员，抓住政府扶持"三农"发展力度不断加大的有利时机，多方谋取政府项目资源，结合自身的区位优势、资源条件等，通过对集体资源资产的产权改革以及开发组织模式创新，吸引社会资本和人才，发展新产业新业态，增加村民和集体收入，同时通过村规民约、组织制度建设等强化乡村治理，增强村民的共同体意识和凝聚力等实现振兴。

新型村集体是按照共同富裕和全面振兴村庄的要求，在村党组织的领导组织下，融村民自治组织与专业（股份）合作社、公司等多种方式于一体，优化配置资本、资源和劳动，实行按份共有和共同共有相结合，内生性与外源性力量结合，产业发展与社区治理、生产生活服务等于一体的开放包容性组织模式,其特点概括为:新理念、新组织、新机制、多功能、一体化。现实中大量存在的"村社(企)一体"和村集体股份合作社是其重要的实践探索。通过新型村集体经济组织的发展壮大和载体,带动村庄的全面振兴。

探索该模式的主要路径是:①基于顶层设计的"源头性"发展。从振兴战略实施开始就按照一体化模式设计运营,如村组织成员领办"土地股份合作社"或者以村集体为法人组织进行资源开发,积极将农户分散的承包地由村集体统一集中,吸引工商资本租赁经营,建设生产基地、园区等。②渐进改革与完善提升。先易后难,先专项发展改革,发展到一定阶段遇到瓶颈或者需要转型提升时采取一体化。乡村全面振兴发展需要很多方面的改革创新与实践探索。要充分挖掘利用好村集体产权制度改革的成果,利用好农村产权交易平台,健全产权流转交易服务体系,多种方式实现资源资产增值与要素市场化优化配置。③发挥村级组织优势,探索能适应时代特点的权威性多功能"村社合一"组织机制。围绕新产业新产品开发建立合作组织或者由村集体组织、公司负责具体运营,村民土地使用权、资金入股,村两委负责协调管理,形成村企村社合一组织。④加大财政扶持发展新型集体经济组织力度。重点是改革创新财政支持市场主体的扶持资金使用及资产形成与处置等产权制度,杜绝国家财政扶持资金实际成为少数人的个人资产的不公平现象,更多地倾向扶持村集体组织承担村庄农业农村现代化的公共基础设施和公共服务体系建设,增加村集体资产,增强共同富裕的能力。

第四节　天津乡村振兴政策体系创新与对策建议

一、基于天津重要"三农"政策项目的问题透视

系统评价"三农"政策体系存在问题是很困难的,其涉及政策的制定、实施、监督与绩效考评等众多环节,而且真实系统的数据资料严重缺乏。在此仅依据相关理论和理性科学等要求,对照先进地区,结合主要的政策举措做一般性透视总结。首先需要强调的是,按照科学研究的"问题导向""需求导向"责任要求,对于天津"三农"发展的巨大成就已有很多分析宣传,不是本文重点。几十年来,尤其是在2004年伴随着国家对农业农村转向支持保护以来,天津的新农村建设、农村基础设施建设和社会化服务水平、农业现代化、农民生活水平等方面取得了巨大进步,从政策导向、战略方向等方面看都是正确的决策。但从重大农业政策实施过程以及绩效预期看,天津"三农"政策体系暴露出了不少问题。通过评估总结进一步发现问题,改进提升政府科学决策和行政水平,进一步完善"三农"政策体系的要求,对此深刻反思。

1. 若干重要政策项目实施状况及其存在问题的基本判断

根据财政资金投入以及影响力大小等,简要分析以下政策。

(1)"结对帮扶困难村"工作：成效显著，但距离预期尚有不小距离。持续7年的市级机关企事业单位结对帮扶困难村行动，财政以及社会各界投入巨大的人财物，很多村庄的基础设施建设、服务体系建设等发生了显著变化，部分村的产业实现了从无到有、从弱到强的跨越式发展。按照政策体系的逻辑框架分析，结对帮扶困难村主要存在以下问题：政策方案、措施与政策制度等前期调研论证严重欠缺，科学性、合理性与规范性、一致性等不足，解决问题的针对性和有效性不足；帮扶单位及其驻村工作组成员与所帮扶困难村的资源条件、解决难点问题的要求等匹配程度差；政策执行落实涉及环节多，不确定性影响因素多而大，统一协调行动、形成合力不够；对困难村帮扶的特殊性和目标定位认识存在不足，对难度和艰巨性缺乏理性认识，太理想化；政策执行中的监督检查以及总结反馈、修订完善等相对滞后，导致一些政策缺陷难以得到及时修改；对第一轮帮扶政策实施绩效的系统科学评估缺失；产业帮扶的成效相对较差，距离预期和目标要求有不小差距。

(2)"文明生态村""美丽村庄"等新农村建设：显著成效与政策缺陷并存。主要政策瑕疵体现在：村民参与意识不强，内生动力不足；政策执行及变化中部分存在或导致了村庄之间的不公平不合理现象，如确定项目建设村庄的制度机制存在一些不公平问题；产业发展以及内生动力、造血机能未能有效建立；图书室、文体活动等部分内容要求与村民的现实紧迫需求、实际应用价值脱节，"一刀切"的标准与形式主义配置，工作不精细，如篮球架、乒乓球台等荒置不少等。

(3)现代都市农业建设的主要政策：方向符合一般的主导理念与做法，短期成效显著，但长期持续发展内在机制和适合天津特点的道路尚未形成。"4412"工程、设施农业提升工程、结构调整"一减三增"等都符合对于现代都市农业的主流认识，也是以京沪为代表的各大城市的普遍做法，天津农业也曾被评价为全国现代都市农业的"前三名"，有很多成功典型，在丰富提高市民菜篮子以及满足市民休闲精神需求、改善生态环境等方面取得了巨大进步和成就，从政策所要解决的问题、方向与内容要求等方面看是正确的决策。但从实施过程以及长期效果看，政策体系实际上存在不少问题，主要表现在：自上而下采用行政命令分配数量规模任务，不是基于自下而上市场主体的主动求发展，规划建设的一些基地和园区并没有完成设计内容和功能，影响整体功能作用发挥；"大棚房"问题严重到需要专项整治，造成严重资源浪费等负面影响，其根本原因是农业部门与土地、规划等部门的政策协调执行监督的体制机制缺陷，在整治实际行动中存在的"一刀切""机械执法"，整治前后政策标准的反复变化则是调查研究不够的结果；结构调整"一减三增"政策项目的真实效果并未达到，粮食产量不降反增，反映出对农民长期种粮而不改种经济作物的内在深层次系统原因缺乏理性科学认识，对大都市农业发展的规律认识尚不科学，在政策实施监督等环节存在系统性缺陷。

(4)推进以"宅基地换房"为基础的"三区联动"和乡镇工业园建设：天津大都市乡村工业化城镇化与乡村振兴的创新实践。该模式长远看无疑是正确的，在具备一定区位优势、产业基础和经济实力等综合基础条件的地区较适宜发展，也能够成功，是天津的一种贡献，无论从理论或者实践上看都是一种创新创造，一种综合性的大都市乡村发展模式。但也存在问题，主要是：试点村镇太多，存在程序方面和权力、利益协调等方面的冲突问题；行政计划色彩浓厚，"定指标下任务"做法普遍。建设经营中的一些缺陷造成园区长期经营非常困难，远未达到预期目标，部分基层政府、村庄或企业等背上了沉重的债务包袱。

（5）农村"煤改气（电）"：极大利好农民的战略行动和公共政策项目，但缺乏系统科学测算与论证，造成了不应有的损失和负面影响。下决心投巨资解决农村清洁能源问题无疑是近年来极大利好农民的大事，2015、2016年开始采取补贴方式推广农户使用统一的新型燃煤炉、煤球等，为此政府采取了建立督导检查组、拍照登记、签字确认等很多系统措施落实，财政也花费了不少资金，但也就正式使用了1~2个采暖季[①]。2017年春季开始就进行全市农村大范围的"煤改气（电）"工程，标准要求提高，并计划要求在冬季取暖前安装到位。但不少地区出现了管道进村入户，连接各村、镇的公共设施未能如期完成，天然气供应满足不了需要，天然气价格大幅上涨，很多农户冬季取暖成为问题，部分农产品加工厂因缺燃气导致生产成本大幅度上涨。冬季来临后，政府不得已又恢复燃煤供应（有的是计划供应），部分村仍然未能通上天然气等。而且因为赶任务施工，煤气管道架设在露天，成为巨大安全隐患。其暴露出的问题就是缺乏系统科学的公共政策论证。

（6）农民培训：作为全国的亮点，也存在很多共性问题。农民培训实施了"351"培训工程，审议通过了《天津市农民教育培训条例》（被认规范化、法制化的标志和亮点），实施"百万技能人才培训福利计划"（2017年结束），各种科技服务活动项目的培训活动以及新型职业农民培训等，对提高农民的科技素质和能力发挥了重要作用。但据调查，农民培训有效支撑经济高质量发展作用并不显著，存在的主要问题（可能是全国共性的问题）：一是培训任务来自不同的"渠道""项目"要求，存在重叠浪费乃至无效问题；二是培训的精准性不强，针对性、实效性以及有效需求、主动性等严重不足，精准性不强主要表现在培训对象的瞄准性差、政策对应扶持性差[②]；三是固定项目化、规模化的自上而下"运动式""任务式"一般性培训较多，自下而上的基于充分调查研究和需求导向的个性化、小规模、适用针对性、便利性、有效性培训严重不足等。不少农民参加培训主要是为了应付并获得一定的补贴或其他好处，并不是为提高素质技能促进产业发展。

2. 天津"三农"政策体系存在问题及其原因

基于上述重要政策透视，按照政策学的逻辑将天津"三农"政策体系存在的主要问题简要归纳为以下几点：第一，政策问题的形成与选择机制不是自下而上、上下结合，而是多种不规范的随机性。自下而上制定政策明显缺乏，很多是依据外地经验、目标要求、个别典型制定的。第二，政策方案缺乏系统深入的科学调研，针对性、可行性或真

---

① 注：此项工作推进期间适逢作者帮扶困难村工作，对实际情况比较了解。
② 魏后凯，黄秉信. 中国农村经济形势分析与预测（2018—2019）[M]. 北京：社会科学文献出版社，2019：202-203.

正落地性差，政策对象的规模普遍较大（数量多）；执行体制与体系等存在严重不匹配，政策要求或制度难以落实落地，效果不佳。第三，政策实施缺乏针对性的有效监督检查，政策执行的反馈与修改完善滞后甚至没有，难以全面有效真正落地。制定实施针对性较强的分类分层政策较少，标准与方案不精细，笼统的政策导致"水土不服"。第四，政策终结普遍没有详细公开的科学客观、系统的专业评估或组织评估报告，主要是官方媒体发布消息等。大部分重要政策项目没有进行事后的"政策评估"，一般是政府部门形成检查验收总结报告，媒体宣传报道信息公开，但实际真正的系统信息没有向社会公布。第五，财政资金使用的实际绩效与预期之间存在一定差距，效能亟待提升。这是在有限的财政资金与"三农"对扶持保护力度要求越来越大的矛盾之下的突出问题，也是在乡村振兴中农业农村优先发展要求下必须着力解决的首要问题，即如何实现财政资金使用的效应最大化。

某项政策以及政策体系的成效是由政策创设调研开始到评估反馈的多环节有序逻辑过程，受系统因素影响，其改革也必须从源头上系统推进。天津"三农"上述政策问题产生的原因是综合性的思维思想、文化习惯以及行政体制机制等缺陷的体现，主要是：从大都市、直辖市和沿海发达地区等地位、形象要求出发，提出的政策目标要求过高，跨越式赶超情结浓厚；政策体系的学理性调研论证缺乏；行政体系固有的缺陷难以有效避免，乃至在特殊阶段特殊问题上被放大，各部门以及负责人之间的不协调，缺乏整体性长远性设计；市区镇的行政管理、执行的体制机制缺陷导致执行效能不高，执行力存在问题等。

二、天津乡村振兴具体政策创新建议

乡村振兴政策创新要围绕农业农村优先发展与城乡融合一体化，要创新性创造性地落实好国家政策，受篇幅所限在此仅提出部分建议。

1. 财政支农创新政策

要重点进行财政支农项目监管与财务制度的系统优化设计，在"大专项+任务清单"要求下，从资金划拨、地方政府实施主体的选择、监管责任考核、信用体系建设、负面清单建设，到项目招标制度、资金划拨过程监管、账务处理，自有资金的投资与财政资金使用，资产的处置权利、程序等产权制度方面进行系统的优化创新，提高资金使用效率绩效。

（1）建立健全乡村振兴战略的财政投入保障制度。 公共财政更大力度向乡村倾斜，确保财政投入与乡村振兴目标任务相匹配。一是提高市级一般预算支出对农业农村发展的投入比例，在总量增加的同时优化支出结构。农林水支出占市级一般性公共预算支出比例由2017年的7%提高到10%以上。同时，财政支农的"农林水支出"中向现代农业发展、农村居民民生方面的支出倾斜，由现在的不到20%（直接扶持农业的约为16%左右），提高到30%甚至更多。二是落实好2020年月9中办国办《关于调整完善土地出让收入使用范围优先支持乡村振兴的意见》要求，土地出让收益用于农业农村的资金占比达到50%以上（或土地出让收入8%以上）。

（2）重构财政支农资金管理系统，着力提高财政资金的效能。在地方财政普遍困难的背景下首先要利用好财政项目资金，提高财政资金效果，撬动、引导更多的社会资本、民间资本的投入。一是按照中央和市级有关要求，加快落实构建财政涉农资金统筹整合长效机制的改革任务，建立高效完善的涉农资金源头整合、部门间资金统筹、"大专项+任务清单"管理、绩效管理和监管制度机制。二是强化财政项目的优选与科学系统管理，提高质量水平。按照"自愿申报、分批审核、年度考核、验收命名"的创建步骤，以"宽进严定"的创建方式推进，摒弃"先拿牌子→政府投资（基础设施）→招商引资"等传统做法，以企业为主推进项目建设。以区为单位，从相关部门的专业干部中抽调高素质高水平人员组成专门的"乡村振兴项目管理中心"。强化项目规划论证，增强规划的科学性、精准性、指导性和实用性。三是完善"大专项+任务清单"体系下的财政项目资金使用与资产形成制度。在区统筹为主要求下，市场主体按照项目建设要求自主申报，政府相关部门或委托机构组织专家论证优选具体项目建设单位，区镇政府主要承担监管责任，实施主体承担项目建设运营管理，资金往来使用、资产形成体现在市场主体的财务，明确各方责任。四是建立财政项目"精品""信誉榜单"制度。对于政策项目，不能求全求大，要么不做，要做就做到底做成精品。从项目设计论证开始就要严格注重固定投资、经营运作、效益和风险的系统化科学论证分析，综合考虑完成项目的承担单位、主管部门的经营管理能力水平、完成的条件等，杜绝"半拉子豆腐渣"工程，以及"老瓶子装新酒"的"僵尸项目"。五是完善农业信贷担保体系。改变农业担保公司风险防范要求的门槛过高、程序繁琐耗时长、效率低难以发挥作用等问题。政府与行业联手构建完善的市场主体信用体系，扶持推广基于"互联网+"和大数据的高效普惠信贷模式。

2. 土地制度改革创新政策

（1）分类推进不同形式土地改革，化解现实矛盾。今天的农地制度改革所面临的环境空前复杂，"分化的乡村"成为农地制度改革的底色，在今天讨论农村和土地问题，如果不界定是哪一类的村庄、哪个地方的土地，那么这种讨论都很难说是有意义的；县级政府具有征收农村集体土地、管理农村土地的权力①。天津各区的村庄之间存在较大差异，人地矛盾不同，需要分类解决，包括新增人口没有承包地、宅基地以及2027年左右30年承包地到期后的延包问题。

（2）深化建设用地市场化改革。探索多种形式的建设用地市场化改革路径。一是以县域为单元，选择区位和配套条件较好的地区建立产业集聚区，通过等量置换的方式，把分散在各镇村的存量建设用地集中起来，在产业集聚区异地入市。二是创新有效促进集体建设用地产权及其使用流转交易制度。盘活各种闲置或低效的建设用地，推进低效工业用地、宅基地专项整治，允许通过土地综合整治等手段实施存量建设用地空间平移、集聚和布局优化。促进集体土地使用权多种途径再转让、再租赁，参照集体经营性建设

---

① 陈明. 国家治理逻辑转换视角的农地制度改革40年[J]. 湖北社会科学, 2019（1）: 29-35.

用地入市探索集体公益性建设用地入市方式。

（3）着力解决好乡村现实发展中的建设用地难题。赋予镇村更多的建设用地指标使用权。针对农业建设用地指标短缺与"用不起"的问题，针对分散的乡村休闲旅游项目对小面积建设用地需求推进"点状"供给制度；将废旧坑塘、边角地等开发为建设用地，在产权交易市场交易；制定设施农用地管理细则，探索实行"农业建设用地产权证"制度，保障一定比例的建设用地指标用于设施农业、乡村休闲旅游和农产品加工业发展。按照国家标准合理划定生态红线，通过调减或优化永久基本农田布局等措施弹性供给急需项目用地。

3. 人才振兴政策创新

区域人才振兴的基本路径有3方面：充分挖掘本地存量人才的潜能，引进、培育与储备乡村振兴所需人才，吸引区外的城市人才资源等服务本地。人才振兴政策涉及专业岗位及其待遇、绩效考核、资源统筹配置（流动、升迁）等。

（1）逐步建立在镇村工作的国家工作人员报酬待遇高于县城及城市同级别待遇制度。借鉴外地先进有效做法，大幅度提高在乡镇、村工作的政府工作人员的待遇，留住、吸引优秀人才服务乡村振兴。

（2）着力解决好基层干部配置的"非专业化"与专业人才干部"边缘化"问题。制定人才专项规划，统筹区域人才资源配置与培育引进；建立"乡村振兴培训中心"统一使用人才培训资源，根据自下而上岗位技能需求进行针对性有效培训；建立全域多形式多领域的人才有序流动制度；实施订单委托培养"一村一名大学生村官"。在加强基层党务工作的同时，更加重视技术、管理、经济、社会工作等专业干部的配备、培养与成长。基层专业人才的选配要以"人"配"位"、以"才"配"岗"，对不同类型岗位职责任务，对专业干部分层选配、精准使用，形成搭配合力、优势互补的专业结构。

（3）营造人才发挥作用与成长的良好环境条件和制度文化。建立重点岗位与优秀在职人员传帮带制度，高效培训学习与提升常态化，制定科学的人才考核评价办法，增强优秀人才发展的未来预期和激励上升通道制度，增强"三农"工作队伍的稳定性和吸引力。强化乡村创新创业的企业家队伍培育，构建教育培训、规范管理、政府扶持"三位一体"新型职业农民制度体系等，培育真正的高素质企业家队伍和新型职业农民队伍。

（4）建立"乡土创业创新优秀人才"高级职称评定与扶持制度。在乡镇推广服务体系普遍近乎"瘫痪"难以重建的现实下，将具有较强自主创新发展动力活力和能力的"土专家"力量挖掘组织起来，建立高级职称评定制度和相关扶持政策，使其成为农业创新创业的生力军。

4. 组织振兴政策创新

乡村组织振兴是以人才为核心的在制度和必要经费保障下的复杂行动，其发育发展是2种基本路径基础上的耦合或交织的复杂的有规律创新活动：一是基于成员共同利益需求，自下而上自发建构发展；二是基于国家整体体制制度安排，自上而下按照统一要求成立。

（1）村级组织创新。对村级党组织、村委会以及干部培训、责任考核、奖惩淘汰等方面都有详细的规定，重点是探索如何高效落实，提升组织效能。着重强调以下几方面：要研究制定村级组织分类振兴方案并有序实施；引入"社区营造"理念并试点推广，着力培育村庄共同意识和内生动力；改革现行的以自然村为单位设置行政村的做法，尤其是规模较小的村庄整合"行政村"；鼓励引导建立集社区管理、产业发展与公共服务、社会化服务为一体的"综合农协"模式。

（2）政府管理与服务乡村振兴的创新政策。建立科学高效的乡村振兴战略领导决策与实施机制；制定主要领导干部的责任与权力清单，促进决策的民主化、科学化；改变决策较随意，盲目追求高大上目标，不顾实际盲目向下"压实责任"的做法，约束上级部门直接针对村庄的各种任务安排，减轻镇村干部的各种工作任务压力；完善领导干部任职期制度，减少频繁变动（一个地区至少应当工作一个任期）；完善区镇干部队伍，在坚持政治意识、政治素质、政治能力首要地位的同时，强化提高专业素养能力标准要求。

5. 文化振兴与社会治理的政策创新

文化振兴不是浅层次的外在条件形象的改变，应该体现在村民意识、自觉性、行为以及目标、幸福感、价值观等深层次的理念改变，或者说成为"道德情操高尚"的村民的培养才是根本。一是广泛弘扬学习先进经济文化，形成"三创"（创新、创造、创业）促振兴的强大氛围。加大政府相关职能部门深化改革创新力度，提升效能、权威、信任和形象力；大力宣传创业文化和乡村振兴好案例，支持创新创业典型。建立制度激发村民的广泛主动参与意识和行为，强化培育村民村庄"共同体意识"和行为；调整困难村困难户帮扶理念和做法，最低保障、困难村困难户帮扶和慰问困难户等要有合理的度和范围，变革普惠制"送钱送物"，精准适度帮扶，更不能下指标定任务。二是实施"村规民约"制定（修订）计划，深入开展文明村镇、文明家庭创建等。三是加强乡村综治中心标准化建设，深化平安智慧村庄（社区）创建，提高乡村法治水平。四是探索"四治"科学有机衔接配合的多种内在机制与模式，打造更多的天津典型示范。中国共产党统一政治领导下的法治、自治、德治有机结合构成了新时代中国特色乡村善治的基本框架，具体到不同的地区、村庄，这四种治理的力度、成效和作用发挥状况不同，需要创造性结合现实矛盾问题和实践分类探索。

6. 乡村产业振兴政策

产业振兴需要理清思路，反思过去的一些做法，提出新的政策导向。

（1）理清明确天津乡村产业振兴政策的若干基本问题。区政府是产业振兴的统筹组织主体。产业振兴政策目标要将保供给（自给率）与增加村民收入、村集体收入、改善乡村居民生产生活环境等有机结合，增强乡村的活力；产业振兴项目需要将促进带动区域农民增收农业增效，增强持续发展的活力等放在首位，必须改变过去"垒大户""树典型"的方式，将典型的真正引领带动作用凸显出来，让真正愿意而且能够依靠农业增收的农户得到普惠制扶持。创新扶持村庄产业振兴的选择方式，改变目前普遍的自上而下"带帽"产业帮扶（振兴）项目方式，更多地采取"自下而上"申报，建立项目库，优选村庄、生产主体分类有序扶持推进。

（2）产业振兴具体创新政策。一是传统小作坊加工现代化改造。解决传统作坊式生产模式产业升级的"环境桎梏"和"建设用地约束"，谋划开发一批传统特色产业优先振兴，为传统小作坊的特色产品定制安全卫生标准、现代工艺以及发放许可证等。二是完善政策性农业保险制度，提升政策绩效。首先，有必要对近几年政策性农业保险的绩效进行巡查、整改，严查合谋骗保或者骗取财政补贴资金等行为，建立诚信制度体系，提高理赔效率，提升政策性保险的信誉度，吸引农业生产者积极投保。其次，持续推进重要农产品、特色优势农产品保险增品扩面提标，积极推进价格保险、收入保险，建立以"农户农产品生产的物化成本补偿"为基础的农业保险制度。启动特色优势农产品政策性农产品保险、农产品质量保证保险和育苗育种保险，将土地流转成本纳入保险的保障范畴，避免大灾导致新型经营主体的破产风险。三是根据农业生产经营实际需要，优化农机购置补贴名录。例如，针对设施农业发展需要，将适用于设内耕作的深松机（如60 cm以上）等纳入补贴名录，解决连年浅层耕作造成的土壤板结、农产品质量不高等问题。四是扶持分散专业农户发展设施农业。改变只扶持规模设施基地的做法，将有积极性发展设施种植的农户纳入补贴范围，制定严格规范的制度保障体系，如农户种植设施的改造提升补贴等。五是规模化土地公开招租政策。鼓励村集体等将分散农户的耕地集中，统一对外公开招租，吸引社会资本建设农产品生产基地、园区，推进三产融合等。

7. 生态振兴有关政策及其落实创新

在习近平总书记"两山"理论指导下，生态环境与绿色发展等方面已出台了很多文件，自上而下采取了很多具体的行动，成效明显。生态振兴是一项持久战，首先需要明确乡村生态环境政策执行中存在的主要问题。例如，财政资金有限与目标要求严重不匹配；技术经济方面的投入与产出不协调，持续运营成本高，市场化推进缺乏主动性；农业绿色化生态化发展受制于市场竞争压力、行为习惯改变难，生态、绿色农产品如果缺乏组织化品牌化以及营销等方式创新会出现"劣货驱逐良货"；生态环境效益的公益性共享性需要区域乃至整体的基础设施和运营维护体系建设支撑，需要村民内生的自主自觉参与意识行为，长效机制建设难。

在政府财政资金有限的情况下，促进乡村生态振兴相关政策有效落实需要创造性有序推进。一是遵循政策对象和受益面最大化与投资、技术可行兼顾原则，安排重点建设项目的优先序。例如，在水肥一体化、测土配方施肥以及种养循环等补贴基础上，进一步扩大绿色发展方式补贴范围、提高补贴标准，建立投入品减量高效使用补贴、节本增效生产技术补贴、生态循环模式补贴、农业废弃物资源化利用终端产品补贴机制等。二是按照政策项目的完整环节科学测算、决策、执行与评估相关政策，有序持续高效推进"厕所革命""农村人居环境整治工程"。三是根据生态振兴的准公共产品与公共产品的不同特点，采取不同的政策与实施方式。如生态公益林建设、排污及处理设施等，主要是发挥财政资金的主体作用建设。四是量力而行，注重实效与持续性，避免运动式短期行为以及任务式的形式主义和面子工程。

三、推进天津乡村振兴战略实施的对策建议

实施乡村振兴战略是一项连续三十年的重大系统工程,国家层面已经出台了很多政策文件,提出了相关要求,比如"四个优先""五级书记抓乡村振兴"等,关键是如何结合天津实际落实好,抓出成效。在此仅针对作者认为的重要问题提出一些创新建议。

1. 做好科学合理、可行有效的乡村振兴规划

这是普遍认可的基本观点和政策,需要清楚几个基本问题:①做什么样的规划:多角度多层次的创新。乡村振兴战略规划的内容取决于规划目的、要解决的问题和功能目标定位,这与以往农业农村现代化规划不同。一是顶层设计的规划与阶段性、多层次、多样化的规划如何结合。普遍认为要"多规合一",一张规划做到底,与上位的国土空间规划、功能区规划和土地利用规划等相衔接,要把经济、社会、生态与文化等规划有机结合在一起。需要加强研究区域乡村振兴的未来重大问题或者根本性战略问题,为战略规划提供依据。目前一些区镇所做的规划内容庞杂,无所不包,甚至模仿全市规划,没有针对性、可操作性,不是阶段性区域规划。二是公平与效率、典型扶持与普遍受益如何兼顾。乡村振兴必须着眼于解决大部分乡村地区出现的"衰败""落后"问题,必须改变过去的堆造典型而没有或者不能示范推广的做法。所有的试验示范项目,应考虑经济、技术、生态以及社会等方面能否推广应用。三是规划如何能够有效实施。乡村振兴重在一步步地坚实落实,必须直面现实存在的系统问题,而不是回避。抓乡村振兴工作不同于过去的抓典型代表,谋求平均数的水平。好高骛远的做法不适合乡村振兴,理想化的规划与计划,"高大上"情结需要改变,部分时髦的理念、国际经验未必适合天津,要做到需要与可能、可行的结合。四是规划项目如何能够受益面广、符合经济规律并持续运营。有特色"创新性"项目、创意项目,体现前瞻性、创新创造创意、国际化、跨界融合等新理念,必须考虑基础设施投资建成的运营、盈利、可持续性等,遵循内在规律以及经营规律。②谁做规划与谁用规划(为什么做规划、为谁做规划):政府各部门为主体,区、镇相关部门干部、专家学者与村民村干部广泛参与。我国台湾以及日本、德国的区域发展规划及实施特别强调当地民众的广泛参与性,规划是公开的而不是内部文件或者"机密文件"。目前,区域乡村振兴规划编制的普遍错误做法是迷信专业规划编制单位,尤其是域外有资质的盈利性规划编制单位或研究单位,基层政府将规划编制作为一项附带的被动式额外工作,委托给专业规划公司。区域乡村振兴是一项系统的全方位的深刻变革,对区域发展最有发言权的应当是当地的干部群众和专门研究当地发展问题的专家学者,外域的其他人只能是提供有关的信息、建议供参考、借鉴,不能够成为规划的主体人员。更进一步,编制规划的目的是为了实施,如果当地的干部群众对规划都不知晓,不能有效参与规划的编制,不愿意了解规划,恐怕大部分的规划只能是"墙上挂挂"而已。广大基层干部对当地规划的知晓率应是衡量规划质量的重要标志。

2. 加快深化政府职能及其理念与行为变革

中国"三农"问题具有深刻的历史性系统性根源和特殊性,各级政府在过去的"三

农"改革发展以及未来乡村振兴战略中起主导性乃至决定性作用,在中央大政方针确定之后,地方政府就成为关键因素,地区之间发展的差距一般表现在其政府行政体系效能的不同。当前应做好以下前提性的变革:一是决策者理念与行为的转变。例如,对于天津现代都市农业的很多认识误区,以北京或上海为追赶对象,尤其是对高投入智能化等园区的迷恋。对于乡村类型以及未来发展的各种模式、水平、特色等差异性要客观认识,树立分类分层推进,而不是"一刀切"。二是对中央文件要求要全面客观理性理解执行。必须理性全面认清并紧密结合地方实际,不能以"不折不扣执行"为由代替对中央政策的"一知半解"乃至误解曲解;不能不顾实际情况和客观规律,过度解读乃至曲解中央领导的讲话;也不能盲目追求时间节点按期完成数量要求,盲目对标对表先进地区,只有求真务实、一步一个脚印干好才是正道。很多的中央文件都要求结合实际、分类指导、循序渐进等原则,但却被基层忽视。三是切实解决好基层负担重等问题。部分政府部门出现的不作为、假作为与不担当,以及层层任务责任下压导致基层疲于应付等问题有非常复杂的原因,过高过急以及追求极致完美、不能出差错等目标任务要求,决策与任务的随意性无序性,过度追责等都需要自上而下的系统反思,从根本上改变。四是做好系统持续的调研与科学论证。持续系统的科学调研与信息积累是政府精准理性制定政策、谋划项目并有效推进实施的基础。要恢复区县过去曾经普遍进行的大调研制度,认真落实领导干部每年最少完成一篇调研报告的要求,并在政府网站公示主要成果,接受社会评议。要更加重视天津乡村振兴的社会科学研究,在市级、区级设立"乡村振兴调研专项"和"社科服务专项",促进大调研大服务与科学决策、有效实施。

3. 科学把握乡村差异性,抓好试点示范,分类分步有序持续推进

根据天津乡村(村庄)差异性、城镇化发展趋势和常住人口变化情况,综合评价乡村振兴的优先区域或各类村庄,发挥好试验示范和引导作用,避免花费巨大的人财物,把路修通、水接上、房盖好,村里却没有人的现象。一是转变示范的理念与思路。首先要转变"垒大户"建示范点,明确示范的目的不是为领导参观、外人学习,而是要发现问题、探索解决办法、推广复制。二是建立多层次多样化分类试点。政府不能大包大揽,重点支持村民意愿强烈、组织能力强的村庄率先扶持发展。实践中可以从不同角度选择不同的试验示范点,如产业发展有潜力、有基础和动力的村庄,抢抓市场机遇,建立产业优势;对于区位条件、资源优势明显的村庄,例如镇区所在地、距离城区较近的村庄,应当作为重点综合开发建设,发挥对区域的带动辐射作用;对于在短期内因为各种因素,如班子综合素质和能力不强、凝聚力弱、村民原子化严重的村,应当以稳定维持为主,保证基本的生活生产条件和正常运转。三是建立"乡村振兴政策协调中心"以及专家论证咨询中心(委员会)。其工作职能主要从事天津市乡村振兴相关政策的调研与咨询建议,论证政府政策议案、方案。解决领导个人的政策或决策建议缺乏深入系统的民主专业论证,以及个别权威人士绑架政策或者盲目为现行政策寻找依据等不合理不科学的做法。四是建立乡村振兴"联络站"与信息"直通车"。选择不同类型、不同发展程度的乡村,建立联系点制度,承担信息采集功能,及时挖掘乡村振兴典型模式,将择优筛选典

型做法和有关案例加以推广；研究存在的突出困难和问题，通过蹲点调研、座谈交流、政策指导等多种方式与联系点加强对接，把脉问诊，科学指导乡村振兴。

4. 扎实有效做好乡村全域信息体系的基础性工作

没有系统真实、实用高效的乡村信息体系，科学决策与监督管理就缺乏依据，乡村振兴的目标管理体系就难以建立。一是整合涉农信息资源，建立"乡村振兴"目标管理信息系统，解决信息"碎片化""孤岛化"以及各部门重复、反复填报信息问题。进一步健全完善"三农"大数据平台的信息动态获取、上传、使用等方面制度，保障权威性、准确性、科学性和实用性。强化村信息员、乡镇统计人员力量，明确领导负责制，以真实、准确、及时为要求，建立队伍、保障经费、明确责任。二是高质量做好"益农信息社"全覆盖以及高效利用工作。重点对硬件设施建好后的运营、功能发挥等做出充分论证和可行方案，软件系统及其操作符合村庄的要求，信息员的培训与运营经费保障能到位等，防止其成为打着高科技农业信息开发旗号的一场"投资盛宴"或村委会的一种"摆设"。积极探索赋予合作社、家庭农场等新型经营主体直接利用"益农信息社"的制度规定，不断开发其"农产品上行"网上销售宣传功能。三是做好信息的公开化工作。目前政府能够公开的"信息"公开度较低，有的是因为没有系统的权威信息，有的是不同部门之间信息冲突，有的因为信息不准确等。信息严重缺失就难以真正做到社会监督，难以做出科学决策并提供真正有效的建议。必须有效、全面、及时公开真实信息，为全社会各方面参与服务乡村振兴提供基础。

5. 创造全社会多渠道助推乡村振兴的浓厚氛围

实施乡村振兴战略需要全社会达成广泛共识全力推进。一是深化对天津农业农村发展的全局性战略性价值认识。人类文明已经由工业（城市）文明向生态文明、城乡共荣转变，乡村发展水平成为衡量一个区域发展质量的重要标志。从中央要求和农业多功能、乡村多元价值等理论看，从与北京、上海的比较以及京津冀协同发展要求看，从天津未来发展的区域潜力看，乡村振兴都将是一个重大的机遇，是应当认真研究、切实抓紧抓好的大战略。但目前实质性重视不够，氛围浓厚，合力尚未形成。二是引导全民消除误区误读农业农村状况，广泛关注乡村振兴。要让广大市民、城市干部充分认识到天津城乡在基础设施、生活环境等方面的巨大差距，认识到天津的农业农村发展与江浙、京沪的巨大差距，认识到未来天津发展的重大潜力和机遇是乡村振兴。乡村振兴具有提升市民福祉的多重生态文化以及食品安全保障等功能，而财政对农业农村发展的欠账很多。要认识到个别村庄富裕并不代表天津大部分村庄的一般状况，在全市的各个部门能够形成助力乡村振兴的交响曲。三是为在乡村干事创业的所有人员松绑，创造有效激发主动性创新创造性的有效氛围。必须将政府如何促发展放在首位，没有经济发展一切振兴都将是"画饼充饥"。组织、宣传、人事以及纪检等部门必须为所有干部的创新创业创造保驾护航，以习总书记新时代中国特色社会主义思想为引领，以发展是硬道理为标准检验各部门工作。四是加强对天津乡村振兴创新创业的研究咨询和宣传工作。借助天津广播、电视媒体推出乡村振兴系列项目，为年轻人创业、投资、经营等搭建交流和论证平台。

将高等院校、研究机构的研究"落地",服务乡村振兴。建立遴选专家团队跟踪服务制度。进一步深化细化对天津乡村振兴的针对性应用性咨询决策研究,在主要为政府决策服务的同时,要强化为生产经营者、村庄进行实实在在辅导、咨询服务项目的支持,改变主要集中在所谓"理论问题""领导关注问题"的资政建议以及弱化产业发展、乡村振兴基层需要的"问题导向",形成人文社会科学助推乡村振兴有效制度和机制。

第六章　天津农业农村发展重点改革问题研究

改革创新是推动农业农村现代化的根本动力,近20年是针对"三农"问题出台改革创新政策最多的时期,伴随改革逐步进入深水区,系统全面性、精准性、针对性日益增强,改革的路径已由"摸着石头过河"逐步发展到更加强调顶层设计与试点试验先行。尤其是党的十八大以后,全面深化改革作为"四个全面"战略布局之一,是发展的核心动力。在党中央系列改革政策举措的指引下,各地结合自身实际的改革探索是形成地方发展新优势的根本所在,也是地区差距的根本原因。深水区的任何改革都具有很强的系统关联性,各地区的基本区情、农情等不同,政府在改革方面的重点及其战略、策略的决策不同,改革的理念、针对性、科学性、执行力等方面不同,造成改革的成效差异较大。本章选择土地流转、困难村帮扶、村集体产权制度改革、农业行政管理体制改革等四个主题,将调查研究报告的部分内容整理。

第一节　天津农业土地流转与规模经营调查

农业土地流转与规模经营问题自家庭承包制开始之后就一直存在,政策经历了限制有偿流转到允许自愿流转,再到鼓励流转,乃至地方政府扶持推动的发展过程。不同地方的资源禀赋、产业发展状况、土地流转的供需状况等不同,流转状况与成效存在很大差异,是一个渐进的复杂历史发展过程,需要不断总结完善相关政策。本节主要根据在天津静海区、北辰区、蓟州区等地的实际典型调研,结合市农委相关资料分析。

一、农户承包地流转的基本现状

1. 整体情况

关于全市农户承包地流转的整体状况,大量的数据主要来自天津市农委有关部门的相关统计信息,根据本研究的需要进行分析。

(1) 基本阶段(历程)。从1983年底完成大包干后,天津农户承包地流转大致经历4个阶段。第一,稳定土地承包关系为主,小规模自发流转为主阶段(2003年之前)。确立、调整和稳定农户家庭土地承包经营制度和承包关系是农业制度建设的主要任务。部分乡镇企业比较发达的村庄把全部或部分耕地集中起来,成立农业公司(农工商总公司等)负责经营管理,实现规模化、企业化经营。该时期社会经济发展和收入水平相对较低,劳动力相对充裕,承包地要缴纳"三提五统"的负担等原因,土地流转总体较少。第二,示范小城镇建设推进土地流转规模化发展阶段。随着农业土地承包关系的稳定以及2004年之后农村税费制度的改革,尤其是2005年以后天津推进"宅基地换房"的示范小城镇建设,复垦耕地建设现代农业产业园区。2007年底,全市18.4万个农户流转土地面积52.19万亩,占承包地面积的11%,获得流转收入2.16亿元。第三,以推进设施农业规模化、园区化为目的土地流转短期快速发展阶段。2008年,天津开始推进"4412"设施农业建设工程,用4年时间建设40万亩规模化、园区化(基地化)的设施,要求享受优惠政策的土地必须连片并达到一定规模,并采取自上而下制定任务计划等行政推动措施加速实施。在多重政策措施的推进下,2011年底顺利完成"4412"建设任务。同时,《农民专业合作社法》的颁布实施和系列惠农政策的出台,示范小城镇建设进一步扩大,进一步促进了农业土地流转。2010年底,土地承包经营权流转面积77.94万亩,占农户承包地面积的16.4%,流转农户20.9万户,流转收入3.45亿元,亩均土地流转收入442.58元,人均土地流转收入91.25元(按农村居民378万人计算)。第四,土地流转稳步发展与多样化发展阶段。经过多年实践与摸索,伴随着新型城镇化的发展与农业劳动力老龄化问题日趋显现,农业土地流转稳步发展,形成适宜各地特点的多样化模式。到2016年底,全市497万亩家庭承包土地已流转225万亩,流转比例为45.27%,比2010年提高29个百分点。以转包、出租、股份合作等多种流转方式为主,土地集体统一流转经营、土地承包经营权入股组建股份合作、专业大户流转、家庭农场流转以及工商资本租地流转等经营模式竞相发展(流向多元化)。

(2)**农业土地流转的整体现状**。随着流转规模的扩大,2016年底流转出承包地的农户35.25万户,约占农户总数的28.7%(有承包地农户按照农业户籍户数122.79万计算),流转方式、流转地取向更加多样化,规范化程度等逐步提高。

① 流转方式与规模化。承包地流转方式中,最简单的互换方式经过多年的"去细碎化"地块调整后已经相对较少;转让方式由于涉及一定期限的承包经营权转移给外村人等原因而相对较少;转包、出租等方式由于期限与价格确定灵活简单,不改变承包权等原因而成为主要方式。到2016年底,全市225万亩家庭承包地流转面积中,采取转包、出租、股份合作等方式为主,分别占26.4%、25.3%和26.9%,采取转让、互换和其他形式的分别占2.7%、0.34%和22.6%,其他形式主要包括代耕、委托经营或托管等。这种特点与2010年相比有一定变化,转包、出租、转让和互换的占比均有一定程度下降,股份合作方式占比大幅上升,其他方式略有增长。2010年全市土地承包经营权流转面积77.94万亩中,转包占33.78%,出租占32.77%,转让占5.92%,入股占3.1%,互换占2.94%,委托经营及其他占21.94%。

② 流转地去向与用途。据市农委相关资料,2016年底,全市土地流转以流入农户(含专业大户)、农民合作社(包括土地股份合作)等为主,分别占到40.4%和36%;转入农业企业的占7.4%;转入村集体、乡镇及其他主体等占16.2%。从流转地的用途看,用于种植粮食作物的114万亩,占50.7%;用于种植经济作物的43万多亩,占19.1%;

用于发展设施农业的 24.3 万亩，占 10.8%。流转地主要用于发展粮食种植，促进粮食种植规模化是土地流转的重要特点。

2. 主要做法与政策

（1）以城镇化、工业化促进农业土地流转。加快天津农村城镇化、工业化的发展，促进农业富余劳动力转移、增加农民非农收入、减轻对务农收入的依赖是天津农业承包地流转的主线和持续动力。2016 年底天津环城区、滨海新区的城镇化、工业化水平较高，农业土地流转率相对较高，东丽区、津南区、西青区、静海区以及滨海新区的土地流转率分别达到 67.4%、91.2%、79.4%、63.3% 和 67.4%，远高于全市平均水平，北辰区、宝坻区土地流转率均超过 40%。2005 年之后的示范小城镇建设直接推动了农业土地流转建立农业园区。

（2）以农业园区化、设施化和结构调整带动土地流转。2008 年市政府制定优惠政策和计划，并辅以行政推动的方式发展规模化设施农业基地和园区，各区也都制定配套补贴政策和土地流转集中计划，很多工商资本租地建立农业园区，有的村集体流转土地建立园区或基地，有力地促进了设施农业的发展。40 多万亩的设施农业、23 个市级现代农业园区以及众多区级不同规模的种植业园区、基地都是通过土地流转实现的规模化。

（3）以农业组织化促进土地流转。通过制定系列扶持制度和规范，促进了农民专业合作社的快速发展，包括农机合作社、土地股份合作社在内的各种农民专业合作社快速发展是带动土地流转的重要组织力量。截止 2016 年，转入合作社的承包地占流转面积的 36%，其中土地股份合作社占比达 26.7%，流转土地 80 万多亩，主要集中在静海区、宝坻区等土地流转试点区。

（4）以扶持土地流转试点、补贴和平台建设等示范带动和服务土地流转。2013 年，全市启动农民土地股份合作社和家庭农场试点建设工作，为研究制定全市引导农村承包土地规范流转、促进土地规模经营政策意见奠定实践基础。市农委会同市财政局等部门联合印发了《农村承包土地规范化规模化流转试点申报和补助办法》，明确了试点建设标准、补助标准和申报办法等。依照标准确定了宝坻、静海等区、乡镇两级土地流转平台、整村建制的土地股份合作社和家庭农场试点。有关区结合自身实际也制定了不少政策，推进了土地承包经营权加快流转。例如，静海区 2013 年确定 12 个试点村，通过组建合作社流转土地 4.8 万亩。

3. 土地流转的绩效

（1）提高了耕地资源有效利用率和产出率，促进耕地资源市场化资本化增值。土地流转首先实现了规模经营和规模报酬，对部分农户的粗放经营和撂荒等是一种纠正，在某些情况下能够增加实际耕种的土地面积。有些土地股份合作社将原小地块之间的沟渠、道路等进行平整，进而增加了土地面积。由于土地流转以及连片规模经营，原来低价流转或者难以流转出去的土地，流转价格提高。据调查，在静海区的很多地方，流转价格 2010 年 300 元左右，2015 年提高到 500 多元，部分地区达到 700 多元；2007 年，西青区的土地流转价格约 400~500 元/亩，现在达到 1000 多元；北辰区土地流转费一般为每年每亩 600 元至 1000 元，个别村达到每年每亩 1500 元。

（2）保障和改善农产品有效供给。通过流转土地后产出率的提高增加产量，通过调整结构发展高效蔬菜等经济作物而改善供给结构，通过规模化、组织化和标准化生产经营保障产品质量安全，土地流转已经成为保障和改善天津农产品有效供给的重要途径。

（3）提高农业劳动生产率和务农收入水平。农业劳动生产率和务农收入水平相对较低是农业的最大问题。通过土地流转后的规模经营获取规模报酬和规模经济，有效地缓解了这些问题。调查发现，规模经营的土地股份合作社、家庭农场等均获得了较好的收益。

（4）增加农业投资和专用资产，改善基础设施。土地流转扩大了土地的经营规模，为经营主体购置大量的大中型机械设备等专用资产、提高农业机械化水平创造了作业条件；不少合作社规模扩大后，积极争取资金进行农田水利等基础设施建设，改变分散农户粗放经营方式；吸引工商资本通过土地流转投资农业，增加了农业设施和水利、道路等基础设施投资建设，成为天津农业现代化建设的重要力量。

二、土地流转与规模化经营的主要模式

1. 以村集体（村两委）建设园区（基地）为载体的流转和规模经营

（1）基本运作方式。其基本组织形式概括为"村集体（村两委）+农民合作社（股份合作社）+基地（园区）+农户"，具体的运作方式、机制等存在很大差异，主要是村集体经济组织或者村两委发挥土地所有者和管理者的职能，将本村农户的全部承包地或者部分承包地集中连片，调整产品结构，建设设施种植基地或者园区，并成立合作社进行统一经营管理或者提供统一服务，农户可以土地承包经营权入股，也可负责承包经营部分土地。

（2）发展情况。2008 年天津市大力推进设施农业和园区化、基地化建设，很多乡镇、村都是采取这种模式。在集体组织统一经营能力较强的很多村采取这种模式，能够取得较大的成功。静海区大邱庄镇的津美街、宁河区岳龙镇的小闫村、北辰区双街镇双街村等是典型代表。

（3）适用条件及要解决的问题。该模式主要适合村集体组织的协调和经营能力较强、威信较高的村庄，其充分发挥了村集体的组织优势，通过注册成立合作社这种市场法人主体，弥补村集体经济组织"虚置"问题，也是增强村集体经济实力的一种模式。这种模式存在集体统一经营的各种管理弊端，需要建立有效的内部运行机制和责任制度等去化解；需要进一步探讨和完善风险共担的机制，完善设施农业经营的风险保障制度等，有效规避市场风险和自然风险可能引发的社会风险。同时，在某种程度上以及多数情况下，有些"合作社"只是一种形式或手段，并不是真正意义上"利益共享、风险共担"以及"民主管理、盈余返还"的"真"合作社，也留下了许多隐患需要克服或预防。例如，虚构的注册资本和社员出资额一旦遇到大的风险或倒闭清算等，可能引起经济纠纷，这也是不规范"合作社"面临的共同问题。

2. 以土地股份合作社为载体的土地规模经营

（1）基本运作方式。农户以土地承包经营权入股成立土地股份合作社，形成"土地股份合作社+农户"的经营模式。其内部具体的组织机制、管理机制和分配机制存在较大差异。有的是由村委会（或者村党支部）成员领办，有的是由种田大户等领办；有的是只有土地入股，有的土地结合现金等入股；有的只根据耕地数量多少确定不同的股权，有的将土地数量折价入股；有的确定保底收益或分红，有的只根据经营情况确定收益或分红；有的是为了形成规模经营优势、自主经营；有的是组建土地股份合作社后再将规模化土地出租给农业企业，目的是为了形成规模增加社员的集体谈判力；有的是为了将村民零散的土地集中进行规模化商品生产；有的是根据农业项目开发的需要采取土地入股的方式集中土地形成规模等。

（2）发展情况。近年来，天津土地股份合作社逐步被认可并采纳，成为土地流转、规模经营和合作社的一种有效形式，也成为村集体经济发展的一种重要模式。如，2016年底转入农民土地股份合作社土地面积601780亩，转入农民土地股份合作社面积最多的静海区为484280亩。

（3）适用条件及要解决的问题。这种模式要求土地集中连片，便于机械化作业和引进新品种、新项目集中种植管理；合作社的牵头人（如村干部或者能人）要具有较强的组织管理和经营能力，也愿意流转土地并成立合作社经营；农户不依赖自己种植的较低收入（愿意放弃自己经营而入股），入股后能够获得高于自己经营的收入；相对而言适合耕地资源较为丰富，人地矛盾不突出等地区（静海区、宝坻区的部分村庄是典型代表），并不是适用于所有地区。目前看，受制于不同村庄的人地矛盾、村干部的理念等，只适用于少数地区。这种流转方式和规模经营要解决的主要问题是"保底"收入与是否真正合作社问题，规模扩大后的风险问题和持续发展问题。

3. 以农机专业合作社为载体的土地规模经营

（1）发展情况。2007年开始天津市一直在实施购机补贴政策时对农机合作社放宽补贴数量，且一度给予叠加补贴。2008年开始又以项目形式扶持合作社建设机库、维修间等基础设施，支持其扩大经营规模，农机合作社发展迅速，规模经营的农机合作社以年均新建20家的速度快速增加。据天津市农机局资料，截止2013年，全市农机专业合作社111个（2011年曾达到117个），主要分布在全市的70个乡镇，服务农户25.3万户，年开展农机作业约490万亩（平均每社4.4万亩），全年合作社作业量占全市农机作业量的30%以上，作业收入超过1亿元；合作社中农机资产现值超过100万元的有82个，占71%，其中超过200万元的42个。

截至2017年底，全市共有农机化作业服务组织696个，从业人员6666人，其中农机专业合作社280个，吸纳社员5861人；共有农机化作业服务专业户45264个，从业人员67993人。280家农机合作社年服务农户66.8万户，拥有农机资产总值达5.6亿元，资产总值在500万元以上的有30多家，合作社地域分布也由原来的70个乡镇发展到102个乡镇；年累计作业量达623万亩，占全市农机总作业量的42%，农机作业收入超过2.57

亿元。全市农机合作社从业人员达 2984 人，其中常年聘用人数达 793 人、专业技术人员 728 人、机手及修理人员 1464 人。农机合作社的平均作业服务能力、资产规模、收入水平均高于全国平均水平。

（2）基本运作方式。通过农机合作社为种植户开展订单式、托管式、跨区作业等农机服务增加收入，增强其生存能力。通过承租农用地开展规模化种植，具有成本相对较低（农机作业成本节约）、农机具服务能力能够充分发挥等优势，收入相对较高。经过多年的市场竞争和资源整合，我市农机合作社的组织化程度明显提高，已形成农机大户联合经营型、农村能人带动型、村集体主导型、合作社联合社等多种组建类型互促共存的格局。具体模式可归纳为四种：

一是农机大户联合经营型。农机合作社为入社成员提供统一调配、统一存放、统一管理、统一维修保养机具的服务，通过统一联系业务、统一组织作业、统一收费标准，实行单机核算，提高机具的使用效率、增加成员收益。目前，这类农机合作社共有 124 个，占总数的 44.3％，为农机专业合作社的主流模式。

二是农村能人带动型。主要是由农村群众威望高、组织能力强、善于协调处理问题、号召力强的致富能手或村干部，带动几个经济实力较强的自然人共同出资，购置农机具，创办的农机合作社。宝坻、静海、北辰等 3 个区有这类农机合作社共计 116 个，占总数 41.4％。

三是村集体主导型。合作社由村委会牵头，依托村集体原有的农机服务队，将全体村民组织起来成立的股份制的农机服务组织。村集体以农机具、货币、机库房等资产入股，村民多以土地或自有农机具入股。这种形式的农机合作社主要分布在宝坻、静海、大港等 3 个区，共有 9 个。这种组建模式成立的农机合作社，发挥了集体、个人两方面的积极性，通过对本村农田实行"统一耕种、统一管理、统一收获"的种植模式，实现了农作物全程机械化生产，有利于形成土地规模经营，促进区域化种植。

四是合作社联合型。由农机合作社根据自身能力和特点，与种植、畜牧、水产等专业合作社开展横向联合，组建联合社或合作社联盟，开展多种经营，拓宽服务渠道。农机合作社联盟只在武清组建了 1 个，而与种植业合作社成立的联合社在宝坻、武清、静海、宁河、大港等区县均有分布，共 31 个。

（3）适用条件及要解决的问题。成立农机合作社一般以有一定的农机资产和农机手作为基础，有足够的耕地种植能保障农机发挥服务作用和获取利益，最好是在耕地较多的每个乡镇建立几个（根据农机合作社的机械作业能力等估算），太多了很可能造成低水平过度竞争，造成农机资源、财政补贴的浪费。农机合作社发展要解决的主要问题是经营管理不够规范，设施配套相对滞后，从业人员素质不适应发展要求，融资、贷款困难等问题。

4. 工商资本租地规模化经营

（1）基本运作方式。城市或者农村的工商资本（公司）采取租地的方式投资农业，进行规模化生产经营。一般是通过乡镇政府或村级组织联系，有的也通过一些合作社联系，由这些组织负责将农户承包地集中连片，并就流转期限、价格等问题达成一致。一般流转期限较长，在15年以上，形成的土地流转关系比较稳定和持久。公司在生产经营时往往要雇佣当地村民在公司所建园区或基地从事劳动，使得农户既能得到出租土地的收入，也能获得务工收入。有的公司在建成设施园区或者基地后，采取对外出租、承包的方式，公司负责生产资料供应、产品生产计划或品种安排、技术服务、产品销售、品牌建设与营销、质量监管等，承包者（可以是当地人，也可以是外地人）负责日常的农业生产操作和管理，形成农业生产的"公司+承包户（农户）"模式。有的公司则采取延长产业链、发展加工配送、开发观光休闲功能等成为全产业链、多功能的经营模式。几乎所有的公司在此基础上为便于管理经营或者争取更多政府优惠政策都注册成立合作社，形成"公司+合作社+承包户（农户）"的农业生产模式。多数情况下成立合作社只是为了获取政策优惠的一种手段。

（2）**发展情况**。吸引工商资本投资天津现代都市农业建设是发挥大城市优势的必然选择，是克服分散小规模兼业化农业生产弊端，增加农业投资、提高农业组织化程度、发展高档特色农产品生产、保障产品质量安全的重要途径和模式。2008年设施农业"4412"工程建设后得到了更广泛的应用，成为天津现代农业的代表性模式，在天津至少有几百家。

（3）**适用条件及要解决的问题**。这种农业经营模式都得到了各级政府不同类别项目的扶持，投资者也必须具备较强的资金实力，能应对农业投资大、回收期长、风险大等问题。同时，投资的产业、产品或者上市时间等必须有明确的定位，不能雷同于一般农户的生产，高档、特色和相对较高附加值是产品的基本要求。同时必须有较强的品牌运作和市场营销能力。作为一种土地流转和规模经营的方式，要长期稳定发展必须解决好以下两方面的主要问题：一是如何盈利问题，尤其是长期持续盈利问题。产品市场价格降低（难以控制、预测），人工成本、生产资料成本上涨是主要影响因素。二是增强持续发展能力问题。资金缺乏、贷款难；附属配套建设用地不能满足要求；政策性农业保险保障水平低，只保少数作物，对设施农业只保设施而不保种植作物损失等导致经营风险大。

5. 以规模经营农户（专业大户、准大户、家庭农场等）为载体的土地流转和规模经营

（1）**基本运作方式**。转出户将土地流转给专业大户、准大户或家庭农场经营，其中，不少是农机专业户或农机手。一般多发生在本村以及邻村的熟人范围内，通过村干部协调、熟人协调流转是主要方式，从事规模化粮棉生产和特色产品生产的农户一般流转的较多。

（2）**发展情况**。这种模式的土地流转规模很大，比较灵活，经常性发生，缺乏稳定性，一般期限短。流转价格年际差异较大，与农产品价格和土地收益、区位、能否连片等密切相关，即农产品价格高、土地收益高，流转价格就可能上涨，反之就很可能下降；区位条件好、规模大、能够连片，价格就高；如果偏僻或者规模太小，价格就低。该模

式是适应目前农村现实的简单模式,也是未来很长时间农地流转的主要形式,尤其是发展专业大户和家庭农场的规模经营。

(3)适用条件及要解决的问题。这种类型的流转主要是在熟人之间进行,容易达成交易,风险较小,有广泛的适应性。未来要解决的主要问题是:一是流转期限较短,价格不确定、不稳定等可能引起的短期掠夺经营、投资浪费等问题;二是规模扩大后的资金需求、仓储与烘干设施、保险保障等问题;三是土地生产率可能下降问题,尤其是规模过大超越自身经营能力问题;四是部分规模经营户及家庭农场存在严重的"赌行情"心理和行为,期望"一夜暴富",规模经营没有起到市场的稳定作用,反而加剧了市场的波动等。

6. 村集体组织部分村民自愿连片土地流转与规模经营

(1)基本运作方式。该模式主要是为解决有的承包户愿意流转土地,而同一片土地的部分农户不愿意流转的问题。由于承包地只能"大稳定、小调整",即使有部分农户愿意流转出土地,但只要部分乃至一户农户不愿意流转可能就不能够顺利成片流转,流转价格或者收益会降低,很多村庄都存在这种现象。

(2)发展情况。这种做法实际上在 20 世纪 90 年代第二轮、第三轮土地延包时就存在,目前也大量存在(缺乏统计数据支持),与不少地方试点推行的将口粮田和责任田分开承包的"两田制"类似。有的地方推行两田制的"责任田"因承包时违背了部分村民的意愿,剥夺了部分村民的承包权利而最终被取消。但这种模式产权清晰,尊重农民自主权与选择权,不搞"一刀切",满足部分村民愿意种地的需要,能节约成本、增加收入乃至锻炼身体、满足心理需求等,是一种相对简单的过渡性流转方式。

(3)适用条件及要解决的问题。该模式主要适用于以下情况:一是有特殊的水土要求的种养产业或产品(如在旱田为主地区的水稻种植),由于水资源利用、土地节约和种植技术的要求,每户面积太小的分散种植不合理,需要连片种植;二是人地矛盾不太突出,有条件进行承包地的调整,部分村民愿意流转土地,同一地块上的承包户能够达成一致对外出租。当然,如果人地矛盾突出的村庄要采用这种模式时要谨慎,要制定严密的方案,否则可能引发社会问题。

三、土地流转及规模经营的特点与影响因素

1. 土地流转及规模经营的总体特点

(1)区域差异性。主要表现在以下方面:①天津环城四区和滨海新区的土地流转率、流转价格等明显高于其他地区。非农产业发达、经济发达、城镇化水平高、农民对农业土地整体依赖性小、农业比重低(以及耕地面积小)是主要成因。②人均耕地面积较大的地区土地流转程度及其认知程度相对高。大田作物种植地区,人均耕地面积较大的村、乡镇或者几个乡镇的区域,土地流转程度相对较高。③土地流转后经营方式、产业的集约化、组织化程度高。天津环城四区和滨海新区借助于区位优势、较强的经济实力和城镇化高速发展的时机,利用政府和村级组织的动员组织力量等条件,流转土地重点发展

园区农业。

（2）种植产品差异性。一般情况下，种植小麦的规模经营存在较大风险，尤其是低洼易涝等地区，小麦的大规模化种植需要考虑土地状况，面积太大风险较高。水稻地一般比较适宜于连片规模化种植，主要是基于水资源的利用、沟渠的节约、农机的专用性等。棉花的规模化一般也常见，在天津不少地方出现外地人租地种棉花，但规模太大面临的市场风险大，因为棉花的价格波动相对较大，受到纺织品出口、国际棉价、人工成本上涨等影响，收获时遇到连阴雨损失也很大，也要适度。相对而言，种植玉米、高粱等大田作物受农时、气候的制约较小，规模可以较大些，相对较容易。种植蔬菜等面积不宜太大，目前主要受制于蔬菜种植的劳动密集型特点，机械化程度低、人工成本不断上涨以及市场价格的不稳定性影响较大。

（3）适度规模因素复杂性。土地流转后种植的农作物规模化难易程度等方面存在差异，主要影响因素是机械化的难易程度与机械作业成本、人工成本、生产技术以及机械设备专用性资产的要求、土地条件及气候条件的不同影响、损失及风险的可能性、市场价格与收益的稳定性、地块规模的大小、水利条件、经营者的能力和水平（包括抗风险的能力）等。

（4）流转机制和方式多样性。天津农户承包地流转的具体方式，流转价格高低以及决定的因素、方式，流转期限、土地经营规模以及流转后规模经营的具体方式等丰富多样，都有其一定的适用性，是流转双方的创造性实践。例如，同样为土地股份合作社，其内部制度规定、运行机制等就各有特点。

（5）规模经营的不稳定性。主要原因和表现：①期限短与价格不确定。除了与政府和村集体签订规范化协议建立园区、基地外，大部分土地流转期限较短、价格不固定。转入方希望期限长、价格低，而转出方正好相反，经过博弈妥协形成的并不是理想方案。②农产品市场价格和经营盈亏的不确定。一方面，受农业特点的制约以及政府调控管理、支持保护等相对较弱的局限，农产品市场价格周期性波动经常发生，成本不断上涨，导致规模经营的亏损可能性较大，会直接影响到流转关系的稳定，不利于持续经营；另一方面，部分规模经营者存在严重的"赌行情"心理和行为，增加或减少产量对市场的影响要大于小规模经营农户，规模经营没有起到市场的稳定作用，反而加剧了市场的波动等。

（6）流转程度变化阶段规律性。从整体看，土地流转规模及流转率的变化大致类似于"倒U"字型曲线的变化规律，即随着时间变化，在一定时期内土地流转规模及流转率不断增长，当潜在的可能流转的土地大部分流转完成，流转的土地实现较长期稳定经营，达到最高点后便会下降，乃至全部土地基本实现长期规模化或者稳定经营，发生流转的会很少。

2. 土地流转及规模经营的影响因素

土地流转的实现是在不同制度环境和外部综合环境条件下转入方（需求者）与转出方（供给者）市场博弈的结果，影响的主要因素可以归纳为4个方面。

（1）转出方因素。承包户转出土地的特征体现在家庭没有劳动力或者无力经营承包地，自己经营承包地从事农业效益较低，机会成本大，不依赖耕地收入，不愿意种植，有流转的意愿，流转价格可接受（略低于或者高于自己种植）等。能否流转成功与承包户的观念、家庭经济和生活状况，劳动力就业等关系密切。天津市很多地区虽然有转入的需求方，但难以达成有效交易而流转缓慢，直接原因有三个：一是耕地种粮食收益稳定、劳动量较小，全程机械化程度不断提高；二是农户中有50多岁的劳动力以及妇女未能长期外出务工；三是整块地的个别农户不同意流转，也不愿意互换导致流转难以实现。

（2）转入方因素。满足转入方要求的主要条件有土地的区位条件、土壤质量、水利设施等满足生产产品和发展定位的需求；集中连片的规模要求；流转期限和价格等符合产业开发的底线要求，双方合作意愿等。从目前的现实看，制约流转成功的主要现实障碍可能是以下几种之一：一是土地规模经营的收益及其预期不高、不稳定，新型经营主体缺乏；二是难以满足转入方对地块连片的规模需求；三是土地流转价格太高、期限太短，转入方经营成本高等难以接受。整体看流转的价格越来越高，并且合同期限短，已经成为经营的主要障碍和发展的隐患。

（3）制度因素。主要包括：①政府政策。凡是与土地经营有关的政府政策都对土地流转产生影响，包括对种粮及其他经营的扶持保护政策，土地流转政策、规模经营政策、新型经营主体政策等。当前影响较大且存在缺陷的主要是保险政策、融资政策以及规模经营的附属配套建设用地政策及其实施等不能满足规模经营的要求。②法律制度。目前束缚土地流转的法律主要是承包经营权不能抵押贷款，现代农业的附属配套建设用地占用耕地的制度缺乏，承包经营权以及宅基地退出制度，农业基础设施建设投资保障制度，农业政策性保险与融资的法律规定缺乏效力等。

（4）其他环境因素。影响较大的主要是所在地区的经济发展阶段和发展水平、收入生活水平，劳动力转移情况，农业社会化服务情况，当地的创业经商文化与习惯，人地矛盾的差异状况，对土地种植收入的依赖程度；土地流转信息服务平台建设情况，纠纷的解决机构与机制；农产品市场价格变化、成本收益变化导致的经营农业的效益和潜力；已经投资农业的经营者的效果示范等。

【案例】天津市宝坻区黄庄洼稻田流转与规模经营（调研时间2014年10月）

宝坻区黄庄洼地区种植水稻20万亩左右，主要集中在八门城镇（8万亩）、黄庄镇（8万亩）、大白庄镇（1.1万亩）等。通过20世纪的水利基础设施建设以及10万亩"荒改稻"工程，不少村人均稻田较多，一度占种植总面积的80%以上，好年景一亩地收益400百多元。进入21世纪后，随着农业生产资料价格以及用工成本持续上涨，稻米行情长期低迷，农民种水稻收入增长缓慢。一些农民甚至开始改种一年两季的小麦和玉米。2008年通过参观学习辽宁盘锦的稻蟹一体、江苏连云港的稻鳅混养，并成立合作社进行试验获得成功，提高了稻田的经济效益，得到进一步推广，促进了规模经营。通过国家有机食品认证的水稻面积5000亩、无公害认证13万亩，稻田立体种养面积6.4万亩，经工商注册登记的稻蟹立体种养合作社有32个。2011年注册成功地理标志证明商标"黄庄大米"。一些稻谷加工龙头企业因为黄庄洼稻田的"原生态"寻求合作，建立加工企业。八门城镇小甸村将全村9600多亩稻田全部流转给了天津井田集团有限公司打造一个集立体种养、生态观光于一体的万亩立体种养生态园。在天津市较早进行农业休闲旅游开发，开发了黄庄水稻文化历史展览、大米品尝评比会、"水稻公社"、农家乐等以水稻为主题的丰富多彩的农业观光休闲，仅黄庄镇小辛码头村2013年吸引游客10万余人次，直接收益400余万元，带动农民人均增收800余元；小辛码头村被评为2012年天津"十大美丽乡村"，八门城镇现代生态农业示范园稻田景观被农业部评为"2013年中国美丽田园"。2011年开始建立了以水稻生态为主题的八门城现代生态农业示范园（占地7000亩），催生了近百名水稻种植大户以及大量的合作社，2名被国务院授予"全国种粮大户"称号，现正在兴起注册家庭农场。在种粮补贴和收益稳定的背景下，各种良好的条件使得该地区生产的大米销售价格高于其他地区，水稻种植经济效益可观，再加上政府的引导支持，土地流转及规模经营发展很快，合作社、家庭农场、公司投资办产业园区等各种形式竞相发展，并形成了从事水稻育苗的专业大户，为其他农户提供服务。八门城镇、黄庄镇稻田流转率超过50%，大白庄镇全部流转。而且流转的费用相对较高，一般900元，高的达到1200元。不少农民不但获得了较高的土地流转收入，而且能够在合作社、农场、园区、企业等打工获取较高的劳务收入。流转规模经营的农场、合作社等通过平整河沟、田垄等农田改造增加了稻田面积，通过品牌、规模效应获取了规模收入，通过利用政策优惠购置农机具等促进机械化发展，缓解了年轻人外出打工带来的劳动力不足问题。

从该案例可以看出，该地土地流转与规模经营的快速发展，是多种因素综合作用的结果。主要是：人均稻田较多；水稻种植特殊的技术和水资源利用要求，地块不易分割过分细碎；水稻种植的年轻劳动力短缺，以及自己种植效益优先等造成的转出需求较高；转入稻田从事规模经营现实收入以及预期收入相对较高；整体的技术发展、品牌与市场影响力、区域形象、市场潜力前景等为稻田效益提高奠定了基础和外在环境；区域有相对完整的生产、加工和服务产业链；政府的规划、扶持引导等。因此，一个地区土地流转与规模经营的发展需要多种外部与内在条件，需要针对不同地区、村的土地资源和人地矛盾状况等针对性地引导发展。

四、土地流转及规模经营评价标准及存在的问题

1. 土地流转与规模经营绩效评价标准的理性思考

土地流转与规模经营的绩效评价标准应当主要是以下4方面：

（1）土地资源生产力提高，潜力最大程度发挥。促进土地流转实现规模经营的直接目的是解决部分农户粗放经营、土地资源利用率和产出率低，而有的农业经营主体缺乏土地难以实现规模效益问题。因此，评价的首要标准就是在符合生态环境保护和持续发

展要求的前提下，土地生产率明显提高，潜力最大程度得到发挥，同时也促进农业劳动生产率的提高，使规模经营者能够获得较高的收入，解决"谁来种地"的问题。

（2）政府财政和社会资本投资农业效果明显，资本产出率显著提高。财政投资农业的经济、社会、生态目标主要是增强农业生产能力（包括基础设施建设、增强竞争力等），保障产品的有效供给、改善生态环境等。对于社会资本投资农业进行规模化生产经营，主要目标是获取持续稳定的利益。财政投资农业能否实现保供给、示范引导和乘数效应（撬动社会资本）等目标，社会资本投资农业能否获取持续稳定的收益，少产生亏损倒闭和浪费是重要的标准。

（3）土地流转价格双方合意，实现双赢。对土地流转价格问题需要辩证分析。土地作为农民资产，其流转的收益越高越好，可以增加农民的收入，但不应过分夸大其对农民增收的作用；而对经营者流转土地有一定成本，价格太高达不成流转交易，或者土地成本太高影响规模经营，价格频繁变动也不利于经营。实现双赢的合意价格是重要标准，这也应当是政府引导下的市场选择结果。

（4）经营规模适度，能够自主持续稳定发展。土地流转后的规模经营不是越大越好，不超过自身经营能力、不降低土地生产率、不能掠夺性经营等是基本要求。目前不少地区对土地流转高额补贴，而且流转面积越大补贴标准越高，靠政府补贴使得规模经营户获取高额收益的做法并不可取。

2. 天津市农业土地流转及规模经营中存在的主要问题

土地流转及规模经营中的问题主要来自两方面：一是流转的速度、规模和交易等；二是流转后如何持续生存稳定发展，实现规模经营目标。

（1）土地粗放经营，效率效益低等资源浪费。一方面农户的粗放经营。由于多种原因家庭承包地不能顺利流转，农业副业化、妇女化、老龄化导致土地粗放经营。另一方面是规模经营者的粗放经营。部分转入户流转土地的目的是短期投机获利乃至土地变性、圈占土地等待升值，或者用于休闲消费，不注重提高土地利用率、产出率。

（2）合同约束力弱，流转价格高、期限短。目前，天津流转土地中签订合同的约为60.6%，口头协议近40%，导致流转价格、期限等频繁变化，增加了交易成本和经营的不稳定性。据调查，家庭农场、专业大户等流转土地多数是3年以内期限，可能造成掠夺性经营。

（3）土地经营规模扩大与产能充分发挥所需系统条件不配套，不能满足需要，风险大、收益不稳。上述问题在调研中反映最多，可以概括为"六个不配套"：①机械设备或晾晒场地不配套。一家一户分散经营时可以充分利用各种空闲场地晾晒，规模扩大后产量大，需要专门的设备或场地。②水利设施条件和灌溉方式不配套。受华北地区地下水漏斗区保护影响，农用机井等水利设施封填后配套水资源转换设施配套迟缓，喷淋、滴灌等高效节水农业发展缓慢；部分地区水电路等基础设施的投资少，年久失修，不能满足规模经营需要。③融资服务不配套。受金融部门贷款条件限制，农用地、地上物及生产机械设备不能作为抵押物进行贷款，多以个人信用贷款或者城镇住房作抵押贷款。

④政策性保险不配套问题。设施农业保险只赔付设施估值的一定比例，不是全部设施投入或实际价值的损失。政策性粮食保险范围小，参与政策性保险公司单一，缺乏竞争性。⑤农业建设用地供给不配套。规模经营户管理和生活用房、仓库、晾晒场等附属设施用地批复难，地方政府"一刀切"拆除"大棚房"严重影响了土地流转及规模经营。⑥人才与技术服务不配套问题。一是设施农业种植技术人员缺乏；二是生产资料、技术的配套服务不能满足要求；三是农业劳动力短缺造成的雇工价格较高，且农忙时找不到合适的人力。

（4）规模经营主体经营能力和水平有待提升。大部分经营规范的经营主体都得到了政府不同程度的扶持，但能够自主盈利并持续生存发展壮大的并不多，自主持续发展能力弱，缺乏系统的经营能力。部分经营主体现代化管理和营销人才短缺，真正懂技术会管理、市场开拓能力强的复合型人才少。

（5）政府管理服务的体制机制与保护扶持力度不适应规模经营。主要问题表现在：部分基层政府的服务和管理普遍缺位，政府的公共服务不适应规模经营的要求，财政扶持引导资金较少，有限的财政资金使用效果不佳，政府部门间以及上下级管理不协调问题。

（6）法律和政策制度创新滞后。相比其他地区的农村土地承包经营权以及宅基地退出的制度改革试点，天津市在农业土地资源的有关法律和政策制度方面没有大的创新性改革试点，这也成为流转缓慢的制度性根源。

【案例】一个家庭农场流转土地投资农业的隐忧

天津某家庭农场 2014 年 3 月 4 日注册，登记为个人独资企业（以前曾注册过合作社），农场主李某 30 多岁，过去曾做钢材生意，赚了一笔钱，近几年生意不好做，投资农业。与某村签订 20 年租地合同，每亩年租金 1000 元（当地土质较好，地租高），共租地 600 多亩。其中 400 多亩地种植文玩核桃，请河北昌黎某专家作技术指导服务，并做可研报告。购买核桃苗木相当贵，每棵 7500 元（据说尺寸与价格有严格的标准规定），出售苗木的成活率保障 75%，基本达到。鉴于核桃树未长大，在部分地中种植了药材射干，据说效益可以，每亩纯收入可以达到 1 万多元（两年收获，平均每年纯收入 5000 多）；为了减少损失，在部分地上种植一些玉米（收入可与租地成本相当）。同时，该农场主曾经种植过另一种药材，轻信了卖种子的话受到蒙骗，结果花了 27 万元购买种子等，但出苗后就不再正常生长，难以达到药材要求，上当受骗，损失不小。

该农场主已经投资了约 300 多万（包括土地费用、农机购置），尤其是种植中药材人工成本很高，不能用除草剂，但草长的多、多次长，每亩种药材的人工费已经投入近 2000 多元。而且，干旱以及下雨的不均衡等对药材的种植影响非常大，下雨集中且大时需要排涝，但平时降雨则较少，不能满足药材种植需要。据说已经上报可以打井（300 亩以上即可打一眼，有的财政全额，有的财政分担部分，但往往是自己先垫上，验收合格后再补），尚无消息；土道硬化尚需 80 万元；建设用地问题也较明显，据说可以有 3%

左右的地用于建设用地,但也未获批,只能是建一些临建棚作为农机库房和办公生活用房等。由于前期大量投入,尚没有收入,资金很紧张。金融机构不能用土地及其租赁合同等抵押贷款,只能用自己的房子抵押贷了120万元,并且保险公司不保经济作物、树木等。注册登记家庭农场后据说有10万元资助尚未到位,只有每亩1000元的区县特殊政策补贴。网上所说的流转土地每亩400元补贴也没有落实。该农场主另有200亩地,以每亩800元的价格租给别人种粮食,每亩净亏200多元。整体看,该农场已经陷入困境,前景堪忧,其留下很多经验和教训。(根据2014年10月实际访谈调研整理)

五、促进土地流转及规模经营健康发展的对策措施

1. 坚持科学的理念、原则和理性的发展思路

(1)坚持按照中央有关要求科学发展,形成长效机制。关于土地流转及规模经营的基本方向、原则要求等问题,2014年11月20日中共中央办公厅、国务院办公厅印发《关于引导农村土地经营权有序流转发展农业适度规模经营的意见》更是通过5方面的19项内容做了最新的详细的规定,提出了明确要求和不少创新性的政策导向。中央政府以及农业农村部等有关文件已经做出了科学的阐释,这也是对天津的要求。加强对全市各级政府相关干部和村干部的土地制度改革专题教育培训,统一认识和规范。重点是对于土地确权颁证、宅基地和承包地制度改革必要性和政策,改革中存在问题以及各地的解决办法,外地改革的新动向等进行系统深入的介绍,并结合天津实际广泛讨论,形成适用于全市的制度规范、相关政策、操作指南,做好全面推进的准备。尤其是对于承包制30年不变的政策要尽快做出唯一性的权威解释,消除歧义,为推进改革奠定基础。

(2)坚持不断深化土地制度改革创新,为土地流转和规模经营提供持久动力。在积极推进承包地确权登记的同时力争实现以下制度创新:①建立更严格的土地撂荒收回制度。对于自己不愿耕种,又不委托他人代耕或拒绝流转,造成土地撂荒超过2年的,发包方及时依法收回并终止土地承包关系,防止土地资源的闲置和浪费。②用农业用地承包权、经营权资本化改革办法解决人口增减变化的土地调整困境。稳定承包权的方式创新,试点承包权、经营权等土地权力资本化、市场化,改变因人口增减频繁调整承包地,用价格手段调整利益关系。要选择人地矛盾不同的多类型农业村进行试点,力争形成具有天津特点的农户承包经营权资本化创新机制和配套制度。③落实和扩大土地集体所有的"全面支配权力"。选择耕地较多、人地矛盾较少的村庄,尝试将集体土地管理的更多权力交给村集体,即强化集体所有权的"全面支配权利"的实现形式,"保障所有权、稳定承包权、放活经营权",只要不改变农业用途、保护耕地生产力,多数农户愿意就可以进行土地调整,改变对"长久不变"的不同理解乃至误解造成的束缚。

(3)坚持因村制宜、分类发展。根据人地矛盾现状以及未来的趋势,天津村庄的土地流转和规模经营可能有三种不同类型。①耕地较少的"非农业村"。耕地大部分被征收或者转为工商业用地,耕地相对较少,村民对土地依赖小,有的已经实现集中规模化经营。没有实现的应当依托村集体、股份合作社或者成立专门的农业公司实现规模经营。

②耕地较少、人地矛盾突出的农业村。这类村庄虽然大部分青壮年劳动力外出打工，但由于耕地较少，不少的老人或者妇女有能力种植粮食，也希望种植一定的耕地，家庭新增人口后希望承包更多土地，人口减少的也不愿意放弃承包地，造成新的"人地矛盾"，土地流转价格相对高，重点应当在互换、委托经营等方面逐步进行。③耕地较多、人地矛盾不突出的农业村。这类村庄大部分青壮年劳动力外出打工，人地矛盾不突出，家庭收入相对较高，对种地收入依赖小，虽然部分农户希望种植部分耕地，但只要较低的价格就愿意流转土地。这类村庄是土地流转和规模经营的重点，是家庭农场、土地股份合作社、农业企业等新型主体规模化经营的主要地区。

2. 规划引导土地流转和规模经营，做好系统的顶层设计

（1）客观把握全市农业整体发展现状和未来格局。一方面，农业产业格局基本形成，进入缓慢调整期。农业产业结构调整，尤其是设施农业发展、园区发展经过前几年的快速发展而趋于减缓，社会资本流转土地用于发展菜篮子产品的增速下降，产业布局、主要农产品产量进入平稳期。如何推进粮食等大田陆地作物的规模化高效经营将是重点任务。另一方面农村人口真正市民化的进程将持续很长时间，土地承包经营权的退出进展缓慢。

（2）明确流转及规模经营的产业方向，以农业产业、区域规划引导带动流转。一是围绕产业布局引导流转。把土地流转和规模经营的目标取向定位在现代农业产业发展上，围绕全市现代农业发展规划的产业布局，结合农业产业结构调整和特色主导产业壮大，引导土地流转。二是依托城镇发展促进流转。围绕城镇化建设和发展都市型农业，在加快农民就地城镇化、就业"非农化"、农业现代化过程中，推动农村土地流转经营的集约化和规模化。三是瞄准农业结构调整的方向布局规模经营产业。围绕特色产业、产品开发推进流转及规模经营，如区域特色产业、产品，围绕都市农业多功能拓展流转。

（3）完善和强化政府投资的示范引导功能。提高政府财政资金的使用效果是衡量土地流转和规模经营绩效的重要内容。一是增加财政资金投入，确定投入的优先序。探索扶持的优先序、重点内容，集中解决共性的关键外部性问题，完善扶持机制。近期重点应当在规模经营所需基础设施完善、大型设备更新购置、政策性保险保障水平提高、节水节本技术设备推广、新品种推广等方面，使政府有限的资金能够发挥更大的作用。二是整合资源，集中倾斜于有潜力的村庄发展规模经营。将各种政策、投入优化组合，根据不同区域、村庄的实际，选择有资源优势、有潜力、有意愿的村庄开展规模经营，整村推进。慎用土地流转面积补贴（奖励），着力改善规模经营户的条件。

3. 着力解决好束缚规模经营的现实困难问题

（1）探索大型烘干设备购置和使用的机制和模式。解决粮食规模经营面临的缺乏大型烘干设备或者晾晒场地问题，不可能完全按照现在的农机补贴模式，即国家补贴、自主购买、自己拥有和使用的模式。也不能完全依靠扩大晾晒场地，要避免对耕地的过多占用。一是探索建立"粮食银行"或"粮食信托"机构。重点资助国家粮食储备收购部门成立"粮食银行"等公益性的粮食烘干及储备库，购买大型烘干设备，农户可以将收

获的粮食先存放在该"银行",并烘干、储存,需支付一定利息。二是在一定面积的粮食主产村镇,扶持由种粮大户、农场、合作社等共建共用粮食烘干及储存库。既可独立经营,也可委托合作社经营,或者由几个主要的合作社、家庭农场等合股建立经营,探索建立一种运行机制。三是探索大型烘干设备的金融租赁模式。与金融部门合作开展大型农机具的金融租赁业务,政府对购置烘干设备进行补贴,并对合作社或者企业采取金融租赁方式购置大型农机具等给予贴息。

(2)完善水利设施,发展高效节水农业。针对干旱对农业的不利影响频繁发生的现实,必须结合规模经营需要在水利事业上加大投入。一是完善农田水利设施。全面掌握全市农田水利设施的现状、运行情况以及需要投资完善的工程,根据水源情况制定工程方案,尽快分阶段完善。二是加快推广大田作物高效节水技术。加快试点示范,加大政府补贴推广力度等,推广膜下覆盖技术,喷灌、滴灌技术等。

(3)完善政策性农业保险制度和农业融资制度。一是改革完善农业政策性保险。主要是:以收入保障为核心重新设计制定保险标的、保费标准、保障水平、赔付额等制度;扩大保障范围,逐步将设施作物、高粱和其他小杂粮、经济作物等全部纳入保险范围;提高保障水平,按照全过程、全环节的全部成本作为保障的底线;鼓励和吸引更多的保险公司参与农业保险,消除垄断,形成竞争。二是加快农业融资制度创新和落实。政府相关部门协调全市主要金融部门自上而下开展承包经营权、农业设施设备、农房及宅基地使用权抵押贷款,加快试点和实施细则制定完善,尽快落地;加快对农业新型经营主体的信用评级和监测体系建设。

(4)尽快落实发展设施农业、规模经营的附属设施用地和配套设施用地规定。全市市级、区级国土部门要尽快统一行动,协调制定具体的设施农业、规模经营的附属设施用地和配套设施用地落实办法和管理办法,避免"政策悬浮"。尤其是主动公开设施农用地建设与管理有关政策规定,对于附属设施和配套设施用地规模标准,集中兴建公用设施的扶持政策等方面要逐级落实。

4. 创新土地流转和规模经营的管理与服务

(1)建立和完善相关制度规范,加强定期调研统计和监测分析。未来土地流转的数量、规模越来越大,成为常态,必须加强详细信息的统计工作,增强规范性、准确性。细化和完善土地流转和规模经营的相关统计指标及其制度规范。加强信息采集、调研分析和监测工作。建立村、乡镇的信息采集员和监测分析制度,经过培训定期调查掌握流转和规模经营的情况。

(2)创新管理服务内容。一是建立政府公益性农业投资创业服务中心(或类似组织)。目的是组织专家客观理性科学地为投资者提供建议,避免市场化的农业投资咨询、科技公司为牟利而制造陷阱或提供不真实的夸大的信息,为民间以及外来投资者提供科学的咨询服务,避免盲目投资造成损失。二是建立土地流转的风险防范机制。对土地流转项目,应在签订正式合同之前组织项目实施风险预评估。对存在严重经营风险或稳定风险的项目,应当停止流转或暂缓实施,土地承包经营权流入方应提前缴纳下一年度土地流转部分租金作为履约保证金。三是尝试对流转价格、规模的指导约束。研究制定流转的指导价格，或者最高限价；制定、评估大规模经营的考核评价办法。四是完善土地流转信息服务与纠纷调解等制度。以试点乡镇为重点，加快落实机构、人员编制，保障活动经费，根据工作性质等细化分解职能，制定操作性强、可数量化的客观科学的考核评价体系，进行评价分析，总结完善。

5. 针对性地培育发展高水平新型经营主体

（1）鼓励扶持各方人才在农业中创业。新型经营主体的培育、发展和壮大首先是人才问题，即"谁来种地问题"。将投资经营农业作为事业而不是谋生手段是农业新型经营主体的基本要求，必须依托土地资源的潜力、现代农业的前景为各方人士在农业中创业创造机会和条件。①深入挖掘农业农村内部人才潜力。以中青年村干部、外出打工者和农村企业家为重点，引导和扶持鼓励他们成为农业新型主体；针对目前农业规模经营户、专业大户、合作社主要负责人以及农业企业经营管理者的现实问题，落实具体的扶持指导措施，发展壮大，示范带动农业创业。②打破城乡界限，吸引城市的民间资本、工商资本投资农业。改变家庭农场的农场主只能是农业户口（或村民）的认识局限，改变过分夸大工商资本下乡负面影响的认识，制定规范、加强监管。③扶持优秀大学毕业生在农业创业。每年优选一批有一定知识水平和实践能力的大中专毕业生，为他们量身定做创业项目、创业指导、融资扶持，扶持创办、领办家庭农场、合作社、农业企业等。④鼓励农业技术推广人员、事业单位人员创办、领办新型经营主体。按照鼓励全民创业的思路，制定方案，深化政府机构改革、农业行政改革、农技推广体系改革，在基本待遇、保障不变的条件下，鼓励扶持有能力的技术人员从事规模化生产，创办家庭农场、农业企业，领办合作社。

（2）准确把握各类经营主体的培育方向、重点和思路，增强有效性。①家庭农场。重点是尽快确认和扶持建设一批真正的家庭农场，示范引导健康发展。对家庭农场的标准要重新审视，制定规范，鼓励围绕承接农户转出土地的粮食规模化家庭农场，围绕特色资源发展的特色农副产品的家庭农场等。②合作社。主要发展村干部领办的土地股份合作，包括整村推进的土地股份合作；依托特色资源和特色产品优势联合农户形成合力，提高市场竞争力和品牌影响力的综合性产业合作社；以农机服务、病虫害防治和融资等专业化服务为纽带的专业化服务合作社[①]。③农业企业。各种类型的农业企业是未来天津农业最重要的竞争力主体，主要是发挥好现有农业园区、农业科技企业、加工龙头企业的功能，提高经济效益，增强辐射带动功能。

（3）规范农业经营主体的登记管理，建立持续长久的统一政策制度。①制定适用于所有农业主体的优惠政策体系。改变政策随意性大、政策易变等问题，梳理现行的各种针对不同主体的优惠政策，制定适用于所有农业经营主体的共同优惠政策体系，包括农产品加工企业的税收优惠等。②实行"唯一性质"主体注册登记制度。以一定区域的土

---

① 李春杰，张玥，于战平，等. 天津市农民合作社发展现状、问题及对策建议[J]. 天津农学院学报，2018（4）：89-93.

地资源为基础依据，只能注册登记一种符合自身经营特点的主体名称，促进诚信、规范、持续经营。

6. 强化政府有关政策制度的真正"落地"执行

天津市农业主管部门出台了不少农业扶持政策，但不少政策效果不佳，有些难以真正"落地"执行，流于政策"口号"。主要原因是资金扶持力度小、覆盖面低效果不明显；市政府各部门之间，政府与金融、保险机构之间等缺乏统一协调行动和落实检查；市级、区县土地管理部门的上下级之间，金融保险部门的上下级之间，并没有明确的执行意愿或制度，出于各自对上级负责的条条管理责任不愿意主动执行；市级与区县级有关部门缺乏整体协调推进的监督考核机制等。对此，必须深化行政管理与服务改革，在全市形成合力。一是政府制定的政策、计划等必须在充分调研、考虑实际的情况下，抓住落实，尤其是基层普遍反映的现实问题，必须落地，要有检查督查。二是政府部门在出台政策、制定措施时，必须将相关的单位（土地管理等）、企业（金融、保险）等捆绑一起，制定要求和落实的时间表，分解责任，合力推进。

第二节　天津市结对帮扶困难村工作调研[①]

帮扶困难村改善生产生活条件、提高生活质量是全面建成小康社会的核心任务，动员全市力量帮扶困难村是全社会的共同责任。2013年8月天津市政府组织开展第一轮500个困难村的帮扶工作，全社会投入了巨大的人财物，帮扶工作取得了很大成绩，不少困难村面貌发生了巨大变化。深刻总结反思其经验和教训，客观理性地认识帮扶工作，有助于完善相关政策，提高帮扶的针对性和效果。本报告基于理性分析和2年多的帮扶工作实际体验、调研，并总结借鉴先进地区的做法和经验，提出完善天津市困难村帮扶的对策建议。

一、天津市困难村发展困境与帮扶工作的理性认识

1. 困难村发展困境分析

天津作为沿海发达地区，经济发展总体水平居全国先进行列，作为劳动力的输入地，就业机会很多，农村的青壮年劳动力除非特殊的原因都能够有就业岗位和不错的工资性收入，按照一般的工资收入水平家庭年收入水平应当不低。据估算，2014年一个4口之家人均纯收入可超过12000元（两个小孩，父母打工并兼做农业）。因此，困难村面临的问题具有特殊性，不是一般意义上的贫困村。本部分主要是以农业村为代表分析，其代表了目前天津大部分困难村的实际。未来这些村庄面临的改革发展困境主要有以下

[①] 本报告是2015年天津市农业科技顾问团农业农村组调研报告的主要内容，年底报告完成后曾将有关内容作为咨询建议上报有关部门。

几方面。

（1）产业发展：多重条件约束与创业动力不足。大部分农户家庭收入主要依靠工资性收入，农业只是作为辅助性的收入来源，而不是一项事业，更多地是风险最小化的决策，而不是利润最大化的目标，创新创业内在动力缺乏。在部分村的地域有一些零星的工业，但主要是家庭小规模生产，产品都是传统的的金属加工、服装加工等，难以成大气候，新常态下发展难度较大。

（2）集体经济：经营收入低与公共服务需求不减。远郊农业村集体经营性收入一般没有或很少，管理和服务支出主要依赖于市财政转移支付，由于所在区县、乡镇财政收入低，难以有效实施对村更多的转移支付。在财政转移支付有限的情况下，村"两委"需要承担的村庄治理、公共服务等需求并没有减少，在很多村有增加的趋势。除了正常的支出外，尚有农户医疗保险补贴、水利电力设施设备维护、环境卫生费用、干部培训费、文化服务等其他费用，这些村依靠财政转移支付难以满足村民公共服务的需求。增加集体经营性收入要靠发展村集体领办的产业，或者依赖村集体的资源资产的资本化市场化增值，现在发达地区主要是后者，但远郊农业村没有区位优势，大部分缺乏资源优势的村干部对发展村集体经济既没热情也没动力，主要原因是风险大，占用很多时间精力等。

（3）村庄治理：村民异化与民主自治。村庄社会治理危机问题已引起长期关注。改革开放导致村民异化，诉求、观念、行动等出现不一致、不协调，不关自己利益的毫不关心，无参与村庄事务的热情，而发展公益事业、实行村民自治需要民主制度，在制度实施中遇到很多困惑和不协调现象。例如，部分村庄难以选举产生党支部书记或村主任，有些经济薄弱村、矛盾较多的村，村主任、书记无人愿意干；党员老龄化，部分党员代表或村民代表外出打工，很难召开村民代表会议或党员代表会议，民主决策难进行，很多村基本依靠村主任或村支部书记；党员、村民代表有的需要支付报酬或者奖励才去开会；动员村民义务投工投劳进行公共设施建设很难展开，出现"政府干、农民看""等、靠、要"已经成为习惯。

（4）社会发展：城乡差距与新型城镇化要求。实现城乡一体化，使居村农民享受与市民相当的文明，面临巨大的困难。一是基础设施及环境问题。即使基础设施建设完成，居民生活的环境卫生及绿化美化、道路维护等也需要大量的维护费用，污水处理则由于居住分散更是难题。二是社会保障问题。与城市相比，农民的医疗、养老保险保障水平相对较低，只是基本的生存保障。而对于低保户、五保户、低收入户等各类应该全部纳入保障水平的困难户，部分地区尚未全部纳入，即使纳入，其保障水平也较低。有些低保户、困难户现在仍住在70年代建的土坯房中，旧房、危房改造受制于多种因素仍然未完全解决，与现代化直辖市、大都市很不协调。三是收入差距问题。整体平均看，天津城乡居民收入差距并不大（2.1∶1），远低于全国平均。但农村地区之间、家庭之间的收入差距仍然较大，平均的收入水平之下掩盖着深层次差距扩大问题，新常态下农民增收面临严峻考验。

2. 对帮扶 500 个困难村工作的理性认识

（1）帮扶单位及驻村工作组存在较大差异。2013 年 8 月在很短时间内组织天津市 236 家市级机关、市属企事业单位抽调 1026 名干部，组成 342 个驻村工作组。两年到期后，大部分帮扶单位的驻村工作组成员进行了更换。帮扶单位的经济状况与愿意而且能够用于帮扶的财力、对帮扶工作的认识和重视程度等存在很大差异，帮扶单位自身实力以及争取政府资金和社会力量的能力对帮扶效果起决定性作用。驻村工作组主要承担帮扶村及其乡镇与帮扶单位的沟通联络、实际调研、项目执行监督、协助村"两委"做好帮扶项目的具体工作等。驻村工作组组长及其成员对"三农"的了解、工作思路工作能力更是千差万别，希望依靠这些干部能够在 2 年时间或者 4 年内解决好文件规定的各项工作，期望要求太高。"三农"工作、村庄的稳定发展、各种矛盾的处理，借助外力可以取得很好的成效，但需要很多条件，不是所有的帮扶单位、驻村工作组都能做到的。很多问题对于在基层具体负责和多年从事"三农"工作的区县、乡镇干部都很难解决好，或者解决不了，存在的某些障碍因素或者难点外力也可能解决不了，更何况帮扶单位或者驻村工作组。帮扶单位和驻村工作组最简单的、最有效的帮扶就是能够发挥外力的优势和功能，提供资金、项目等实实在在的力量，输血或者造血。集中主要精力着力解决村民普遍受益的基础设施、环境等是首要的基本问题。因此，困难村帮扶效果差异较大。

（2）被帮扶的困难村既有共性，也存在巨大差异。被帮扶的困难村一般是经济比较困难、基础条件较差，集体经济实力普遍较弱、经营性收入很少，但领导班子一般要相对团结、想干事能干事，否则即使工作组去也可能难以开展工作。因此，帮扶的困难村并不完全是最困难、最乱的村，尚有一些村因为各种原因没有纳入。同时也应认识到，被帮扶的困难村的巨大差异性，这些是全方位的。基础设施条件，农户收入水平及困难户的多少，区位条件、自然资源条件及开发潜力、村庄人口的多少（规模大小）、村"两委"干部的素质能力和水平，村民的理念，是否团结，村规民约以及民风等。例如，帮扶一个 500 人的小村和帮扶一个 3000 多人的大村的人财物投入和效果差异很大。这些对帮扶效果的影响很大。

（3）帮扶单位与困难村结对帮扶可能效果的多样性。由于时间紧、单位多等多种因素，在确定帮扶单位与困难村结对时，并没有经过系统细致的需求与供给对接调研，没有将困难村与帮扶单位进行合理的匹配，某种程度上是随机性的。例如，最有实力的帮扶单位应当帮扶需要较多投资、困难较多或者发展潜力较大的大村，但现实并非如此。同时，在驻村工作组的组长及成员的选择上，也并非完全能够按照文件所要求的条件去选择，不少单位所选成员是一些可能在本单位工作相对不重要或者被认为空闲时间较多的干部，是否能够胜任工作并创新性创造性地工作并不确定。差异化的多类帮扶单位与各异的困难村随机配对组合就会形成多种可能的结果，帮扶未能产生最优效果或者效果不佳就是其中的必然结果之一，是主观、客观等多种因素导致的结果，靠督查是很难解决问题的。缺乏前期系统深入的调研，没有按照能够充分发挥多方的优势潜力而科学合理地结对帮扶是问题所在。这也可能是一种无奈之举或者行政推动的特点。这个问题在选派技术帮扶专家组的问题上同样存在,专家组的专业所长与困难村的产业发展需求不匹配问题大量存在。

二、关于困难村发展"一村一品"及农业结构调整问题

市政府通过整合财政资源,专门针对 500 个帮扶困难村出台垃圾集中收集转运、发展一村一品的相关倾斜政策和资金支持,使得缺乏资金的帮扶单位和困难村有了发展经济的抓手。部分项目启动建设,部分村的项目尚未启动,有的在实施计划方案过程中存在约束条件,主要有三方面的问题需要解决。

1. 关于资金问题

在各村制定困难村经济发展方案时,并不知道资金如何使用管理,只是确定 200 万元的最高额度和大致的资金使用范围。方案通过之后,有关部门下发了规定,采取先垫支建设、验收合格后报账的制度,并规定 2015—2017 年的额度分别为 60 万元、80 万元和 60 万元。需要垫支的资金较大,如果分散到很多农户也可能容易实现,但如果是少数农户则难以承担;村集体或者合作社更是缺乏资金。因此导致部分方案的执行出现了问题,进展缓慢,有的可能不得不放弃。

在资金缺乏的情况下,采取贷款的方式能否解决资金问题?在 200 万项目资金中可用于贷款贴息,但在金融机构贷款利率较高。据今年 8 月份有的金融机构介绍,贷款利息高达 14%,而且贷款的手续很麻烦。另外贷款主体是谁?应当是以合作社名义,合作社法人代表需要负责人签字,要承担法律责任,对于很多刚成立的合作社,没有担保抵押物,偿还的风险很大。贷款并不是一个便捷、有效的方法。

同时,实行报账制并严格审计是必须的,要严格防止套取财政资金、机会主义投机等各种行为,实现专款专用。但在报账中,何时能够报账的时间存在不确定性,也可能会严重迟滞,农户很担心。另一个关键问题是,使用财政资金报账都需要税务发票,现实中的很多支出没有税务发票,只能花钱开票(10% 左右的税),无形之中减少了可用资金量。需要有关部门与财政、审计等部门协商找到可行的解决办法。这个问题已经长期存在了。

2. 关于村集体领办土地股份合作社作为项目承担主体问题

据有关会议多次强调,承担困难村发展一村一品的经济发展项目需要建立村集体领办的土地股份合作社,也就是全村 80% 以上的农户以土地承包经营权入股成立股份合作社,据说这样能够体现共同富裕和增加村集体经济收入。作出这样的要求,很可能就是参考借鉴了部分地区村干部或村集体领办土地股份合作社的"成功经验"。但这种规定忽视了几个关键问题:一是对于部分农户较多的村(乃至小村),要让 80% 以上的农户真实地签字认可并以土地承包经营权入股,完全按照规范程序、章程组建合作社难度很大,需要的规范条件几乎不可能实现,所谓的注册成立的土地股份合作社大部分只是形式上的,并不是真正规范的土地股份合作社,很可能存在不同程度的造假行为。二是即使成立了土地股份合作社,能否发挥作用值得怀疑,实现组织的目标和政策期望效果很难,

很可能就是不切实际的。合作社要真正发挥好作用，需要具备很多条件，注册成立只是最简单的形式问题，能否经营好是未知数，办好合作社比办好企业要难得多，合作社发挥成效是长期渐进的锻炼过程，很多干部对此并没有理性认识，也不具备经营管理合作社的动力、精力和能力，合作社对很多村只是获取政策的载体，难以实质经营好。三是通过土地股份合作社实现农民增收、村集体经济增收的盈利模式和盈利点到底是什么？土地流转给合作社或者入股合作社，能否实现盈利增收也是未知数。拿部分土地股份合作社实现了入股农户的流转费收入（租金收入）、打工收入等增收作为必然的结果忽略了市场风险和合作社经营素质能力等差异，作为承担政府财政项目的主体资格条件显然是不合理的。例如，目前不少村虽然成立了合作社，但经济发展项目仅仅是将粮食种植改为一般陆地蔬菜种植，集体如何增收？四是集体领办的土地股份合作社于法理、经济理论、实践都存在争论或不同观点。例如，村集体领办合作社也需要法人代表，目前不少村委会、党支部换届选举，法人代表发生了变化，需要变更；村集体本身就是虚的，能否领办合作社？其所办的合作社是否符合目前的合作社法？总之，不是基于社员自愿的主动合作行为，而是为了承担项目短期内注册成立土地股份合作一般是难以承担好财政投资项目的（不排除少数村庄可能见效），村集体或者村委会是现成的有效承担主体，没有必要统一要求土地股份合作社为主体，不能迷信土地股份合作社或者合作社，将"一村一社"作为发展壮大集体以促进经济、增加农民收入的愿景可能只是个案。

3. 通过实施"一村一品"、结构调整等增加困难村农民收入、村集体收入目标能否实现问题

从理性及现实看，除个别村外，500个困难村的大部分估计很难达到政策的期望目标。因为一是每个村200万元的项目资金支持，一般难以实现全村农民增收和村集体增收的目标，有些村小，有些村很大，不足以覆盖面达到要求，实践操作中只能是部分农户受益；也不足以形成品牌、产业链，只是适应性的被动调整，难以形成长期的主导产业产品。没有后续的持续措施，这些政策可能是昙花一现，谈不上"造血机能"。二是依靠农业结构调整增收致富的短期效应明显，长期看难以实现。短期调整后收益比种粮高，但也存在风险，农户能否在政府特殊补贴扶持后继续经营，是一个很大疑问。如果能持续盈利，可能早就调结构了。当然，不排除个别农户通过政府支持解决投资不足的后顾之忧，促进其发展。三是我市部分种粮较多的地区，导致农户发展经济作物进行结构调整积极性不高的根本因素难以改变，例如，风险厌恶，农业仅仅是副业、补充乃至自给自足满足粮食，年轻劳动力、职业农民不足等。四是能否形成"一村一品"问题。国家有关部门对"一村一品"是有基本的标准规定，在规模大小、收入贡献等方面有要求，真正的"一村一品"应当是经过较长时间的市场竞争力检验认可的产品，其形成有规律性、阶段性。不是引进一个新品种、种植一年半载而形成一定规模的就是"一村一品"。刚引进的产品种植几年，也许市场会变化，很不稳定。要在3年时间内形成"一村一品"的可能性较小，当然不排除个别村可以，但作为一项普遍要求或目标明显是臆想。

三、我国部分省市帮扶困难村的做法及启示

帮扶贫困村、困难村的做法在我国有几十年的历史，人民公社及集体化时期的驻村干部，在过去的生产队的农民家中同住同吃同劳动。改革开放后，在扶贫开发方面广泛采取多种形式的驻村帮扶，取得了显著成效。近10年左右，根据全面建成小康社会的新形势、新要求，针对困难村、低收入村、经济薄弱地区及其困难户、低收入户等，各地更是采取多种针对性、实效性很强的系统有效措施强化帮扶。按理说，在科学确定天津市大规模困难村帮扶工作之前，如果做过仔细的调研，应该对先进地区的做法经验以及教训等有深刻认识，在此基础上制定理性的可行性系统方案，避免走很多弯路，对天津很有启发和借鉴。但实际并非如此，与先行地区、先进地区相比较，从基本的理念、组织、规定、方案、机制等方面存在太多问题，差距很大。本部分将这些资料总结，希望能够为领导提供相关信息，引起重视，供决策参考。需要说明的是，本部分只是根据从政府网站能够获取到的公开信息，以上海、北京、江苏为例简要介绍。

1. 上海农村综合帮扶的做法[①]

据上海市农业委员会办公室资料，2013年农村综合帮扶工作启动，其主要做法：一是制定完善、系统、配套的帮扶制度和具体政策。形成了"1+4+6"政策体系，即1个指导意见、4个实施办法、6个配套政策。具体包括：《关于上海市加强农村综合帮扶工作的若干意见》《上海市重点地区对口帮扶工作实施办法》《上海市市级农村综合帮扶专项资金实施办法》《本市经济相对薄弱村村级组织运转经费补助办法》和《关于继续深化城乡党组织结对帮扶活动的实施意见》《上海市因病支出型贫困家庭生活救助办法（试行）》，以及市规土局、市建管委、市人社局、市水务局、市帮扶办等部门出台的配套政策。二是制定帮扶规划，落实帮扶资金。各区县制定农村综合帮扶5年规划、总体规划任务分解工作方案、帮扶工作考核评估办法等。为调动企业参加帮扶工作的积极性，帮扶单位捐助资金作为公益性捐赠，准予在计算应纳所得税额时予以扣除。同时，市国资委协调落实了捐助资金视作对国有企业利润考核的激励办法。各相关区县政府、开发区、集团企业等帮扶单位资金到位率100%。三是建立"造血"机制，保障村级经费。设立10亿元市级农村综合帮扶专项资金。金山区在镇级层面组建薄弱村共同发展平台，积极打造帮扶项目。崇明县统筹全县资源，分片确定帮扶项目。奉贤区发起设立全区经济薄弱村共有共育共享发展平台，将全区100个经济相对薄弱村组建成一个百村公司，建立百村创业园，吸引一批高科技公司入驻创业，将为每个经济薄弱村分红30万元。对2012年村集体组织可支配收入低于人均400元的395个行政村，按每年40万元/村的标准予以补助，从2013年起连续补贴五年。同时，区县、乡镇切实落实村级组织运转经费补助责任，逐年增加用于经济相对薄弱村村级组织运转的财政补助经费。四是拓展帮扶内涵，

[①] 上海市农业委员会办公室. 凝心聚力补"短板" 促进城乡一体化——2014年本市农村综合帮扶工作取得新进展[EB/OL].（2015-01-07）[2021-02-17]. http://www.creader.com/news/20011219/200112190019.html.

注重产业帮扶。在区级帮扶层面，强化综合帮扶。例如，黄浦区、静安区利用每年各2000万元捐赠给崇明县的帮扶资金，着力建设一批民生项目。在市级层面，强化政策聚焦；在开发区层面，注重产业帮扶；在企业集团和金融单位层面，强化项目帮扶。

2. 北京市推进农村经济薄弱地区发展及低收入农户增收的做法[①]

从2009年开始，北京市实施共同致富行动计划；2012年制定发布"关于推进农村经济薄弱地区发展及低收入农户增收工作的意见"，将2011年人均纯收入低于7750元的农户确定为低收入农户，将低收入农户数量超过农户总数60%的行政村确定为低收入村，低收入农户、低收入村集中连片区域确定为农村经济薄弱地区，计划到2018年，占农户总数20%的相对低收入户人均纯收入在2010年基础上实现翻一番，与全市农民人均纯收入差距进一步缩小。2014年10月发布《北京市农村经济薄弱地区发展规划（2014—2020）》，各有关区县共确定了低收入农户23.33万户、58.03万人，低收入村645个；《规划》提出，到2020年，规划区农民人均纯收入将较2013年翻一番；农民人均纯收入年增长速度将在10%以上；规划区农民人均收入占全市农民人均纯收入比例将由2013年的75%提高到90%左右，与全市农民人均纯收入差距进一步缩小；规划区现有低收入农户超过60%的村将全部消除。北京市帮扶低收入农户、低收入村和经济薄弱地区的特点主要体现在：一是建立准确完整的实际数据资料。建立了系统完善的统计调查信息系统，对各区县、乡镇低收入户、低收入村的基本状况、动态变化情况掌握非常准确，每半年对低收入户的情况进行分析统计，并在网站公布。二是注重调查研究、科学决策。设立课题对低收入户的帮扶政策体系进行了研究，对低收入的原因、类型非常掌握，为决策提供了依据。三是组织持续有力。有专门的常设市级执行协调机构，主要由2006年成立的北京市社会主义新农村建设领导小组负责（市委副书记任组长，副市长任副组长，设综合办公室和村务公开工作办公室）。四是采取针对性、系统性很强的有效措施。按照"四个一批"的工作思路，不断完善监测、考核、奖励等各项工作机制，加大政策、资金扶持力度，全面推进低收入农户增收工作。即：促进转移就业增收一批，发展产业增收一批，推进社会帮扶增收一批，提高社会保障水平增收一批。例如，市、区县两级积极统筹各类涉农政策、资金和社会帮扶资源向农村经济薄弱地区倾斜，大力扶持低收入村、农户发展特色优势主导产业，不断拓宽低收入农户增收渠道；实施"低收入村百村万户"一户一棚"援助型设施农业工程"，按照温室每亩补贴4万元、大棚每亩补贴1.5万元的标准，扶持低收入农户发展设施农业；大力发展沟域经济等；广泛动员、积极引导和支持党政机关、民主党派、人民团体、企事业单位、社会组织、个人等，采取发展产业、促进就业、建设基础设施、捐资捐赠等多种形式结对帮扶低收入村，等等。

3. 江苏"五方挂钩""五位一体"帮扶低收入户和经济薄弱村[②]

2012年江苏省全面部署实施新一轮扶贫开发，将扶贫标准提高到4000元，决定通

[①] 本部分根据相关政府网、正规媒体等渠道资料整理总结。
[②] 江苏省扶贫办. 江苏实行五方挂钩五位一体加大对低收入农户和经济薄弱村帮扶力度. 2012-07-03.

过4年努力,使全省400万左右的低收入人口全面实现脱贫目标,并将此作为建设更高水平小康社会的目标内涵。另外确定1533个经济薄弱村,要求到2015年,全面实现有群众拥护的"双强班子"、科学合理的发展规划、高产高效的农业设施、特色鲜明的主导产业、持续稳定的集体收入、先进适用的信息网络、健康向上的文明村风、村容整洁的居住环境的新"八有"目标,明确提出深化完善省市县乡村"五级联动"工作格局,深化完善"四项转移"和南北共建开发区"五位一体"的工作措施,深化完善"五方挂钩"和"五个一"帮扶机制。一是"五方挂钩"帮扶,引导党政机关的政策资源、国有企业的产业资源、高校科研院所的技术资源、苏南市县的发展资源向苏北地区流动。实行省级机关、部省属企业、高校科研院校、苏南县(市、区)与苏北经济薄弱县"五方挂钩"对接帮扶,已经坚持20年。有88个省级机关、56个高等院校和科研院所、72个部省属企业、28个苏南县(市、区)与苏北19个县结对帮扶。对12个重点县,分别建立"五方挂钩"帮扶协调小组,由省级机关综合部门主要负责人担任组长,相关单位负责同志为成员。由挂钩帮扶单位派出队员,组建省委帮扶工作队。新一轮扶贫开发,将126多万户、400多万低收入人口和1533个最需要帮扶的经济薄弱村作为主要帮扶对象,明确"五方挂钩"单位要结对帮扶至少一个经济薄弱村,党员干部要结对帮扶至少一个低收入农户,加之市县力量,全面实现所有村都有帮扶责任单位、所有户都有帮扶责任人员"两个全覆盖"。二是"五位一体"推进,大力增强经济薄弱地区自我发展的能力,以区域发展带动扶贫开发。多年来,坚持不懈地推进产业、人才、项目和财政向苏北转移,推进南北共建开发区。"四项转移"和共建开发区五个方面有机结合在一起,成为一个整体,推动苏北工业化、城镇化进程,增强了县域经济实力。三是"五个一"抓村,推动扶贫开发重心下移,加快形成工作到村、帮扶到户、责任到人、措施到位的有效机制。即一个扶贫指导员驻村,一个科技特派员挂钩,一个工商企业帮扶,一个发达镇村结对,一个主导产业带动。

4. 几点启示

北京上海作为全国经济实力、收入生活水平领先的大都市,农业、农民所占比例均相对较低;江苏作为国内发达的经济大省,有些方面天津可能学不了。但他们的做法还是有很重要的借鉴价值。一是注重实效性,受益面覆盖面广,避免形式主义。从北京上海的帮扶实践看,将所有的低收入或困难村、农户等都纳入了帮扶范围,并以取得实实在在的效果为目的,不求轰轰烈烈的形式主义。二是与时俱进,采取针对性强的措施,输血与造血并举。帮扶工作早已有之,农村、农户的情况也发生了很大变化,大城市郊区县的农民整体收入、生活水平较高,困难村农民最急需解决的问题和解决的途径不同,过去的很多做法难以有效实施。因此,北京上海的措施针对性很强,真金白银的帮扶,既重视输血(如社保制度,增加村集体活动经费等),也重视造血机能建设,效果明显。三是注重调查研究,实现帮扶的供需衔接。两市对困难村、低收入户的状况掌握的非常详细,尤其是北京对低收入户进行连续多年的跟踪观察分析,能够根据低收入产生的多种原因采取针对性的措施,实现帮扶的需求与供给的有效对接。例如,开发区的对接帮扶，发达区县帮扶落后区县，产业对接、企业对接等，实现共赢发展。四是注重持续性及能力建设。重点是针对低收入村、区域及农户，加强基础设施建设，扶持产业发展，形成持续发展能力。例如，北京针对低收入户在山区居多的实际，大力发展开发沟域经济等。五是财政投资及其引导为主，充分依靠政府行政力量，执行力强。虽然两市也引导鼓励社会力量发挥优势帮扶，但主要力量仍然是市级财政，能够保证帮扶政策、措施的有效实施，这与两市的财政实力雄厚有很大关系。同时，充分依靠行政单位，将帮扶与公务员的基层服务锻炼相结合，发挥行政人员的主动性、积极性和上进心，执行力较强。六是注重统筹协调，系统动员、整合资源，政策配套。帮扶工作涉及全社会各个部门，需要各方面政策的统筹协调，需要具备较强的行政执行力，整合资源，才能有效执行。两市具有完善的基层行政管理体系、统计调查体系，能够保障帮扶工作以及其他"三农"工作的顺利推进。同时，需要的配套政策措施能及时跟进，例如税收减免等。

四、完善天津帮扶困难村的对策建议

比较北京、上海、江苏帮扶困难村、低收入户等做法（包括浙江、山东等也很有特点），天津帮扶困难村的做法尚存在很多不足。在本轮500个困难村帮扶结束后，尚有不少困难村，应当采取帮扶措施加快发展，但应当对现在的做法加以完善，必须扎实有效工作，才能缩小与发达地区的差距，实现困难村、低收入村和低收入户的全面发展。

1. 保障财政"三农"投入稳定增长，撬动更多社会力量投资农村

一是发挥好财政资金的基础作用和引导作用，调动有关企业帮扶的积极性。调动各单位的帮扶积极性，财政必须有相应的引导资金或基础资金，尤其是对于很多资金困难的单位，如果没有财政资金作基础，很难对帮扶村有实质性地改变，也不会受到村民和干部的欢迎，这也是很多省市的共同做法。在财政资金的引导下，组织全市有能力、有需求的国有、民营企业与村集体进行交流合作，构建基于合作共赢基础上的对接帮扶机制。二是恢复建立村民投工投劳与财政投资相配套进行基础设施和环境建设制度。自10年前取消承包户"两工"义务制度后，很多村"一事一议"、农民出劳出资建设村庄的形式就被政府财政或村集体包办所取代，虽然文明生态村建设等有关文件要求农民出工出劳，但不少地方流于形式，完全依赖政府，村民村庄命运共同体意识日益淡薄，建议重建相关制度。

2. 完善困难村帮扶制度和机制

一是明确帮扶的主要内容和有限目标。困难村需要解决的问题多、原因复杂，历史的、现实的和经济的、社会的各种矛盾交织，改变难度大、时间长，有些能够依靠外力解决，有的难以解决，需要依靠村级组织、村干部和村民自治制度逐步解决。必须设立有限目标，要着力解决老百姓受益面大、最迫切和能够见成效的现实问题，以期有实质性的改变。二是统筹协调利用好帮扶单位的资源优势。在系统调查摸底的基础上，统筹协调各单位的资源，在全市进行优化组合，针对性帮扶对口村解决现实问题。在全市优选经济实力较强、业绩好的大型企业与薄弱村结对帮扶，建立能够基于双方互补"双赢"

的帮扶机制；逐步探索建立发达地区、发达村对落后地区、薄弱村的帮扶机制。三是制定针对性强的配套财税政策支持。改变村级组织使用帮扶款在报销开支时必须有税票的规定，对于村集体使用帮扶资金应当免交一切税收。出台政策，引导鼓励事业单位制定节约措施和计划，通过节约经费用于帮扶；帮扶单位公用经费、经常性业务费结余部分和按规定取得的工作奖励经费，经同级财政同意，可以用于结对帮扶；帮扶单位捐助资金作为公益性捐赠，准予在计算应纳所得税额时予以扣除，制定捐助资金视作对国有企业利润考核的激励办法。四是改变对于集体领办"土地股份合作社"的过度迷信。废除只有成立80%村民参与的"土地股份合作社"或者其他合作社才能承担帮扶村"一村一品"财政资金项目的不合理规定，直接由村委会负责项目的执行。五是增强帮扶政策解释与执行的权威性和时效性。目前在有关困难村的农业结构调整、一村一品发展政策方面，领导传达文件或会议精神、正式文件及村民的理解出现歧义问题。例如，文件规定对500个困难村的经济发展项目资金使用要求，由乡镇代管，村集体实行报账制；但各种会议又普遍强调土地股份合作社作为项目承担主体；再如，农业结构调整是否有补助？例如将小麦地改种大白菜,是否每亩1000元补助？土地流转费用是否可以在扶持资金中支付等都没有明确说法，实践中存在歧义。

3. 充分做好帮扶工作调查研究，制定更加完善的帮扶项目计划

一是强化调查研究和信息体系建设。在帮扶工作中，必须加强调研，理性分析，建立准确全面的困难村、低收入户的详细统计信息体系。目前很多的信息都是凭村干部估算填报。工作的前期准备要细致，强调计划。上级有关部门经常要乡镇、村等上报很多信息，但给出的时间很短，既不能有效调查，也没有经费支持调查，填报完的信息对村集体也没有多大作用，因此只能是随意填报，应付工作，例如村农民收入、村集体收入等。二是做好财政支持项目的充分调研论证和规划，提高财政资金的效率。要先易后难，把握好财政扶持资金、帮扶资金投入项目的优先序，增强项目的持续性。例如农村污水处理难题，据了解，我市花十多亿在农村建的污水处理设施，很多闲置，缺乏运转经费是主要原因。要做好各种难题项目的充分调研论证，尤其是充分听取基层的意见，而不是凭个别专家，乃至有些企业的"忽悠"，更不能贪求各种"高水平"而盲目模仿发达地区，将个别的所谓"典型"扩大化不顾条件推广，增强项目的操作性、实效性、持续性。同时，建立项目建设的问责制，对于财政投资项目，要经得住较长时间的运行监督考核，建立相应的机制和追责制度。

4. 将政府保障"四基本"作为对村集体公共财政的首要任务尽快实现

保村级组织正常运转基本支出、基本公共服务、基础设施和困难户基本生活水平（简称"四基本"）是维护村庄和谐稳定的首要需求，也是老百姓最期盼的基本保障，某种程度上比发展村集体经济的要求更迫切，最能体现城乡普惠制和均值化公共财政的公平要求，应当充分保障，并尽快提高保障标准。一是增加纯农业村、经济薄弱村的财政转移支付，保基本运转和公共服务。重点针对财政实力较弱的远郊区县，大幅提高财政对村级的转移支付水平和村干部收入水平（最低每月1000元），以保障和调动村干部的积极

性和主动性;根据完成村级组织职责以及村民基本公共服务的内容制定动态的调整标准,随着物价变化定期调整;以够用、实用为原则,制定村庄基础设施标准规范,改变依靠各种财政资金堆造"高水平典型"的做法,更加关注绝大部分村基本的民生问题达到基本的标准要求,实现有基本经费保障村级组织的正常运转和村民得到基本的公共服务。二是减轻村级公益事业支出负担。要根据实效、有用、适用等原则,杜绝浪费和减轻村级组织的负担(例如要求征订的很多报刊、图书等并没人看),尤其是要严肃查处各级政府有关部门打着合理的名目利用各种手段要求村集体支付的收费项目(碍于人情关系等村干部有时不好拒绝),杜绝利用村财乡镇代管的制度可能截留、挪用转移支付的问题。三是着力提高困难户、低收入户的收入和生活保障水平。对目前享受特困户、五保户、低保户等待遇的农户进行全面清理排查,剔除存在的权力腐败、以权谋私等骗保行为,使真正困难的户能够享受到基本的保障,并随着整体生活水平的提高逐步提高标准,重点在危旧房屋改善和困难户等方面加快改善进度、扩大覆盖面、提高标准。

5. 提高行政效能,转变帮扶理念思路,推进精准帮扶

动员全市力量帮扶困难村是一项复杂的系统工程,各帮扶村、帮扶单位差异很大,优势潜力各不相同,要使得帮扶工作高效有序进行,必须依靠强有力的组织力量和权威,在系统深入调研论证基础上,采取有效的组织方式、帮扶方式。各有关部门相互协调配合,帮扶单位、帮扶村及其乡镇的积极性充分调动,力求避免形式主义,抓住关键环节、难点问题有效解决。与时俱进,采取多种方式有效帮扶,避免提出一些过高的不切实际、无效的要求,以解决困难村村民急需的紧迫问题和提高村民、村集体的发展能力为核心标准,以村民得到实实在在的好处为目的,"有所为、有所不为"。因此,必须改变传统的思维习惯、要求和做法,结合转变政府职能,提高行政效能,推进精准帮扶,增强帮扶的持续性、有效性和针对性。

第三节 天津农村集体产权制度改革问题研究

天津是较早进行农村集体产权制度改革的地区,从较早的乡镇企业股份合作制自主改革,发展到政府自上而下的行政推动,改革的内容、区域、方式以及规范化程度越来越高,改革成效的地区差异、村庄以及人群的认识差异明显。清产核资与确权登记仅仅是改革的基础工作,也不是最终目的,需要不断探索村集体资产保值增值与发展壮大集体经济的有效途径。

一、天津市农村集体产权制度改革实践

1. 天津市农村集体产权制度改革的历程

天津市农村集体产权制度改革始于"三改一化"。"三改一化"即村委会改居委会、农业户口改非农业户口、集体经济改股份经济,实现城乡一体化。2011年7月东丽区华

明镇和无暇街道纳入"三改一化"试点以来，经过试点村镇的积极探索和稳步推进，其改革成果得到了天津市政府的肯定和大力支持，先后分三批对共141个村进行了"三改一化"，这次"三改一化"的重点为城市化进程较快的东丽区。东丽区7个涉农街道114个行政村中先后两批共70个村庄进行了"三改一化"试点，即有61.4%村庄进行了农村集体股份合作制改革。2015年6月以来，天津市按照农业部的部署和精神要求在全市范围内开展农村集体产权制度改革。2015年至2016年，试点以宝坻区为主，其他区县选择两个村进行试点；从2017年开始，在总结试点经验基础上扩大试点范围并逐步在全市推开；计划在2020年全市范围内完成产权制度改革。

2. 天津市农村集体产权制度改革的主要做法

（1）试点期间的做法。天津市先后有3个区作为全国农村集体产权制度改革试点区（县）。2015年，天津市按照农业部的要求确定宝坻区开展村集体产权制度改革试点工作，以此促进农村集体经济壮大发展，使农民有条件享有更多的财产收入。2017年，滨海新区被确定为全国第二批农村集体产权制度改革试点单位以来，坚持规范推动，紧抓关键环节，聚力推进农村集体产权制度改革。用了一年左右的时间，到2018年11月底，已有133个行政村完成了改革试点工作，组建了股份经济合作社或经济合作社，占全区行政村总数的95.68%，为发展壮大农村集体经济和持续增加农民财产性收入奠定了坚实的制度基础。2018年6月，武清区被确定为全国第三批改革试点，要求武清区在2019年10月底前完成全部改革任务，并接受国家验收。

从改革试点开始，为了进一步规范和深化农村产权制度改革，天津市人民政府组织多部门制定了《天津市人民政府办公厅关于积极稳妥推进村集体产权股份合作制改革试点工作的指导意见》（津政办发〔2015〕62号）《天津市村集体经济组织清产核资指导规程》《天津市村集体经济组织成员资格认定指导办法（试行）》，如宝坻区作为试点单位出台了《宝坻区开展"积极发展农民股份合作赋予农民对集体资产股份权能改革试点"实施方案》（宝坻政发〔2016〕6号）、《宝坻区农村集体经济组织成员资格界定指导意见》《宝坻区农村集体资产清产核资办法》和《宝坻区农村集体资产股权设置与管理办法（试行）》等。天津涉农区根据自己的实际情况制定了不同的村集体组织产权制度改革方式，主要有土地股份合作社、股份经济合作社和公司制。

（2）全面改革阶段的做法。2017年5月5日，天津市委市政府专门召开会议，部署推动农村集体产权制度改革实施，天津市农委先后在2018年1月、4月和6月分别组织召开了全市农村集体产权制度改革政策培训会、全市农村集体产权制度改革工作师资培训班和农村集体资产清产核资工作推进会暨培训班，按照中央最新要求及时对改革整体工作和清产核资等具体工作进行了再推动、再部署，并邀请有关专家专题解读了改革政策和工作要求。以《中共天津市委天津市人民政府关于统筹推进农村集体产权制度改革的意见》和中央有关部委最新政策为指导，印发了《关于全面开展农村集体资产清产核资工作的实施方案》，编印了农村集体产权制度改革工作指导规程及示范文本。市农业农村委还多次组织深入到滨海新区、北辰区等重点区的镇、村开展专题蹲点调研和督促指导工作,推动全市农村集体产权制度改革工作深入开展。根据中央要求,着眼于实现农村集体产权制度改革工作流程信息化、改革成果信息化和资产监管信息化,组织专门技术力量研发了《天津市农村集体资产管理信息系统》。

二、农村集体产权制度改革认知及满意度评价——基于蓟州区的调查

为了解农村集体产权制度改革过程中乡镇工作人员、村干部和普通村民等认知及满意度情况,我们以蓟州区为例进行了问卷调查,调查过程采用便利抽样法收集有效问卷839份。调查结果分析如下。

1. 受访者基本情况

(1)性别状况。在839名受访者中,男性有531人,占比63.29%;女性有308人,占比36.71%。如图6-1所示。

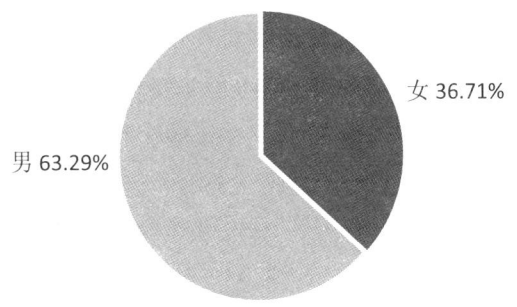

图6-1 受访者性别比例

(2)年龄分布。受访者中年龄在40~50岁之间最多,占比31.59%;其次为30~40岁,占比30.99%;20~30岁的受访者占18%,50~60岁的受访者占16.69%,60岁以上占2.38%,20岁以下占比最小,占比为0.36%。如图6-2所示。

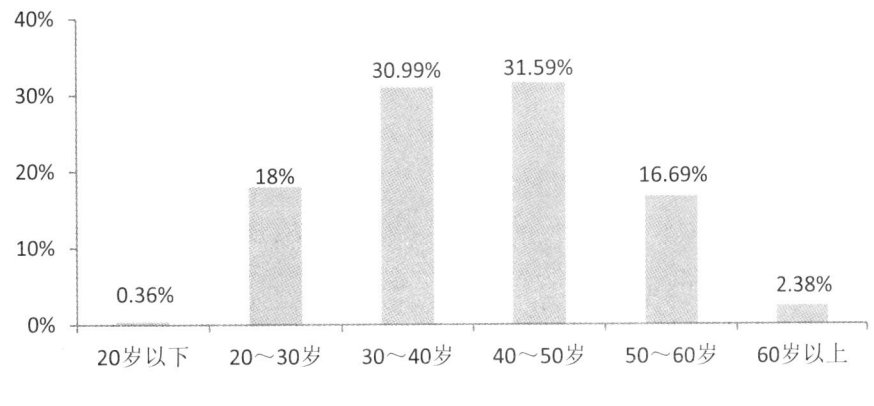

图6-2 受访者年龄分布

(3)学历状况。受访者中学历为大学本科占比最高,为31.11%;硕士及以上占比最少,为2.62%;初中及以下学历占比25.86%,高中(中专)学历占比20.98%,大专(高

职）学历占比 19.43%。由于调查对象范围包含乡镇党委政府和事业单位工作人员，故学历占比最高的为大学本科。高中（中专）和初中及以下学历的占比达到了 46.84%，基本符合农村受访者的实际学历特点。如图 6-3 所示。

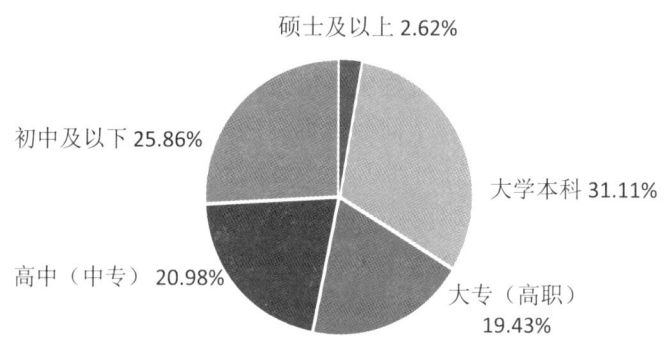

图 6-3 受访者学历状况

（4）**职业状况**。受访者中占比最高，为 38.38%；其次为乡镇级党委政府或事业单位工作人员，占比 35.04%；农村务农人员 107 人，占比 12.75%；个体从业人员 67 人，占比 7.99%；企业务工人员 13 人，占比 1.55%；区级党委政府或事业单位工作人员、学生占比不足 1%。如图 6-4 所示。

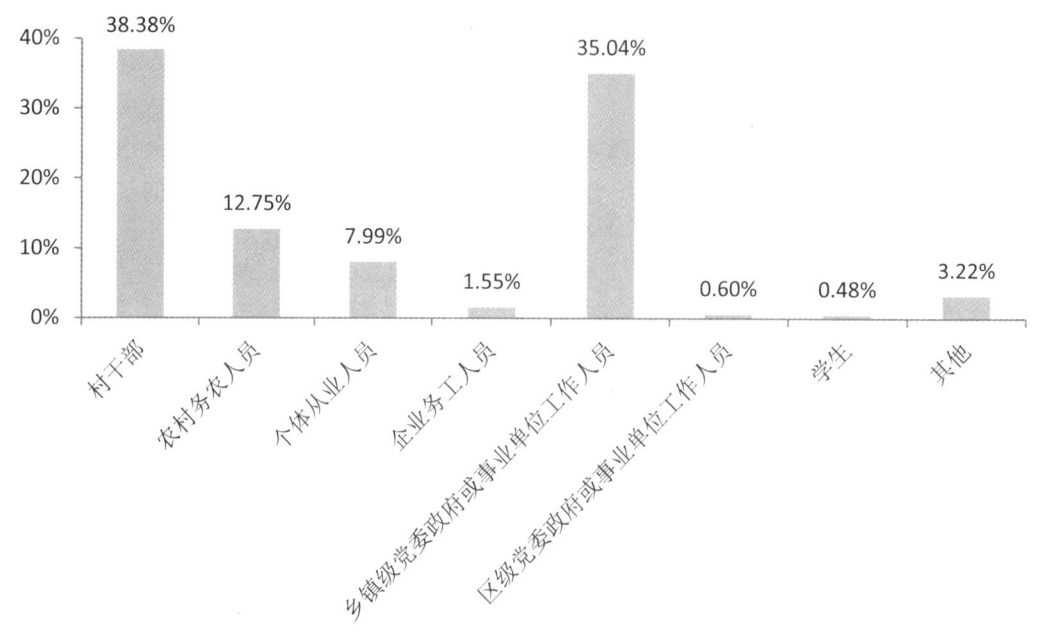

图 6-4 受访者职业状况

（5）**收入状况**。受访者中月收入低于 3000 元的有 272 人，占比 32.42%；3001～4000 元的有 191 人，占比 22.77%；月收入超过 8000 元的仅有 36 人，占比 4.29%。具体分布情况如图 6-5 所示。

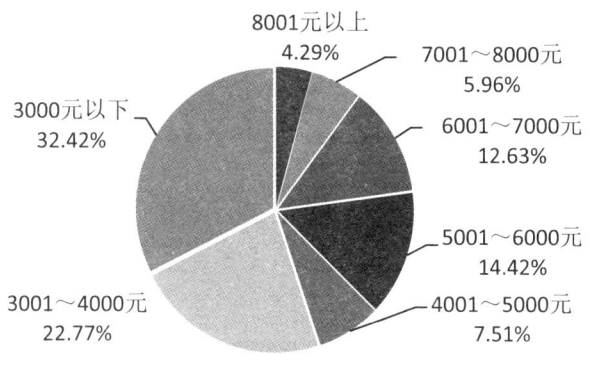

图 6-5 受访者收入状况

2. 拥有产权及产改认知情况

（1）拥有产权情况。 受访者中有 270 人有承包地，占比为 32.18%；大部分受访者没有承包地。主要原因：一是受访者中超过 1/3 为区级、乡镇级党委政府或事业单位工作人员；二是受访者中村干部多是 2018 年基层组织换届选举后任职的，他们中有一部分是先前"农转非"后在外经商人员回村担任村干部职务的；三是受"增人不增地、减人不减地"政策的影响，一部分受访者至今未能有承包地。

虽然拥有承包地的受访者比例不高，但是有宅基地的受访者比例很高，有 569 人有宅基地，占比达到 66.51%。其中，496 人有一处宅基地，占比 88.89%；58 人有两处宅基地，占比 10.39%；有三处宅基地的仅有 4 人，如图 6-6 所示。569 名受访者拥有的宅基地及房屋大多用于自住，仅有 5.73% 的受访者将宅基地及房屋出租。

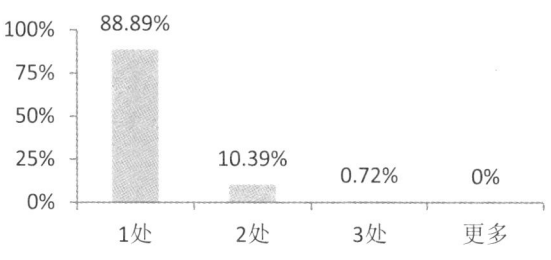

图 6-6 拥有宅基地数量比例

（2）产改认知情况。 有 75.57% 受访者了解当前开展的农村集体产权制度改革，61.14% 受访者参与了农村集体经济组织成员身份方案确定或认定工作过程，68.53% 受访者了解农村成员认定、清产核资、股权设置、成立组织等结果。对受访者进行"农村集体产权制度改革的原因"调查，46.6% 的受访者认为"村集体资产管理混乱"，37.43% 的受访者认为"村集体资产不能增值"，20.26% 的受访者认为"为完成上级任务"。对受访者进行"农村集体产权制度改革有无必要"调查时，76.88% 的认为"有必要"，4.41% 认为"无必要"。结果如图 6-7 所示。认为没有必要进行农村产权制度改革的主要原因 67.57% 的受访者认为"村里没有什么集体资产"，24.32% 的受访者认为改革成效不好估计。

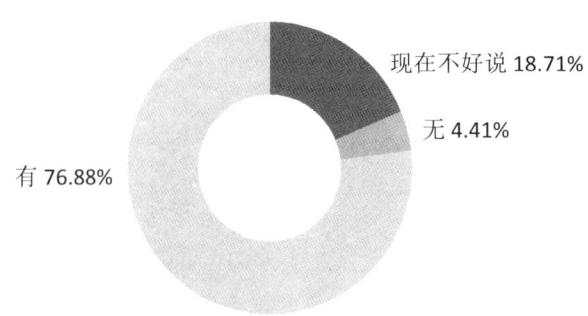

图 6-7 农村产权制度改革必要性

另外，最应进行改革的内容调查中 36.95％受访者认为是农户承包地，29.32％认为是宅基地，21.1％认为是集体建设用地及其他资产，如图 6-8 所示。通过农户承包地确权，51.73％的受访者认为承包地遗留问题或不公问题得到了解决。

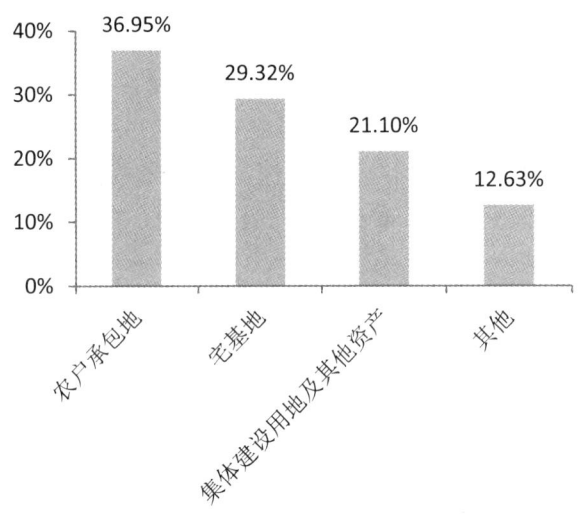

图 6-8 农村产权制度改革内容比重

从股份类型设置来看，以人口股为主，另设农龄股和土地承包经营权股等，但有 12.51％的受访者不清楚自己的股份类型。2019 年底，仅有 4.53％的受访者享受了集体分红，近 75％的受访者所在村集体没有分红。

3. 产改满意度调查评价

（1）**描述性统计**。问卷运用李克特 5 分制进行调查，1=非常不满意，2=不满意，3=一般，4=满意，5=非常满意。运用SPSS24.0对收集的数据进行描述性统计，结果如表6-1。为了便于编制表格，我们设定 Q1 代表"改革过程中各环节信息公开的满意度"；Q2 代表"本村集体经济组织成员身份认定（以及股权设置）的满意度"；Q3 代表"农村集体产权制度改革整体评价"。受访者对农村集体产权制度改革整体评价较好，得分为 4.10，改革过程中各环节信息公开和成员身份认定得分均为 4 分以上，达到"满意"状态。

表 6-1 描述性统计

项目	平均值	标准差	偏度	峰度
Q1	4.11	1.08	-1.27	1.20
Q2	4.08	1.09	-1.20	0.98
Q3	4.10	1.04	-1.13	0.92

（2）人口学变量对满意度差异性分析

① 性别。运用独立样本 t 检验进行计算，从性别来看，在调查的 3 个方面男性受访者满意度稍高于女性受访者，都处于"满意"状态。性别对满意度无显著性差异，如表 6-2 所示。

表 6-2 t 检验分析结果

项目	性别（平均值±标准差）		t	p
	男（n=531）	女（n=308）		
Q1	4.14±1.08	4.07±1.09	0.944	0.346
Q2	4.09±1.11	4.07±1.05	0.202	0.840
Q3	4.11±1.05	4.08±1.03	0.283	0.777
*p<0.05				

② 年龄。从表 6-3 可知，利用方差分析（单因素方差分析）研究年龄对于"改革过程中各环节信息公开的满意度""本村集体经济组织成员身份认定（以及股权设置）的满意度"和"农村集体产权制度改革整体评价"3 项的差异性，可以看出：不同年龄受访者对"改革过程中各环节信息公开的满意度""本村集体经济组织成员身份认定（以及股权设置）的满意度"和"农村集体产权制度改革整体评价"均不会表现出显著性（p>0.05），意味着不同年龄受访者对"改革过程中各环节信息公开的满意度""本村集体经济组织成员身份认定（以及股权设置）的满意度"和"农村集体产权制度改革整体评价"全部均表现出一致性，并没有显著性差异。

表 6-3 年龄方差分析结果

项目	年龄（平均值±标准差）						F	p
	20 岁以下（n=3）	20～30 岁（n=151）	30～40 岁（n=260）	40～50 岁（n=265）	50～60 岁（n=140）	60 岁以上（n=20）		
Q1	4.00±0.00	4.20±1.03	4.03±1.07	4.09±1.08	4.21±1.13	4.10±1.25	0.731	0.601
Q2	4.00±0.00	4.19±1.06	4.07±1.05	4.02±1.09	4.12±1.17	4.15±1.23	0.498	0.778
Q3	4.00±0.00	4.16±1.05	4.07±1.04	4.05±1.02	4.14±1.08	4.35±0.99	0.547	0.741
*p<0.05								

③ 学历。从表 6-4 可知，利用方差分析研究学历对于"改革过程中各环节信息公开的满意度""本村集体经济组织成员身份认定（以及股权设置）的满意度"和"农村集体产权制度改革整体评价"3 项的差异性，可以看出：不同学历受访者对"改革过程中

各环节信息公开的满意度""本村集体经济组织成员身份认定（以及股权设置）的满意度"和"农村集体产权制度改革整体评价"均不会表现出显著性（$p>0.05$），意味着不同学历受访者对"改革过程中各环节信息公开的满意度""本村集体经济组织成员身份认定（以及股权设置）的满意度"和"农村集体产权制度改革整体评价"均表现出一致性，没有显著性差异。

表6-4 学历方差分析结果

项目	学历（平均值±标准差）					F	p
	初中及以下（$n=217$）	高中（中专）（$n=176$）	大专（高职）（$n=163$）	大学本科（$n=261$）	硕士及以上（$n=22$）		
Q1	4.11±1.15	4.07±1.17	4.09±1.10	4.16±0.94	4.14±1.08	0.244	0.913
Q2	4.06±1.17	4.08±1.14	4.07±1.07	4.12±0.99	4.00±1.11	0.121	0.975
Q3	4.10±1.12	4.03±1.12	4.12±0.97	4.14±0.96	4.05±1.00	0.32	0.865
* $p<0.05$							

④ 职业（职务）。从表6-5可知，利用方差分析研究职业（职务）对于"改革过程中各环节信息公开的满意度""本村集体经济组织成员身份认定（以及股权设置）的满意度"和"农村集体产权制度改革整体评价"共3项的差异性，可以看出：不同职业（职务）的受访者对于"改革过程中各环节信息公开的满意度""本村集体经济组织成员身份认定（以及股权设置）的满意度"和"农村集体产权制度改革整体评价"全部均呈现出显著性（$p<0.01$）；意味着不同的职业（职务）受访者对于"改革过程中各环节信息公开的满意度""本村集体经济组织成员身份认定（以及股权设置）的满意度"和"农村集体产权制度改革整体评价"均有着显著差异性。需要进行事后检验分析。

表6-5 职业（职务）方差分析结果

项目	职业（职务）（平均值±标准差）								F	p
	村干部（$n=322$）	农村务农人员（$n=107$）	个体从业人员（$n=67$）	企业务工人员（$n=13$）	乡镇工作人员（$n=294$）	区级工作人员（$n=5$）	学生（$n=4$）	其他（$n=27$）		
Q1	4.37±0.98	3.70±1.27	3.81±1.13	3.15±0.80	4.16±1.00	3.40±1.52	3.25±1.50	3.70±0.99	8.967	0.000**
Q2	4.35±1.00	3.66±1.24	3.75±1.20	3.23±0.83	4.11±0.99	3.40±1.52	3.25±1.50	3.81±1.04	8.520	0.000**
Q3	4.36±0.94	3.75±1.18	3.78±1.11	3.08±0.86	4.11±0.97	3.20±1.48	3.50±1.00	3.74±1.02	9.158	0.000**
* $p<0.05$；** $p<0.01$										

注：乡镇工作人员即"乡镇级党委政府或事业单位工作人员"；区级工作人员即"区级党委政府或事业单位工作人员"（以下相同）。

采用LSD方法进一步进行事后分析，结果如下：

职业（职务）对于"改革过程中各环节信息公开的满意度"呈现出0.01水平显著性（$F=8.967$，$p=0.000$），有着较为明显差异的组别平均值得分对比结果为"村干部>农村务农人员；村干部>个体从业人员；村干部>企业务工人员；村干部>乡镇级党委政府或事业单位工作人员；村干部＞区级党委政府或事业单位工作人员；村干部＞学生；村干部＞其他；乡镇级党委政府或事业单位工作人员＞农村务农人员；个体从业人员＞企业务工人员；乡镇级党委政府或事业单位工作人员＞个体从业人员；乡镇级党委政府或事业单位工作人员＞企业务工人员；乡镇级党委政府或事业单位工作人员＞其他"。

职业（职务）对于"本村集体经济组织成员身份认定（以及股权设置）的满意度"呈现出 0.01 水平显著性（$F=8.520$，$p=0.000$），有着较为明显差异的组别平均值得分对比结果为"村干部＞农村务农人员；村干部＞个体从业人员；村干部＞企业务工人员；村干部＞乡镇级党委政府或事业单位工作人员；村干部＞区级党委政府或事业单位工作人员；村干部＞学生；村干部＞其他；乡镇级党委政府或事业单位工作人员＞农村务农人员；乡镇级党委政府或事业单位工作人员＞个体从业人员；乡镇级党委政府或事业单位工作人员＞企业务工人员"。

职业（职务）对于"农村集体产权制度改革整体评价"呈现出 0.01 水平显著性（$F=9.158$，$p=0.000$），有着较为明显差异的组别平均值得分对比结果为"村干部＞农村务农人员；村干部＞个体从业人员；村干部＞企业务工人员；村干部＞乡镇级党委政府或事业单位工作人员；村干部＞区级党委政府或事业单位工作人员；村干部＞其他；农村务农人员＞企业务工人员；乡镇级党委政府或事业单位工作人员＞农村务农人员；个体从业人员＞企业务工人员；乡镇级党委政府或事业单位工作人员＞个体从业人员；乡镇级党委政府或事业单位工作人员＞企业务工人员；乡镇级党委政府或事业单位工作人员＞区级党委政府或事业单位工作人员"。

⑤ 月收入。从表 6-6 可知，利用方差分析研究月收入对于"改革过程中各环节信息公开的满意度""本村集体经济组织成员身份认定（以及股权设置）的满意度"和"农村集体产权制度改革整体评价"3 项的差异性，可以看出：不同月收入受访者对"改革过程中各环节信息公开的满意度""本村集体经济组织成员身份认定（以及股权设置）的满意度"和"农村集体产权制度改革整体评价"均不会表现出显著性（$p>0.05$），即不同月收入受访者对"改革过程中各环节信息公开的满意度""本村集体经济组织成员身份认定（以及股权设置）的满意度"和"农村集体产权制度改革整体评价"均表现出一致性，没有显著性差异。

表 6-6　月收入方差分析结果

项目	月收入（平均值±标准差）							F	p
	3000 元以下（$n=272$）	3001～4000 元（$n=191$）	4001～5000 元（$n=63$）	5001～6000 元（$n=121$）	6001～7000 元（$n=106$）	7001～8000 元（$n=50$）	8001 元以上（$n=36$）		
Q1	4.14±1.12	4.05±1.17	4.00±1.06	4.25±0.89	4.15±1.04	3.98±1.15	4.06±0.98	0.728	0.627
Q2	4.14±1.10	4.04±1.17	3.97±1.08	4.22±0.86	4.07±1.08	3.88±1.15	3.97±1.11	1.008	0.419
Q3	4.14±1.07	4.06±1.12	4.03±0.98	4.21±0.85	4.06±1.09	3.90±1.07	4.17±0.85	0.728	0.627
*$p<0.05$									

综上所述，75.57％受访者了解当前开展的农村集体产权制度改革，61.14％受访者

参与了农村集体经济组织成员身份方案确定或认定工作过程,68.53%受访者了解农村成员认定、清产核资、股权设置、成立组织等结果。76.88%受访者认为有必要进行改革,但也有20.26%的受访者认为"为完成上级任务"才进行改革。同时,只有37.43%的受访者认为改革不能实现村集体资产增值,大部分受访者认为产权制度改革可以壮大集体经济。蓟州区农村集体产权制度改革总体满意度较高,除职业(职务)对满意度有显著性差异外,其他因素均不对满意度有显著影响。

三、农村集体产权制度改革中存在的问题

2. 改革认识不足,执行力不到位

(1)政府工作人员思想认识不足,执行力弱。市、区级党政领导推进农村集体产权制度改革的积极性、主动性都很高,但镇村两级对农村集体产权制度改革的认识有待深入,存在盲目按照上级的要求强行推进的现象,缺乏改革的积极性和主动性。

(2)村干部思想认识不足,缺乏责任意识。有些村干部认为农村要以平稳为主,发展不发展都不重要,持有多一事不如少一事的心态干工作,不愿冒着惹恼村民、引发上访的风险去搞改革,怕吃力不讨好。

(3)农民群众对农村集体产权制度改革的认识尚待加强。部分农民群众受传统观念的影响,担心农村产权制度改革会使自己所拥有的土地资源越来越少,更不曾认识到农村集体产权制度改革是实现乡村振兴、发展壮大村集体经济的有效途径,导致很多农民从内心深处就想安于现状,满足于当下的生活水平。

2. 改革支持力度不够

(1)区级层面的协调力不强。各区虽然成立了区农村集体产权制度改革领导小组(以下简称"产改领导小组")及办公室,区委区政府主要负责人亲自挂帅担任领导小组组长,但具体工作还是由办公室协调完成。产改领导小组办公室工作人员大多是各单位抽调的兼职人员,顾及本职工作的同时很难全身心地投入产改工作中。农村集体产权制度改革涉及资产管理、户籍、土地等多项内容,需要公安、国土、林业、市场监管等多个部门协调联动,缺乏协调统筹推进产改工作动力。

(2)乡镇层面的推动力不足。乡镇是落实国家绝大多数惠农政策的"最后一公里",乡镇工作人员是最基层的执行政策人员。但是,当前乡镇工作的情况是乡镇工作极为复杂繁琐,农村集体产权制度改革工作在乡镇诸多工作中优先级不高。乡镇不仅要开展常规性工作,如迎接上级各个部门的报表、评比、督导、检查、整改等工作,更多的是面临很多中心工作、应急性工作。乡镇干部往往会先选择"急、险、重"(例如环保检查、散乱污治理、维稳等)工作,根本没有时间仔细深入思考农村集体产权制度改革问题,能够应付完成上级的各种报表已经是勉为其难,改革的质量无从谈起。

3. 改革具体环节存在的问题

(1)农村集体经济组织成员界定困难。随着现代社会的发展,农村人口在城乡之间

的流动性越来越大，人口的不稳定以及现行的户籍制度管理跟进不及时等因素就大大影响了村集体经济组织成员身份的认定。比如，升学迁出的大中专学生、入伍的现役军人、国家干部及事业单位工作人员、企业人员、服刑人员、出嫁女等一些特殊利益群体，应该怎样被界定的问题。这几类人群由于多种原因会暂时性地离开集体组织管理的范畴，但是他们还有返回集体经济组织的可能性，这就造成了村集体经济组织成员身份界定是十分复杂的问题。

（2）集体资产难以核清。很多村集体资产因为项目多、量大、记载不一致、估值存在争议等多重因素导致清产核资困难重重。有些村庄资产项目众多，而村班子成员在交接村级账目的时候，多是靠纸质记录，手手相传，时间久远的记录就会出现模糊不清等情况，导致无法辨认以至于无法核定。

（3）村级集体资产监督不到位。部分村民从思想上认定管理集体资产与普通老百姓不相关，不会去主动监督；有的村民甚至认为如果提出监督的想法就是对村干部的不信任，担心会遭到打击报复等，因此缺失了监督的信心和勇气。而对于农村集体产权改革来说，农民应该享有农村集体资产决策权、收益权的权利，如果农民没有享有这两个权益或者对这两个权益没有主动权、话语权，那么改革就没有做到保障农民的主体地位，也可以说，改革在一定程度上是失败的①。

四、深化农村集体产权制度改革的对策建议

1. 全面深刻认识产改特性与要求，避免急于求成偏离轨道

（1）村集体产权制度改革的特性。全国性的村集体产权制度改革是一项非常复杂的持久性工作，其不同于改革开放以来关于"三农"的任何政策、法律等改革，有其多重特性，对改革的推进及其能否成功都会产生重要影响。主要表现在以下几方面：①历史性与长期性。在改革中涉及的一些问题可能要追溯到1953年合作化以来的历史变化，涉及人口、资源、资产等变化，期间产生了很多复杂的关系与矛盾问题，股权划分几乎很难达成很"公平"的结果，旧的历史问题的缓解，也可能会产生新的历史问题。②复杂性与利益相关性。一方面来自其历史性矛盾与问题的累积，另一方面是改革的内容很多，每一项改革都涉及复杂的利益关系和矛盾，包括农业承包地、宅基地、建设用地以及集体经营性资产股份合作制改革与管理、发展集体经济等。每个方面问题都与全体村民或部分村民的利益直接相关。③系统配套性与全方位影响性。实现村集体产改的预期目标，绝不是清产核资与划分股权那样简单，还需要村集体在资源、资产的各项产权权能的实现、管理以及政策、法律制度，组织运营以及人才等方面的配套性，需要金融组织、产权市场交易体系等方面的改革适应，破除瓶颈，否则改革的效果将大打折扣。基于上述认识，对完成深化村集体产改任务、做好改革工作必须要有清醒客观的与全面的认识，避免出现完成任务式的改革、应付式的形式主义的改革、做表面文章的改革，要久久为

---

① 王梦然. 东营市垦利区农村集体产权制度改革存在的问题与对策研究[D]. 山东师范大学硕士学位论文，2019.

功打持久战。

（2）村集体产权制度改革的整体要求①。2016年底公布实施的《中共中央国务院关于稳步推进农村集体产权制度改革的意见》对改革做出了系统的顶层设计和要求，是指导改革的纲领性文件，准确把握好文件要求是做好改革的基本思想和依据。以发展股份合作等多种形式的合作与联合为导向；改革的方向要充分发挥市场在资源配置中的决定性作用和更好发挥政府作用；要尊重农民群众意愿；要分类有序推进改革；坚持分类实施、稳慎开展、有序推进，坚持先行试点、先易后难，不搞齐步走、不搞一刀切；坚持问题导向，确定改革的突破口和优先序，形成有效维护农村集体经济组织成员权利的治理体系。改革是一项复杂系统工程，需要多方面协调配合才能实现目标。

2. 理性认识产改多种关系与难点，避免误区或"返工"

在自上而下深化改革的关键时期，需要对改革中所涉及的重要关系和难点问题有理性清醒的认识，避免误判误读误导改革而"走回头路"或陷于被动。

（1）辩证认识和处理产改中多重关系，避免出现误区而影响改革成效。在自上而下全面推进产改的过程中，受制于各种因素，很多人会处于尽快完成任务的工作状态，往往忽略或者忘记了改革的初心，在很多关系上陷入误区或不正确的认识状态，不利于深化改革。主要有以下几方面：①手段与目的关系。产改是手段，不是根本目的。产改的最终目标是要为集体资源资产的高效利用和优化配置，进而保障维护和增进村集体村民的财产权益等奠定制度基础，但实际工作中忽视资源资产的市场化交易和配置利用、集体经济发展，将完成了经营性资产的股份合作制改造作为改革任务的完成。产权制度改革对农民增收的促进作用还不明显②。②试点试验与全面推广应用的关系。虽然全国各地进行了大范围、广领域试点试验，积累了丰富的经验，对全面推广提供了坚实的基础。但必须看到，各个地区的发展阶段、水平以及执行改革的行政体系、干部队伍、村民的理念文化等方面存在较大差异，各个村之间更是千差万别。③政府推动与村民参与的关系。政府的作用就是把握底线与大方向，提供配套的改革措施与规范操作，将具体的股权设置、村民资格认定等交给村民集体决策。要尊重基层创造、村庄差异，避免陷入追求"一步到位""绝对公平"等误区。④短期与长期的关系。类似于提出"力争用5年左右时间基本完成改革"的要求，虽然有助于加快改革进度，但也会因为不同村庄面临的难度不同而出现应付状况，进而影响改革质量。⑤改革成本与绩效关系。改革是处理好公平与效率关系的重要举措，但改革是有成本的，除了直接的人财物支出之外，大量干部的时间成本、精力以及机会成本难以衡量，因此改革成效很可能存在不足。

（2）深化对改革中存在的困难与问题的认识，做好持久战的准备。虽然产改已经产生了明显的效果，但也存在很多问题，即使是改革较早的发达地区也是如此。全国角度

---

① 因分析与对策很多是以《中共中央国务院关于稳步推进农村集体产权制度改革的意见》为重要依据，故在此将重点内容简要摘编。

② 农业农村部. 宁波市农村集体产权制度改革试点调研报告. 农村集体产权制度改革情况，2019年第29期，2019-09-18.

以及不同地区、不同村庄产改中存在的问题不完全一致，客观上存在产权制度改革的区域不平衡性问题，产权制度改革的方式方法还需进一步完善，农村集体经济组织的长效治理机制尚未有效形成等[①]。

3. 尊重现实，面向未来，坚持分类渐进深化改革

产权制度改革的制度探索要按照各地区产权发展阶段特征分类进行，各地区要在推进改革过程中因地制宜、因利益阶段制宜，探索适合不同经济发展水平下的协商民主与改革制度设定机制，而不能采取"一刀切""一言堂"的改革路径[②]。

（1）针对"痛点"因村制宜推进"三块地"改革深化。 农户承包地、宅基地、建设用地等"三块地"的改革与试点已经进行了多年，各地区的政策、村庄的实际、对土地权利的诉求以及积累的矛盾等差异较大，不同村庄以及改革领域面临的不同难题，是非常复杂的问题，需要针对性地探索改革的路径。农户家庭承包地改革中，很多村人地矛盾突出，应当科学全面理解相关法律法规和政策，出台具体的指导性意见，引导化解矛盾。宅基地改革方面，各地的侧重点及改革进展差异较大，不同地区的发展水平、村庄的区位条件、宅基地的升值潜力等都会制约改革进程。随着乡村振兴战略推进以及乡村价值的发现，京津冀协同发展等导致的土地升值潜力预期，宅基地的矛盾问题可能会进一步激化，需要在中央试点方案的指导下稳步深化改革。村集体建设用地改革方面，要完善农村土地利用管理体系，盘活存量，用好流量，辅以增量，激活农村土地资源资产，保障乡村振兴用地需求。

（2）打通"堵点"促进资源资产高效流动与市场化优化配置。 明晰产权权能就是要为市场化高效流转配置奠定基础，土地确权以及村集体产权制度改革的最终目的就是要让资源变资产，资产变资本，不断实现流动、交易和增值，深化研究如何提升农村产权交易市场效率，探索进一步激活农村产权交易市场的新途径新政策，用好土地确权与村集体产权制度改革的成果。

（3）瞄准"难点"加快发展多种形式新型集体经济。 产权制度改革的最终目的是发展集体经济、增加村民及集体收入，这也是产改中的难点问题。需要采取综合有力措施切实重视和扶持新型集体经营，在此简单提出以下措施：一是以"三资"（资源、资产、资金）管理、"四制"（股份制、租赁制、合作制和混合制）发展为主要路径，探索集体经济增收新途径。鼓励多村联合或者镇（街道）村抱团发展，支持各地联建集体经济发展基地，盘活整合集体经营性建设用地、闲置办公用房等存量资产，发展休闲旅游等非农产业。二是对村庄进行分类，选择村"两委"素质能力强、班子团结、群众能积极参与、农业发展有潜力，有条件、适宜于发展农业集体统一经营的村，进行重点推广。采取项目定制、资金倾斜等方式，分步有序引导形成各种类型的集体统一经营，加大示范引导，

[①] 农业农村部. 宁波市农村集体产权制度改革试点调研报告. 农村集体产权制度改革情况, 2019 年第 29 期, 2019-09-18.

[②] 孔浩. 农村集体产权制度改革中的治理逻辑——以渝、鄂、粤三地试验区为研究对象[J]. 财经问题研究, 2020, 3(3): 122-128.

建设更多的典型村。三是对不发达村庄发展村集体经营的潜力、需求、方向与方式选择等问题进行综合诊断，制定方案和建议，制定发展规划，构筑起新型村集体统一经营的框架。四是加强对村干部发展适宜的村集体统一经营农业的培训。结合各村的资源潜力、产业基础等实际进行项目策划建设服务，帮助解决好人工成本巨大、产品销售信息以及渠道不畅等方面问题。五是彻底改变依靠各种财政资金堆造难以推广学习的"高水平典型"的做法，让更多的村集体能够获取财政资金用于改善农业基础设施及公共服务能力，为更多的村提供发展的机会、基础条件，帮助其打破瓶颈或短板制约。

第四节　天津县级农业行政管理体制改革问卷调查[①]

乡村振兴战略背景下，区域农业农村发展对政府的依赖性日益增强，农业行政管理体制及其效能成为区域发展的主要因素，也是政府自身通过自我改革创新能够决定的力量。为深入全面分析涉农区县农业行政管理体制的现实情况、存在问题及其原因、改革诉求等问题，为县级农业行政管理体制改革创新提供决策依据，乡村振兴战略课题组对天津市部分涉农区进行了问卷调查，并结合部分区县的实际座谈，对县级农业行政管理体制相关问题进行探讨和分析。需要说明的是，本调查正在进行时，也是天津市农业农村委员会刚刚开始进行改革，将原先农委及其农业局、畜牧局、农机局、水产局（公司）、农业技术推广服务中心等重新整合，人员重新归岗，一部分人成为公务员，大部分被归入农业发展服务中心和农村社会事业服务中心，个别区县、乡镇已经明确了参照市农委的模式改革，但大部分尚未开始。这些对调查可能会产生一些影响。

一、数据来源

本次调研问卷调查的对象主要为天津三个区的农业系统干部及其所属乡镇工作人员，其中包括了公务员、事业编制人员以及少数劳务派遣人员，具有一定的代表性。主要利用作者2018年10月、11月对市级有关单位以及三个区进行农业系统干部培训的机会发放相关问卷调查，调查问卷共设计了"工作基本情况"（8个问题）和"农业行政管理体制相关问题"（27个问题），共发放问卷240份，实际收回221份，经过筛选剔除填写不完整的无效问卷16份，得到有效问卷205份，样本有效率为92.8%。其中涉农区农业系统干部样本数为86个，乡镇主管农业干部样本数为119个（调查对象的基本特征见表6-7）。另需说明的是，原本希望通过"市-区-镇"三级联动来分析县级农业行政管理体制存在的问题及改革诉求，发放给市农委系统调查问卷35份，实际收回28份，但因这些调查问卷仅有部分问题涉及县级农业行政管理体制改革创新，故不做详细的统计

[①] 本节内容也是天津农学院2019届硕士学位论文的部分内容。学位论文题目：深化县级农业行政管理体制改革研究——基于天津市部分涉农区的调查；研究生姓名：傅宗正；第一指导教师：于战平教授。

说明。将问卷所有数据录入 Excel，进行统计和分析，并结合乡镇调研深度访谈的内容，获得了许多有价值的信息和结论。调查对象基本特征见表 6-7。

表 6-7 调查对象的基本特征

类别	项目	频数	频率	类别	项目	频数	频率
性别	男	131	63.90%	年龄	20～30 岁	35	17.07%
	女	74	36.10%		31～40 岁	67	32.68%
政治面貌	中共党员	153	74.63%		41～50 岁	66	32.20%
	民主党派	1	0.49%		51 岁以上	37	18.05%
	共青团员	15	7.32%	学历	高中及以下	15	7.32%
	群众	36	17.56%		大专	33	16.10%
行政级别	正处及以上	10	4.88%		本科	138	67.32%
	副处	29	14.15%		硕士研究生	19	9.27%
	正科	31	15.12%	工作岗位	技术服务岗	59	28.78%
	副科	28	13.66%		管理岗	96	46.83%
	科员	64	31.22%		党务工作	15	7.32%
	普通	43	20.98%		其他	35	17.07%

二、基本情况分析

1. 工作主要内容

根据对 86 名区农业系统干部调查的结果显示，有 68.60% 的干部选择将处理本部门日常事务列为占用时间最多的工作之一。此外，其他占用时间较多的工作及选择比例为：写各种材料 44.19%，从事政策宣传、技术推广服务和相关培训 39.53%，填各种报表 34.88%。而下村处理包村工作和调研指导占用时间较少，仅占 4.65% 和 9.30%。详见表 6-8。

表 6-8 区农业系统干部占用时间多的工作的选择情况

序号	选项（多选）	比例	序号	选项（多选）	比例
1	处理日常事务	68.6%	6	从事宣传、技术推广服务、培训	39.53%
2	下村处理包村工作	4.65%	7	调研指导	9.30%
3	陪同上级各种检查	15.12%	8	填各种报表	34.88%
4	写各种材料	44.19%	9	其他	15.12%
5	组织申请上级项目、监督项目实施	15.12%			

根据对 119 名乡镇主管农业干部调查的结果显示，有 89.92% 的干部选择将处理本部门日常事务列为占用时间最多的工作之一，有 61.34% 的干部将下村处理包村工作列为占用时间第二多的工作，此外，其他占用时间较多的工作及选择比例为：写各种材料占 35.29%；填各种报表占 32.77%。详见表 6-9。

表 6-9 乡镇主管农业干部占用时间较多的工作的选择情况

序号	选项（多选）	比例	序号	选项（多选）	比例
1	处理日常事务	89.92%	6	从事宣传、技术推广服务、培训	20.17%
2	下村处理包村工作	61.34%	7	调研指导	11.76%
3	陪同上级各种检查	25.21%	8	填各种报表	32.77%
4	写各种材料	35.29%	9	其他	3.36%
5	组织申请上级项目、监督项目实施	14.29%			

据此可以进一步看出，区县和乡镇的工作内容还是存在较大的差异，区县农业系统干部的工作侧重推动，以办文、办会为主，而乡镇干部则是承担一系列具体工作的实施，除办文、办会更多的是办事。乡镇干部与农村紧密联系在一起，下村处理包村工作占了日常工作较多的时间。据调查结果显示，其中有 80.67%（96 名）的干部经常下村指导工作、调研、走访，平均每人每月下村的次数高达 10 次。可以说"上面千根线，下面一根针"是对乡镇政府生动形象的比喻，乡镇是各项农业农村政策落地生根重要平台，其事情多而杂，责任重，压力大。

2. 加班情况

在调查的 86 名区农业系统干部中，有 37 名干部（占 43.02%）经常加班，平均每人每月加班 4 次，每次加班时长 3~3.5 小时。在 119 名乡镇主管农业干部中，有 78 名干部（占 65.55%）经常加班，平均每人每月加班 7 次，每次加班时长为 4~4.5 小时。总体上共有 56.10% 干部选择了经常加班，其加班内容主要集中在开会、写材料、准备迎检、统计报表等（详见表 6-10）。

表 6-10 干部经常性加班的主要内容的选择情况

序号	选项（多选）	比例	序号	选项（多选）	比例
1	开会	47.83%	6	维稳	13.91%
2	写材料	46.96%	7	准备迎检	44.35%
3	统计报表	40.00%	8	督查	26.96%
4	处理矛盾纠纷	17.39%	9	其他	20.87%
5	接待上访	6.96%			

根据对造成加班的主要原因统计结果显示，有 92.17% 的干部选择了"因一些临时性的任务"，有 18.26% 的干部选择了"因一部分应当完成的工作未完成"，还有 4.35% 的干部选择了"因工作完成质量不高而返工"（详见表 6-11）。

表 6-11 干部加班的主要原因

序号	选项（多选）	比例	序号	选项（多选）	比例
1	临时性任务	92.17%	3	工作完成质量不高而返工	4.35%
2	应当完成的工作未完成	18.26%	4	其他	21.74%

基层农口干部身兼各种"三农"政策具体工作的推动与落实于一身，工作压力大，

"5+2""白加黑"加班加点常态化,"文山会海"仍屡见不鲜。种种压力之下容易逐渐消磨干部的锐气,最终造成干部"血不再热"。因此,为基层减压减负,解决形式主义问题,重新激活干部干事创业的热情尤为重要。2019年3月,中共中央办公厅下发的《关于解决形式主义突出问题为基层减负的通知》可谓及时雨,意义极为重大,关键在于市区两级相关部门如何落实。

3. 对痕迹管理的看法

目前实际工作中为了应付各种检查,仍普遍存在"痕迹管理",许多"重痕不重绩、留痕迹不留心"现象频频发生,基层也只好无奈,消耗了大量的时间和精力忙于应付这些事。针对"您对现在行政管理事务中各种留痕迹要求的看法是什么"这一问题,所调查的205名区农业系统和乡镇主管农业干部中,有60.49%的干部中认为"太过形式化",有56.10%干部认为"加重了工作负担"。详见表6-12。

表6-12 干部对痕迹管理看法的选择情况

序号	选项(多选)	比例	序号	选项(多选)	比例
1	加重了工作负担	56.10%	4	不得不做	29.76%
2	降低了行政管理效率	31.71%	5	一定程度上会提高行政管理效率	30.73%
3	太过形式化	60.49%	6	其他	8.78%

从干部的选择情况可以看出,痕迹管理有一定的必要性,但是过分的痕迹管理就会成为"痕迹主义",反而会影响行政管理效率。因此,"痕迹主义"要大力纠正整治、规范优化痕迹管理,让基层干部从痕迹管理的束缚中解脱出来,这样才能更好提高行政管理效率。

三、农业行政管理体制相关问题分析

1. 农业行政管理体制存在的问题

针对"您认为本区农业行管理体制机制存在的主要问题有哪些"这一问题,205名干部中有67.32%的干部选择了"人员力量不足",认为是目前存在最大的问题之一。此外,从选择情况来看,涉农部门职责定位不准,在行政管理中也会存在职能"越位、错位、失位"的情况,人员工作职责定位不准、工作机构不健全、执行不到位和财政转移支付不足也是当下存在的重要问题。详见表6-13。

表6-13 本区农业行政管理体制机制存在的主要问题的选择情况

序号	选项(多选)	比例	序号	选项(多选)	比例
1	部门职责定位不准(越位、错位、失位)	36.59%	5	人员力量不足	67.32%
2	人员主要工作职责定位不准	32.68%	6	财政转移支付不足	25.85%
3	执行不到位	20.00%	7	其他	5.85%
4	工作机构不健全	28.29%			

根据调查结果显示,有35.12%的干部认为目前区里涉农部门之间存在职责不明、

难以协调的情况，有 32.2% 的干部则表示说不清（如图 6-9）。有 33.17% 的干部经常遇到涉农部门出现不协调或者互相扯皮推诿的情况（如图 6-10）。可以看出，当前仍有涉农部门之间仍存在职责不明、协调不畅等问题，容易造成部门为了维护自身利益而出现推诿扯皮的情况。

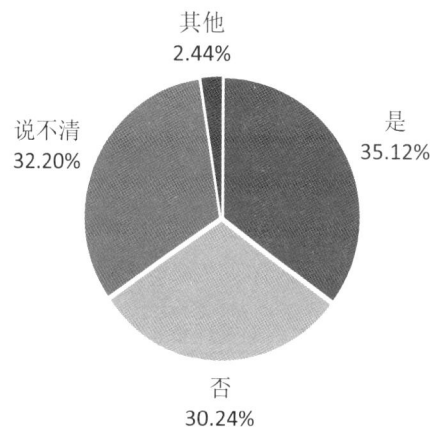

图 6-9 干部对涉农部门是否存在职责不明选择情况

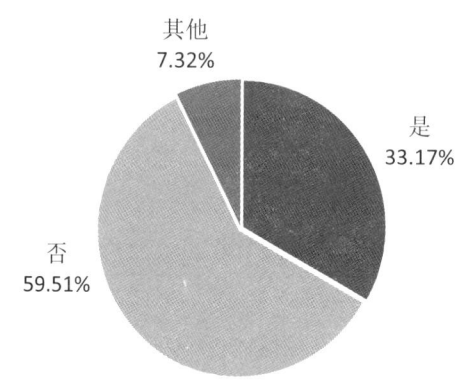

图 6-10 干部对涉农部门是否出现不协调或互相扯皮推诿选择情况

近年来，农民合作社蓬勃发展，但是同样存在不少问题，如僵尸化、空壳化、冒牌化合作社。在各种农业项目的投资开发、农业园区建设中"大棚房"问题日益尖锐。党中央、国务院高度重视，在全国范围内开展"大棚房"问题专项整治，即将开展农民合作社"空壳社"专项清理。为此本研究针对性设置相关问题调研如图 6-11 所示，针对"对于大量出现合作社空壳化、虚假化，违建'大棚房'等现象，您认为是否是农业行政管理的缺位、监管不力造成的"这一问题，在 233 名干部中（205 区镇有效问卷与 28 份市级农业干部有效问卷），有 54.51% 的持肯定态度，有 14.16% 的干部持有其他观点，主要认为"农业行政主管部门有一定的责任"。

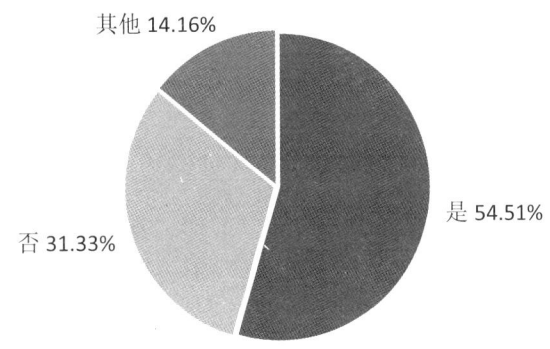

图 6-11　干部对空壳合作社、大棚房现象看法的选择情况

我们与市、区农业行政管理部门的有关同志交流过大棚房与"空壳社"问题,部分观点是农业行政管理部门要负一定的责任,但是合作社空壳化、虚假化的问题主要责任在市场监管部门;"大棚房"的问题主要责任在自然资源部门(原国土部门)。从他们的站位角度可以理解,是考虑了自己部门的利益,而事实上这两种现象问题日益凸显与各级涉农部门从立项开始的全程监管失位密不可分。更重要的是这类合作社往往利用农户套取了国家各种补贴资金,而农户实际却没有受益,一定程度上影响了政府的形象。我们了解到,有些地方的违建"大棚房"是有投机成分,但是基层农业行政管理部门在项目审批、监管存在"睁一只眼闭一只眼"的情况,有的可能是"引项目促投资"的一种手段。"大棚房"问题存在已久,是中央与地方、省市级与区县级在农业建设用地管理、耕地保护以及农业发展职能上的目标、利益的不一致所致,即农业行政管理上职能纵横关系交织,涉农部门监管错位、失位,再加上有的区在"大棚房"问题专项清理行动中搞"一刀切""运动式"的拆除,使投资者蒙受重大的损失,极大影响了政府在这些利益受损的投资者心里的形象。县级农业行政管理部门重视农业项目的审批和上报,轻视农业项目落地后运作的监管。再加上县级农业执法力量不足,农业行政主管部门权利不够,往往需要跨部门联合执法,这就容易造成多元执法主体之间的权责不清,出现部门间的不协调或推诿扯皮,造成行政管理的失位、错位,久而久之问题积攒多了、事态严重了,自上而下以"集中检查、专项整治、专项执法"等"运动式"的监管就开始了。而这种管理手段短期上能清理一些问题,但是仍没有从根本上解决问题,有可能会造成"多头执法""选择性执法""影响公信力"等问题。

2. 政策制定和执行情况

关于政策制定情况,根据 205 名区农业系统和乡镇主管农业干部调查的调查结果显示,选择较多的集中在"根据上级部门意见修改""根据本部门长期积累的经验"和"充分调研、论证"这三项。详见表 6-14。

表 6-14　出台政策时一般所采取方法的选择情况

序号	选项（多选）	比例	序号	选项（多选）	比例
1	根据上级部门意见修改	64.39%	4	按照领导想法制定	15.12%
2	充分调研、论证	59.02%	5	结合本部门长期积累的经验	62.93%
3	参照其他先进地区经验	46.34%	6	其他	2.93%

对"基层政府在政策制定过程中是否充分考虑了各村现实情况并听取群众意见"这一问题，有 54.63% 的干部认为"是"，有 9.27% 的干部认为"否"，还有 33.66% 的干部表示"不了解"，2.44% 干部选择了"其他"。

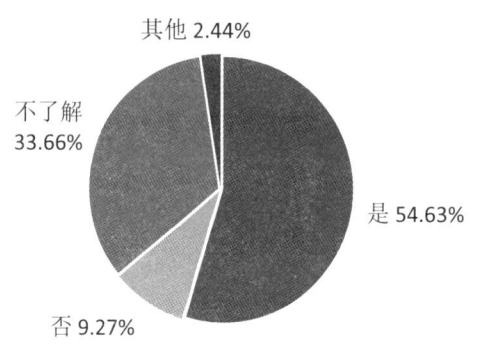

图 6-12　政策制定过程征求意见情况

而关于政策执行情况，对于"贵部门是否存在对上级涉农政策贯彻、执行不到位或选择性执行的现象"这一问题，40.00% 的干部选择了"极少数出现，除非难以执行"；有 38.05% 的干部选择了"从未有过"。详见图 6-13。

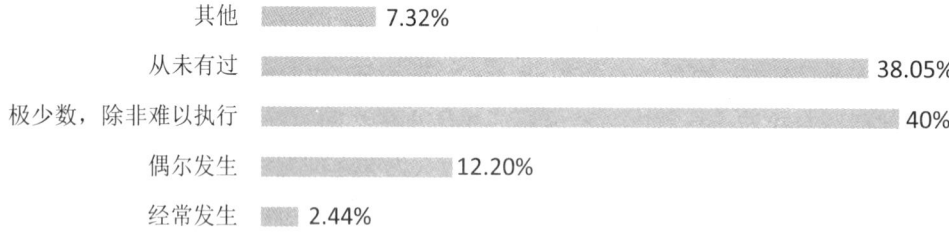

图 6-13　干部对政策执行看法的选择情况

由上可以看出，在政策制定过程中，更倾向于根据上级部门意见修改和结合本部门长期积累的经验，而实际调研、听取群众意见容易被忽视，缺乏自下而上的针对性政策。由此可能会出现"政策空转"或者在自上而下执行过程中出现偏差，出现"中央政策是好的，可到了基层就变了样"的怪象。

3. 提供公共服务情况

现在基层政府提供的农业公共服务主要侧重在农技推广服务，奖励、补贴等项目的申报。而农产品流通服务等其他公共服务占比相对较小，而这些服务都是农业经营主体所需的，需要进一步提升其他方面的公共服务。详见表 6-15。

表 6-15　基层政府或者涉农部门提供公共服务的选择情况

序号	选项（多选）	比例	序号	选项（多选）	比例
1	农产品流通服务	47.80%	5	奖励、补贴等项目申报	60.98%
2	农产品价格和信息	37.56%	6	经营指导	38.54%
3	利益协调	21.95%	7	电子商务等营销平台	22.93%
4	农技推广服务	71.71%	8	其他	4.39%

4. 人员配置、培训学习、报酬与考核

调查的 205 名干部中，有 82.93% 的干部选择“目前本部门存在人员配置不足问题”。有 51.22% 的干部选择“严重短缺，勉强应付工作”，详细见图 6-14。由图看出，基层农业行政管理部门人员短缺，一定程度上也影响着工作的正常开展。

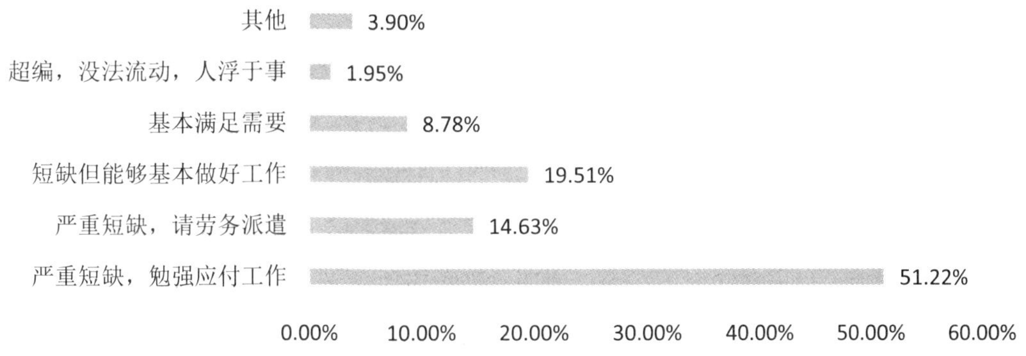
其他
3.90%
超编，没法流动，人浮于事
1.95%
基本满足需要
8.78%
短缺但能够基本做好工作
19.51%
严重短缺，请劳务派遣
14.63%
严重短缺，勉强应付工作
51.22%
0.00%
10.00%
20.00%
30.00%
40.00%
50.00%
60.00%

图 6-14　部门人员编制的现状

调查的 205 名干部中，仅有 53.66% 的干部经过系统的岗位或专业的行政管理与服务工作培训。如表 6-16 所示，问卷中“认为自己在实际工作中比较欠缺的能力”选择比例从高到低依次是“专业技能知识”“写作能力”“综合管理能力”“科学决策能力”“调研能力”“组织协调能力”。可以看出，干部自我评价的素质能力差异较大，对各项能力有不同程度的欠缺，可能是很多干部由原先所学的专业不对口、工作历练不够，不能够经常参加针对性培训等多种原因所造成。因此，提升行政管理系统干部的综合素质与能力将是一项长期任务。

表 6-16　实际工作中所欠缺能力的选择情况

序号	选项（多选）	比例	序号	选项（多选）	比例
1	专业技能知识	44.39%	5	科学决策能力	30.73%
2	调研能力	24.88%	6	组织协调能力	18.54%
3	写作能力	41.95%	7	其他	2.44%
4	综合管理能力	32.68%			

针对"您所在部门是否每年都能赴外省学习考察"这一问题，有84.88%的干部选择了"否"，仅有7.80%干部选择是"是"（如图6-15），且仅有区农业系统和乡镇的部分处级干部每年或两年有一次机会赴外省市学习考察。这可能是由多种原因造成的，比如经费限制、工作压力大没时间等。

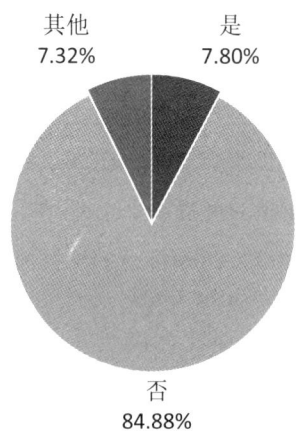

图6-15　干部对每年是否赴省外学习考察选择情况

针对"您认为现在的工作报酬与劳动付出情况是否匹配"这一问题，有37.56%的干部认为"是"，有32.68%的干部认为"否"，有17.56%的干部认为"凑合干"，有12.20%的干部则认为"无所谓"（如图6-16）。这种状况令人担忧，进一步反映了基层干部工作压力大，付出和回报不匹配，会严重影响工作积极性，干部没有获得感、没有激励，久而久之干事创业的热情就会减退。

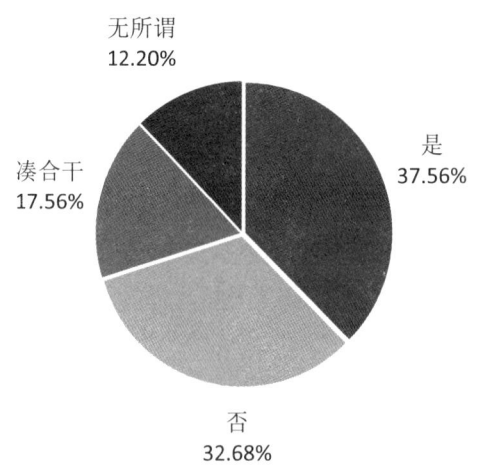

图6-16　干部对工作报酬与劳动付出匹配选择情况

如表6-17所示，乡镇干部的绩效考核呈现出考核主体多元化的特征，干部选择最多的是"专家组成的考核机构"和"上级政府部门"，分别占比71.71%、60.98%；干部选择较多的是"乡镇领导""上级人大代表""村干部",分别占比 47.80%、38.54%、37.56%;还有一些干部选择"乡镇组织部门""群众代表"。从选择情况可以进一步发现,对乡镇干部的考核方式没有形成一套科学的、制度化的标准,考核主体多元复杂,需要建立一套完善的、科学的考核体系。

表 6-17 乡镇干部绩效考核的主体选择情况

序号	选项(多选)	比例	序号	选项(多选)	比例
1	乡镇领导	47.80%	5	上级政府部门	60.98%
2	村干部	37.56%	6	上级人大代表	38.54%
3	群众代表	21.95%	7	乡镇组织部门	22.93%
4	专家组成的考核机构	71.71%	8	其他	4.39%

5. 深化改革的障碍

问卷统计结果显示,人员力量不足是推进农业农村深化改革的最主要的障碍之一,此外,推进机构不健全、管理体制不顺、财政转移支付不足也是重要障碍。详见表 6-18。

表 6-18 推进农业农村深化改革主要障碍的选择情况

序号	选项(多选)	比例	序号	选项(多选)	比例
1	推进机构不健全	39.02%	5	财政转移支付不足	33.17%
2	人员力量不足	67.80%	6	对改革的有效需求不足	9.76%
3	管理体制不顺	39.02%	7	改革的方案缺乏操作性	20.98%
4	政策措施不适用	20.49%			

针对"基层政府目前事权和财权划分方面的主要问题",从 205 名干部的选择情况来看,财政对上级政府的依赖性强和事权财权不匹配是存在的主要问题,此外财权和事权划分不清晰问题也仍然存在,这些都是影响农业行政管理效率的重要因素。详见表 6-19。

表 6-19 基层政府事权和财权划分存在问题的选择情况

序号	选项(多选)	比例	序号	选项(多选)	比例
1	事权财权不匹配	31.22%	4	事权划分不清晰	17.56%
2	财权划分不清晰	16.10%	5	其他	24.88%
3	财政对上级政府的依赖性强	32.20%			

针对基层目前实施乡村振兴战略的难题,选择占比最多的是"集体经济薄弱",占 64.88%;"财政供给和需求不匹配""各类人才留不住""理念滞后、观念守旧"、"内生动力不足"也是选择较多的,分别占比 45.85%、44.39%、42.93%、42.44%;此外"产业转型难""土地问题"也是重要的难题。实施乡村振兴战略最重要的就是"人、钱、地"的问题,如表 6-20 所示。

表 6-20　基层目前实施乡村振兴战略的难题选择情况

序号	选项（多选）	比例	序号	选项（多选）	比例
1	内生动力不足	42.44%	5	理念滞后，观念守旧	42.93%
2	集体经济薄弱	64.88%	6	各类人才留不住	44.39%
3	财政供给和需求不匹配	45.85%	7	政策不适应	14.63%
4	产业转型难	39.51%	8	土地问题	31.71%

四、深化县级农业行政管理体制改革的诉求

1. 深化县级农业行政管理体制改革的必要性

根据对 233 名各市农委、涉农区农业系统及乡镇主管农业干部调查的结果显示，针对"您认为实施乡村振兴战略是否有必要深化我区农业行政管理体制改革"问题，有 66.95% 的干部认为"是，符合现实改革需求"；有 25.32% 的干部持中立态度，认为"看改什么，如何改"；仅有极少数干部持否定态度，认为"否，不会有本质变化"（图 6-17）。

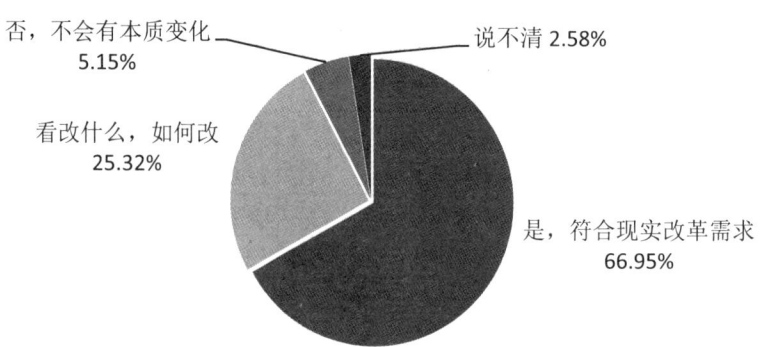

图 6-17　干部对深化县级农业行政管理体制改革的态度

总体来说，在国家实施乡村振兴战略和机构改革的大背景下，内生的改革需求很强烈，县一级的农业行政管理体制改革是实施乡村振兴战略的体制机制基础和重要保障。破除县级涉农部门间职能不清晰、不协调的障碍，理顺农业行政管理部门内部的职能定位、机构设置、人员配备是改革的艰巨任务。此外乡镇一级应该设立专门的农业办公室，进一步整合现有空置的涉农机构，提供综合性的农业农村服务，以解决好新时期新形势下的"三农"工作任务。

2. 关于整合县级涉农资金

205 名干部中有 58.54% 的干部认为"整合县级涉农资金能提高乡镇对该资金的使用效率"；有 31.22% 的干部持怀疑态度，认为"不好说"（如图 6-18）。整合涉农资金，一方面有利于解决上级部门专项资金"碎片化、部门化"的问题，避免了涉农部门各自为政、项目重复交叉、多头监管。另一方能给予乡镇更多财权，提高涉农资金的使用效率，有利于乡镇"大专项"建设，而不是原先的根据任务的轻重缓急到处筹集挪用各项资金。

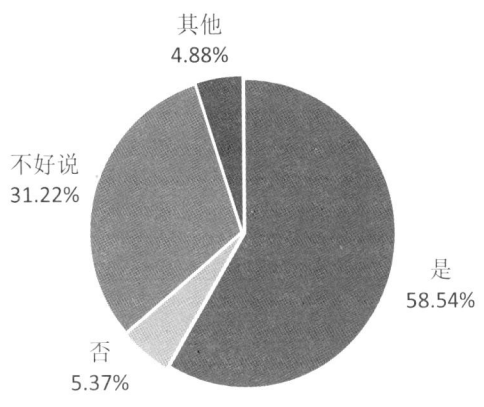

图 6-18 对整合县级涉农资金的看法

3. 关于县域内建设综合"三农"信息网

根据对天津市各种涉农信息系统数据信息的全面性、及时性、公开性等情况的了解，结合"三农"科学决策的现实要求，并基于很多发达中心城市、区县"三农"信息网状况的比较，发现天津市级和区县级相对滞后落后，目前天津市各涉农区没有专门的"三农"政务和信息服务网站。因此，在问卷中设计了相关问题。205 名干部中有 83.41%的干部认为有必要建立；仅有 9.76%的干部持否定态度（如图 6-19）。总体来看，区县一级推进"三农"领域电子政府建设的需求比较强烈。

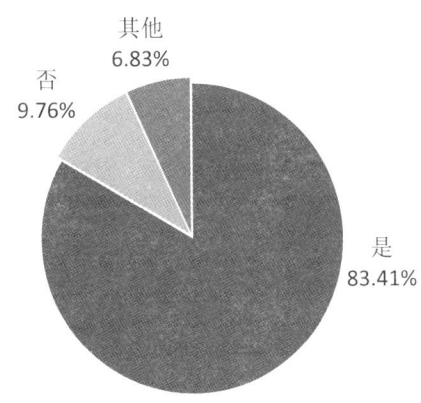

图 6-19 对建立"三农"政务和信息服务网站的看法

4. 关于吸引培育"一懂两爱"的"三农"人才

如表 6-21 所示，有 74.15%的干部选择了"建立健全激励机制，吸引社会人才"，有 64.88%的干部选择了"加强涉农院校和学科专业建设"，有 50.73%的干部选择了"培育土专家、田秀才"，有 43.90%的干部选择了"建立职业农民制度"。人才振兴是实现乡村振兴的根本动力，要拓宽吸引、培育人才的渠道。

表 6-21 干部基层如何吸引培养"一懂两爱"的"三农"人才的选择情况

序号	选项（多选）	比例
1	建立职业农民制度	43.90%
2	加强涉农院校和学科专业建设	64.88%
3	建立健全激励机制，吸引社会人才	74.15%
4	培育土专家、田秀才	
5	其他	

附件一　关于增强纯农业村发展活力的建议

一、案由

党的十八届三中全会提出，必须健全体制机制，形成以工促农、以城带乡、工农互惠、城乡一体的新型工农城乡关系，让广大农民平等参与现代化进程、共同分享现代化成果；并进一步明确了要发展集体经济。目前村经济实力较强、发展较好的村庄不少依赖于区位优势进行房地产开发、土地被征收等途径，工业园区化以及基本农田保护制度等在一定程度上限制了"纯农业"村庄集体经济的发展，农业是受到保护扶持的产业，单纯依靠农业很难使集体经济收入增加，进而影响各项事业的发展，造成很多不平衡、不公平等问题，不利于村庄的和谐稳定和发展。

二、"纯农业"村庄生存与发展面临的主要问题

1. 集体经济收入水平低，不利于各种公益事业的发展。 据在调查，道路硬化、亮化、美化等相对较差的村，基本上都是纯农业村，除非有特殊的项目支持。再如，低保户较多的村难以有效帮助低保户脱贫，村集体虽然在某些时候能给予帮助，但由于收入有限解决不了根本问题，贫困问题仍然大量存在。

2. 干部待遇低，不利于调动积极性。 有不少村，政府财政转移支付中村干部报酬大致为每月500元（其中300元为固定的，200元为奖金，年终考评后发放），如此低的待遇难以调动村干部的积极性，促使他们将更多的时间真正用在村发展以及完成好上级的各项任务，村干部外出打工等各种变通方式就是必然的，也是合理的。村集体收入如果能够增加，并拿出部分提高待遇，情况大不相同。富裕村与落后村竞选干部的不同状况的根源在于此。

3. 建设用地指标的区域集中使用制约发展，村集体造血功能建设难。 不但工业用地，而且种植用地转为畜牧建设用地指标没有，畜牧业发展受限。越是种植业比例达的地区、耕地资源丰富、种植生态环境较好的地区受基本农田保护的限制越大，农业贡献越大，越是难以找到具有长远性造血功能的项目，发展的难度越大，产生严重的制度不公平以及区域之间的差距。这也是新阶段地区差距的主要表现和原因。

三、建议

村庄之间发展水平的差异可能原因并不相同，有的属于历史遗留下的各种矛盾未能

有效解决而不断累积，导致缺乏凝聚力，村民不团结，难以形成合力。有的则是政策缺乏顶层的长远性设计，或者在操作思路、措施上的短期行为造成的。有些问题目前根本解决不了，只能靠时间去解决。从全面建成小康社会的要求看，政府在未来的7年时间内必须拿出针对性、操作性较强的措施，从社会公平的要求出发促进集体收入的增加和条件的改善。

1. 将完善所有村庄的基础设施作为头等任务和普惠性政策，创造良好的生产生活基本条件。 目前纯农业村的道路硬化、亮化、美化以及农田基础设施等尚不完善，村集体无力承担，美丽乡村建设必须在财政投入方面加大力度、改革机制。这是政府应当承担的主要责任，也是老百姓最迫切需要解决的问题。要调整、整合各种财政资金集中用于农村村庄的基础设施完善，尤其是道路硬化、街道亮化，力争在5年之内实现所有的村都能达到要求；要采取排查的办法，推进帮扶困难村行动，将资金直接带到所帮扶的村进行项目建设。

2. 加大对纯农业村的财政转移支付力度。 目前政府的转移支付相对较小，出去人员开支外所剩不多，需要进一步加大支持。在目前形成"造血功能"尚不现实的情况下，必须依靠财政转移支付的增加。建议对农业村的财政转移支付在现有基础之上增加一倍，其中部分用于增加村干部报酬，尤其是加大依法依规履行各项职责和完成任务后的奖励部分；另外一部分用于增加村公益开支。

3. 彻底改变依靠各种财政资金堆造"高水平典型"的做法，更加关注绝大部分村基本的民生问题，实现财政资金使用的公平。 目前全国的文明生态村建设尚未覆盖到所有的村庄，已经开始了几年的文明生态村提升工程，建设的标准更高、内容更全，外加各种资金的"锦上添花"形成了很多高水平的可看的典型。这些所谓的高标准、全内容村庄，有的财政投资的设施基本上一年用不了一两次，有的完全可以多种功能合并在一间办公室，部分村修建的篮球场、乒乓球场等体育设施杂草丛生，各种浪费性投资比比皆是，投资的社会效益很低。而很多村的道路硬化、亮化等基础设施尚不完善。部分的典型实际上在若干年内也难以推广、难以学习，不可仿制，主要是资金的限制，因为财政资金毕竟是有限的。因此必须在财政支农的思路、政策、措施等方面进行调整。

4. 研究出台强化纯农业村"造血机能"的政策和增收机制。 建议尽快启动农业建设用地（包括畜牧规模化养殖）、非农产业建设用地向纯农业村庄倾斜的政策，或者在建设用地征用补偿、土地出让金等方面建立对纯农业村的"非农发展权补偿制度"等。针对目前政策性农业保险严重滞后或短缺的现实，加快政策性农业保险的高水平全覆盖；加快推进农业生态补偿制度等。

附件二 关于重振天津特色农产品加工贸易优势的建议

天津有农业驰名商标 10 个，涉农天津市著名商标 48 个，以地理标志为主的证明商标和集体商标 19 件。具有地理标志性特点的地域特色农产品由于其历史性与文化内涵而成为区域的一张名片，天津的很多特色农产品在国际市场曾经享有盛誉（如"天津板栗"目前在日本仍然非常有名），但出口已严重萎缩，加工贸易企业规模小、水平低、实力弱、不稳定等问题存在多年，导致农产品的附加值和品牌价值未能充分实现，长此下去天津的这些特色农产品可能会彻底失去市场，从而丧失掉重要的文化资源。借助市委市政府"促惠上"活动的契机，建议将重振天津特色农产品加工贸易优势作为万企转型升级的重要板块加以发展。为此，特提出以下建议。

1. 优选部分农产品加工贸易企业作为扶持重点。农产品一般都是经过一定的加工后出口的，加工企业非常关键。要在每种有代表性的农产品加工贸易企业中选择 2 至 3 家作为重点扶持对象，将其建设为市场的"代言人"和龙头、标杆。这些产品主要是具有地理标志性特点的天津特色农产品（如山楂、板栗、腌渍菜等），具有一定的原料和加工品市场，有出口贸易的基础。扶持企业的基本条件是：（1）生产的加工品以天津地产农产品原料为主，具有一定的发展基础，对农业的带动作用较大，加工产品市场潜力较大；（2）企业发展的各种财务经济指标正常，企业经营者的经营管理能力和素质较高，创业意识较强，自主发展动力和能力较强，做强做大企业的愿望强烈。

2. 集中各种力量，高标准培育龙头企业。对选定的重点企业进行全方位辅导、帮助，以点带面，成为龙头、标杆。（1）每年安排一定的经费，针对不同企业提升的需求，组建专家组或科技特派员提供全面技术支、市场营销、国际市场信息以及标准化、质量保障等服务支撑。（2）科技部门安排一定的经费，资助进行针对性的科技攻关或新产品研发，对传统产品改进提升，强化质量安全和信誉保障，提高竞争力；针对消费需求不断研发新技术、新产品，尤其是能够提高附加值、引导消费的新产品。（3）聘请国内外著名专家和培训师，定期组织对企业经营者进行高层次的经营管理免费培训，转变其观念，树立先进的企业文化和长远的发展战略，将其培养成具有世界眼光、经营管理水平高、熟悉产业政策、热心服务"三农"的真正企业家。（4）在加强对企业扶持的同时，制定目标责任和监测考评机制，确保目标实现。

3. 加强政府对开拓国际市场的营销扶持。政府扶持开拓农产品国际市场是世界各国普遍的做法,在目前天津农产品行业协会尚不发达的发展阶段政府更应当承担重要职责。(1) 从政府工作人员做起,树立天津特色农产品的自豪感和主动宣传意识,利用各种途径宣传;发挥政府作用,利用国际交往的各种渠道,如政府之间的交流、会议等宣传天津特色农产品品牌。(2) 建立天津特色农产品开拓国际市场营销基金,资助企业参加各种展销促销活动,开拓国际市场;在天津、北京的机场等宣传推销天津特色农产品等。(3) 着力加强国际市场信息、消费需求等调研服务,弥补单个企业难以掌握国际市场状况的劣势。

4. 强化相关部门的合作与服务。重振天津农产品国际贸易优势需要商务委、农委、科委以及质检等众多部门的密切合作,为产业发展提供有力的服务支持,形成全产业链竞争优势。(1) 在各种项目中,向具有加工贸易优势的领域倾斜。农业部门要重点围绕农产品原料基地建设、质量安全保障、标准化生产及生产组织化、产业化体系构建等,保障原料的高品质和数量供给;科技部门要设立专项,针对加工市场需求,加大对新产品、新品种研发的支持力度,提供强有力的技术支撑等;商务、质检等部门主动为农产品加工贸易企业提供各项出口服务。(2) 促进加工企业联合与重组。由政府牵线搭桥,促进中小加工企业与大企业的联姻,依托和利用知名大品牌企业的营销实力和网络,借船出海,恢复重建天津特色农产品品牌的新形象。(3) 通过政策引导等措施,帮助加工企业与农户、合作社等原料生产者建立紧密型的产业一体化关系,形成稳定产业合作关系。

附件三　切实重视农村日益增多的大龄未婚"剩男"问题

近年来，农村适龄未婚男青年找对象难的问题在全国日益严重。经调查，天津作为发达地区这一问题也进一步凸显，成为普遍现象，部分大村有上百的25岁以上适龄青年未婚，已经出现"光棍村"的苗头。农村男孩多造成的性别比例失调，天津升入大中专学校的学生比例及其女孩所占比例较高，在城镇打工的女孩要求提高且不愿嫁回农村，城乡生活条件的差距较大等是主要原因。随着天津城镇化的快速发展将很可能导致更加严重的"城市剩女、农村剩男"问题，如果不抓紧采取预防性措施将会产生影响深远的严重社会问题和难以估量的灾难性后果，政府必须切实重视并积极介入。为此，特提出以下建议，供市领导决策时参考。

一、进一步强化和完善人口与计划生育政策措施

1. 进一步严惩利用 B 超检测性别问题。通过托熟人、花钱等措施请医院的医护人员违规利用 B 超测性别问题在部分地区仍然存在，这是造成目前农村青年男女性别比例失调的重要原因，对此必须更加引起高度重视，研究制定更为严格的惩治措施予以杜绝。

2. 多种方式对生育女孩的家庭及女孩奖励扶持。目前对于生育女孩缺乏有效的扶持措施，难以抗衡重男轻女的习惯。要对于符合计划生育政策的家庭生育女孩以及所生女孩单独制定扶持政策，可以建立奖励基金和扶持创业基金，在幼儿园入学方面优先或政府提供补贴，提高家长养老金的水平等。

3. 将计划生育观念与男女性别比例失调形势的宣传纳入经常性工作。要根据形势的变化，不断调整完善计划生育宣传的重点，增加男女性别比例失调及其危害的宣传，利用双十一"光棍节"等提高宣传效果，借助互联网进行讨论宣传等，唤起农民广泛的关注，转变其观念。

二、有关组织积极介入，为农村未婚青年牵线搭桥

1. 在农村乡镇级建立规范的婚姻介绍所。人口计生委、妇联、工会等组织，要将为未婚农村青年牵线搭桥工作作为重要职责之一，借鉴城市婚姻介绍所等做法，成立婚介组织，或者建立相关的网络服务平台，积极提供相关服务。

**2. 强化各区县相关组织之间联合与合作，组织多种未婚青年联谊活动，为男女青年

交流搭建广泛平台。各区县人口计生委、妇联、工会等部门应加强有关未婚男女青年信息的交流,经常性组织各区县企业的未婚青年的见面交流活动,提供更多的交流了解机会。并引导和要求企业之间定期举办类似的各种活动。

三、多种措施为女青年留在农村创业生活创造良好条件

1. 完善村庄、城镇和产业布局。小城镇建设以及产业布局方面要充分考虑到城镇化发展可能存在的农村"剩男"问题,产业布局与村庄布局、城镇化布局要均衡;完善和实施已经制定的村庄整合计划,建设中心村和重点村;对符合条件的村尽快实现城镇化,整体减少村庄;提高小城镇的产业支撑能力等。

2. 多种措施改善农村生活环境条件,缩小城乡差距。重点针对未来需要保留的村庄、大村以及中心村、困难村等,加强道路、环境、信息网络等基础设施建设,发展壮大村集体经济,增强农村发展活力,为增强女青年留在农村创造良好的环境条件。

3. 加大扶持女青年在农村农业创业的力度,用事业吸引召唤更多的年轻女性回乡创业。大力宣传农村妇女创业致富典型,进一步加大扶持女青年农村创业的力度,通过创业项目孵化、资金支持、经营管理能力培训等政策措施吸引留住女青年。

4. 加大对农村男青年的教育培训和创业扶持,提高综合素质。针对部分农村少年不愿因学习、不上进等造成的综合素质较低问题要加强教育引导,尤其是进一步办好职业教育,使男青年都能够有一技之长,能够在农业农村实现创业致富,能够获得更好的收入和生活,吸引年轻女性嫁入农村。如扶持发展家庭农场,支持外出打工青年回乡创业等。

附件四　新时期促进我市村集体经济发展的建议

新时期我市村集体经济发展面临与以前不同的国际国内环境和村庄内部条件，规模化大企业和园区化集聚发展主导农村工业化，企业落地和发展取决于更加复杂的系统因素，不少村干部和村民对发展村集体经济的投资失败风险很是担心，不同村庄村民的诉求和面临的主要矛盾问题不同。从全市整体看，增加村集体收入也是各级政府财政实力增强和统筹能力水平提升的问题。应当按照因村制宜、分类推进、统筹协调、梯次发展的基本思路，充分有效地发挥政府职能，统筹协调，实现村集体经济均衡持续发展。

一、实施重点村突破，其他村梯次发展策略

对于具有区位优势、资源潜力优势的村，如果没有将条件优势转化为经济优势就是浪费。应先重点、后一般，先做强做大重点，增加税收或者减少对财政依赖，从而带动或补贴其他村的发展。

1. 选择重点发展的潜力村。由各乡镇、区县根据区位、资源等优势和潜力以及村庄人力资本、社会资本等综合因素，逐批、梯次推荐重点发展的村产业，作为招商引资、村企联合的重点和财政扶持产业发展的重点。

2. 强化项目公开招商。将各村可以出租或开发的资源以招商项目的形式在有关网络或媒体公布，提供公开的信息，并定期召开村集体招商项目推介会。

3. 完善发展规划。区县、乡镇认真分析研究资源开发潜力、区位条件等，确定适宜开发发展的重点区域、村庄，形成覆盖所有村庄和经济发展、土地利用、城镇化"三规合一"的长远性区域发展的科学规划。

二、将政府保障"四基本"作为对村集体公共财政的首要任务尽快实现

保村级组织正常运转基本支出、基本公共服务、基础设施和困难户基本生活水平（简称"四基本"）是维护村庄和谐稳定的首要需求，也是老百姓最期盼的基本保障，某种程度上比发展村集体经济的要求更迫切，最能体现城乡普惠制和均值化公共财政的公平要求。

1. 增加纯农业村、经济薄弱村的财政转移支付，保基本运转和公共服务。重点针对财政实力较弱的远郊区县，将财政对村级的转移支付水平翻一番，村干部收入应达到每月1000元左右；根据完成村级组织职责以及村民基本公共服务的内容制定动态的调整标准，随着物价变化定期调整；以够用为原则，制定村庄基础设施标准规范，力争在"十

三五"全面实现道路硬化亮化、环境绿化美化等目标。

2. 着力提高困难户生活保障水平。对目前享受特困户、五保户、低保户等待遇的农户进行全面清理排查,剔除存在的权力腐败、以权谋私等骗保行为,使真正困难的户能够享受到基本的保障,并随着整体生活水平的提高逐步提高标准,重点在危旧房屋改善和困难户等方面加快改善进度、扩大覆盖面、提高标准。

三、完善困难村帮扶制度和机制

1. 明确帮扶的主要内容和有限目标。困难村需要解决的问题多、原因复杂,历史的、现实的和经济的、社会的各种矛盾交织,改变难度大、时间长,有些能够依靠外力解决,有的难以解决,需要依靠村级组织、村干部和村民自治制度逐步解决。要着力解决老百姓受益面大、最迫切和能够见成效的现实问题,以期有实质性地改变。

2. 统筹协调利用好帮扶单位的资源优势。在系统调查摸底的基础上,统筹协调各单位的资源,在全市进行优化组合,针对性帮扶对口村解决现实问题。在全市优选经济实力较强、业绩好的大型企业与薄弱村结对帮扶,建立能够基于双方互补"双赢"的帮扶机制;逐步探索建立发达地区、发达村对落后地区、薄弱村的帮扶机制。

3. 发挥好财政资金的基础作用和引导作用。调动各单位的帮扶积极性,财政必须有相应的引导资金或基础资金,尤其是对于很多资金困难的单位,如果没有财政资金做基础,很难对帮扶村有实质性地改变,也不会受到村民和干部的欢迎,这也是很多省市的共同做法。

4. 制定针对性强的财税政策。改变村级组织使用帮扶款在报销开支时必须有税票的规定,对于村集体使用帮扶资金应当免交一切税收。出台政策,引导鼓励事业单位制定节约措施和计划,通过节约经费用于帮扶;帮扶单位公用经费、经常性业务费结余部分和按规定取得的工作奖励经费,经同级财政同意,可以用于结对帮扶。

四、多种途径为村集体经济发展和增收创造可能条件

对部分村而言发展村集体经济存在客观条件以及制度等方面的不公平障碍,需要"制度松绑"或创新。

1. 在全市范围内推进土地非农发展权收益共享、生态效益补偿等制度。尽快启动农业建设用地、非农产业建设用地向纯农业村庄倾斜的政策,或者在建设用地征用补偿、土地出让金等方面建立对纯农业村的"非农发展权补偿制度",加快推进农业生态功能补偿制度建设等创新试点。

2. 减轻村级公益事业支出负担。对于没有经营收入的村,在增加转移支付的同时,要相应减轻其负担,尤其是要杜绝部分财政困难的乡镇、县利用村财乡镇代管的制度截留、挪用转移支付的问题,并将项目更多地向财政收入落后乡镇倾斜,增加经济薄弱乡镇财政收入。

附件五　加快推进村集体土地制度改革，促进我市新型城镇化发展

农村土地制度改革是影响我市改革发展和新型城镇化的"硬骨头"。近10年来，天津城镇化发展迅速，以宅基地换房为标志的示范小城镇建设成为本土农民城镇化的主体途径，外来人口成为天津城镇人口增长的主要来源。但本市农村户籍人口转化为城镇人口比例较低，半城镇化现象普遍；小城镇数量虽然覆盖面广，但城镇质量整体相对较低。村民的承包地、宅基地随着人口的增减变化在农户之间配置不公平引发的人地矛盾突出。如何通过产权制度的改革，化解人地矛盾，促进农民城镇化，事关能否抓住五大战略叠加的机遇期建成全面小康社会的大问题。

一、对我市新型城镇化发展与村集体土地制度改革的判断

1. 新常态下农村城镇化发展进入新阶段。 一是通过宅基地换房带动示范小城镇建设的政府主导型人口快速城镇化进入消化期和缓慢发展期。全市正处在进行四批宅基地换房带动示范小城镇建设的关键时期，赶上了传统产业产能过剩、结构转型期，土地转让和房地产市场低迷，产业园区企业经营难度加大，"三区联动"建设资金平衡成为约束条件，现有的已经规划建设的乡镇工业园区潜力尚未充分发挥。以示范小城镇建设的政府主导型人口向城镇聚集的城镇化进入缓慢发展期。二是小城镇发展将回归符合经济规律的多样化路径。通过人口、产业相互配合协调的集聚促进城镇的形成和发展是小城镇生存发展的一般规律，不同的区位和地域条件会有多种模式带动，形成各种特色镇，如商贸镇、旅游名镇或者与园区结合的工业镇。能否形成人流或人口聚集、服务产业聚集以及工业产业聚集三方面的有效协调共进是小城镇发展的关键。三是居村农民市民化是农村新型城镇化的重要任务。天津市作为整体城市化率已经达到发达国家水平，未来发展应当是高水平的城乡一体化，在于居村农民能否享受到与城市居民相同的现代文明，即居村农民市民化。这是天津作为直辖市与北京、上海等重要差距，也是建成高水平全面小康社会的要求。

2. 农村土地制度改革相对滞后，不少村人地矛盾很突出。 虽然我市在部分区县列入了国家农村土地制度改革试点，但似乎没有实质进展（未见有公开的改革成果、经验报道），总体进程慢于发达地区。由于土地确权、承包地和宅基地等重点领域改革的复杂性、艰巨性，干部普遍对推进改革存在畏难现象，主动性不强。很多村都存在较严重的人地

矛盾问题，但难以解决，改革处于停滞状态。一是家庭承包地调整困境。根据不少地方的理解和做法，按照30年承包期和"增人不增地、减人不减地"的要求，已经多年未进行承包地调整，经常发生增加人口的家庭找村干部要求承包地，村干部也想参照部分地区"5年调整一次"的做法，但由于分歧太大无法形成一致意见，而上级政府对于政策和法律的解释、实际操作等问题缺乏权威性，有的不主张进行调整，主要担心部分村民闹事、不稳定。承包经营权难退出也是面临的主要问题。二是宅基地供需矛盾和利用率低的困境。受到基本农田保护等限制，不少村可用作宅基地的土地几乎没有，但农村普遍是两孩制，不少是两个男孩，即使是只有一个男孩结婚后不少也不愿与父母同住，而且外出打工者90%局限在天津市范围，在城镇买房结婚的是少数，即使在城镇买房结婚，不少也要求农村的宅基地，对宅基地的需求不减。同时，不少户周一到周五乃至整月关门，部分户则只有老人或妇女及儿童，利用率低。宅基地的高效利用机制和有效退出机制建设是目前的难点之一，改革也没有任何进展。三是土地确权颁证工作严重滞后。农村土地确权颁证的基础性、长远性、根本性作用毋庸置疑。按照国家统一部署要求，应当在5年之内完成，但我市仍然处于很小的局部试点，绝大部分村干部、村民甚至不知道该项工作的意义、主要内容和做法。调查了解到，基层畏难情绪普遍，各种宣传动员准备工作没有开展，以现在的状态很难高质量按期完成。

二、几点对策建议

1. 加强对全市各级政府相关干部和村干部的土地制度改革专题教育培训，统一认识和规范。重点是对于土地确权颁证、宅基地和承包地制度改革必要性和政策，改革中存在问题以及各地的解决办法，外地改革的新动向等进行系统深入的介绍，并结合天津实际广泛讨论，形成适用于全市的制度规范、相关政策、操作指南，做好全面推进的准备。尤其是对于承包制30年不变的政策要尽快做出唯一性的权威解释，消除歧义，为推进改革奠定基础。

2. 扩大土地确权登记工作试点范围和规模。按照中央部署要求，在五年之内完成承包地确权登记工作，工作难度较大。要积极主动选择多种不同类型的村庄积极试点，总结借鉴全国试点地区经验，尽快扩大试点面积，在人员、经费、制度、进度等方面保障改革的推进。

3. 尽快试点用承包经营权资本化办法解决承包地调整困境。即：对因人口减少应当减少承包地的，交纳费用给村委会（相当于流转费），实际承包地不变，由村委会转交给因人口增加需要增加承包地的农户，其承包地也不变化。要选择人地矛盾不同的多类型农业村进行试点，力争形成具有天津特点的农户承包经营权资本化创新机制和配套制度。

4. 试点建立差异化的农户宅基地退出机制。解决宅基地供需矛盾和利用率低的问题，根本上是要建立资本化市场化的宅基地退出机制。据调查研究，我市农户退出宅基地的顾虑依次为现有工作不便、城镇房价太高、住楼房生活成本高，退地农民的再就业安排、户主个人特征和补偿方式、标准等也是重要因素。这些问题在不同的地区、不同的村庄、不同的农户表现不同。需要进一步在国家试点的同时，认真研究建立更多的适应天津多样化村庄发展要求的差异化宅基地退出试点方案，扩大试点覆盖面和类型。

5. 系统培养提高各级涉农政府事业单位管理人员适应改革创新要求的新素质、新能力。 适应新常态对改革的需要以及农村改革发展的综合性、复杂性，需要建立一支高素质的复合型农村区域发展调研、决策和管理、服务人才队伍，目前我市农村区县、乡镇管理人员的综合素质能力和业务素质能力难以适应，必须及早培养储备人才。要利用好农学院农村与区域发展专业硕士培养的平台，鼓励资助一大批中青年骨干进修相关专业，大幅度提高基层管理人员的学历层次和适应改革创新要求的新素质、新能力。

6. 在确保新常态下财政对"三农"投入稳定增长基础上，向远郊区县的农业乡镇和农业村倾斜。 要通过基础设施、生态环境建设和生产要素、产业布局等向远郊农业村倾斜，加快试点对基本农田保护的农业生态补偿，推进农业农村生产条件、农村基础设施、生态环境等方面的全面提升，进一步提升农业农村发展对资源和先进生产要素的吸引力集聚力，完善产业发展的基础设施和配套产业，形成发展新优势，提高居村农民市民化水平。

附件六 推进我市农村土地制度改革，促进新型城镇化发展的建议

一、对我市农村新型城镇化发展与土地制度改革的几点判断

1. 新常态下农村城镇化进入新阶段。 一是通过宅基地换房建设示范小城镇的农村人口快速城镇化进入消化期和缓慢发展期。全市正处在通过四批宅基地换房建设示范小城镇的关键时期，赶上了传统产业产能过剩、土地转让和房地产市场低迷的新形势，"三区联动"建设资金平衡成为约束条件，已经规划建设的乡镇工业园区潜力尚未充分发挥。以示范小城镇建设推进快速城镇化难度加大，进入消化期和缓慢发展期。二是小城镇发展将回归符合经济规律的多样化路径。通过人口、产业集聚促进城镇的形成发展是小城镇生存发展的一般规律，能否形成人流或人口聚集、非农产业聚集的有效协调共进是小城镇发展的关键，不同的区位和地域条件会有多种模式带动，形成各种特色镇，如商贸镇、旅游名镇或者与园区结合的工业镇等。三是居村农民市民化是农村新型城镇化的重要任务。天津市作为整体城市化率已经达到发达国家水平，未来发展应当是高水平的城乡一体化，在于居村农民能否享受到与城市居民相同的现代文明，即居村农民市民化，这是新型城镇化和建成高水平全面小康社会的要求。

2. 农村土地制度改革相对滞后，不少村人地矛盾很突出。 虽然我市在部分区县列入了国家农村土地制度改革试点，但没有实质进展（未见有公开的改革成果、经验报道），总体进程慢于发达地区。土地确权、承包地和宅基地等重点领域改革复杂、任务艰巨，畏难现象普遍。很多村存在较严重的人地矛盾问题，但难以解决，改革处于停滞状态。一是家庭承包地调整困境。不少乡镇、村已经10多年未进行承包地调整，经常发生增加人口的家庭找村干部要求承包地，村干部也想参照部分地区"5年调整一次"的做法，但由于分歧太大无法形成一致意见，而上级政府对于政策和法律的解释、实际操作等问题缺乏权威性，有的不主张进行调整，主要担心部分村民闹事、不稳定。二是宅基地供需矛盾和利用率低的困境。不少村可用作宅基地的土地几乎没有，但农村普遍是两孩制，不少是两个男孩，即使是只有一个男孩结婚后不少也不愿与父母同住。而且外出打工者90%局限在天津市范围，在城镇买房结婚的是少数，即使在城镇买房结婚，不少也要求农村的宅基地，对宅基地的需求不减。同时，不少户周一到周五乃至整月关门，部分户则只有老人或妇女及儿童，宅基地及住房利用率低。三是土地确权颁证工作严重滞后。

农村土地确权颁证的基础性、长远性、根本性作用毋庸置疑。按照国家统一部署要求，应当在 5 年之内完成，但我市仍然处于很小的局部试点，绝大部分村干部、村民甚至不知道该项工作的意义、主要内容和做法，各种宣传动员准备工作没有开展，基层畏难情绪普遍，以现在状态很难高质量按期完成。

二、几点对策建议

1. 加强对全市各级政府相关干部和村干部的土地制度改革专题教育培训，统一认识和规范。重点是对于土地确权颁证、宅基地和承包地制度改革必要性和政策，改革中存在问题以及各地的解决办法，外地改革的新动向等进行系统深入的介绍，并结合天津实际广泛讨论，形成适用于全市的制度规范、相关政策、操作指南，做好全面推进的准备。尤其是对于承包制 30 年不变的政策要尽快做出唯一性的权威解释，消除歧义，为推进改革奠定基础。

2. 扩大土地确权登记工作试点范围和规模。积极主动选择多种不同类型的村庄试点，总结借鉴全国试点地区经验，尽快扩大试点范围，在人员、经费、制度、进度等方面保障改革的推进。

3. 尽快试点用承包经营权资本化办法解决承包地调整困境。即：对因人口减少应当减少承包地的，先交纳费用给村委会（相当于流转费），实际承包地不变，由村委会转交给因人口增加需要增加承包地的农户，其承包地也不变化，待 30 年承包到期后再统一调整。要选择人地矛盾不同的多类型农业村进行试点，力争形成具有天津特点的农户承包经营权资本化创新机制和配套制度。

4. 建立差异化的农户宅基地退出机制。我市农户退出宅基地的顾虑依次为现有工作不便、城镇房价太高、住楼房生活成本高，退地农民的再就业安排、补偿方式标准等也是重要因素。这些问题在不同的地区、不同的村庄、不同的农户表现不同。需要进一步在国家试点的同时，认真研究建立更多的适应天津多样化村庄发展要求的差异化宅基地退出试点方案，扩大试点覆盖面和类型。

5. 系统培养提高各级涉农政府事业单位管理人员适应改革创新要求的新素质、新能力。适应新常态下农村改革发展的综合性、复杂性特点，必须建立一支高素质的复合型农村区域发展调研、决策和管理、服务人才队伍。例如，利用好农学院农村与区域发展专业硕士培养的平台，鼓励资助一大批中青年骨干系统进修提高。

6. 加大力度提高远郊区县居村农民市民化水平。要重点针对必然要保留的远郊农业村，通过财政扶持资金的倾斜发挥乘数作用、撬动引导作用，加快试点基本农田保护的农业生态补偿，全面提升农业农村生产条件、基础设施、生态环境等，提高居村农民市民化水平，实现城乡一体化。

附件七 完善我市困难村帮扶工作的建议

帮扶困难村改善生产生活条件、提高生活质量是全面建成小康社会的标志和核心任务，动员全市力量帮扶困难村是天津全社会的共同责任。两年多来，全社会投入了巨大的人财物，帮扶工作取得了很大成绩，不少困难村借此发生了巨大变化。目前第二批帮扶驻村工作组已经开始工作，需要在总结第一轮帮扶经验教训基础上完善相关政策，提高帮扶的针对性和效果。本文在思考借鉴上海、北京等帮扶工作做法的同时，结合天津的困难村帮扶工作提出几点建议，不足之处欢迎批评指正。

一、完善困难村帮扶制度和机制

1. 突出帮扶的主要内容和有限目标。困难村需要解决的问题多、原因复杂，历史的、现实的和经济的、社会的各种矛盾交织，改变难度大、时间长，有些能够依靠外力解决，有的难以解决，需要依靠村级组织、村干部和村民自治制度逐步解决。必须是有限目标，要着力解决老百姓受益面大、最迫切和能够见成效的现实问题，以期有实质性地改变。

2. 统筹协调利用好帮扶单位的资源优势。在系统调查摸底的基础上，统筹协调各单位的资源，在全市进行优化组合，针对性帮扶对口村解决现实问题。在全市优选经济实力较强、业绩好的大型企业与薄弱村结对帮扶，建立能够基于双方互补"双赢"的帮扶机制；逐步探索建立发达地区、发达村对落后地区、薄弱村的帮扶机制。

3. 制定针对性强的配套财税政策支持。改变村级组织使用帮扶款在报销开支时必须有税票的规定，对于村集体使用帮扶资金应当免交一切税收。出台政策，引导鼓励事业单位制定节约措施和计划，通过节约经费用于帮扶；帮扶单位公用经费、经常性业务费结余部分和按规定取得的工作奖励经费，经同级财政同意，可以用于结对帮扶；帮扶单位捐助资金作为公益性捐赠，准予在计算应纳所得税额时予以扣除，制定捐助资金视作对国有企业利润考核的激励办法。

4. 改变只有成立 80％农户参与的"土地股份合作社"或者其他合作社才能承担帮扶村"一村一品"财政资金项目的不合理规定，直接由村委会负责项目的执行。因为：一是对于部分农户较多的村（乃至小村），要让 80％以上的农户真实地签字认可并以土地承包经营权入股，完全按照规范程序、章程组建合作社即使半年时间也未必可能（除非造假）。二是即使成立了土地股份合作社，能否发挥作用值得怀疑，合作社要真正发挥好作用需要具备很多条件，合作社对很多村只是获取政策的载体。三是通过土地股份合作社实现农民增收、村集体经济增收的盈利模式和盈利点不确定或者没有。四是集体领办的土地股份合作社于法理、经济理论、实践都存在争论或不同观点。

5. 增强帮扶政策解释与执行的权威性和时效性。目前在有关困难村的农业结构调整、一村一品发展政策方面，领导传达文件或会议精神、正式文件及村民的理解出现歧义问题。例如，文件规定对 500 个困难村的经济发展项目资金使用要求，由乡镇代管，村集体实行报账制；但各种会议又普遍强调土地股份合作社作为项目承担主体；再如，农业结构调整是否有补助？例如将小麦地改种大白菜，是否每亩 1000 元补助？土地流转费用是否可以在扶持资金中支付等都没有明确说法，实践中存在歧义。

二、充分做好帮扶工作的调查研究，制定更加完善的困难村帮扶规划和项目计划

1. 加强困难村调查研究和信息体系建设。政府有关部门应当加强对天津困难村的调研，理性分析，建立准确全面的困难村、低收入户的详细统计信息体系，明确帮扶工作的重点、难点，制定可行有效的帮扶工作要求和政策措施。目前上级有关部门经常要乡镇、村等上报很多信息，但给出的时间很短，既不能有效调查，也没有经费支持调查，填报完的信息对村集体也没有多大作用，因此只能是随意填报，应付工作，例如村农民收入、村集体收入等。

2. 做好财政支持项目的充分调研论证和规划，提高财政资金的效率。要先易后难，把握好财政扶持资金、帮扶资金投入项目的优先序，增强项目的持续性。例如农村污水处理难题，据了解，我市花了大量投资在农村建的污水处理设施很多闲置，缺乏运转经费等可能是主要原因，教训值得总结。要做好各种难题项目的充分调研论证，尤其是充分听取基层的意见，而不是凭个别专家，乃至有些企业的"忽悠"，更不能贪求各种"高水平"而盲目模仿发达地区，将个别的所谓"典型"扩大化不顾条件推广；要增强项目的操作性、实效性、持续性。同时，建立项目建设的问责制，对于财政投资项目，要经得住较长时间的运行监督考核，建立相应的机制和追责制度。

三、将政府保障"四基本"作为对村集体公共财政的首要任务尽快实现

天津作为沿海发达地区，经济发展总体水平居全国先进行列，作为劳动力的输入地，就业机会很多，农村的青壮年劳动力除非特殊的原因都能够有就业岗位和不错的工资性收入（关键是想干、不想干以及对报酬的期望问题），按照一般的工资收入水平家庭年收入水平应当不低（除非因病以及缺劳动力的少数困难户），据估算 2014 年一个正常的四口之家（两个小孩，父母打工并兼做农业），人均纯收入可超过 12000 元。因此，困难村面临的问题具有特殊性，不是一般意义上的贫困村。保村级组织正常运转基本支出、基本公共服务、基础设施和困难户基本生活水平（简称"四基本"）是维护村庄和谐稳定的首要需求，也是老百姓最期盼的基本保障，最能体现城乡普惠制和均值化公共财政的公平要求，应当充分保障，并尽快提高保障标准。

1. 增加纯农业村、经济薄弱村的财政转移支付，保基本运转和公共服务。重点针对

财政实力较弱的远郊区县,大幅提高财政对村级的转移支付水平和村干部收入水平(最低每月 1000 元),以保障和调动村干部的积极性和主动性;根据完成村级组织职责以及村民基本公共服务的内容制定动态的调整标准,随着物价变化定期调整;以够用、实用为原则,制定村庄基础设施标准规范,改变依靠各种财政资金堆造"高水平典型"的做法,更加关注绝大部分村基本的民生问题达到基本的标准要求,实现有基本经费保障村级组织的正常运转和村民得到基本的公共服务。

2. 减轻村级公益事业支出负担。要根据实效、有用、适用等原则,杜绝浪费和减轻村级组织的负担(例如要求征订的很多报刊、图书等并没人看),尤其是要严肃查处各级政府有关部门打着合理的名目利用各种手段要求村集体支付的收费项目(碍于人情关系等村干部有时不好拒绝),杜绝利用村财乡镇代管的制度可能截留、挪用转移支付的问题。

3. 着力提高困难户、低收入户的收入和生活保障水平。我市目前因为各种原因上有不少应当享受低保的农户没有享受到,不少危旧房屋也因为各种原因没有改善,进展缓慢。要加快对目前享受特困户、五保户、低保户等待遇的农户进行全面清理排查,剔除存在的权力腐败、以权谋私等骗保行为,使真正的困难户能够享受到基本保障,并随着整体生活水平的提高逐步提高标准,重点在危旧房屋改善和困难户等方面加快改善进度、扩大覆盖面、提高标准。同时,采取针对性措施帮助困难户、低收入户等提供就业岗位,扩大收入来源。

四、遵循因村制宜、分类推进、统筹协调、梯次发展的基本思路发展村集体经济

发展村集体经济面临的困难和风险必然会使部分村难以有所作为,解决村集体经济发展问题需要很长的时间,不能空想所有的或者大部分村在几年之内完成几十年的任务,一步跨越。必须树立分步、分阶段壮大村集体经济的思路和思想准备。对于具有区位优势、资源潜力优势和基础条件的村,如果没有将条件优势转化为集体经济发展的优势就是最大的浪费。应按照重点突破,先做强做大重点村,增加利税,减少对财政依赖,从而带动或补贴其他村的发展。第一,选择重点发展的潜力村。由各乡镇、区县根据区位、资源等优势和潜力以及村庄人力资本、社会资本等综合因素,逐批、梯次推荐重点发展的村产业,作为招商引资、村企联合的重点和财政扶持产业发展的重点。第二,强化项目公开招商。将各村可以出租或开发的资源以招商项目的形式在有关网络或媒体公布,提供公开的信息,并定期召开村集体招商项目推介会。第三,完善发展规划。区县、乡镇认真分析研究资源开发潜力、区位条件等,确定适宜开发发展的重点区域、村庄,形成覆盖所有村庄和经济发展、土地利用、城镇化"三规合一"的长远性区域发展的科学规划。

附件八　关于深化体制改革，加快推进天津乡村振兴的建议

党的十九大提出乡村振兴战略已经一年时间，推进乡村振兴是未来"三农"工作的总抓手，全国很多地方已经出台了顶层方案和实操性很强的重大举措。我市针对农业管理机构的改革也已经展开，目前主要是进行农业农村功能相似机构的整合、重组等，这只是改革的最容易最简单的内容，很多深层次的改革内容尚未引起足够重视，是目前在农业农村发展诸多现实困境的根源。如果机构变了但内在制度与人员工作的方式方法等仍然"惯性依赖"，乡村振兴将遥遥无期，亟需认真研究解决。

1. 尽快建立权威高效的"乡村振兴"领导机构与专家咨询团队，推进、指导、协调乡村振兴工作尽快全面开展。中央要求"五级书记抓乡村振兴"，并且要定期汇报乡村振兴进展。浙江的嘉兴等很多地方早在7月份就成立了"乡村振兴领导小组办公室"等机构并紧张开始工作，全市几乎所有部门都是成员；政府的相关部门以及社会团体都有已经制定了行动方案服务支撑乡村振兴。目前我市城乡尚没有相关的宣传，全市似乎对乡村振兴没有重大举措。部分区县、乡镇忙于繁重的具体事务，更是无暇顾及，也不知道如何推进乡村振兴。部分领导仍然存在"乡村振兴就是农口的事"等错误认识。亟需建立权威性机构强力推进。

2. 在推进城乡融合发展中，切实落实好"农业农村发展的优先地位"。农业农村发展优先地位是中央对乡村振兴战略的要求和保障，城乡融合发展是乡村振兴的重要路径。要尽快调整或彻底扭转以往政策制度的不适宜规定，从财政资金的投入与效率提升、农业农村发展的建设用地保障、"一懂两爱"三农人才培养使用等方面抓紧研究制定可操作性强的政策措施。针对目前农业初级产品效益较低，发展加工、休闲农业建设用地指标短缺，基层迫于环保压力、责任追究等不愿意批准相关项目等问题，制定系统政策，解决遗留的和现实问题。

3. 强化市、区县各级政府部门在政策、管理与行动等方面的协调，形成强大合力推进乡村振兴。受各种因素的影响，政府部门之间在过去以及现在均存在推诿责任、"踢皮球"等现象，造成严重的损失。例如，农口部门与土地资源管理部门就农业用地政策等方面的不协调，"大棚房"以及园区建设用地超标等问题的重要原因之一是政府部门在规划制定、审批、监管等方面的不协调，给投资者造成了巨大损失，严重打击了投资者、经营者的积极性。深化行政管理部门职能定位、履职制度与机制等建设才是机构改革的

最核心内容。必须加快深化研究全市各相关部门在乡村振兴中的责任定位、履职制度等系统科学设计。

4. 加强科学的基层调查研究，克服形式主义以及被动完成任务的做法，增强改革的针对性、实效性。 全面深化改革创新是乡村振兴以及所有工作的根本途径，中央自上而下推进着系列的重大改革，但改革的具体操作方式方法、进度等强调的是因地制宜，其中分类推进、操作性强是重要原则。改革也是要付出巨大成本的。据调查，地下水开采严格受限，对农业调结构等影响已经很大。推进农业水权制度改革，农民与基层干部就很不理解，如何监管农民使用沟渠水灌溉？监管成本多大？因为使用、管理等发生严重冲突、纠纷等如何解决？在这些问题缺乏系统的深入调研、可行性方案设计等前期调研准备的情况下，盲目推进，徒增地方干部的工作量，可能激化很多矛盾。再如，我市推进农村在产权制度改革，村庄的集体资产状况差异很大，村民与地方政府的改革需求差异很大。有多少村庄的村民具有强大的改革需求？改革的目的是什么？能否达到村民、政府都满意的改革结果？村集体资产属于村民集体所有，是否进行产权改革、怎么改革应该是村民说了算的，政府应当是基于更好服务管理好集体资产而提出指导性的改革建议，并指导改革，帮助解决改革中的矛盾与问题。目前的改革增加了所有乡镇、村的行政成本，也影响到其他工作的开展。实质性、有效亟需的改革成效尚难以显现，只是形式上完成任务。今后类似的改革可能还有很多，问题与需求导向、调查研究、科学决策、系统方案、分类分布实施应当成为基本遵循。

5. 加强政府重大举措对不同地区影响的评估工作，建立区域协调与补偿制度。 调研发现，我市的生态红线划定对部分乡镇、村产业发展影响巨大。按照规定部分河道两侧1000米范围被强制划分为"生态红线"区域，很多村因此失去发展机会。部分乡镇、村的基本农田比例高达95%，但基本农田种植蔬菜、粮食作物效益有限，经常赔钱。延伸产业链既受到环保限制，也受到建设用地指标限制。那么，乡村产业如何振兴？很多村将陷入困局。需要在划定生态红线、基本农田保护的同时，配套出台相关的补偿性或者相关项目支持措施。

6. 加大资源整合与政策协调力度，为支撑服务乡村振兴提供强有力的智力支持。 乡村振兴需要大量的高素质多学科的专业性与复合型人才，需要科技创新成果的不断应用。目前我市在农业农村人才培养、科技创新服务、人才招聘使用等方面存在严重的"两张皮"现象。全市招聘了1000名基层党务工作者，但大量的专业性服务、管理等事业单位编制没有合适人员，或者没有财政资金保障报酬，难以开展相关工作，或者专业工作效率很低。建议：一是推进天津农学院与天津农科院的整合工作；二是制定特殊政策，鼓励资助基层政府的公务员、事业编工作人员进修"农业管理""农村区域发展"等相关专业硕士研究生，培养能够适应新时代的"一懂两爱"的"三农"工作"中坚干部"力量；三是在区县、乡镇等人员招聘中，增加专业性针对性，尤其是明确标示增加"农林经济管理专业""农村区域发展"等本科生或者研究生，适应乡村振兴对专业人才需要。